PAUL WILLIAMS

LIKE A ROLLING STONE

DIE MUSIK VON BOB DYLAN 1960 - 1973

Aus dem
Amerikanischen
von Kathrin Razum

PALMYRA

Die Deutsche Bibliothek - CIP-Einheitsaufnahme

Williams, Paul:
Like a Rolling Stone : die Musik von Bob Dylan 1960 - 1973 /
Paul Williams. Aus dem Amerikan. von Kathrin Razum. –
Heidelberg : Palmyra, 1994
Einheitssacht.: Bob Dylan <dt.>
ISBN 3-930378-01-9

© Copyright der deutschsprachigen Ausgabe 1994 by
PALMYRA VERLAG, Hauptstraße 64, 69117 Heidelberg
Telefon 06221/165409, Telefax 06221/167310
Alle deutschen Rechte vorbehalten
Lektorat: Kathrin Razum
Umschlaggestaltung: Georg Stein und Franz Schmucker
Umschlagfoto: Nancy Cleveland
Satz: Sascha Wilhelm
Druck und Bindung: Ebner Ulm
Printed in Germany
ISBN 3-930378-01-9

Inhalt

Dieses Buch widme ich

Bob & Susan Fino
Paul Loeber
Jim McLaren
Jerry Weddle
und all den anderen großzügigen Freunden,
die ihre Zeit, ihre Aufmerksamkeit und ihre Sinne
dieser Musik
gewidmet haben.

Danke für Eure Unterstützung!

Danksagung

Sehr viele Leute haben mich während meiner Arbeit an diesem Buch unterstützt und mir weitergeholfen. Vorab möchte ich mich gleich bei all denen entschuldigen, deren Namen hier nicht erwähnt werden, obwohl sie es verdient hätten.

Mein ganz herzlicher Dank gilt Günter Amendt, John Bauldie, Christian Behrens, Randal Churchill, Nancy Cleveland, Dave Dingle, Glen Dundas, Carlo Feltrinelli, Bob & Susan Fino, Frank Gironda, Bill Graham, Kirk Gustafson, Dieter Hagenbach, David G. Hartwell, Dave Heath, Clinton Heylin, Jon Kanis, Michael Krogsgaard, Jonathan Lethem, Paul Loeber, Bev Martin, Jim McLaren, Blair Miller, Chuck Miller, Marleen Mulder, John Pateros, Michael Pietsch, Pat Reday, Elliott Roberts, Jeff Rosen, Robin Rule, Gerhard Schinzel, Shasta, Jan Simmons, Heckel Sugano, Brian Stibal, Clyde Taylor, Cooky Tribelhorn, Jerry Weddle, Marcus Whitman, Sachiko Williams und Ian Woodward.

Ganz besonders bedanken möchte ich mich bei meinen Kindern Erik Ansell, Heather Ansell, Taiyo Williams und Kenta Williams sowie meiner Frau, Donna Nassar, deren Geduld, Liebe und Begeisterung mir dabei geholfen haben, die bisher größte Herausforderung in meinem Schriftstellerleben zu bewältigen.

Und natürlich gebührt auch der Hauptfigur dieses Buches ein Wort des Dankes – obwohl er ein ausgesprochen verschlossener Mensch ist, offenbart Bob Dylan sich seit 30 Jahren mutig und voller Energie in seiner Musik. »No one else could play that tune, you knew it was up to me« (Kein anderer konnte diese Melodie spielen, du wußtest, daß es an mir war). Danke.

And I'll tell it and think it and speak it and breathe it,
And reflect from the mountain so all souls can see it

Und ich werd es sagen und denken und sprechen und atmen,
Und vom Berg reflektieren, damit alle es sehen können

Bob Dylan, *A Hard Rain's A-Gonna Fall*

Einleitung

»Ich verstehe, warum er weitermachen mußte«

Ich weiß nicht so recht, wo ich anfangen soll, denn eigentlich ist der einzige Punkt, an dem ich ansetzen kann, die Gegenwart, und es ist verdammt schwer, etwas über die Gegenwart zu sagen. Andererseits wäre es ein Jammer, sich der Gegenwart zu verschließen, denn sie findet nur einmal statt.

In diesem Buch geht es um einen zeitgenössischen Künstler. »Gegenwart« bedeutet im Moment, während ich anfange zu schreiben, September 1986. In Bob-Dylan-Zeitrechnung ist es die Zeit von *Knocked Out Loaded* (seine zweiunddreißigste Platte, im Juli herausgekommen) und von Robert Sheltons lang erwarteter Dylan-Biographie (diesen Monat erschienen), die Zeit, als Ton- und Filmaufnahmen von Dylans triumphaler Sommertour durch die Vereinigten Staaten 1986 (zusammen mit Tom Petty & the Heartbreakers) unter seinen Fans zu kursieren beginnen. Der Mann selbst befindet sich gerade als Schauspieler zu Filmaufnahmen in England. Das zentrale Stück auf Dylans letzter Platte, das er vor ein paar Jahren geschrieben hat, handelt davon, wie er sich mit einem Schauspieler in einem Film identifiziert – nicht mit der Person, die dieser Schauspieler verkörpert, sondern mit dem Schauspieler selbst in dem Moment, wo er diese Person darstellt. Dylan hat dieses Stück zusammen mit Sam Shepard geschrieben, einem Theaterautor, der selbst auch Filmschauspieler geworden ist. Eine Million Leute haben Dylan auf seiner letzten Tour gesehen. Nicht einmal ein Viertel von ihnen hat seine letzte Platte gekauft.

Wer ist Bob Dylan? Das ist keine besonders bedeutungsvolle Frage, aber sie hat dennoch eine wunderbare Resonanz und eine beachtliche Lebensdauer. Was hat Dylan gemacht, und was macht er jetzt? Dies sind die Fragen, die ich für angemessen halte, wenn es darum geht, sich mit dem Werk eines zeitgenössischen Künstlers auseinanderzusetzen. Ich liebe Bob Dylans Musik seit dreiundzwanzig Jahren, und im Laufe der Zeit ist sowohl die Musik selbst als auch die Beschäftigung mit ihr für mich immer vielseitiger und bereichernder geworden. Ich finde das außergewöhnlich, es gibt eigentlich nichts Vergleichbares in meinem Leben. Gleichzeitig ist mit bewußt, daß andere Leute eine ähnlich intensive und dauerhafte Beziehung zu dem Werk von Künstlern wie Shakespeare, Picasso, Beethoven, Duke Ellington oder James Joyce haben. Man kann diese Erfahrungen, glaube ich, unter der Überschrift »Große Kunst« zusammenfassen. In diesem Buch geht es um große Kunst. Es ist eine persönliche Stellungnahme, eine subjektive Analyse – wie das für die Arbeit jedes Historikers, jedes Gelehrten, jedes Kritikers gilt. Das Beste, was jeder von uns tun kann, ist die Wahrheit zu sagen, so wie wir sie sehen, hören und fühlen. Darüber hinaus können wir unsere Freude und unser Staunen lebendig halten und sie in dem, was wir schreiben, durchscheinen lassen. Wünscht mir Glück.

Was Bob Dylan allein bis heute hervorgebracht hat, ist atemberaubend und nicht leicht zu überblicken und zu kommentieren. Damit meine ich sowohl die reine Quantität seiner Werke als auch die Qualität (und natürlich wäre die Quantität belanglos, wenn nicht die Qualität so beständig wäre). Als Vergleich fällt mir nur Picasso ein, ein ebenfalls unglaublich produktiver Künstler. Ich bezweifle, daß es viele Menschen gibt, die alle oder auch nur die meisten von Picassos bedeutenden Werken gesehen haben; wollte man das tun und sich dabei genügend Zeit nehmen, um jedes Bild, jede Zeichnung, jede Skulptur wirklich zu sehen, wahrzunehmen, auf sich wirken zu lassen und zu spüren, so könnte das leicht zu einer Lebensaufgabe werden. Genauso gibt es wahrscheinlich auch nicht viele Leute, die – so sehr Bob Dylan auch geliebt und sogar verehrt wird – tatsächlich all seine zweiunddreißig »offiziellen« Platten gehört und sich wirklich Zeit dafür genommen haben. Und diese Platten mit ihren Hunderten von Songs sind nur die Spitze des Eisbergs von dem, was Dylan gemacht hat.

Selbst nach der Veröffentlichung von *Biograph* (einem 5-LP-Set, das viele bisher unveröffentlichte Dylan-Stücke enthält) kursieren unter den Sammlern Hunderte von unveröffentlichten Outtakes und Alternativ-Versionen aus Aufnahmesessions von Dylan, und viele weitere sind noch unter Verschluß. Das Buch *Lyrics 1962-1985* enthält 67 Songs, die auf keiner seiner Platten zu finden sind, und es gibt bekanntermaßen mindestens noch 60 weitere. Es gibt Filme von und über Dylan und viele Aufnahmen von Fernsehauftritten. Einige kürzere Texte von ihm sind veröffentlicht, ein Buch mit Prosa und eine große Anzahl faszinierender Interviews. Es gibt Zeichnungen und Gemälde, von denen die Öffentlichkeit einige zu Gesicht bekommt, die meisten aber nie gesehen hat.

Und vor allem gibt es die Mitschnitte von Auftritten. Dylan hat sein ganzes Leben lang vor Publikum gespielt, spätestens seit 1960 professionell. Von vielen Auftritten aus den sechziger und fast allen aus den siebziger und achtziger Jahren existieren Mitschnitte aus dem Publikum (das heißt, Bänder von mehr als 500 Dylan-Konzerten, auf denen Dylan anderthalb oder oft auch zwei Stunden spielt). Es gibt auch einige Videoaufnahmen aus dem Publikum. Außerdem ist bekannt, daß Dylan seit 1974 von praktisch all seinen Auftritten selbst Tonaufnahmen gemacht und Dutzende dieser Konzerte auf Video oder Film aufgenommen hat – ein sagenhaftes Archiv, von dem man nur hoffen und träumen kann, daß es eines Tages der Öffentlichkeit zugänglich sein wird, vorzugsweise auf legalem, kommerziellem Weg.

Dylans »sintflutartige Produktivität« (nach einem Ausdruck von Roland Penrose aus seiner Picasso-Biographie) ist also nicht nur in sich bemerkenswert, sondern sie ist darüber hinaus ungewöhnlich gut dokumentiert, und zwar in einem Ausmaß, wie es in der Musik und der darstellenden Kunst vor den jüngsten Neuentwicklungen in der Film- und Tonaufnahmetechnik unvorstellbar war. Die Erkenntnis, was für eine Neuerung dies in der Geschichte der Kunst darstellt (so wie wir sie definieren, also die Kunst der westlichen Welt in den letzten paar Jahrhunderten) hat sich noch nicht allgemein durchgesetzt. Es ist etwas absolut Neues, daß ein einzelner Mensch Zugang zu so vielen Werken eines zeitgenössischen Musikers oder darstellenden Künstlers haben kann, wie wir das bei Dylan können, und es ergeben sich daraus ganz neue Möglichkeiten im Bereich der Beziehung zwischen Künstler und Publikum. Die Dokumentation von künstlerischen Darbietungen mittels Ton- und Filmaufnahmen ermöglicht außerdem auch aufgeführter Kunst eine Art von Unsterblichkeit, die vor unserem Jahrhundert nur der Arbeit von Komponisten oder Dramatikern zukommen konnte, nicht aber der von Sängern, Musikern oder Schauspielern. Heute können sowohl Aufführungen als auch Kompositionen die Zeit überdauern.

Diese neuen Möglichkeiten finde ich faszinierend, und ich bin froh darüber, diesen schwierigen, lohnenden Moment in der Geschichte miterleben zu können. Doch es ist nicht nur das Neue oder Revolutionäre an dieser Erfahrung, das sie so besonders macht. Es mag eine überwältigende, romantische Vorstellung sein, als erster Weißer auf den Pazifischen Ozean hinauszublicken (für Weiße zumindest), doch braucht diese Wassermasse wohl kaum einen historischen Kontext, um

Ehrfurcht einzuflößen. Es ist einfach schon wunderbar, zu einer Zeit und an einem Ort zu leben, wo man den jeweiligen Gegenstand sehen, hören und riechen kann – sei es das Meer in seiner ewigen Bewegung oder der sich stetig wandelnde kreative Ausdruck eines einzelnen Menschen.

Ich bin mir nicht sicher, ob es »gut« ist, Zugang zu einem so großen Teil des Werks eines Künstlers zu haben. Ich weiß nur, daß es die Realität ist. Das Material ist da und zieht mich an (und damit bin ich kaum allein) – je mehr ich mich damit beschäftige, desto mehr bekomme ich zurück, und so will ich mehr Musik von Bob Dylan hören und die, die ich schon kenne, immer wieder hören. Daß Kunst auf diese Art und Weise Teil meines Lebens ist und mich beschäftigt, weil ich es *will*, nicht weil ich denke, es *sollte* so sein – das ist meine Vorstellung von einem erfüllten Leben.

Als *performing arts* gelten meinem Wörterbuch zufolge »künstlerische Ausdrucksformen wie Schauspiel, Tanz und Musik, die eine Aufführung vor Publikum beinhalten«. Implizit, aber nicht in dieser Definition enthalten, ist die Tatsache, daß eine solche Aufführung in einem bestimmten Moment stattfindet. Vom Standpunkt des Künstlers aus gesehen ist sie immer »live«. In dem Moment, wo etwas aufgeführt wird, wird es mit anderen geteilt. Es mag verschiedene Vorbereitungen gegeben haben, das Schreiben eines Manuskripts, eines Songs, eines Arrangements, Proben und so weiter; die tatsächliche Aufführung jedoch findet in einem bestimmten Moment statt und ist unweigerlich Ausdruck dieses Moments. Man sollte auch beachten, daß der Künstler die Kontrolle über die eigene Darbietung nicht behält – im Moment des Spielens gibt er die Musik aus der Hand.

So sehr Musiker und andere darstellende Künstler sich in ihrem Privatleben vielleicht auch zu verstecken versuchen, in dem Moment, wo sie vor einem Publikum auftreten, geben sie ein Stück von sich preis. Vielleicht ist dies der eine

Punkt, den man sich bei einem Künstler wie Bob Dylan klarmachen muß. In diesem Buch will ich mich mit einem kleinen Teil dessen befassen, was Dylan in den Tausenden von Aufführungen, die bisher seine Arbeit und seine Karriere ausmachen, von sich selbst gegeben hat.

Die ersten Schritte auf dem Weg zu diesem Buch habe ich im Sommer 1963 gemacht, als mein Freund David Hartwell, der gerade vom Newport Folk Festival zurückgekommen war, mich auf den Geschmack von *Freewheelin'* brachte. Im Herbst desselben Jahres erlebte ich Dylan zum ersten Mal live, in einem Theater in Boston. Er konnte sich nicht an den Text von *Blowin' In The Wind* erinnern. Es war ein wunderbares Konzert. Seitdem habe ich Dylans Werdegang ziemlich stetig verfolgt; letzten Sommer schließlich habe ich mir einen alten Traum erfüllt und bin ihm auf einer Tournee durch die USA gefolgt: Bei 30 von den 41 Konzerten, die er zwischen dem 9. Juni und dem 6. August 1986 mit Tom Petty & the Heartbreakers gab, war ich dabei.

Indem ich der Tour folgte und dabei Abend für Abend mehr oder weniger dieselben Stücke in einer Reihe von verschiedenen Auftritten zu hören bekam, hatte ich Gelegenheit, den Live-Musiker Dylan auf eine direkte und bewegende Art und Weise kennenzulernen. Freunde haben mich gefragt, ob ich Dylan während der Tour getroffen oder interviewt habe. Das habe ich diesmal nicht getan. Bevor die Tournee losging, beschloß ich, daß es für mein Buch besser wäre, nicht mit Dylan zu reden und hinter die Bühne zu gehen, sondern mich auf das zu konzentrieren, was ich als Teil des Publikums hören, sehen und fühlen würde.

Ich habe Dylan *backstage* erlebt, 1966 in Philadelphia (einen Nachmittag und zwei Abende lang) und 1980 in San Francisco (vier Besuche von jeweils ein paar Stunden, nach seinen Auftritten im Warfield). Beide Male war er freundlich, aufmerksam und großzügig mit seiner Zeit, vielleicht deswegen, weil ich nichts von ihm wollte (diesen Sommer wäre das anders gewesen, mit meinem Buchprojekt). Wenn wir Interviews machen oder Berichte über unsere Idole lesen, erliegen wir jedoch alle der Illusion, daß der Mensch hinter der Bühne, die Privatperson, die Antworten hat, daß er den Schlüssel bereithält zu dem Geheimnis der öffentlichen Person.

Doch das ist ein Trugschluß. Die beiden sind wohl miteinander verbunden, aber in einer Art und Weise, die für den Künstler wie für den Außenstehenden gleichermaßen schwer zu begreifen ist. Der Mann auf der Bühne läßt uns ständig an seinem Innenleben teilhaben; der Privatmann wiederum weiß selten mehr als wir über das Geheimnis und die Wirkung seines öffentlichen Selbst. Wenn er doch etwas zu diesem Thema sagt, dann tut er das im Rahmen eines Auftritts – Dylans Interviews zum Beispiel sind immer regelrechte Auftritte. Der andere Zustand, der des privaten Menschen, den man trifft, wenn man mit ihm lebt oder arbeitet oder ihn hinter der Bühne spricht, ist im Verhältnis zu dem des live auftretenden Künstlers ein Zustand der Ruhe. Dieser Zustand hat etwas Schönes: das nämlich, was in dieser Situation anders und eigen an dem jeweiligen Menschen ist, und gerade auch seine Normalität. Doch man erlebt in diesem Zustand eben nur die Privatperson; um den Mann auf der Bühne kennenzulernen, muß man ihn auf der Bühne beobachten.

Nachdem ich dies gesagt habe, möchte ich eine Backstage-Geschichte von Dylan erzählen. Im November 1980 besuchten meine damalige Frau Sachiko und ich Dylan ein paarmal hinter der Bühne, als er im Warfield Theater eine Reihe von Konzerten gab. Eines Abends nahm ich ein Buch mit Bildern von Picasso mit, den Katalog einer kurz zuvor veranstalteten Retrospektive im Museum of Modern Art. (Im Vorwort wird Picasso zu den Plänen für eine Ausstellung seines Werks im Jahre 1966 zitiert: »Kurz gesagt, es handelt sich um eine

Bestandsaufnahme der Arbeiten von jemandem, der denselben Namen trägt wie ich.« Ein Kommentar, der von Dylan hätte kommen können.) Fünfzehn oder zwanzig Zettel ragten aus dem Katalog heraus: Ich hatte Gemälde mit dem Titel »Gitarre« oder »Gitarrenspieler« aus Picassos gesamter künstlerischer Laufbahn herausgesucht und wollte sie Dylan zeigen.

Mein Gedanke dabei war, daß Picasso hier im Laufe der Jahre das gleiche Bild immer wieder gemalt hatte, und jedesmal war etwas anderes herausgekommen – genauso (finde ich), wie Dylan *It Ain't Me Babe* und so viele andere Lieder über die Jahre hinweg nicht immer wieder als dasselbe Lied gesungen hat, sondern als hundert verschiedene Lieder, die zufällig den gleichen Titel und einen ähnlichen Text hatten. Variationen eines Themas, die zusammengenommen das Werk eines Künstlers ausmachen. Ich schätze, ich wollte Dylan zu einer Zeit, als Kritiker und Publikum wegen der neuen Arrangements seiner alten Stücke herummeckerten (besonders auf der Tour 1978), meine Unterstützung und meine Zustimmung ausdrücken. Und ich stellte mir vor, daß ihm zumindest das Thema Spaß machen könnte.

Ich habe dann doch gekniffen und die Markierungszettel aus dem Buch gezogen, doch dann ergriff Sachiko die Initiative und gab ihm das Buch – »Paul wollte dir das zeigen.« Es war zu spät für die Gitarren, aber ich hatte die plötzliche Eingebung, daß ich etwas Ähnliches in Kurzform würde vermitteln können, indem ich Dylan eine über zwei Seiten abgedruckte Folge von elf Variationen einer Lithographie mit dem Titel »Stier« zeigte, an denen Picasso im Laufe von sechs Wochen gearbeitet hatte. Die ersten Lithographien sind realistische Darstellungen, dann beginnen sie sich zu verändern und werden immer abstrakter, bis der Stier auf seine Essenz reduziert ist. Jede Version, jedes Stadium der Lithographie ist in sich ein faszinierendes und vollständiges Kunstwerk.

Zuerst wehrte Dylan ab und meinte, er sei an dieser Art von Kunst nicht interessiert, aber er sah sich die zwei Seiten an, die ihn dann doch anzuziehen schienen. Zunächst blieb er bei seiner (so schien mir) anti-intellektuellen Haltung, deutete auf die zweite Skizze und erklärte, das sei die beste:»Nach dieser hätte er aufhören sollen.« Dann, nachdem er genauer hingeschaut hatte:»Oh, aber ich verstehe, warum er weitermachen mußte.«

Spannung hing in der Luft. Dylan fragte, ob wir ihm das Buch schenken wollten, ich sagte nein. Dann wurden wir von anderen Vorgängen im Raum abgelenkt.

Mein Plan für dieses Buch ist ziemlich einfach: Ich möchte einen großen Teil von Bob Dylans Werk (wenn auch bei weitem nicht alles) aus seiner gesamten bisherigen Karriere in chronologischer Reihenfolge besprechen. Um einen besseren Überblick zu ermöglichen, habe ich Dylans Leben etwas willkürlich in Abschnitte unterteilt; in den späteren Jahren bestehen diese Abschnitte aus seinen Tourneen und den Phasen dazwischen, eine Einteilung, die mir für einen Live-Musiker angemessen erscheint. In meiner Besprechung von Bob Dylans Werk orientiere ich mich am Zeitpunkt der jeweiligen Aufführung (ob auf der Bühne, im Studio oder vor der Fernsehkamera), und nicht, wie das bei den Plattenaufnahmen denkbar wäre, am Zeitpunkt der Veröffentlichung. In einigen Fällen ist das Datum nicht bekannt; in anderen, so wie zum Beispiel bei dem Film *Renaldo & Clara*, mußte ich mich entscheiden, was als »Zeitpunkt der Aufführung« zu betrachten ist. Im Fall von *Renaldo & Clara* werde ich die gefilmten musikalischen Auftritte im Kontext der Zeit besprechen, in der sie aufgenommen wurden, im Herbst 1975; der Film als Ganzes gehört allerdings ins Jahr 1977, als Dylan sich der Aufgabe widmete, einen Berg von Filmmaterial zu einem fertigen Film zusammenzuschneiden.

Vor einigen Jahren erwähnte Dylan, daß er vielleicht seine Autobiographie schreiben werde; später erklärte er in Interviews, daß er dieses Projekt aufgegeben habe. Aber natürlich ist Dylans wahre Autobiographie – wie die jedes Künstlers – sein Werk, in dem er bewußt und unbewußt das mitteilt, was in seinem Inneren und seinem täglichen Leben vor sich geht. Ich wünsche mir, daß dieses Buch, indem es Dylans Werk in chronologischer Reihenfolge bespricht, als eine Art Katalog dienen kann, eine Art einfachster Führer zu und durch Bob Dylans Geschichte, die er selbst erzählt hat und immer noch erzählt, jedesmal wenn er singt, jedesmal wenn er ans Mikrophon tritt, jedesmal wenn er die Musik durch sich hindurchfließen läßt.

Es ist eine Geschichte, die nicht wegen ihres Inhalts von Bedeutung ist, sondern wegen der Art und Weise, in der sie erzählt wird: mit Wut, Liebe, Ehrlichkeit, Leidenschaft, Humor, Demut, Arroganz und mit Herz; mit Integrität und Charakter; mit Begeisterung und Schmerz, Neugier und Zweifel – menschliche Eigenschaften. Wir sind beeindruckt von seinem Talent, aber es ist seine Menschlichkeit, die uns diesen Geschichtenerzähler ins Herz schließen läßt. Wir mögen seine flapsige Spontaneität. Die Risiken, die er eingeht, erschrecken und faszinieren uns.

Es ist das Wesen des Künstlers, daß er in Bewegung bleibt. Das Dilemma des Publikums ist, daß wir ihn dafür lieben und gleichzeitig wollen, daß er da stehenbleibt und sich nicht weiterbewegt, wo er uns zuletzt oder am meisten berührt hat. Doch das kann er nicht. Und indem er sich weiterbewegt, entsteht sein Werk. Es liegt in der Natur des Künstlers, daß er auf seinem Weg Werke zurückläßt, so wie ein Ballonfahrer Ballast abwirft, um über den Bäumen zu bleiben. »Oh ev'ry thought that's strung a knot in my mind/I might go insane if it couldn't be sprung/But it's not to stand naked under unknowin' eyes/It's for myself and my friends my stories are sung« (Oh, jeder Gedanke, der mir einen Knoten ins Hirn gemacht hat/Ich würde wohl verrückt werden, wenn ich ihn nicht lösen könnte/Doch nicht, um nackt vor unwissenden Augen dazustehen/Sondern für mich selbst und meine Freunde singe ich meine Geschichten) (Dylan, *Restless Farewell*, 1963).

Wer sind diese Freunde? Wir, wenn wir es sein wollen.

Kindheit

Mai 1941 – August 1959

The town I grew up in is the one that has left me with my legacy visions.

Die Stadt, in der ich aufgewachsen bin, hat mir meine Visionen mit auf den Weg gegeben.

Bob Dylan, 1963

Erste Auftritte

Bob Dylan wurde am 24. Mai 1941 geboren und verließ sein Elternhaus achtzehn Jahre später, im August 1959, für immer. Diese lange Zeitspanne in Bob Dylans Leben macht nur ein kurzes Kapitel in diesem Buch aus, ein Kapitel, das in erster Linie vielleicht dazu dienen mag, das grundlegende Konzept des Buchs zu verdeutlichen: Ich beschreibe in den einzelnen Kapiteln nicht die verschiedenen Phasen in Dylans Leben, sondern befasse mich mit der Musik, die er in der jeweiligen Phase gemacht hat.

Um mich an diese Struktur zu halten, muß ich der Versuchung widerstehen, über Dylans Kindheit zu schreiben – diesem Thema kann man besser nachgehen, wenn Dylan sich selbst dazu äußert, wie zum Beispiel 1974, als er sang: »Used to play in the cemetery/Dance and sing and run when I was a child« (Habe immer auf dem Friedhof gespielt/Habe getanzt und gesungen und bin herumgerannt, als ich ein Kind war), oder 1977, als er sagte: »I had some amazing projections when I was a kid« (Ich hatte als Kind erstaunliche Pläne); ich meine, daß man einem Künstler am ehesten gerecht wird, wenn man solche Aussagen nicht als Informationen über eine frühere Zeit in seinem Leben behandelt, sondern als Ausdruck seiner Gefühle in dem Moment, wo er singt oder spricht.

Ich kann mich allerdings nur mit der Musik von Dylan befassen, die aufgenommen wurde (die wenigen nicht mitgeschnittenen Auftritte ausgenommen, die ich selbst miterlebt habe), und auch das nur, wenn ich an diese Aufnahmen irgendwie herankommen kann. Diese Einschränkung wirkt sich im ersten Kapitel am stärksten aus, aber man darf nicht vergessen, daß sie Dylans gesamte Laufbahn hindurch bestehen bleibt und daß das Bild, das wir von einem Live-Musiker haben, immer ein Stück weit verzerrt ist, da wir nie Zugang zur gesamten Bandbreite seines Werks haben können. Mikal Gilmore beschreibt im *Rolling Stone* vom 17. Juli 1986, wie Dylan im Studio bei abgeschaltetem Aufnahmegerät Musik macht: »In einem besonders inspirierten Moment führt er die vier Sängerinnen durch eine wunderschöne A-Capella-Version von *White Christmas* und macht dann direkt mit einer Interpretation von *Evening Sun*, einem alten Gospel-Standard, weiter, die einem eine Gänsehaut über den Rücken jagt. [Tom] Petty und wir anderen sind sprachlos, überwältigt. ›Mann‹, sagt Petty schließlich fassungslos, ›das *müssen* wir auf Band kriegen!‹« Gilmore erzählt auch, wie Dylan auf einer Probe plötzlich eine neue Version von *I Dreamed I Saw St. Augustine* spielte. »Fünf Minuten später war der Moment vorbei. Petty und [Benmont] Tench zufolge sind Dylans Proben oft so: Einfallsreiche Interpretationen wundervoller Lieder kommen und gehen und werden nie wieder gehört.« Es sind ein paar Aufnahmen von Dylans Proben im Umlauf, aber sie erinnern letztlich nur daran, welch ein großer Teil seiner Musik auch für seine engagiertesten Fans außer Reichweite liegt.

Tapes mit Aufnahmen von Dylan aus den ersten achtzehn Jahren seines Lebens sind in der Sammlerszene zur Zeit nicht im Umlauf. Robert Sheltons Biographie *No Direction Home: The Life And Music Of Bob Dylan* ist zu entnehmen, daß Dylan seine ersten Auftritte im Alter von drei Jahren im Büro seines Vaters hatte, wo er »in ein Diktiergerät sprach und sang«. Seine Karriere als Musiker begann früh... Aus dem Buch geht nicht hervor, ob Dylans Mutter, Beatty Zimmerman, womöglich noch einige dieser alten Diktierbänder hat; Shelton beschreibt jedoch, wie Dylans Eltern ihm 1968 »alte Probeaufnahmen von seinen diversen Highschool-Bands [vorspielten]. Bobs junge rauhe Stimme schmetterte *Rock'n' Roll Is Here To Stay*.« Es ist also gut möglich, daß wenigstens ein paar Aufnahmen aus der Kindheit des

Musikers noch existieren und eines Tages vielleicht sogar den kritischen Ohren der Öffentlichkeit zugänglich gemacht werden. Vorläufig aber kann dieses Kapitel nur aufs Hörensagen zurückgreifen.

Nach Sheltons Beschreibung, die auf seinen Interviews mit Dylans Eltern beruht, stand Dylan als Zwei- und Dreijähriger im Büro seines Vaters im Mittelpunkt der Aufmerksamkeit und sang sowohl für die versammelte Belegschaft als auch allein mit seinem Vater und dem Aufnahmegerät. Shelton berichtet: »Der Junge staunte über den Klang seiner eigenen aufgenommenen Stimme.« Als nächstes beschreibt er zwei dramatische Auftritte um Dylans fünften Geburtstag herum, am Muttertag in Duluth und beim Hochzeitsempfang seiner Tante Irene. Zum Muttertag zitiert er Beatty Zimmerman: »Er stampfte mit dem Fuß auf und forderte die allgemeine Aufmerksamkeit. Bobby sagte: ›Wenn alle hier im Zimmer still sind, dann singe ich für meine Großmutter. Ich singe *Some Sunday Morning*.‹ Nun, er sang es also, und alle waren völlig aus dem Häuschen. Sie klatschten so stürmisch, daß er auch noch seine andere große Nummer zum besten gab, *Accentuate The Positive*. Viel mehr als diese beiden Lieder kannte er nicht.«

Das erste Gedicht: mit zehn, fast elf. Viele weitere folgten. Zwei Jahre später ein wichtiger Auftritt: das erste Vorlesen aus der Thora bei seiner Bar Mizwa. Vierhundert Gäste waren zu seinen Ehren eingeladen. Dylan lernte eine einfache Lektion, erst mit drei, dann mit fünf und schließlich mit dreizehn: vor Publikum etwas vorzuführen bedeutete, als Star behandelt zu werden. So erlebte er seine Wirkung in der Öffentlichkeit.

Mit zehn klimperte er auf dem Klavier herum, weigerte sich aber, Unterricht zu nehmen. Mit vierzehn entdeckte er die Gitarre. Dies sind Sheltons Daten; nach Anthony Scadutos 1971 erschienener Biographie spielte Dylan mit acht oder neun Klavier, mit zehn Mundharmonika und Gitarre. Beide sind sich einig (was nicht heißt, daß es so war), daß er mit vierzehn anfing, in einer Band namens Golden Chords zu spielen: Dylan an der Rhythmusgitarre, Monte Edwardson an der Leadgitarre, Leroy Hoikkala am Schlagzeug.

Manche Bands spielen jahrelang nur im Proberaum und sind sich nie sicher, ob sie wohl gut genug sind, aber das war nie Dylans Stil. Die Golden Chords traten anscheinend bei jeder sich bietenden Gelegenheit auf: auf Versammlungen der Moose Lodge oder der PTA [Parent-Teacher-Association, Eltern-Lehrer-Vereinigung, Anm. d. Ü.], auf Nachwuchsfestivals, Tanzveranstaltungen, offenen Bühnen, in Restaurants am Ort.

Auf die Golden Chords folgten andere Bands. Ein Jahr später spielt Dylan seinen Biographen zufolge in einer namenlosen Band mit einem Schlagzeuger, einem Bassisten, einem E-Gitarristen und Dylan als Leadsänger sowie an Klavier und Gitarre. Was damals die Standardbesetzung der Chicago-Blues-Band war, sollte bald darauf die der Rock'n' Roll-Band werden (Beatles, Stones). Man fragt sich, ob die Band deswegen keinen Namen hatte, weil Dylan (in jenen Tagen noch Robert Allen Zimmerman) die anderen Bandmitglieder nur als Begleitmusiker betrachtete. Larry Fabbro, der Gitarrist, erzählte Scaduto: »Bob war eindeutig der Chef. Er hatte immer eine genaue Vorstellung, was wir tun sollten, irgendein ›doo-dah‹, ›doo-wah‹ im Hintergrund, aber ansonsten war er derjenige, der sang. Wir waren seine Begleitung. Es ging gar nicht darum, als Gruppe zusammenzuarbeiten. Es ging um Bob und darum, was für ein toller Kerl er war. Er war Little Richard, mit Rhythmusgruppe im Hintergrund. Das Ganze war purer Little Richard.«

Little Richard. Little Richard war Sex, Little Richard war Selbstvertrauen, Little Richard war ein wilder Mann. Und er war noch etwas anderes: ein brillanter, intuitiver Musiker, mit Mut zum Experiment und zum Risiko. In seiner Stimme spürte man eine natürliche (vielleicht auch übernatürliche) Energie, und er trieb sein Klavier und seine Rhythmusgruppe dorthin, wo bestimmte, bis dahin unbekannte aber fühlbare Klanggesetze ihre Verbindung zu seinem Gesang forderten. Dylan verstand sofort, worum es ging, wollte intuitiv in dieselbe Richtung, dorthin, wo er später *Like A Rolling Stone* entdeckte und wo er noch heute arbeitet.

Berichte über Dylans berühmtesten Auftritt als Teenager – auf dem Jacket Jamboree Talent Festival der Hibbing High School, meiner Einschätzung nach im Frühling 1958 – zeigen unmißverständlich, daß Dylan der Muse des Rock'n'Roll bis hin zu einer logischen Konsequenz folgte, die der Musik jener Zeit fremd war – nicht nur in Hibbing, Minnesota, sondern überall; eine Konsequenz, die heute verblüfft durch ihr intuitives Verständnis der kommenden Entwicklung der Rockmusik (Dylan war seiner Zeit um gut acht Jahre voraus): Spiel so laut wie möglich. Nicht nur wild. Nicht nur rauh. Und nicht einmal nur laut, sondern SO LAUT WIE MÖGLICH, vorzugsweise in einem Kontext, wo das äußerste Empörung hervorrufen wird. Genau das tat Dylan in der Aula der Hibbing High School, wobei nicht einmal seine Band (geschweige denn seine Freunde und Zeitgenossen im Publikum) verstand, was er da machte, oder etwas damit anfangen konnte. Er war inspiriert, und er setzte seine Inspiration um (einigen Berichten zufolge solange, bis der Direktor ihm den Stecker herauszog, was zwar die Lautstärke verminderte – zumindest etwas, denn Dylan hatte ja noch sein Klavier –, ihn aber nicht bremsen konnte). Hätte er seine Karriere an diesem Punkt beendet, so wäre er immer noch ein Pionier des Rock'n'Roll und ein ästhetischer Vorreiter gewesen, auch wenn die Welt das nie erfahren hätte.

Es gab auch andere, ruhigere Auftritte. Er lernte ein Mädchen kennen, verliebte sich in sie, und das erste, was er tat, nachdem sie sich unterhalten und dabei ihre gemeinsame Begeisterung für Rhythm and Blues (gesellschaftlich verpönte Musik) entdeckt hatten, war, für sie Klavier zu spielen (sie war auf ihn aufmerksam geworden, als sie ihn auf der Straße hatte Gitarre spielen sehen). Echo Helstrom unterhielt sich später mit sämtlichen Biographen Dylans, auch mit Toby Thompson, der 1971 ein Buch namens *Positively Main Street* schrieb. Aus den Interviews mit ihr, Hoikkala und Fabbro sowie aus Sheltons Gesprächen mit Dylans bestem Freund John Bucklen entsteht das Bild von einem Jungen, der mindestens seit seinem vierzehnten Lebensjahr unablässig Musik machte und damit herumspielte, der dauernd Lieder schrieb, der Texte, kleine Melodien und interessante Rhythmen improvisierte oder Lieder aufgriff und spielte, die ihm gefielen: Rock, Pop, Hillbilly, Blues. Er bearbeitete die Stücke, kehrte sie von innen nach außen, spielte und experimentierte mit ihnen herum und machte sie sich auf diese Weise zu eigen.

Hoikkala (zu Scaduto): »Wenn er einen Song hörte, entwickelte er seine eigene Version davon. Er spielte sehr viel nach, aber er schrieb auch jede Menge eigene Sachen. Er setzte sich einfach hin, erfand ein Lied, spielte es ein paarmal und vergaß es wieder. Ich weiß nicht, ob er von diesen Liedern je eins aufgeschrieben hat.« Helstrom (zu Thompson): »Dieses Stück von Hank Snow, *Prisoner Of Love* – so sang Bob früher immer, eine Art Sprechgesang. Er spielte ein paar Strophen zusammen mit John Bucklen, und dann fing er an zu erzählen. Auf diese Art machte er auch neue Stücke. Irgendeine Situation kam ihm in den Sinn, und darauf baute er dann auf, das ging manchmal ewig. Ich glaube aber nicht, daß er diese Stücke je aufschrieb, es machte ihm einfach Spaß, sie aus dem Augenblick heraus zu spielen.« Shelton: »Bucklen erzählte mir, daß sie gerne improvisierten, während das Band lief: ›Wir holten uns eine Gitarre und sangen Strophen, die wir erfanden, während wir spielten. Seltsame, bizarre Sachen kamen da heraus. Wir hatten immer vor, sie irgendwo einzuschicken, aber wir haben es nie getan.‹«

Wenn Dylan privat spielte, dann tat er das für sich selbst, für die Musik, für jeden, der zufällig zuhörte. Manchmal bewältigte er dank seiner herrlichen Komik und Selbstironie beim Spielen Situationen, in denen ihn sonst seine Schüchternheit gelähmt hätte. Echo Helstrom erzählt die nette Geschichte, wie er einmal zu ihr rüberkam, nachdem die beiden sich vor ihren Eltern furchtbar gestritten und daraufhin ein paar Tage lang überhaupt nicht miteinander geredet hatten: »Ich öffnete die Tür, und da stand Bob; er trug wie üblich eine dieser Spielerwesten, die man damals aus dem Fernsehen kannte, schlug die Gitarre an und sang ›Do you want to dance and hold my hand?‹ – ein Lied von Bobby Freeman, das damals gerade beliebt war. Er stand auf der Treppe und sang es einmal ganz durch, dann schob er sich an mir vorbei ins Wohnzimmer und sang es für meine Eltern noch einmal. Und dann hörte er einfach nicht auf, sondern marschierte durch das ganze Haus und sang dabei das Lied immer weiter, bis wir alle so furchtbar lachen mußten, daß sich schließlich keiner mehr erinnern konnte, worüber wir uns eigentlich gestritten hatten.«

Wenn er öffentlich spielte, tat er das auch für sich selbst und für die Musik, und vermutlich auch für jene hypothetische Person, die möglicherweise irgendwo da draußen existierte, seine Musik verstand und darauf abfuhr. Es ging ihm nie darum, bei der Masse anzukommen und den Leuten zu geben, was sie haben wollten. Hatten ihm auch seine musikalischen Darbietungen als Kind nichts als Lob und Aufmerksamkeit eingebracht, so erntete er den meisten Berichten zufolge als Teenager für seine Bühnenauftritte mit Band meistens Spott, Gelächter, Buhrufe und Gleichgültigkeit; manchmal schien es, als bemühte er sich geradezu darum, genau diese Reaktionen hervorzurufen. Als Dylan im Juni 1986 in Minneapolis spielte – es war eine Art *homecoming concert*, seine Mutter war auch da –, machte er seine Witze darüber: Er sagte, er erinnere sich, wie er das nächste Lied mit zwölf gespielt habe (Übertreibung – künstlerische Freiheit –: das Stück lief erst im Radio, als er schon fünfzehn war) »...das war das erste Mal, daß ich ausgebuht wurde; es ging so: ...« Er sang *Let The Good Times Roll* und meinte danach zum Publikum: »Die Zeiten müssen sich wohl geändert haben – es hat keiner gebuht!«

Helstrom: »Es ging völlig an Bob vorüber, daß die Leute auf seine Musik nicht ansprangen. Er lebte in seiner eigenen Welt, es machte ihm nichts aus. Der Typ spielte, als ob alle klatschten, obwohl sie ihn tatsächlich auspfiffen.«

Über Dylans musikalische Aktivitäten während seines letzten Jahres an der Highschool und des vorangegangenen sowie darauffolgenden Sommers ist selbst gerüchteweise nicht viel zu erfahren. Echo und er hatten sich getrennt, er fuhr ziemlich oft nach St. Paul und Minneapolis. Scaduto schreibt, daß Dylan eine Band in Duluth hatte; Shelton identifiziert diese Band als die Satin Tones und berichtet, sie hätten ein Stück für einen Fernsehsender in Wisconsin gespielt, seien bei einer Tanzveranstaltung in einer Exerzierhalle in Hibbing aufgetreten, und Hibbings Radiosender habe eins ihrer Bänder gespielt.

Nachdem er die Schule im Frühsommer 1959 abgeschlossen hatte, arbeitete Dylan eine Weile lang als Hilfskellner im Red Apple Café in Fargo, North Dakota. Dort wurde ihm angeboten, in Bobby Vees Band Klavier zu spielen. Vee zufolge spielte er bei ein paar kleineren Gigs mit, wurde dann aber fallengelassen, weil er kein eigenes Klavier hatte und Vee, der gerade seinen ersten regionalen Hit gelandet hatte, nicht genügend Geld hatte, um ihm eins zu kaufen. Als Dylan anderthalb Jahre später nach New York kam, erzählte er Izzy

Young vom Folklore Center: »Ich habe bei Bobby Vee Klavier gespielt. Wenn ich bei ihm geblieben wäre, wäre ich jetzt Millionär.«

Shelton gibt an, daß sich Dylan im Sommer 1959 auch in Colorado aufhielt, wo er im Gilded Garter, einem Varieté in Central City, sowie in der Exodus Gallery Bar in Denver spielte. Scaduto und andere legen glaubhaft dar, daß diese Gigs, die offenbar folkorientiert waren und während derer Dylan Judy Collins und Jesse Fuller kennenlernte und von ihnen beeinflußt wurde, tatsächlich im Sommer 1960 stattfanden. Auf jeden Fall verließ Dylan Hibbing Ende August oder Anfang September 1959, um an der University of Minnesota in Minneapolis zu studieren.

Student

September 1959 – April 1962

»Weißt du, was Dylan war, als er ins Village kam? Er war ein Teenager, und das einzige, womit man ihn vergleichen konnte, war Löschpapier – er saugte alles auf. Er war von einer ungeheuren Neugierde, war völlig offen und unbelastet und bereit, alles zu absorbieren, was in seiner Reichweite lag.«

Liam Clancy

Minneapolis

Der Spruch neben Robert Zimmermans Namen im Jahrbuch der Hibbing High School von 1959 lautete: »Bald bei Little Richard«, aber schon im Herbst desselben Jahres war Bob Dylan ein Möchtegern-Folksänger, der in einem Kaffeehaus in Dinkytown (einem Künstlerviertel in der Nähe der Universität in Minneapolis) auf seiner Gitarre herumklimperte. Ich glaube nicht, daß viele von den Leuten, die ihn damals miterlebten, auf die Idee gekommen wären, daß er einmal der kreischende, klavierspielende Leader einer lauten Rock'n'Roll Band gewesen war. Der private Dylan, der für seine Freundin Blues und Hillbilly auf der akustischen Gitarre spielte, war jetzt auch der Bühnen-Dylan – nicht unbedingt, weil er seine Vorliebe für den Rock'n'Roll verloren hatte, sondern weil er angesichts der schlechten Chancen, die er als Rocksänger hatte, den Mut verloren hatte. Es war sehr schwer, in diese Szene hineinzukommen. Außerdem ging es 1959 mit dem Rock'n'Roll langsam bergab, sowohl was seine Beliebtheit als auch was seine Qualität anging.

Die Folkmusik dagegen war groß im Kommen. Vor allem aber war die Kaffeehaus-, Folk- und Beatnikszene zu der Zeit, als Dylan ans College kam, die Alternativszene; nur hier schien irgend etwas zu passieren, und um als Musiker da reinzukommen, mußte man nur in ein Kaffeehaus hineinspazieren und fragen, ob man spielen dürfe.

Scaduto zufolge spielte Dylan in Minneapolis als erstes in einem Kaffeehaus namens The Ten O'Clock Scholar, und zwar ab Oktober 1959. »Sein Repertoire war am Anfang noch nicht besonders umfangreich. Er sang ein paar traditionelle Folksongs, ein bißchen Country und Hillbilly, einige Lieder von Pete Seeger und viele Sachen, die damals *en vogue* waren, weil glatte, kommerzielle Folksänger wie Harry Belafonte oder das Kingston Trio gerade so beliebt waren. (...) Dylan sang in einem traditionellen Folkstil. Er konzentrierte sich mehr auf die Melodie, als er das später tun sollte. (...) Seine Stimme klang ziemlich nasal, und die meisten Leute fanden, daß er kein besonders guter Sänger war.«

Scadutos Darstellung basiert auf den Erinnerungen und Eindrücken von Leuten, die er interviewte, sowie auf einigen Zeitungsberichten aus der Mitte der sechziger Jahre über »Leute, die Dylan kannten, als...«. Sheltons Buch liefert zusätzliche Informationen. Spider John Koerner, der 1959 und 1960 zusammen mit Dylan im Scholar spielte, erzählte Shelton: »Dylan hatte eine sehr hübsche, eine sanfte Stimme, ganz anders als später.« Harry Weber, der zur gleichen Zeit mit Dylan zu tun hatte, sah das ganz anders: »Ich befürchtete, daß er bald gar keine Stimme mehr haben würde – er wußte offenbar, was er tat, aber er mißhandelte seine Stimme richtig, schrie die Lieder laut und rauh heraus.« Paul Nelson, der auch in Sheltons Buch zitiert wird, liefert eine Erklärung für diesen scheinbaren Widerspruch: »Dylan lernte unglaublich schnell. Wenn man ihn zwei Wochen lang nicht gesehen hatte, hatte er in der Zwischenzeit Fortschritte gemacht, als seien es drei Jahre. (...) Alle paar Wochen wurde Bob zu einem anderen Menschen mit einem anderen Stil.«

Dylan war vom Herbst 1959 bis Ende 1960 in Minneapolis und spielte in dieser Zeit im Scholar, im Purple Onion in St. Paul, in der Bastille und anscheinend auch auf jeder Party, die er finden konnte. Verschiedenen Berichten zufolge spielte er, ob man ihn dazu aufforderte oder nicht, und war kaum zu bremsen, wenn er erst einmal angefangen hatte. Für seine ersten Auftritte im Scholar bekam er nichts, aber irgendwann ab Ende 1959 oder Anfang 1960 begann er, ein paar Dollar pro Abend zu verdienen – im Mai 1960 waren es immerhin fünf Dollar. (Er war drei Semester lang an der Universität eingeschrieben, bis Herbst 1960, aber nach dem Herbst 1959 scheint er kaum oder gar nicht mehr an Lehrveranstaltungen teilgenommen zu haben.)

Im Sommer 1960 ging Dylan nach Colorado, spielte dort kurze Zeit in einem Varieté und dann in einem Folkclub in Denver, wo er sich auch oft aufhielt. Er lernte Jesse Fuller kennen und übernahm von ihm möglicherweise die Idee des Mundharmonikahalters, der es möglich macht, gleichzeitig Gitarre und Mundharmonika zu spielen – ein wichtiger Bestandteil von Dylans späterer Musik. Shelton berichtet, daß Dylan in Denver auch noch einen anderen schwarzen Sänger kennenlernte, Walt Conley, der ihm ein Lied namens *The Klan* beibrachte. Dylans Freund David Whitaker erzählte Stephen Pickering in einem unveröffentlichten Interview: »Dylan kam mit einem veränderten Akzent [aus Colorado] zurück. Er sprach anders. Er war überhaupt selbstsicherer. Er war nach Denver gegangen, ins Exodus, und er kam mit einem Lied wieder, das er oft spielte und das eine ganz neue Kategorie im Showbusineß darstellte: *The Klan*. Es war ein surrealistisches Gedicht.«

Der erste Mitschnitt eines Auftritts von Bob Dylan entstand angeblich im Mai 1960 in St. Paul, allerdings sind Datum und Authentizität der Aufnahme fragwürdig. Doch die Klangqualität des Bandes, das ich gehört habe, ist ohnehin so schlecht, daß es egal ist, ob es wirklich Dylan ist oder nicht – man kann nichts heraushören. Die andere Aufnahme aus der Zeit bevor Dylan zum ersten Mal nach New York ging, ist auf »Herbst 1960« datiert, sie umfaßt zehn oder elf Songs, die offenbar im Haus eines Freundes in Minneapolis aufgenommen wurden.

So wie die meisten Aufnahmen von Dylan vor 1962 läßt auch das Tape vom Herbst 1960 nicht den zukünftigen großen Künstler erahnen. Dennoch ist es faszinierend zu hören, wieviel von dem Dylan, den wir heute kennen, sogar zu der

Zeit schon existierte, als er sich noch damit abmühte, eine musikalische Identität zu finden und aufzubauen.

Sein Gitarrenspiel ist sehr einfach; anders als die meisten jungen Musiker hat er keine Ambitionen, seine Zuhörer durch seine Fingerfertigkeit zu beeindrucken. Auch in bezug auf den Gesang scheinen ihm die üblichen Maßstäbe, zum Beispiel Klarheit und schöner Klang, nicht wichtig zu sein. Und doch ist ihm die Qualität seiner Musik nicht egal – man hat nicht den Eindruck, daß er nur mit ein paar Freunden herumjammt und sich nicht drum schert, was dabei herauskommt. So stehen wir bereits hier vor der Frage, die sich Dylans gesamte Karriere hindurch und bis heute stellt: Wonach sucht er, und was sind die musikalischen Werte, die für ihn Bedeutung haben?

(Diese Frage ist deswegen wichtig, weil sich sehr oft gezeigt hat, daß Dylan nach etwas sucht, auf das andere Leute noch nicht gekommen sind, daß er einem Ruf folgt, den andere nicht gehört oder zur Kenntnis genommen haben. In dem Maße, wie er findet, was er sucht, erschließt er neues künstlerisches Areal. Einige Male schien ihm dabei die ganze Welt zu folgen, voller Begeisterung und Entdeckerfreude, zu anderen Zeiten wurde seine Suche lächerlich gemacht oder einfach ignoriert. Jedesmal hat er schließlich einen neuen Ruf gehört und sich in ein neues kreatives Abenteuer gestürzt.)

Was mir an der Aufnahme vom Herbst 1960 auffällt, ist die Formbarkeit von Dylans Stimme, die Art und Weise, in der sie sich dem Rhythmus und Charakter des jeweiligen Liedes anpaßt. Es ist, als wolle er selbst das Lied werden. Wir wissen von der Begeisterung, mit der Dylan 1960 und 1961 neues Material sammelte und absorbierte – man darf wohl vermuten, daß er auf der Suche nach seiner eigenen Identität war und daß diese Lieder mit ihrem intensiven Bezug zu realen und geheimnisvollen Gefühlen und Bewußtseinszuständen ihm die beste Orientierung boten, daß er hier auf seiner Suche am ehesten fündig wurde. Seine eigenen Lieder konnten das zu dieser Zeit nicht leisten – vermutlich weil er aus ihnen nichts Neues erfuhr –, wohl aber die überlieferten, die von anderen Leuten, alles, was er an Liedern finden konnte und was vielleicht diesen Funken, diese Kraft hatte.

Auf diesem Tape singt er *(I Wish I Was A) Red Rosey Bush*, *Johnny We Hardly Knew You*, Woody Guthries *Jesus Christ* (auf die Melodie von *Jesse James* gesungen; das Stück stellt Jesus klug und zutreffend als Outlaw und Radikalen dar: »If Jesus preached today what he preached in Galilee, they would lay Jesus Christ in his grave« [Wenn Jesus heute predigen würde, was er in Galiläa predigte, dann läge er bald in seinem Grab], *I'm A Gambler*, Jimmy Rodgers' *Blue Yodel* und eine Reihe von Talking Blues: zwei von Guthrie, einen vermutlich eigenen, in dem er sich über seinen Zimmergenossen lustig macht, und einen namens *Talking Lobbyist*, der anscheinend nicht von Guthrie ist, der Sprache nach wohl aber auch nicht von Dylan.

Die ersten beiden Stücke sind am stärksten. *Red Rosey Bush* ist sehr langsam, mit einem wunderbaren Gefühl fürs Timing gespielt, traurig und süß. Der Rhythmus trägt das Stück, und der Gesang entfaltet sich darin und breitet sich aus, unprätentiös und sehr überzeugend, wahrscheinlich weil Dylan in diesem Moment mit seinem ganzen Gefühl bei dem Lied war. (Ich kann mir gut vorstellen, daß er dasselbe Lied zwanzig Minuten später lieblos herunterschrubbte.) *Johnny We Hardly Knew You*, eine bekannte Anti-Kriegs-Hymne, interpretiert Dylan ebenfalls mit überraschender Überzeugung und Frische; er singt das Lied mit irischem Akzent, und man nimmt ihm das wirklich ab – einmal, weil er einen Sinn für die dramatische Dynamik des Liedes hat, zum anderen, weil er die Melodie eindeutig sehr gerne mag. Hier zeigt sich bereits seine verblüffende Fähigkeit, sich in den Ich-Erzähler eines Liedes zu versetzen – nicht intellektuell, sondern indem er sich von seinen eigenen Gefühlen tragen läßt. Später auf dem Band mault er, daß er einen Talking Blues von Guthrie spielen will, wenn er schon einen aufnehmen soll, und da hat sein Verstand wieder die Oberhand; aber die ersten paar Stücke kommen von Herzen.

Weiter hinten auf dem Band hört man einen interessanten Wortwechsel, als eine Freundin namens Cynthia hereinkommt, Dylan mitten im Lied unterbricht und ihn neckt, er solle lieber das Lied spielen, das sie sich gewünscht habe. Sie ist frech und pfiffig, und irgendwann improvisiert sie offenbar selbst eine Strophe Gesang, um klarzumachen, was sie will. Dylan wiederum fällt keine bessere Antwort ein als zu kichern und drei oder viermal zu sagen: »Screw you, Cynthia!« (Leck mich am Arsch, Cynthia!) Er ist in sich selbst versunken und sagt kaum etwas, und doch ist er irgendwie sympathisch, ja geradezu liebenswert. Neben seinem Ehrgeiz scheint es hauptsächlich dieser Charme gewesen zu sein, der ihn in seinen ersten Jahren als Musiker weiterbrachte – nach vielen zeitgenössischen Berichten, besonders über seine Auftritte 1961, kam sein Herumgealbere auf der Bühne, wenn er seine Gitarre stimmte oder seinen Mundharmonikahalter umzuhängen versuchte, beim Publikum gut an, selbst wenn die Leute vom musikalischen Teil seiner Show nicht besonders angetan waren.

Dylan kam Ende Januar 1961 nach New York (er verließ Minneapolis im Dezember 1960 mit der Absicht, Woody Guthrie zu besuchen und hielt sich unterwegs eine Weile lang in Chicago und in Madison, Wisconsin auf). Er brachte zwei Requisiten mit, die er während seiner Zeit in Minneapolis ausprobiert hatte und die inzwischen so sehr Teil seiner Identität geworden waren wie seine Gitarre: seinen gepflegten Okie-Akzent und seinen Künstlernamen.

Diese beiden neuen Errungenschaften entsprachen Dylans Bedürfnis, sich bedeckt zu halten, ein Geheimnis um seine Person zu machen, seine bürgerliche, jüdische und (in seinen jungen Augen) so gewöhnliche Herkunft aus dem Mittleren Westen zu verschleiern. Aber sie hatten noch eine andere Funktion: Sie gaben ihm etwas, womit er arbeiten konnte, ermöglichten ihm, seinem Image und sogar dem Klang seiner Stimme eine neue Form zu geben, die den Menschen widerspiegelte, als der er sich in seinem Innern tatsächlich fühlte. Ein ganzes Pantheon von amerikanischen Sängern, musikalischen Idolen inspirierte und bewegte ihn, von Johnnie Ray, Jimmie Rodgers, Elvis Presley und Little Richard über Odetta, Ray Charles, Hank Williams, Leadbelly bis hin zu Robert Johnson, Buddy Holly und Woody Guthrie; außerdem waren da noch die Schauspieler James Dean und Marlon Brando. Diesen Helden wollte Dylan es gleichtun – nicht in bezug auf ihren Erfolg, sondern in bezug auf ihr künstlerisches Format, ihre schöpferische Kraft. Und nichts sollte ihn dabei aufhalten; wenn sein Geburtsname, seine normale Stimme und die tatsächlichen Umstände seiner Kindheit ihm als Vehikel für seine Inspiration und Kreativität nicht geeignet erschienen, dann war er nur zu gerne bereit, sie zu ändern und sich selbst neu zu erschaffen, indem er all das, was ihn inspirierte und was in seinem Inneren vorging, zu einem zwar nicht klar definierten, aber greifbaren Bild von sich selbst zusammensetzte.

Robert Sheltons Buch gibt der alten Kontroverse um die Frage, warum Dylan sich den Namen »Dylan« aussuchte, eine überraschende neue Wendung: Shelton zufolge entstand der Name 1958 und lautete mindestens noch über die folgenden zwei Jahre »Dillon«. Für den Namen gebe es »wahrscheinlich zwei Quellen«: zum einen eine Pionierfamilie aus Hibbing namens Dillion, zum anderen Matt Dillon, den Helden der beliebten Western-Fernsehserie *Rauchende Colts*. Ich finde das sehr einleuchtend, wenn auch etwas desillusionierend, und ich möchte hinzufügen, daß der Klang seines Namens (immerhin heißt er mit Vornamen Bob Allen) für Dylan wahrscheinlich mindestens genauso wichtig war wie irgendwelche Assoziationen, die der Name vielleicht weckte. Genauso kann ich mir auch gut vorstellen, wie er später auf Dylan Thomas' Namen stieß (wenn auch nicht unbedingt auf seine Gedichte – außer dem Namen weist nichts darauf hin, daß Dylan jemals wirklich Interesse an Thomas' Dichtung hatte), Gefallen an der anderen Schreibweise fand und sie übernahm, weil er fand, daß der Name so besser aussah (vielleicht war er bis dahin auch drauf gekommen, daß es hip war, sich mit einem jung gestorbenen walisischen Dichter zu identifizieren, nicht aber mit einem Fernseh-Sheriff).

Was den Akzent angeht, so spielte Dylans leidenschaftliche Entdeckung von Woody Guthrie im Sommer 1960 hier zweifelsohne eine wichtige Rolle, obwohl er möglicherweise schon angefangen hatte, zu experimentieren und sich eine »authentischere« Folkstimme zu suchen, bevor seine Bewunderung für Guthrie ihn auf seinem Kurs bestätigte.

Der Akzent war etwas, womit Dylan arbeiten konnte, so wie ein Schauspieler vielleicht mit einem Spazierstock, und er machte ihn außerdem freier. Wenn Dylan versucht hätte, sich als jemand aus einer bestimmten Gegend auszugeben, der daher mit einem bestimmten Akzent sprach, dann wäre dieser Akzent eine Einschränkung gewesen, eine Maske, die er innerlich und äußerlich immer hätte präsent haben müssen. Doch Dylan neigte ohnehin dazu, zu nuscheln, Silben zu verschlucken und mit den Betonungen – sei es in einem Wort, einem Satz oder einer Liedzeile – herumzuspielen; sein neuer Akzent war in vielfacher Hinsicht einfach eine Übertreibung dieser Tendenz, war geographisch nicht definierbar. So schaffte ihm seine neue »Dylan-Stimme« tatsächlich mehr

Freiraum, um seine Musik spielerisch und kreativ von Wort zu Wort, von Ton zu Ton und von Lied zu Lied zu gestalten.

Greenwich Village

Man erzählt sich – und vielleicht stimmt es ja auch –, daß Dylan an seinem ersten Abend in New York in Greenwich Village im Café Wha? landete und dort Mundharmonika spielte. Sicher ist, daß er sich ausgesprochen schnell in die Folkszene im Village hineinschummelte. Innerhalb von wenigen Tagen machte er seinen Traum wahr und besuchte Woody Guthrie; er saß an dessen Krankenhausbett in New Jersey, sang und spielte Gitarre für ihn (Guthrie litt an Chorea Huntington und starb einen langsamen Tod). Guthrie war häufig übers Wochenende bei Bob und Sid Gleason in East Orange, New Jersey, und oft kamen Woodys Freunde aus Manhattan, um ihn dort zu besuchen und sich im Freundeskreis zu treffen. Dylan gelang es schnell, in diesen Kreis aufgenommen zu werden, und bald war er zum Schützling und Freund nicht nur von Guthrie, sondern auch von Pete Seeger, Cisco Houston und Ramblin' Jack Elliott geworden. In den Bars und Kaffeehäusern im Village, wo er oft war, wenn er nicht gerade Guthrie besuchte, freundete er sich auch mit Dave Van Ronk, Fred Neil, Paul Clayton, Mark Spoelstra, Peter La Farge und den Clancy Brothers an. Es muß berauschend gewesen sein – der Junge aus der Provinz, der ein Folksänger sein wollte, wurde in New York im Mittelpunkt des Geschehens mit offenen Armen empfangen und akzeptiert.

Er trat nachmittags oder in den Pausen von Konzerten in den Kaffeehäusern auf, ohne Gage, begleitete außerdem andere Musiker auf der Mundharmonika. Die beliebten Hootenannies im Gerde's Folk City, Folkabende, die immer montags stattfanden und bei denen abwechselnd unbekannte und etablierte Musiker vor Hunderten von Zuhörern spielten, waren eine ideale Gelegenheit für Dylan, Anhänger zu gewinnen. Am 5. April 1961 gab er ein Konzert vor der New York University Folk Music Society, für das er Geld bekam, die Veranstaltung wurde sogar auf einem Flugblatt angekündigt. Am 11. April ein großer Schritt nach vorne: Dylan wurde für zwei Wochen im Gerde's engagiert, um im Vorprogramm des großen Detroiter Bluessängers John Lee Hooker zu spielen. (Fünfundzwanzig Jahre später, im August 1986, erschien Hooker, der immer noch in Clubs auftritt, als Gastmusiker auf Dylans Konzert in Mountain View, Kalifornien.) Am 6. Mai 1961 spielte Dylan auf dem Indian Neck Folk Festival in Branford, Connecticut, wo er Musiker aus der aktiven Folkszene in Cambridge, Massachusetts kennenlernte und neue Freundschaften schloß. Später im Sommer fuhr er mehrmals nach Cambridge und erweiterte so den Kreis seiner musikalischen Freunde (und damit auch musikalischen Einflüsse) und Anhänger beträchtlich.

Im Sommer, wahrscheinlich im Juni, entstand seine erste professionelle Aufnahme: er spielte Mundharmonika bei einer Aufnahmesession von Harry Belafonte. Hinterher beschwerte er sich, er fände es furchtbar, dasselbe Stück wieder und wieder spielen zu müssen. Ende Juni schrieb er den *Talking Bear Mountain Picnic Massacre Blues*, einen witzigen, auf einer Zeitungsmeldung basierenden Talking Blues, den er von nun an oft spielte und der zusammen mit *Song To Woody* einer der ersten Songs war, der ihm Anerkennung als Songwriter brachte.

Im September/Oktober 1961 wurde er endgültig vom Amateur- zum Profimusiker. Er hatte einen weiteren zweiwöchigen Gig im Gerde's, wo er vom 26. September bis zum 8. Oktober im Vorprogramm der Greenbriar Boys spielte. Robert Shelton kam am ersten Abend und schrieb für die *New York*

Times eine begeisterte Kritik. Dylan spielte bei einer Aufnahmesession für Carolyn Hester Mundharmonika und lernte John Hammond von Columbia Records kennen. Noch vor Ende Oktober hatte er einen Plattenvertrag bei Columbia, und Ende November ging er ins Studio und nahm seine erste Platte auf. Im November gab er auch sein erstes offizielles Solokonzert in der Carnegie Chapter Hall, einem kleineren Saal im Gebäude der Carnegie Hall.

Das Album *Bob Dylan* ist das offizielle Dokument des Bob Dylan von 1961, eines Folksängers/Bluessängers/Komödianten, der vor allem Traditionals und Songs von anderen spielte, aber kaum selbstgeschriebene Lieder (seine humoristischen Einlagen waren zu dieser Zeit, auch wenn sie fast unbeabsichtigt schienen, ein fester Bestandteil seiner Show).

Darüber hinaus kursieren Aufnahmen von Dylan, die im Laufe des Jahres entstanden: ein Tape, das im Februar oder März bei den Gleasons zuhause in East Orange aufgenommen wurde; drei Lieder vom Indian Neck Festival im Mai; fünfundzwanzig Lieder, die ein Freund in Minneapolis bei einem Besuch Ende Mai aufnahm; die Belafonte-Session im Juni; eine Live-Radiosendung aus der Riverside Church im Juli; sechs Lieder von einem Auftritt im Gaslight Café im September; die Session mit Carolyn Hester Ende September sowie eine andere Aufnahmesession im Oktober, bei der Dylan die Bluessänger Big Joe Williams und Victoria Spivey auf der Mundharmonika begleitet; sieben Lieder von dem Konzert in der Carnegie Chapter Hall im November; ein Teil eines Interviews, das ein PR-Agent bei Columbia Records mit ihm machte; schließlich Aufnahmen, die im November und Dezember von Freunden zuhause gemacht wurden, eines in New York (das »McKenzie-Tape«) und eins in Minnesota (das »Hotel-Tape«). Einige der Songs von dem Minnesota-Hotel-Tape fanden weite Verbreitung, als sie 1969 auf dem Bootleg-Album *Great White Wonder* veröffentlicht wurden.

All diese Aufnahmen, die erste Platte eingeschlossen, weisen nichts auf, das allein Bob Dylans schnellen Aufstieg in der New Yorker Folkszene erklären würde (größere Club-Auftritte, einen Plattenvertrag, begeisterte Kritiken und so weiter). In Anbetracht der Vielfalt der vorhandenen Aufnahmen (selbst wenn man berücksichtigt, wieviel mehr gar nicht aufgenommen wurde) kann man wohl sagen, daß Dylan zu jener Zeit keine herausragende oder auch nur sehr gute Musik machte. Er spielte die Songs, an denen er sich versuchte (Blues, Lieder von Woody Guthrie), sogar nicht einmal so gut wie viele andere Musikerkollegen, deren Karrieren sich langsamer (in manchen Fällen auch gar nicht) voranbewegten.

Da ja die vielen Leute, die das Gefühl hatten, in Dylan stekke ein enormes Potential, recht behalten sollten – was war es, das sie spürten? Ich glaube nicht, daß es sein verborgenes Talent als Songwriter war. Er spielte 1961 nicht viele eigene Lieder, und diejenigen, die er spielte, vielleicht mit Ausnahme von *Song To Woody*, lassen kaum den genialen Liedermacher erahnen, der bald auf die Welt losgelassen werden sollte.

Die Aufnahmen und die vielen Augenzeugenberichte über Auftritte Dylans in den Büchern von Scaduto und Shelton sowie in Eric von Schmidts und Jim Rooneys Geschichte der Folkszene in Cambridge, *Baby Let Me Follow You Down*, haben mich zu dem Schluß kommen lassen, daß das Publikum, wenn es Dylan 1961 spielen hörte, etwas erlebte, was die jeweiligen Aufnahmen nicht vermitteln (außer in Ansätzen und vom heutigen Standpunkt aus gesehen).

Alles deutet darauf hin, daß es nicht Dylans Qualitäten als Gitarrist, die Originalität seiner Guthrie-Interpretationen oder auch seine clevere chaplineske Bühnenshow war, die die Leute berührte. Es war etwas anderes, etwas an ihm, das rüberkam, wenn er Gitarre spielte und Lieder von Guthrie sang und über die Bühne stolperte. Weil mir kein besserer

Ausdruck einfällt, nenne ich es seine Bühnenidentität. Der Bob Dylan, dessen Namen Robert Zimmerman in der Highschool gefunden hatte, und dessen seltsame Okie-Stimme er irgendwann entdeckt hatte, nachdem er sein Studium abgebrochen hatte, nahm 1961 immer klarere Gestalt an – weniger durch den Prozeß einer bewußten Identitätsgestaltung, als durch die Geburt von etwas, das schon da war, das schon lange am Reifen war und nach außen drängte.

Indem Dylan als Künstler wuchs und weiterhin absorbierte und sich so zu eigen machte, was immer ihm gefiel, gelangte er an einen Punkt, wo er seine Persönlichkeit, seine Präsenz, nicht nur durch seine Auftreten vermitteln konnte, sondern auch in den Liedern, die er schrieb, und in Aufnahmen seiner Musik. Und in diesem Moment wurde Dylan fast über Nacht zum Star, zum Brennpunkt der Aufmerksamkeit in den U.S.A. und auf der ganzen Welt. Doch diese helle Bob-Dylan-Flamme brannte auch schon in seiner Lehrzeit in ihm, und wenn man nah genug an ihn herankam, konnte man sie fühlen. Shelton zufolge bot John Hammond Dylan sogar einen Plattenvertrag an, bevor er ihn hatte singen hören!

(Hammond hatte Dylan allerdings beim Mundharmonikaspielen zugeschaut – mit anderen Worten, er hatte ihn Musik machen sehen, und das war genug. Hätte er Dylan danach noch offiziell vorspielen lassen, dann hätte er sich vielleicht doch noch beirren lassen und gedacht, der Junge sei noch nicht so weit, so wie es andere Produzenten um diese Zeit herum auch schon getan hatten. Aber Hammond – der auch Billie Holiday entdeckt hatte und später Bruce Springsteen – war weise genug, seinem Herzen zu folgen.)

Auf der Aufnahme aus East Orange singt Dylan einen Song von Jesse Fuller und einen von Reverend Gary Davis sowie einige Lieder von Woody Guthrie, alle ziemlich farblos. Am besten spielt er ein Stück, das wenig mit dem Image

zu tun hat, das er von sich zu vermitteln versucht: einen Pop/
Country-Song namens *Remember Me*. Dylan singt mit Gefühl,
vielleicht weil er hier weniger daran denkt, wie er das Lied
singen »sollte«, vielleicht auch, weil es da tatsächlich ein Mädchen in Minnesota gab, von dem er in Erinnerung behalten
werden wollte.

Das kurze Tape vom Indian Neck Festival ist die erste Aufnahme, auf der Dylan vor einem Publikum spielt. Er ist erstaunlich selbstsicher, und dieses Selbstvertrauen zeigt sich
besonders deutlich in seinem Timing: sämtliche Lieder auf
dem Band sind (von Guthrie geschriebene) Talking Blues, eine schwierige Form, die vom Timing und von der Beziehung
zum Publikum lebt. Dylan singt mit der entspannten Kraft
eines Pete Seeger, er singt, als bestünde das Publikum aus alten Freunden, mit denen er sich seit zwanzig Jahren im Dialog befindet. In seinem Gitarren- und Mundharmonikaspiel
spürt man ebenso viel Persönlichkeit wie in seiner Stimme;
es wirkt als rhythmischer, summender Grundklang, der die
Aufmerksamkeit eines jeden Zuhörers, sollte sie auch nur ein
wenig nachlassen, auf sich zieht, so daß die Energie des Publikums auf den Spielenden konzentriert bleibt. Wir wissen
aus Berichten von damals (und auch von späteren Auftritten),
daß Dylan zwischen Lampenfieber und einer enormen Gelassenheit hin und her schwankte; für letztere ist diese Aufnahme ein gutes Beispiel.

Eine andere Art von Dokumentation neben den Tonaufnahmen sind Fotografien. *Baby Let Me Follow You Down*
enthält vier Fotos von Dylan vom Indian Neck Festival: zwei
von seinem Auftritt (er sieht konzentriert und etwas besorgt
aus, bevor er den Mund aufmacht, konzentriert und glücklich, wenn er dann tatsächlich singt) und zwei, auf denen er
im Publikum ist (sieht einsam aus). Es gibt auch ein sehr poe-
tisches Foto von Dylan allein, wahrscheinlich etwas später
im Sommer in Cambridge aufgenommen, auf dem er weh-

mütig und versunken, ein bißchen wie ein heimatloses Kind, aussieht. Der Bildband *Dylan* der Rolling Stone Press, ein großes Bilderbuch für den Kaffeetisch mit einem Text von Jonathan Cott, enthält eine Auswahl von Fotos aus dem Jahr 1961: eins in der klassischen Folksänger-Pose, auf dem er mit geschlossenen Augen und ernstem Gesichtsausdruck die Gitarre zupft, angeblich beim Hootenanny im Gerde's aufgenommen; einen Schnappschuß, der ihn mit einem wunderbar kindlichen Gesicht auf dem Indian Neck Festival in Aktion zeigt; ein Bild mit seiner sofort berühmt gewordenen schwarzen Cordmütze (einem seiner offensichtlichsten und wirkungsvollsten Requisiten, das auch sein privates Image mitgestaltete), auf dem er mit Karen Dalton und Fred Neil im Café Wha? Mundharmonika spielt; einige ausgezeichnete Aufnahmen von Dylan, dem Clown, auf denen er seine ausgebeulten Hosen hochzieht und mit Mütze, Stiefeln, Gitarre und Mundharmonika posiert – Cotts Bildunterschrift lautet »ein bißchen Huck Finn, ein bißchen Charlie Chaplin und ein bißchen Woody Guthrie« (der besondere Wert dieser Fotos besteht darin, daß sie es ermöglichen, auch Jahre später die nicht-musikalischen und non-verbalen Aspekte von Dylans Wirkung nachzuvollziehen); das Foto von ihm mit Victoria Spivey, das auf der Rückseite seiner 1972 erschienenen Platte *New Morning* zu sehen ist (»ein armes kleines Baby«, nannte sie ihn, »ein kleines Ding«); vier großartige Bilder von Dylan während der Aufnahmesessions zu seiner ersten Platte, mit einem onkelhaft aussehenden John Hammond; schließlich noch ein paar andere undatierte Fotos, die von 1961 sein könnten, darunter eine der seltenen Aufnahmen von Dylan (hier mit seiner Freundin Suze Rotolo), auf denen er eine Brille trägt. Ein wichtiger, aber unsichtbarer Aspekt seiner öffentlichen Auftritte war, daß er sich früh entschieden hatte, trotz seiner Kurzsichtigkeit keine Brille zu tragen. In den ersten Jahren trug er auch keine Kontaktlinsen, und ich weiß nicht, ob er heute welche trägt. Wir müssen also davon ausgehen, daß er sein Publikum nicht besonders gut sehen konnte, und daß seine Wahrnehmung auf der Bühne durch jenen Schleier einer nicht korrigierten Kurzsichtigkeit beeinflußt wurde, der die Gesten und Gesichtsausdrücke anderer Menschen verschwinden und die Welt zu einem kleinen, persönlichen und abgeschlossenen Ort werden läßt – ein einsamer, aber vielleicht auch intensiver und anregender Ort für einen Menschen, der fest an sich selbst glaubt.

Daß Dylan Fotos auch durchaus als eine Art dokumentierte Selbstdarstellung betrachtete, zeigt sich auf dem Hotel-Band aus Minnesota, als er begeistert zu Tony Glover sagt: »Hey Mann, du solltest dir mal ein paar Bilder von mir ansehen. Ich mach keine Witze! Mm. Ich sehe aus wie Marlon Brando, James Dean oder so jemand. Du solltest mich sehen. Ich hab so einen blauen Rollkragenpullover an. Alle möglichen Bilder von mir. Ohne Gitarre. Oder man sieht nur den oberen Teil davon, weißt du.«

Das »Minnesota-Party-Tape« vom Mai 1961 enthält eine breite Auswahl von Liedern. Mindestens zehn der fünfundzwanzig Songs sind von Guthrie, wahrscheinlich sogar mehr, denn Dylan lernte viele der Traditionals, die er damals spielte, indem er Aufnahmen von Guthrie anhörte (die Gleasons hatten eine riesige Bibliothek von solchen Bändern). Es sind keine von Dylan geschriebenen Lieder dabei. Zum größten Teil ist das Tape gefällig, aber etwas farblos. Einer der wenigen wirklich starken Songs auf dem Band ist Reverend Gary Davis' *Death Don't Have No Mercy*, das Dylan mit echter Leidenschaft singt und spielt. Leider hört er nach zwei Strophen plötzlich auf, vielleicht weil er (wie seinem Kommentar zu entnehmen ist) das Stück mit der Absicht spielte, einem Freund die Akkorde beizubringen. Der Kontrast zwischen diesem und den meisten anderen Liedern läßt mich vermuten, daß die

Fadheit der Musik auf diesem Tape nichts mit Dylans damaligen Fähigkeiten zu tun hat, sondern eher mit einer Art Befangenheit. Er singt viel überzeugender und sicherlich ungehemmter, wenn er nur vorführen will, welche Akkorde er spielt. (Was versucht er bei den anderen Liedern zu tun? Ich weiß es nicht. Aber ich vermute, es ging ihm darum, einen bestimmten Eindruck, ein bestimmtes Bild von sich zu vermitteln. Dylan war wieder bei seinen Freunden aus der Stadt, wo er aufs College gegangen war, nach seinen ersten Monaten in New York City. Er war gerade zwanzig Jahre alt geworden.)

Die Version von Woody Guthries *Pastures Of Plenty*, mit der das Band endet, finde ich allerdings auch sehr bewegend. Sie ist überhaupt nicht dramatisch, fast gemurmelt, und man muß sie sich vielleicht ein paarmal anhören, um richtig hineinzukommen, aber für mich ist diese Interpretation geradezu schmerzhaft menschlich, vielleicht ein indirekter Ausdruck von Dylans Gefühlen gegenüber Woody – wie es ist, mit einem zum Krüppel gewordenen Helden zusammenzusein, dessen Geist noch lebendig ist, der aber nicht mehr singen oder klar sprechen oder auch nur viel herumlaufen kann, ein geliebter Freund, der unter ständigen Schmerzen lebt. Dylan fängt an, indem er stolz erzählt, wie Woody ihm das Lied beigebracht hat (was wahrscheinlich nicht stimmt), und prahlt dann: »Einmal hat er zu mir gesagt, daß ich es besser als alle anderen singe.« Letzteres stimmt wahrscheinlich, Woody hat das wahrscheinlich wirklich zu ihm gesagt, und das scheint Dylan in eine demütige Stimmung zu versetzen: Woody wird plötzlich real für ihn und ist kein Objekt mehr, keine Trophäe, die er aus der großen Stadt mitgebracht hat, um damit anzugeben. Aus dieser demütigen Stimmung heraus beginnt Dylan zu singen und spielen, ganz tief aus seinem Inneren, fast in einer Trance.

Für alle, die sich näher mit Dylan beschäftigen und herausfinden wollen, wie er zu dem Live-Musiker und Songwriter und musikalischen Helden wurde, der er bald war, sind sämtliche Aufnahmen aus dieser »Studenten«-Zeit von Interesse. Wenn man sich anhört, wie er auf dem Titelsong von Harry Belafontes Platte *Midnight Special* Mundharmonika spielt, wird einem klar, wie einschränkend er die Welt der kommerziellen Musik mit ihren ausgefeilten Arrangements und »professionellen« Aufnahmetechniken empfand. Es wäre unmöglich für ihn gewesen, sich an diese Welt zu »verkaufen«, wenn er es je gewollt hätte; er hatte weder die Geduld noch die Unterwürfigkeit dazu, und er achtete seine eigenen Impulse und Bedürfnisse zu hoch. Er hätte sich nie einfügen können.

Auf dem Riverside-Church-WRVR-Tape von Ende Juli spielt und singt Dylan sehr differenziert und überzeugend (besonders auf *Handsome Molly*) und demonstriert dabei schon etwas von dem Einfallsreichtum und dem geschärften musikalischen Bewußtsein, das für sein ganzes späteres Werk so charakteristisch werden sollte. Es ist auch schön, ein ausführliches Beispiel dafür auf Band zu haben, wie Dylan auf scheinbar widersinnige Weise sein Publikum für sich einnimmt, indem er sich hilflos stellt und zwischen den einzelnen Stükken über lange Minuten hinweg versucht, seinen aus einem Kleiderbügel zurechtgebogenen Mundharmonikahalter mit einem geliehenen Messer zu reparieren. Sein Timing ist exzellent. »Ich bin eigentlich kein Komiker«, murmelt er vor sich hin, während das Publikum johlt und lacht und der Radiosprecher seinen Zuhörern erklärt: »Ich wünschte, das Fernsehen wäre hier!«

Die nächste Aufnahme stammt von einem Clubauftritt im Gaslight Anfang September, und auch hier spürt man nichts von der Befangenheit, ist die Musik nicht so fade wie auf den diversen zuhause (und auf Partys) aufgenommenen Tapes. Die Herausforderung eines Live-Publikums scheint Dylan in einen aufmerksameren, konzentrierteren Bewußtheitszustand zu versetzen (natürlich nicht immer, aber es ist schon erstaunlich, wie intensiv dieser Zustand sein kann, wenn er eintritt).

Auf diesem Band hören wir Dylan zum ersten Mal einige seiner eigenen Kompositionen singen: *Talking Bear Mountain Picnic Massacre Blues*, *Song To Woody*, *Man On The Street*. Er spielt auch eine sehr ergreifende Version eines Traditionals namens *He Was A Friend Of Mine*.

Dylan verändert den Stil seines Gesangs und seiner Begleitung für jedes Lied auf dem Tape, manchmal auf eine sehr subtile, aber bedeutsame Art und Weise. In *Song To Woody* schiebt er die Stimme dadurch in den Vordergrund, daß er die Gitarre zurücknimmt; einzelne Worte werden langgezogen oder zusammengepreßt, nicht nur, um den Text zu gestalten, sondern als Teil des musikalischen Arrangements, der Melodie und des Rhythmus der jeweiligen speziellen Interpretation eines Liedes. Mit solchen Techniken schafft sich Dylan die Möglichkeit, jedem Lied, das er singt, eine verschiedene Form zu geben und die dem jeweiligen Augenblick entspringende Stimmung zu vermitteln.

Am Anfang der Gaslight-Version von *Song To Woody* spielt Dylan ein paar Töne auf der Mundharmonika, dann legt er sie beiseite bis ganz zum Schluß – und diese drei Sekunden am Ende halten das ganze Stück zusammen. Außerdem liefern sie eine erste Kostprobe eines ganz bestimmten Klangs, den Dylan auf der Mundharmonika erzeugt – jenes Klangs, der ins Herz schneidet, wenn man *Bringing It All Back Home* oder *Just Like A Woman* anhört, und der das Publikum bis heute immer wieder in Begeisterung versetzt, sobald Dylan auf der Bühne anfängt, Mundharmonika zu spielen.

Andere Varianten von Dylans Mundharmonikaspiel kann man auf drei Titeln der LP *Carolyn Hester* von Carolyn Hester hören (am 30. September 1961 aufgenommen) sowie in vier Liedern auf der Platte *Victoria Spivey: Three Kings And A*

Queen, Vols. 1 & 2 (am 21. Oktober 1961 aufgenommen). Diese Musik ist locker und lebhaft (anders als die Session mit Belafonte); Dylan darf sich kreativ uneingeschränkt ausleben, und er tut es mit Feuereifer. Er spielt wild und chaotisch, flitzt hin und her und schafft es mit erstaunlicher Leichtigkeit, mit den anderen Musikern zusammenzuarbeiten und sie anzuregen, während er gleichzeitig ungestüm und unbeirrbar seine eigene Person in den Vordergrund schiebt. (Auf dem Gaslight-Tape singt Dylan übrigens mit Dave Van Ronk ein hübsches Duett auf Woody Guthries *Car Car*; und Dylans Mundharmonikabegleitung zu Danny Kalbs Interpretation von *Mean Ol' Southern* auf dem Riverside-Tape ist auch eine wahre Freude.)

Besonders beeindruckend – und aufschlußreich – ist die Unbefangenheit, mit der Dylan zur Musik von Big Joe Williams und Victoria Spivey auf den Spivey-Platten Mundharmonika spielt wie ein Schwarzer. Daß ein junger Weißer mit schwarzen Bluessängern zusammenspielte (auf deren Einladung hin), war 1961 praktisch beispiellos; daß ein junger Weißer mit so viel Gefühl und Chuzpe spielte, ist noch heute bemerkenswert. Zum Teil lag das eindeutig daran, daß Williams Dylan wirklich mochte, ihn ermutigte und ihm viel Raum ließ. Im übrigen hatte Dylan einfach eine besondere Begabung für den Blues, wie diese Aufnahmen zeigen (besonders *Wichita* und *Sitting On Top Of The World*). Es muß Dylans Selbstvertrauen als amerikanischer Musiker sehr gestärkt haben, daß sich Leute wie Woody Guthrie, Victoria Spivey und Big Joe Williams am Anfang seiner Karriere mit solcher Wärme seiner annahmen.

Das letzte Tape von Bob Dylan vor seiner ersten Platte (jedenfalls das letzte, von dem ich weiß) ist ein unvollständiger Mitschnitt des Konzerts in der Carnegie Chapter Hall am 4. November 1961. Die Klangqualität des Bandes ist gut, Dylan erzählt ein paar lustige Geschichten (und dudelt dazu entsprechend auf der Gitarre herum), und die Musik ist unterhaltsam und voller Energie. Aber man spürt eine seltsame Distanz, die sich sehr von der Intimität der Musik im Gaslight unterscheidet. Es ist sehr gut möglich, daß sich dies von Konzert zu Konzert änderte, je nach Dylans Laune, den äußeren Umständen und dem Alkoholpegel in seinem Blut (zu viel, nicht genug, gerade richtig – Dylans Neigung, vor Auftritten zu trinken, 1961 und auch später, ist ausreichend belegt). Aber vielleicht hatte es auch mit seinem Erfolg zu tun – mit der guten Kritik, dem Plattenvertrag – und mit seiner Sorge darüber, was andere Leute aus seinem Bekanntenkreis wohl von seinem »Glück« hielten. Auf jeden Fall sollten Dylans Gefühle gegenüber seinem Publikum und sein Bedürfnis, sich irgendwie vor dessen (mutmaßlicher) Liebe, Haß oder auch beidem zu schützen, von dieser Zeit an seine Auftritte stark beeinflussen. Er lernte, sein eigenes Unbehagen zu nutzen und als eine Art künstlerische Kraft einzusetzen, und in gewissem Maße tut er das auch bei dem Auftritt in der Carnegie Chapter Hall. Er ist in Bewegung, und das ist attraktiv. Doch wenn man dieses Tape anhört, hat man gleichzeitig auch den Eindruck, daß hier ein Musiker spielt, der nicht weiß, wer er gerade ist oder wer er wirklich sein will.

Die erste Platte

»Er [John Hammond] fragte mich, was ich mache«, erzählte Bob einem Freund kurze Zeit später, »und ich sagte, ich habe ungefähr zwanzig Lieder, die ich aufnehmen will. Ein paar Sachen, die ich selbst geschrieben habe, ein paar, die ich entdeckt habe, und ein paar, die ich geklaut habe, das wär's.«
    Sy & Barbara Ribakove, in *Folk-Rock: The Bob Dylan Story*

»Ich hatte damals ein heftiges, aggressives Gefühl in mir. Ich spielte einfach Gitarre und Mundharmonika und sang diese Lieder, und das war's. Mr. Hammond fragte mich, ob ich irgendeins nochmal singen wollte, und ich sagte nein. Ich kann mir nicht vorstellen, dasselbe Lied zweimal hintereinander zu singen. Das ist doch furchtbar.«

Bob Dylan, 1962

Bob Dylan nahm seine erste Platte innerhalb von zwei Tagen auf: am 20. und 22. November 1961 in New York City. Zwei der dreizehn Titel waren eigene Songs, was bedeutete, daß er, in der Tradition von Woody Guthrie und der Folkmusik überhaupt, den Text selbst geschrieben und die Melodie von einem anderen Lied übernommen hatte. Sieben Titel sind von schwarzen Sängern oder haben ihre Wurzeln in der traditionellen schwarzen Musik, zwei sind Lieder aus der traditionellen Country-Musik (d.h. aus der weißen, ländlichen Tradition), und zwei sind alte englische Balladen. Dylan singt, spielt Gitarre und Mundharmonika und ist der einzige Musiker auf der Platte. John Hammond produzierte die LP; möglicherweise entschied er, welche der ungefähr zwanzig Stücke, die sie einspielten, tatsächlich auf die Platte aufgenommen wurden. Man hat den Eindruck, daß Hammond Dylan ermutigte und dafür sorgte, daß er sich im Studio wohl fühlte, daß er ihn darauf hinwies, daß er das »P« nicht knallen lassen sollte und sich sonst nicht weiter einmischte. Dylans Freundin Suze Rotolo, die er bei der Riverside-Church-Sendung im Juli kennengelernt hatte, war bei den Aufnahmesessions auch dabei.

Ich habe schon erwähnt, daß vom Standpunkt des Künstlers aus seine Musik, ob er nun auf der Bühne oder im Aufnahmestudio spielt, immer »live« ist – sie ereignet sich in einem bestimmten Moment, und alle Variablen dieses Moments, zum Beispiel die Art und Weise, wie die Finger auf die Saiten gesetzt werden, oder die Menge an Luft, mit der ein Wort oder eine Phrase gesungen werden, tragen dazu bei, nicht nur das zu einem früheren Zeitpunkt geschriebene Lied zu vermitteln, sondern auch die Gefühle und die Befindlichkeit des Musikers in diesem Augenblick. Man darf wohl soweit gehen zu sagen, daß nicht nur das subjektive Erleben des Künstlers Ausdruck findet, sondern auch gewisse »objektive« Elemente des Moments, in dem er spielt – von der Zimmertemperatur bis hin zur aktuellen gesellschaftlichen Atmosphäre.

Ich muß allerdings hinzufügen, daß die moderne Studiotechnik den Live-Charakter einer Aufnahmesession völlig aufheben kann, indem eine Aufnahme Stück für Stück aufgebaut wird, so daß die Musiker nie gleichzeitig anwesend sind oder ein Sänger ein Lied nie wirklich einmal von Anfang bis Ende singt. Wenn so verfahren wird, was in den achtziger Jahren ja üblich ist, dann würde ich das daraus entstandene Musikstück nicht als *performance* betrachten, so wie ich den Begriff verstehe (d.h. als live dargebotene Kunst, als den künstlerischen Ausdruck eines – oder mehrerer – Menschen in einem bestimmten Moment), sondern es ist dann meiner Ansicht nach eher mit einer Komposition vergleichbar.

Natürlich erfordert auch das Komponieren Spontaneität, Intuition und auch eine Portion Glück, so wie ein gewisses Maß an Planung und Vorbereitung notwendig ist, um aufzutreten und live zu spielen. Wenn ich Dylans Studioaufnahmen als *performances* behandle, dann deshalb, weil er es im großen und ganzen vorgezogen hat, auch im Studio live, oder so live wie möglich, zu spielen. Oft nimmt er seine Lieder in ein bis zwei Takes auf, mit Musikern, die ihn direkt begleiten, während er singt (und die häufig nicht einmal die Möglichkeit hatten, ein Stück zu proben, bevor sie ins Studio kamen). Er nutzt nur relativ selten die Möglichkeiten des Overdubbing oder des schichtweisen Aufbaus seiner Aufnahmen (was für die Beatles ganz normal war und sehr effektiv von ihnen eingesetzt wurde). Es scheint ihm lieber zu sein, das

Studio wie ein Kaffeehaus zu behandeln, wo die Leute, die später seine Platten kaufen und anhören werden, an Tischen vor der Bühne sitzen und von ihm erwarten, daß er ihre Aufmerksamkeit auf sich lenkt und sie fesselt.

Und das führt uns zu dem entscheidenden und offensichtlichen Unterschied zwischen einem Live-Auftritt und einer Studioaufnahme, selbst bei einem Künstler, der im Studio so »primitiv« arbeitet wie Dylan: Auf der Bühne hat man das Publikum vor sich, es reagiert direkt (wenn auch nicht unmißverständlich: manchmal erscheint von der Bühne aus Faszination wie Stumpfsinn und umgekehrt); im Aufnahmestudio muß man sich das Publikum dazudenken, muß es sich vorstellen. Für den Musiker existiert es (sonst könnte er nicht spielen), aber er nimmt es anders wahr als mit den fünf physischen Sinnen.

Wenn auf dieser ersten Platte etwas fehlt, und ich denke, es fehlt etwas, dann ist es wahrscheinlich eine klare Vorstellung seitens des Musikers, wer sein Publikum ist, für wen er singt, wer er in seinem Verhältnis zu uns ist. Bis zu diesem Zeitpunkt waren Dylans Ziele klar definiert: er wollte als Folkmusiker akzeptiert und auf der Bühne anerkannt werden, die Zuhörer mit seiner Musik bewegen und schließlich die Möglichkeit haben, eine Platte aufzunehmen. Zehn Monate nach seiner Ankunft in New York hat er alle diese Ziele erreicht. Was nun? Er ist in einer fremden Umgebung – zum ersten mal allein in einem Aufnahmestudio – und singt für ein unsichtbares Publikum. Er macht seine Sache gut, zeigt, was er gelernt hat, bringt auch tiefe Gefühle zum Ausdruck. Aber über den üblichen Wunsch jedes jungen Mannes hinaus, eine möglichst romantische Figur abzugeben, ist er sich nicht sicher, was er hier eigentlich will.

Das Ergebnis ist eine ansprechende, aber irgendwie diffuse Platte. »Bob Dylan«, der Mythos, die Rolle, die überlebensgroße Figur, ist noch nicht da. Hinweise auf das, was kommen wird, gibt es jede Menge – zumindest vom heutigen Standpunkt aus gesehen –, doch in erster Linie hören wir einen interessanten, aber unreifen weißen Bluessänger (à la Van Ronk oder Von Schmidt, aber mit weniger Pepp, Individualität, Charakter). Er hat einen seltsamen und offensichtlich aufgesetzten Akzent. Er sieht sehr jung aus und singt viele Lieder über den Tod.

Es ist interessant, aber auch wieder nicht ungewöhnlich, daß ein zwanzigjähriger Sänger seine erste Platte mit Liedern über das Sterben bestreitet (*In My Time Of Dying*, *Fixing To Die*, *See That My Grave Is Kept Clean*; außerdem Anspielungen auf den Tod des Sängers in *Man Of Constant Sorrow*, *Highway 51*, *House Of The Rising Sun* und – scherzhaft – in *You're No Good*, sowie auf den Tod von jemand anderem in *Peggy-O*). Es ist typisch für Teenager, daß sie sich – manchmal geradezu besessen – mit dem Tod beschäftigen; nicht unbedingt, weil sie tatsächlich damit in Berührung gekommen sind, sondern oft vielleicht gerade deshalb, weil sie keine Erfahrung damit haben. (Es gibt keinerlei Belege dafür, daß Dylan als Teenager schwer krank war, wie auf der Rückseite seiner ersten LP berichtet wird, abgesehen von der Tatsache, daß er es Shelton – der den Plattentext unter Pseudonym schrieb – erzählte. Dylan erzählte Shelton alles mögliche, wovon einiges nachweislich falsch war.)

Ein junger Mann, der ein romantisches Bild von sich vermitteln will, wird sich im allgemeinen, so denke ich, Sex, ein Leben *on the road* und voller Ausschweifungen (Alkohol, Drogen, durchgemachte Nächte) sowie den Tod als Themen aussuchen. Neben dem Tod findet sich jede Menge Wanderleben auf dieser Platte (*Man Of Constant Sorrow*, *Highway 51*, *Freight Train Blues*, *Talking New York*, *Song To Woody*), aber erstaunlich wenig Saufen und Sex. Beide Themen tauchen in *House Of The Rising Sun* auf, aber nicht in einer Weise, die den Sänger besonders verwegen oder abgebrüht erscheinen läßt. *Baby Let Me Follow You Down* handelt zweifellos von sexuellem Verlangen, aber der Text ist ziemlich respektvoll, und Dylans Stimme klingt kein bißchen lasziv (im Gegensatz zu Dave Van Ronks Version desselben Liedes, das bei ihm *Baby Let Me Lay It On You* heißt [Komm Baby, ich steck's dir]). Die einzige Zeile auf der ganzen Platte mit deutlichem erotischen Unterton ist »when you get a crazy notion [of] jumping all over me« (Wenn du auf die verrückte Idee kommst, auf mir herumzuhüpfen) in *You're No Good*. Es ist durchaus möglich, daß Dylan in seiner Village-Zeit genauso ein Frauenheld war wie sein Idol Woody Guthrie, aber dieses Image versucht er auf der Platte nicht zu vermitteln.

Interessanterweise werden alle Lieder auf der Platte in der ersten Person gesungen (im Gegensatz zu vielen Folk-Balladen, die eine Geschichte in der dritten Person erzählen), und bis auf zwei handeln alle von der Person, die singt (*Gospel Plow* und *Pretty Peggy-O* sind die Ausnahmen). Sicher stehen nicht alle diese Personen für Dylan – *House Of The Rising Sun* ist sogar vom Standpunkt einer Frau aus erzählt (was stimmig ist, für einen männlichen Sänger aber dennoch ungewöhnlich). Dylan scheint eher das Gefühl zu haben, daß diese Lieder die Möglichkeit bieten, sich – als Sänger wie als Zuhörer – in die Erfahrung eines anderen Menschen hineinzuversetzen.

In seinen zwei selbstgeschriebenen Liedern spricht Dylan direkt von seinen eigenen Erfahrungen. An dem ersten, *Talking New York*, sind viele Details von Dylans Interpretation bemerkenswert: die Geschicklichkeit, mit der er die Ironie rüberbringt und die Anteilnahme seiner Zuhörer weckt, das kleine Lachen in seiner Stimme und wie immer sein Timing. Dennoch finde ich es sehr schwierig, diesen Song immer wieder anzuhören, zum Teil sicher deswegen, weil er gesprochen ist – was, wenn man so will, ein Beweis dafür ist, daß es nicht einfach Dylans Texte sind, die mir gefallen, sondern der Klang der Worte, wenn er sie singt. Die tatsächlichen Stärken und Schwächen des Stücks liegen allerdings in dem, was es über Dylans Erfahrungen in New York sagt oder auch nicht sagt.

Talking New York ist ein ansprechendes Stück, weil es mit wenigen Worten sehr eindrücklich Bilder und Ereignisse heraufbeschwört und dabei effektiv und scheinbar bescheiden einen Mythos zimmert: Junge aus der Provinz kommt in die große Stadt, läuft durch den Schnee ohne klares Ziel, landet im Village, wird von einem heuchlerischen Clubbesitzer zurückgewiesen, findet Arbeit, die aber zu schlecht bezahlt ist, bekommt schließlich seine Chance, entschließt sich aber, die große Stadt zu verlassen, weil die Leute dort zu unfreundlich sind. Man muß den Kerl einfach mögen, nachdem man ihn hat sagen hören: »I froze right to the bone« (Ich fror bis auf die Knochen). Mit diesem Song und dem jungen, selbstbewußten, mürrischen und zugleich amüsierten Gesicht unter der Cordmütze auf dem Plattencover gelangt der Bob-Dylan-Mythos an die plattenkaufende Öffentlichkeit.

Was mir an dem Stück nicht gefällt, ist wohl seine Heuchelei. Dylan behauptet, in New York schlecht behandelt worden zu sein, während, soweit wir wissen, genau das Gegenteil der Fall war: er wurde von Anfang an akzeptiert und umsorgt. Für Dylan war New York tatsächlich die gastfreundlichste Stadt, die es geben konnte.

Es ist wahrscheinlich – auch wenn Dylan Shelton wieder etwas anderes erzählte –, daß *Talking New York* ungefähr zu der Zeit entstand, als es auch aufgenommen wurde; daß es Dylans Befürchtungen darüber widerspiegelte, was andere wohl über seinen plötzlichen Erfolg denken mochten, sowie – noch konkreter – seinen Konflikt mit der Mutter seiner Freundin. Scaduto berichtet, Dylan habe zu dieser Zeit davon gesprochen, daß er die Stadt verlassen wolle, und er habe Suze gegen den Willen ihrer Mutter dazu bringen wollen, ihn zu begleiten. Möglicherweise ist das eine Erklärung für die Undankbarkeit, die in dem Stück zum Ausdruck kommt – Dylan spricht eigentlich gar nicht davon, wie er in den letzten zehn Monaten in New York behandelt wurde, sondern er beschreibt, wie er sich *jetzt im Moment* fühlt. Und dies scheint für Dylans Musik grundsätzlich zu gelten – sie vermittelt seine unmittelbaren Gefühle, ungeachtet des Kontextes oder der jeweiligen äußeren Umstände. Er ist kein Mensch mit einem Sinn für Geschichte. Er lebt in seiner eigenen Zeit.

Zwei sprachliche Tricks in diesem Song, der als erster in Dylans Buch *Lyrics* abgedruckt ist, illustrieren, wie er schreibt. In der dritten Strophe heißt es: »I swung on to my old guitar/ Grabbed hold of a subway car« (Ich schwang mich auf meine alte Gitarre/Schnappte mir einen U-Bahnwagen). Der Satz klingt hübsch, ausgefallen. Man beachte, daß Dylan die beiden Verben vertauscht hat (eigentlich: I grabbed hold of my old guitar, swung on to a subway car). Indem er das tut, schafft er ein neues Bild, das eigentlich zwar unsinnig ist, aber überzeugt – es klingt, als bedeute es etwas, und es ist lebendig. Wenn man bedenkt, daß Dylan seine Songtexte bis heute permanent verändert oder vergißt (wobei es erstaunlich ist, wieviele er bei seinem riesigen Repertoire in Erinnerung behält), dann ist es gut möglich, daß er die beiden Zeilen aus Versehen durcheinanderbrachte, zumindest beim ersten Mal. Auf jeden Fall funktioniert es und stellt Dylans dichterischen Instinkt unter Beweis, seine Bereitwilligkeit, ungezwungen mit Sprache umzugehen.

Bezeichnender und subtiler ist ein Trick, den er in der vorletzten Strophe anwendet:

Now a very great man once said
That some people rob you with a fountain pen.
It didn't take too long to find out
Just what he was talking about.

A lot of people don't have much food on their table,
But they got a lot of forks 'n' knives,
And they gotta cut somethin'.

Also, ein sehr großer Mann hat einmal gesagt,
Daß manche Leute einen mit dem Füllfederhalter ausrauben.
Es dauerte nicht lang, bis ich herausfand,
Was er meinte.
Eine Menge Leute haben kaum was zu essen auf dem Tisch,
Aber sie haben viele Messer und Gabeln,
Und sie müssen irgendwas schneiden.

Das Erstaunliche an dieser Strophe ist, daß Dylan seine Gefühle so gut rüberbringt (nicht unbedingt auf dem Papier, aber wenn er den Text singt), daß man intuitiv versteht, was er sagen will, und deshalb meint, er habe genau das auch gesagt (und zwar gut gesagt). Wenn man sich den Text genauer ansieht, zeigt sich allerdings – wie auch bei vielen späteren Dylan-Songs –, daß wir nicht unbedingt das hören, was der Text eigentlich aussagt.

Der »große Mann« ist Woody Guthrie, und Dylan spielt auf dessen Song *Pretty Boy Floyd* an; Leute, die einen mit dem Füllfederhalter ausrauben, sind zum Beispiel unehrliche Anwälte und Bankleute, die anderen, ohne im Recht zu sein und oft mit betrügerischen Mitteln, ihr Eigentum wegnehmen. Dylan benutzt dieses Bild, um in ein ähnliches Bild überzuleiten: »Eine Menge Leute haben kaum was zu essen auf dem Tisch, aber sie haben viele Messer und Gabeln, und sie müssen irgendwas schneiden.« Was hängenbleibt – und so wie ich es einschätze, ist es genau dies, was Dylan beabsichtigte –, ist das Bild von Leuten, die sich darüber ärgern, daß man etwas hat, was sie nicht haben, und die einen deswegen – zu Unrecht – attackieren (mit scharfen, »schneidenden« Worten). Was nicht auffällt, zumindest habe ich es früher nicht bemerkt, ist, daß Dylan Guthries Aussage hier tatsächlich umgestülpt hat: Guthries Ironie galt den Besitzenden, die von den Besitzlosen stehlen; Dylans Ironie dagegen geht in die entgegengesetzte Richtung, sie bezieht sich auf den Groll der Habenichtse gegenüber den Besitzenden. Leute, die »kaum was zu essen auf dem Tisch« haben, sind, daran besteht wohl kein Zweifel, arme Leute (selbst wenn es metaphorisch gemeint ist und sie arm an, sagen wir, musikalischem Talent sind). Augenscheinlich kritisiert Dylan also die Armen für ihren Groll gegenüber den Reichen. Eine ziemlich andere Gewichtung als bei Woody Guthrie und Pretty Boy Floyd!

Ich behaupte nicht, daß das Absicht ist. Ich möchte damit im Gegenteil illustrieren, daß Dylan seine Kommunikation im Griff hat (was wir hören; was wir glauben, was er gesagt hat), nicht aber seine Sprache. In Dylans gesamtem Werk zeigt sich immer wieder, daß seine Meisterschaft, obwohl er als Sprachkünstler gilt, eigentlich auf dem Bereich der gesungenen und gesprochenen Sprache besteht. Von seiner Interpretation losgelöst verlieren seine Worte oft ihre Kraft oder sogar ihren Sinn.

Die Ironie ist hier insofern massiv, als Dylan in der Mitte der Strophe singt: »It didn't take too long to find out/Just what he was talking about« (Es dauerte nicht lang, bis ich herausfand, was er meinte). Egal wie man Dylans Bemerkung über Leute, die nicht genug zu essen haben, aber etwas schneiden müssen, interpretiert – ich bezweifle, daß sich irgendwie belegen läßt, Guthrie habe dasselbe gemeint, als er sagte, daß einen manche Leute mit dem Füller ausrauben. Was sich ähnelt, ist die Art der Metapher, nicht aber ihr Inhalt. Dylan nimmt eine Parallele für sich in Anspruch, die gar nicht besteht, und er tut das sehr plausibel – weil er als Interpret so überzeugend ist und weil er selber glaubt, daß diese Parallele besteht; er hat nicht bemerkt, daß die Worte, die aus seinem Mund kommen, gar nicht die Gedanken ausdrücken, die er im Kopf hat. Und wir als Zuhörer kommen gar nicht auf die Idee, das, was er präsentiert, in Frage zu stellen.

Ein anderes Beispiel dieser ganz eigenen Art, Sprache einzusetzen, taucht in der letzten Strophe von *Song To Woody* auf. Die ersten Zeilen lauten: »I'm a-leaving tomorrow, but I could leave today/Somewhere down the road someday« (Ich geh morgen weg, aber ich könnte auch heute gehen/Eines Tages irgendwo die Straße entlang). Was bedeutet die zweite Zeile? Ich weiß es nicht. Sie gefällt mir, wenn ich sie höre. Sie läßt sich *fühlen*. Man stellt sich vor, wie man weiter diese Straße entlang geht, vielleicht mit der Aussicht darauf, jemanden zu treffen, »eines Tages irgendwo auf der Straße«. Man spürt etwas, sieht Bilder vor sich. Das ist es, was Gedichte und Lieder bewirken sollten, und es spricht einiges dafür, daß die radikale Loslösung vom gesprochenen Englisch hier den Effekt hat, die Bildersprache zu erweitern, so daß der Sänger seine Gefühle besser vermitteln kann.

Die nächsten beiden Zeilen gehen im selben Stil weiter, wobei es natürlich sein kann, daß die zweite Zeile von oben eigentlich an den folgenden statt an den vorhergehenden Satz anschließen soll, oder bewußt zweideutig an beide: »The very last thing that I'd want to do/Is to say I've been hitting some hard travellin' too« (Das allerletzte, was ich gern tun wollte/Wäre zu sagen, daß ich unterwegs auch ganz schön harte Zeiten erlebt habe ODER Als letztes würde ich gerne sagen/Daß ich unterwegs auch ganz schön harte Zeiten erlebt habe). Will er nun sagen, daß er harte Zeiten erlebt hat, oder will er es nicht? Im wörtlichen Sinn will er es nicht – »the last thing I'd want to do« bedeutet im normalen Sprachgebrauch, ich würde alles andere lieber machen, ich würde es um jeden Preis vermeiden. Und vielleicht meint Dylan das auch, vielleicht sagt er, daß sein Wanderleben sich mit dem von Woody nicht einmal ansatzweise vergleichen läßt und daß er auf keinen Fall diesen Eindruck erwecken will – was ja nur recht und billig ist. Andererseits meint er vielleicht auch das, was wohl die meisten Zuhörer heraushören: daß er nämlich als letztes (in diesem Song, zu Woody) noch sagen will, daß er sich mit Woody identifiziert, daß auch er so einiges durchgemacht hat und ähnliche Wege gegangen ist. Interpretiert man den Satz wörtlich, dann sagt er das nicht, aber vielleicht hatte er es vor und es rutschte ihm statt des »I« ein »I'd« heraus (also statt »was ich tun will, ist...«, »was ich tun wollte, wäre...«). Oder es war das umgangssprachliche »I would« anstelle von »I do«. Das sind die Vor- und Nachteile, wenn man seinen eigenen Dialekt erfindet – die Worte haben genau die Bedeutung, die man ihnen selbst gibt, aber umgekehrt bedeuten sie auch dauernd irgend etwas, was sie nicht bedeuten sollen, weil sie nach Regeln funktionieren, die sonst niemand kennt.

Vielleicht beabsichtigt Dylan diese Zweideutigkeit. Vielleicht sind ihm, während er singt, beide Interpretationsmöglichkeiten bewußt. Ich bezweifle es, doch es ist möglich. Ich bin mir jedenfalls ziemlich sicher, daß er es, vor die Wahl gestellt, fast immer vorziehen würde, Verwirrung zu stiften statt Unklarheiten zu beseitigen – das schafft mehr Raum für Kunst, mehr Raum, um die eigenen Bedürfnisse zu befriedigen, um einfach gegen den Strom zu schwimmen. Hier ist von einem die Rede, der bei Auftritten grundsätzlich einen Takt zu früh oder zu spät anfängt zu singen und so seine Band dazu zwingt, sich mühevoll wieder auf ihn einzustimmen. Es dauert eine Weile, bis man das nicht mehr für ein Versehen hält.

Mir gefällt, was *Song To Woody* über Dylans Erfahrungen aussagt. Es geht um einen Menschen, der sich berufen fühlt, einem anderen nachzueifern, und der dabei seine eigene Welt – *die* Welt, die tatsächliche Welt da draußen – entdeckt. Es geht um die Sehnsucht, die aus Dylans Dankbarkeit gegenüber Woody Guthrie erwächst: die Sehnsucht, mit dem Menschen zu sprechen, dessen Worte so viel in ihm bewegt haben, und der Wunsch, ihm auch etwas zu sagen zu haben. Das Lied kommt vom Herzen, und es strahlt Demut aus, echte Demut, keine aufgesetzte – es ist ein Lied voll von kindlichem Staunen, voller Liebe. Und es ist ein gutes Beispiel dafür, wie der richtige Rahmen – die Melodie, das Arrangement, der Gesang und die Begleitung – einen geeigneten Text in ein Lied verwandelt, das in Erinnerung bleibt. Meine Lieblingsstücke auf *Bob Dylan* sind *You're No Good*, *In My Time Of Dying* und *Man Of Constant Sorrow*. *You're No Good* ist einer von mehreren Songs, in denen Dylans Neigung zum Rock'n'Roll durchkommt (zwei weitere sind *Highway 51* und *Freight Train Blues*, letzterer vor allem, weil Dylan ihn so schön rauh und begeistert singt). Dylans Rhythmusgefühl steht hier im Vordergrund – es ist verblüffend, wie er es schafft, die vielen Worte in einem halsbrecherischen Tempo auszuspucken, jede Silbe deutlich zu betonen und manche noch besonders hervorzuheben, und dabei dann noch genügend Spielraum zu haben, um die einzelnen Wörter mit seiner Stimme zu kitzeln, zu umschmeicheln, sie zu lachen und zu heulen. Es ist interessant, daß seine erste Platte mit einem Lied beginnt, das an »the kind of woman who makes a man insane« (die Sorte Frau, die einen Mann in den Wahnsinn treibt) gerichtet ist. Die in beide Richtungen gespielte Mundharmonika ist hinreißend, und Dylan zeigt, was er als Sänger drauf hat, während er gleichzeitig wilde instrumentale Saltos schlägt.

In My Time Of Dying, das Dylan von einer Josh-White-Platte abhörte, ist eine launische, eindringliche und schwermütige Interpretation, die mit ihrem rauhen Gesang und einer erstaunlich kompetent gespielten Bluesgitarre die außerordentliche Wirkung echter Überzeugung demonstriert. Dylan geht völlig in dem Stück auf. Wenn er singt: »Meet me, Jesus, meet me/Meet me in the middle of the air« (Komm mir entgegen, Jesus, komm mir entgegen/Hol mich ab auf halbem Weg), dann weiß man, daß er es ernst meint. Und das wirft einige – im Rückblick noch pointiertere – Fragen auf: Warum singt dieser junge jüdische Beatnik auf dieser Platte so viel von Jesus, und woher hat er sein anscheinend authentisches christlich-religiöses Bewußtsein? Am ehesten kann ich mir vorstellen, daß er es direkt aus der schwarzen Musik bezogen hat, über die Platten, die er seit langem immer wieder anhörte. Auch in *Fixing To Die* bittet er Jesus »to make up my bed« (mein Bett zu bereiten). In *Gospel Plow* taucht »Jesus' name« auf sowie das rätselhafte (versehentliche?) »Mary, Mark, Luke and John« (Maria, Markus, Lukas und Johannes). In *Man Of Constant Sorrow* singt er vom Wiedersehen an »God's golden shore« (Gottes goldenem Ufer), und in *See That My Grave Is Kept Clean* schließlich stößt er hervor: »My heart stop beating and my hands turn cold/Now I believe what the Bible told« (Mein Herz hört auf zu schlagen und meine Hände werden kalt/Jetzt glaube ich, was in der Bibel steht). Es läßt sich leicht behaupten, daß er diese Sätze nur singt, weil sie zu den Liedern gehören, aber dann stellt sich die Frage, warum er gerade diese Lieder singt.

Wenn man Dylan beim Spielen auf der Bühne zuschaut, kann man sehen, daß irgend etwas an ihm – seine Energie, seine Aura – sehr weiblich wird, wenn er Mundharmonika spielt. An einem guten Abend wird er auf diese Weise mitten im Lied ganz Reinheit und Empfänglichkeit. In der außerordentlich schönen, von der Mundharmonika dominierten Version von *Man Of Constant Sorrow* auf Dylans erster Platte kann man etwas davon hören. Es ist das Engelhafte, das man von einigen frühen (und nicht so frühen) Fotos von ihm kennt, in Klang übertragen. Der lang ausgehaltene gesungene oder auf der Mundharmonika gespielte Ton, das endlose musikalische Ausatmen mit oder ohne rhythmisches Gegengewicht ist typisch für Dylans Musik (und später seine Filmarbeit; in *Renaldo & Clara* zeigt er eine deutliche Vorliebe für die statische Kamera, die lange Einstellung – ein einzelner visueller Ton, der minutenlang ausgehalten wird, während sich um ihn herum das gesamte unsichtbare Universum neu arrangiert).

Shelton glaubt, daß Dylan in *Man Of Constant Sorrow* den Text in »your mother says that I'm a stranger« (deine Mutter sagt, daß ich ein Fremder bin) abänderte, weil er das Gefühl hatte, daß Suzes Mutter versuchte, ihn und Suze auseinanderzubringen. Andere hatten gesungen »your friends may think I'm a stranger«, (deine Freunde denken vielleicht, daß ich ein Fremder bin); Dylan selbst singt auf dem Minnesota-Party-Tape vom Mai 1961 »now you say I'm a stranger« (jetzt sagst du, daß ich ein Fremder bin). Scadutos Angabe, daß Dylan aus New York weggehen und Suze mitnehmen wollte, verleiht einer Zeile aus *Pretty Peggy-O* eine gewisse Würze: »What will your mother say/To know you're going away/ You're never never never coming back-y-o« (Was wird deine Mutter sagen/Wenn sie hört, daß du weggehst/Niemals niemals niemals wiederkommst-o-eh). Und noch eine weitere Zeile könnte an Suze adressiert sein: »... combing back your yellow hair/You're the prettiest darn girl I've ever seen-y-o« (... wenn du dein blondes Haar nach hinten kämmst/Bist du das allerschönste Mädchen, das ich je gesehen hab-o-eh). Dementsprechend kann man schließlich auch in der letzten Strophe von *Highway 51* eine persönliche Aussage entdecken: »If I don't get the gal I'm loving/Won't go down that Highway 51 no more« (Wenn ich das Mädchen nicht krieg, das ich liebe/Dann fahr ich den Highway 51 nicht mehr entlang).

Ein Vergleich der beiden Aufnahmen von *Man Of Constant Sorrow* vom Mai und vom November bestätigt, wie zu erwarten, daß Dylan die Texte (und die Arrangements) der Traditionals, die er singt, ständig verändert. Eine hübsche Idee ist die Verwandlung von »Through this old world I'm a-bound to ramble« (Durch diese alte Welt muß ich nun ziehen) in »Through this open world...« (Durch diese offene Welt...). Die starken Schlußzeilen der Aufnahme vom November –

»If I'd knowed how bad you'd treat me/Honey I never would have come« (Wenn ich gewußt hätte, wie schlecht du mich behandelst/Schätzchen, dann wäre ich nie gekommen) – stammen wahrscheinlich von Dylan, da er sie auf der Mai-Version nicht singt. Unverändert bleibt die großartige Zeile »I'm bound to ride that morning railroad« (Ich muß den Morgenzug nehmen), ein frühes Beispiel für die Eisenbahn-Symbolik, die sich durch Dylans gesamtes Werk hindurchzieht.

Die LP *Bob Dylan* wurde vier Monate nach den beschriebenen Aufnahmesessions veröffentlicht, im März 1962. Zu diesem Zeitpunkt bezeichnete Dylan sie bereits als nicht mehr repräsentativ für den Stand seiner Entwicklung, ein Muster, das er in der Zukunft mit anderen Platten wiederholen sollte.

Direkt nach den ersten Aufnahmesessions für seine Platte wurden einige Bänder aufgenommen, auf denen Dylan zuhause bei seinen Freunden, den McKenzies, singt; die Kopien, die im Umlauf sind, sind aber zu schlecht und zu fragmentarisch, als daß man ihnen viel entnehmen könnte.

Das Minnesota-Hotel-Tape hingegen, das am 22. Dezember in Minneapolis aufgenommen wurde (Dylan verließ New York tatsächlich für kurze Zeit, Suze begleitete ihn jedoch nicht), ist eine wahre Fundgrube: sechsundzwanzig Songs in guter Aufnahmequalität, ein faszinierendes und unterhaltsames Porträt von Dylan am Ende seiner »Folk-Schwamm«-Periode. Die Geradlinigkeit seiner Musik auf diesem Band wirft im Nachhinein zusätzliches Licht auf das, was er einen Monat zuvor im Aufnahmestudio geleistet hatte; sie zeigt, wieviel Mühe er sich mit seiner Arbeit im Studio gegeben hatte, wie er sich selbst von einer Glanzleistung zur nächsten trieb, um sowohl Hammond als auch die zukünftigen Plattenkäufer möglichst zu beeindrucken. In den Columbia-Studios spielte Dylan zum ersten Mal für ein Publikum, das er nicht sehen konnte. In gewissem Sinne inspirierte ihn das –

er scheint in jeden einzelnen Song all seine Energie und alles, was er gelernt hat, hineinzustecken. Aber seine Unsicherheit darüber, was die Leute von ihm wollten und was er ihnen geben wollte, führt dazu, daß die Platte ein Stück weit unpersönlich, kein zusammenhängendes Ganzes ist. Daß er sich so bemühte, hinderte Dylan letztlich daran, jene persönliche Verbindung zu seinen Zuhörern herzustellen, die bei seinen Live-Auftritten schon entstand.

Unter den besten Stücken auf dem Minnesota-Hotel-Tape ist eine Wahnsinnsversion von Big Joe Williams' *Baby Please Don't Go*; *Hard Times In New York Town*, ein auf einem Traditional basierender Dylan-Song; *Dink's Song*, eine schöne, voller Anteilnahme gesungene Interpretation eines Wäscherinnenliedes, das auch Dave Van Ronk in seinem Repertoire hatte (er scheint Dylan zu dieser Zeit bezüglich der Auswahl der Stücke und bestimmter Aspekte des Gitarren- und Gesangsstils am meisten beeinflußt zu haben); schließlich *I Was Young When I Left Home*, ein Stück von Dylan, in dem er *500 Miles* und einige andere Melodien verarbeitete und das er ungewöhnlich sanft und langsam singt. Dylan räumt am Anfang des Liedes in ein paar gesprochenen Sätzen ein, daß *I Was Young When I Left Home* vielleicht für ihn nicht das richtige sei, aber »[it] must be good for somebody, this kind of song« (für irgend jemanden wird es schon gut sein). Eine erste Andeutung kommender Ereignisse kann man am Ende hören, wenn er singt: »In the wind ... Lord, Lord, in the wind ... Gonna make me a home out in the wind« (Im Wind ... Herr, Herr, im Wind ... Ich werd mir draußen im Wind ein Zuhause schaffen).

Eine andere Art von Vorstellung, die Dylan während seines ersten Jahres in New York immer wieder gab, war das Interview. Robert Shelton interviewte Dylan im September in Gerde's Folk City für seinen Artikel in der *New York Times*, und Dylan fühlte sich veranlaßt – trotz einer Warnung von

Shelton, die ihm Suzes Schwester Carla Rotolo zukommen ließ –, einige der Geschichten noch auszuschmücken, die er seinen Freunden und seinem Publikum im Village schon erzählt hatte: wie er zusammen mit Gene Vincent in Nashville Aufnahmen gemacht hatte, wie er im Alter von sechzehn Jahren Mance Lipscomb in Texas getroffen hatte, wie er mit dreizehn anfing, mit einem Jahrmarkt durch die Lande zu ziehen und so weiter.

Interessanter als all diese Lügenmärchen, die Dylan glaubte erzählen zu müssen, ist die rhythmische Sprache seiner Interviews. Irgendwann im Herbst 1961, wahrscheinlich kurz bevor oder nachdem er seine erste Platte aufnahm, wurde Dylan von Billy James interviewt, der damals Öffentlichkeitsarbeit für Columbia Records machte. Ein paar Minuten von diesem Interview sind noch auf Band erhalten, und es ist faszinierend, daß Dylan manchmal genauso klingt, wie auf den mehr als zwanzig Jahre später entstandenen Aufnahmen: dieselbe Stimme, dieselbe Sprachstruktur. Sogar auf dem Papier kommt der Rhythmus durch, und der Kontext, der ungezwungene Charakter des Interviews, läßt vermuten, daß dieser Stil nicht aufgesetzt war, sondern das repräsentierte, was für Dylan seine natürliche Sprechweise (geworden) war:

»Ich hab Klavier gespielt. Ich hab früher Klavier gespielt. Ich hab früher großartig, großartig Klavier gespielt. Ganz großartig – ich hab früher Klavier gespielt wie Little Richard. Ich hab bloß, weißt du, eine Oktave höher gespielt, und alles wurde – Er hat beim Spielen einen großen Fehler gemacht. Seine Platten waren großartige Platten, aber sie hätten noch großartigere Platten sein können. Sein Fehler war, daß er zu tief spielte. Hätte er hoch gespielt, dann wäre alles aufgegangen. Hast du je Little Richard gehört? Ah, Little Richard, das war einer. Er ist jetzt Prediger. Aber ich hab so wie er Klavier gespielt. Und ich hab alles hoch gespielt, und es wurde stärker …«

Und dann dieser sehr aufschlußreiche Abschnitt:

»Ich bin kein Folksänger. Ich sing nur auf eine bestimmte Art, das ist alles.«

»Ist Woody ein Folksänger?«

»Woody war ein Folksänger. Woody war ein Folksänger.«

»Warum sagst du, daß du keiner bist?«

»Oh, Woody war so sehr Folksänger – Woody war ein glorifizierter Folksänger. Woody war ein Mann, der zurückging – druck das nicht auf der Platte ab – aber Woody war ein Mann, der auf dem Einfachen beharrte, weil er dafür Anerkennung bekam.«

Anfang 1962 war Dylan wieder in New York. Weil er eine Platte mit zwei eigenen Liedern aufgenommen hatte, ging er nun eine Verbindung mit einem Musikverlag, Leeds Music, ein, und Anfang 1962 nahm er für diesen Verlag sieben Lieder für ein Songwriter-Demotape auf (damit andere Musiker seine Stücke anhören und sich überlegen konnten, ob sie sie spielen wollten): *Hard Times In New York Town*; *Talking Bear Mountain Picnic Massacre Blues*; *Man On The Street*; *Poor Boy Blues*; *Rambling Gambling Willie*; *Ballad For A Friend* und *Standing On The Highway*. Die Lieder sind größtenteils schwunglose Neufassungen von bekannten Folk- und Bluesthemen, die manchmal durch die Interpretation etwas interessanter werden; sie vermitteln nicht den Eindruck, daß der junge Mann, der hier singt, irgend etwas Besonderes zu sagen hat.

Aber das sollte sich ziemlich schnell ändern. Ende Januar schrieb Dylan ein Lied namens *The Death Of Emmett Till*. Im Februar erschien die erste Ausgabe eines hektographierten Magazins namens *Broadside*, dessen Ziel die Veröffentlichung und Verbreitung von neuen *topical songs*, Liedern zu aktuellen Themen, war. Dylans *Talking John Birch Paranoid Blues* war in der ersten Ausgabe abgedruckt; zwei weitere Lieder mit aktuellem Bezug, *Ballad Of Donald White* und

Let Me Die In My Footsteps, schrieb Dylan wohl auch im Februar. Und dann, eines Nachts im April, schrieb Bob Dylan ein Lied namens *Blowin' In The Wind*. Man darf wohl sagen, daß seine Lehrzeit in dieser Nacht offiziell zu Ende ging.

Protestsänger

April 1962 – Juli 1963

»Ich wollte einfach singen ... ein Lied zum Singen. Und ich kam an einen Punkt, wo ich nicht irgend etwas singen konnte. Ich mußte schreiben, was ich sagen wollte, denn das, was ich sagen wollte, schrieb sonst keiner. Ich konnte es nirgends finden. Hätte ich es finden können, hätte ich wahrscheinlich nie angefangen, selbst zu schreiben.«

Bob Dylan, 1984

Blowin' In The Wind

In *Renaldo & Clara* hält David Blue, der in dem Film als eine Art griechischer Ein-Mann-Chor fungiert, einen wunderbaren, endlosen Monolog direkt in die Kamera, während er gleichzeitig konzentriert Flipper spielt. Er erzählt die Geschichte, wie Dylan ihn bat, ihm zu helfen, den Text und die Akkorde von *Blowin' In The Wind* aufzuschreiben, das er eben geschrieben hatte oder gerade noch schrieb. Sie saßen in einem Kaffeehaus namens Commons oder Fat Black Pussycat, und es war Montag abend; sie liefen also ins Gerde's hinüber, sobald sie das Lied aufgeschrieben hatten, und Dylan spielte es Gil Turner vor, der für die Hootenannies montags abends zuständig war. Blue zufolge meinte Turner: »Mein Gott, sowas habe ich in meinem ganzen Leben noch nicht gehört! Das Lied ist ja unglaublich!«, und er sprang sofort auf die Bühne und sang es. Das Publikum war total begeistert, und Dylan stand an der Bar und grinste.

Wenn man als Künstler auftritt, dann gehört es dazu, daß man von der Reaktion des Publikums lernt und sich davon leiten läßt. Das heißt nicht, daß man dem Publikum folgt oder sich verpflichtet fühlt, ihm zu geben, was es will. Aber man registriert als Komiker zum Beispiel, wann gelacht wird, über welche Witze, welche Art der Präsentation. Das Timing ist bei einem Auftritt entscheidend. Es kann bis zu einem gewissen Grad instinktiv erfolgen und womöglich gerade dadurch wirken, daß es so eigenartig und verrückt ist, wie das bei Dylan von Anfang an der Fall war. Aber zum größten Teil lernt und entwickelt der Künstler das richtige Timing, indem er vor Publikum auftritt und einfach er selber ist.

Die andere Reaktion, die die Arbeit eines Künstlers beeinflußt, ist seine eigene. Sie kann in Form der Überlegung stattfinden, ob er seine Sache gut oder schlecht gemacht hat oder ob er auf dem richtigen Weg ist, aber es gibt auch andere, nicht rationale Reaktionen. Ein Sänger stellt vielleicht fest, daß er sich in ein Lied besonders gut hineinversetzen und es sehr überzeugend singen kann, so daß er es als kreativ befriedigend empfindet, ohne daß er dieses Lied unbedingt lieber »mag« als andere in seinem Repertoire. Hat er erst einmal festgestellt, daß er sich mit diesem Lied besonders gut ausdrücken kann, dann wird er es natürlich mehr und mehr mögen, weil es ihm soviel gibt, wenn er es singt.

Als Dylan 1962 anfing, aktuelle, gesellschaftskritische Lieder zu schreiben, erfuhr er große Ermutigung, sowohl durch die Reaktion anderer Leute – sie waren begeistert, lobten ihn, behandelten ihn, als sei er jemand Besonderes, und waren ernsthaft an seinen neuesten Sachen interessiert – als auch durch seine eigene Reaktion, die sich in Form einer ungeheuren Energie manifestierte. Plötzlich schrieb er ständig Lieder. Er war inspiriert, besessen. Es war nicht nur die anregende Wirkung der Aufmerksamkeit, die plötzlich auf ihn gerichtet war; er hatte ganz offensichtlich auch eine Möglichkeit gefunden, sich auszudrücken – eine Stimme, um die Gedanken und Gefühle herauszulassen, die in ihm aufgestaut waren, und um die Energie weiterzugeben, die er in der Luft, den Leuten, in seiner ganzen Umgebung spürte.

Sein Schreiben war selbst eine *performance*, eine öffentliche künstlerische Darbietung. Die Dichtung gehört geschichtlich gesehen zu den darstellenden Künsten, ihre Wurzeln liegen in einer Zeit lange vor der schriftlichen Kommunikation; doch unter einem modernen Dichter stellt man sich im allgemeinen nicht gerade jemanden vor, der auf die Straße hinausgeht, um der Welt seine neuesten Werke vorzutragen. Genau diese Bedeutung aber hatte das Schreiben für Dylan, besonders 1962. Einige Lieder schrieb er nur, um sie weiterzugeben, nicht um sie festzuhalten. In einer Radiosendung im Mai 1962 sagte Dylan zu Pete Seeger: »Ich schreibe unheimlich viel, gestern abend zum Beispiel habe ich fünf Lieder ge-

schrieben; aber ich habe die Blätter alle weggegeben, irgend-
wohin. Das war in einem Club namens Bitter End. Ein paar
handelten einfach von dem, was gerade auf der Bühne passierte. Ich würde sie nie irgendwo singen, sie waren nur für
mich und ein paar andere Leute. Da sagt vielleicht mal jemand: ›Schreib doch mal ein Lied über dies oder jenes‹, und
dann mach ich das.«

Er fing an zu schreiben, damit er Lieder singen konnte,
die etwas aussagten, aber das Schreiben wurde selbst zur *performance*, für die er Applaus bekam (und Geld: im Juli unterschrieb er einen Vertrag mit dem Musikverlag Witmark
über 1000 Dollar – die höchste Summe, die er bis dahin für
seine Musik bekommen hatte). Der Prozeß des Schreibens
ähnelte dem Liedersammeln während Dylans Lehrzeit als Folksänger: An beides ging er intuitiv heran (er sprach oft davon,
daß er das Gefühl habe, ein Lied sei schon da, und er lasse es
nur durch sich hindurch). Und er griff für seine Lieder auf
sehr viele Quellen zurück, übernahm bedenkenlos Melodi-
en und Texte von Traditionals und den Liedern anderer Musiker – was immer er eben finden und nutzen konnte, um das
zu sagen, was er sagen wollte.

Und es funktionierte, denn so wie seine frühere Begeisterung fürs Zuhören authentisch gewesen war, eine innere Notwendigkeit, ein Ausdruck seines wahren Selbst, so stand er
nun fast hilflos seinem Drang und Bedürfnis zu schreiben gegenüber. In beiden Fällen aber, so glaube ich, sah er sich nicht
als »Folk-Fachmann« oder Songwriter, sondern als Musiker;
sowohl das Sammeln und Zuhören als auch das Schreiben er-
gaben sich aus seinen Bedürfnissen als Musiker und dienten
letztlich dazu, diese umzusetzen.

Auf jeden Fall war das Liederschreiben zu dieser Zeit nicht
nur Dylans bis dato sichtbarste und erfolgreichste öffentliche Betätigung, sondern es spielte auch eine sehr wichtige Rolle in seiner Entwicklung als Musiker. Die Aufnahmen vom

Frühling 1962 sind entspannter und haben mehr Tiefe als die Mitschnitte seiner Auftritte aus dem Jahr zuvor, und zwar unabhängig davon, ob er nun seine eigenen Lieder oder Traditionals singt. In diesem Reifungsprozeß drückt sich ein Selbstvertrauen und Selbstbewußtsein aus, das rapide wuchs, als Dylan entdeckte, daß er etwas zu sagen hatte – etwas Unmittelbareres als »Hör dir mal dieses tolle Stück an, das ich gefunden habe!« – und daß die Leute es auch hören wollten. Er drang tiefer in sein eigenes Wesen ein. Die Leidenschaft, mit der er 1961 *Fixing To Die* und *Gospel Plow* singt, ist echt, aber oberflächlich im Vergleich zu dem, was Dylan 1962 in solche klassischen Lieder wie *Don't Think Twice* und *Hard Rain* von sich selbst hineinlegt.

Die Veränderung ist schon auf dem Mitschnitt der *Broadside*-Radiosendung vom Mai 1962 deutlich zu erkennen, als Dylan seinen Protestsong *The Death Of Emmett Till* singt. Die Interpretationen von *Ballad Of Donald White* und *Blowin' In The Wind* sind beide ziemlich farblos, aber *The Death Of Emmett Till* ist mitreißend. Bevor er anfängt zu spielen, erwähnt Dylan kurz, daß dies das erste Stück sei, das er in einer Molltonart geschrieben habe, und vielleicht hat seine Begeisterung für das Lied etwas damit zu tun; auf jeden Fall ist es vor allem deswegen so überzeugend, weil Dylan so ausdrucksvoll singt und weil Melodie und Rhythmus die dramatische Sprache des Liedes so nachhaltig unterstützen. Es scheint manchmal, als sei Dylans Anschlag auf der Gitarre, wie der Anschlag eines klassischen Pianisten, Ausdruck seines bewußten Engagements für ein bestimmtes Stück zu einer bestimmten Zeit – oder auch seines gelangweilten Desinteresses daran (die Demo-Aufnahme von *The Death Of Emmett Till* vom Dezember 1962 klingt flach und leblos; Dylans Stimme drückt nichts aus, und er schrubbt monoton und lustlos auf der Gitarre herum). *The Death Of Emmett Till* handelt von einem schwarzen Teenager aus Chicago, den ein paar weiße Männer in einer Stadt in Mississippi zu ihrem Vergnügen umbrachten; die Mörder wurden von einem Geschworenengericht freigesprochen, dessen Mitglieder Dylan zufolge zum Teil an dem Verbrechen beteiligt gewesen waren. Das Lied ist als Geschichte geschrieben, wie *House Of The Rising Sun* oder *Talking New York* auf der ersten Platte, aber es ist in der dritten Person erzählt, und das erzählerische Moment ist stärker ausgeprägt. Der Geschichte läßt Dylan ein moralisches Urteil folgen: eine erstaunlich direkte und lebhafte Ermahnung an den Zuhörer »[to] speak out against this kind of thing« (gegen solche Geschehnisse aufzubegehren); wenn man das nicht könne, so sagt er, »your arms and legs must be in shackles and chains« (müßt ihr an Armen und Beinen angekettet sein). Abschließend erklärt er, dieses Lied solle daran erinnern, wie die Dinge stünden und wieviel besser es aussehen könnte, wenn »us folks that thinks alike gave all we could give« (wir, die wir ähnlich denken, alles gäben, was wir geben könnten). Wie Guthrie setzt er sich für Fairneß und für die Menschenrechte ein, indem er an die Liebe zum eigenen Land appelliert – »we could make this great land of ours a greater place to live« (wir könnten aus unserem großartigen Land einen Ort machen, wo man noch besser leben kann).

Mit diesem Lied und dieser Interpretation hat sich Dylan endgültig zu eigen gemacht, was ihn an Guthrie faszinierte: die Würde und Intensität seines künstlerischen Ausdrucks und seine Fähigkeit, eine Verbindung herzustellen zwischen den starken Emotionen, die durch melodische und rhythmische Musik einerseits und durch Geschichten über harte Zeiten, Ungerechtigkeit und Solidarität andererseits hervorgerufen werden. Ich sage »zu eigen gemacht«, weil Dylan hier nicht mehr versucht zu imitieren. Er ist mit Hingabe bei der Sache, ihm ist sehr wichtig, was er sagt (vermutlich schon beim Schreiben, und ganz bestimmt in dem Moment, wo er das Lied für die Radiosendung singt), und er verknüpft intuitiv, was er über das Singen und Spielen und Schreiben gelernt hat, um seine Message und seine Gefühle zu vermitteln. Und er hat den Mut – und erinnert darin wiederum an Guthrie –, seine Zuhörer nicht nur direkt in das tragische Geschehen zu versetzen, sondern dann eine Verbindung zwischen Zuhörer und Geschehen herzustellen, die über die Identifikation hinausgeht: Wenn du nicht aufbegehren kannst, dann bist du selbst tot. Da spricht auch schon ein bißchen der biblische Prophet, der flammende Prediger.

Dylan auf der *Broadside*-Radioaufnahme: »Das Lied war vor mir da, bevor ich kam. Ich bin sozusagen gekommen und hab es mit einem Bleistift festgehalten, aber es war schon komplett da, bevor ich kam.« Gil Turner, auf dem selben Band: »Ich habe bei Bob Dylans Liedern oft das Gefühl, daß Bob eine Art Volksseele ist und alle Leute hier repräsentiert; all die Ideen, die gerade im Umlauf sind, sickern ein und kommen dann als Dichtung heraus.«

Dylans Wachstum als Musiker und Songwriter sowie die Entwicklung seines Selbstbildes im Laufe des Jahres 1962 sind schwer zu verfolgen. Seine zweite Platte besteht aus einer Auswahl von Liedern, die in verschiedenen Aufnahmesessions im Laufe eines Jahres eingespielt wurden, von April 1962 bis April 1963. Von diesen Sessions sind viele Outtakes im Umlauf, aber es besteht einige Verwirrung hinsichtlich der Daten und der genauen Umstände der Aufnahmen. Was Auftritte angeht, so berichtet Shelton, Dylan habe 1962 »sehr wenig Bühnenarbeit gemacht«. Die Live-Aufnahmen, die existieren, stammen wahrscheinlich von folgenden Gigs: einer in Gerde's Folk City im Frühling 1962; einer im Finjan Club in Montreal am 2. Juli; ein Hootenanny in der Carnegie Chapter Hall am 22. September und ein Auftritt im Gaslight Café im Herbst 1962. Dylan gab auch ein Benfizkonzert für den *Congress on Racial Equality* im Februar und nahm an einem »Travelling Hootenanny« teil, das am 5. Oktober in der Town

Hall in New York gastierte; von diesen Veranstaltungen sind keine Tapes in Umlauf.

Es gibt wenig akkurate Information darüber, wann Dylans Lieder aus dieser Periode im einzelnen entstanden. Dylans eigene Songbooks, *Writings And Drawings* und *Lyrics*, sind berüchtigt für ihre Unzuverlässigkeit – es sind so viele Fehler in der Chronologie, daß die Bücher völlig nutzlos sind, wenn man wissen will, wann oder in welcher Reihenfolge die Lieder geschrieben wurden. Über das Copyright kann man zwar Informationen bekommen, aber auch die sind irreführend, weil das Copyright oft viel später angemeldet wurde, als das jeweilige Stück entstand. Dylan nahm von vielen seiner Lieder aus den Jahren 1962 und '63 Demo-Versionen für seinen Musikverlag Witmark auf, aber die Daten dieser informellen Aufnahmesessions (im Witmark-Büro?) sind unbekannt, und auch hier ist klar, daß viele der Lieder aufgenommen wurden, lange nachdem Dylan sie geschrieben hatte.

Es scheint allerdings sicher, daß Dylan zu dieser Zeit viele Lieder schrieb, die gar nicht aufgenommen wurden, weder als Demos, noch live, noch im Studio; und wenn man bedenkt, wie unberechenbar Dylan in dieser Hinsicht ist, dann waren höchstwahrscheinlich einige wichtige Werke darunter. *Tomorrow Is A Long Time* ist ein Beispiel für einen außergewöhnlichen Song aus den Jahren 1962-63, den er, soweit wir wissen, nie während einer seiner Studiosessions bei Columbia aufnahm, obwohl viele weniger gute Lieder aufgenommen wurden, manche auch mehr als einmal.

Es gibt reichlich Belege dafür, daß Dylan schon im Frühjahr 1962 in der Folkszene für die Qualität und Menge seiner selbstgeschriebenen Lieder hoch angesehen war und daß seine Geltung im Laufe des Jahres noch stieg. Aber erst 1963 begann sich Dylan bei öffentlichen Auftritten und im Aufnahmestudio vor allem auf eigenes Material zu konzentrieren. Fast die Hälfte der Songs, die er 1962 im Studio aufnahm, waren Traditionals (vor allem Blues) und nicht eigene Lieder; weit mehr als die Hälfte der Songs auf Mitschnitten von seinen Auftritten sind nicht von ihm. Offensichtlich war er immer noch unsicher, ob das Publikum einen Musiker akzeptieren würde, der hauptsächlich eigene Lieder spielte. Aber aus den Aufnahmen geht auch klar hervor, daß er die alten Bluesstücke deswegen spielte, weil er sie so gerne sang (zu dieser Zeit hatte er nur noch sehr wenige Guthrie-Songs in seinem Repertoire). Es schien ihn nicht mehr so zu beschäftigen, was man von ihm dachte (wie das auf der ersten Platte der Fall gewesen war); jetzt war ihm vor allem der freie Ausdruck seiner Gefühle wichtig.

Die erste Session für *Freewheelin'* am 25. April 1962 ist bemerkenswert, weil das Lied *Let Me Die In My Footsteps* daraus hervorging. Dieses Lied wurde im letzten Moment von der LP heruntergenommen, wahrscheinlich weil Dylan und Hammond es vorzogen, Platz für einige hervorragende neuere Stücke zu schaffen, die Dylan gerade aufgenommen hatte. Vielleicht dachte man auch, daß es doch etwas zuviel des Guten wäre, *Let Me Die In My Footsteps*, *Hard Rain* und *Talking World War III* auf einer Platte zu veröffentlichen (in allen drei Liedern geht es um die Angst vor dem Atomkrieg). Nat Hentoff nennt *Let Me Die In My Footsteps* in einem frühen Entwurf für den Plattentext »eines von Dylans hypnotischsten Liedern« und zitiert Dylan: »Ich möchte noch sagen, daß ich bei diesem Lied hier wirklich froh bin, daß ich es auf Platte aufgenommen habe. Ich betrachte nichts von dem, was ich schreibe, als politisch. Aber selbst wenn ich keinen einzigen Ton singen könnte, selbst wenn ich nicht auf meinen Füßen stehen könnte – bei diesem Lied müssen die Leute mich nicht anschauen oder auch nur genau hinhören oder mich mögen, um es zu verstehen.«

Let Me Die In My Footsteps ist Dylans erste Hymne – in dem Sinne, wie auch *Pastures Of Plenty, This Land Is Your Land* und *This Train Is Bound For Glory* Hymnen sind: Lieder, die verbinden, die als Ausdruck der Zugehörigkeit gesungen werden können, der Zugehörigkeit zu einem Land, einem Glauben, einer gemeinsamen Sache. Das Lied ist eine Weigerung, sich in den Atombunker oder auch in eine Atombunker-Mentalität zu verkriechen: »I will not go down under the ground/ 'Cause somebody tells me that death's coming round« (Ich werde nicht unter die Erde gehen/Weil mir jemand erzählt, daß der Tod vor der Türe steht); es ist eine Faust, die gegen den seelischen Tod erhoben wird, den die Angst verursachen kann; es ist das entschiedene Statement: Lieber riskiere ich es, wirklich zu sterben, als zu leben und doch tot zu sein, abgeschnitten von dem, was dem Leben seinen Wert gibt. Dylans allgegenwärtiger »Wind« tritt hier bereits in Erscheinung:

There's been rumors of war and wars that have been
The meaning of life has been lost in the wind
And some people thinking that the end is close by
'Stead of learning to live they are learning to die
Let me die in my footsteps
Before I go down under the ground.

Es gehen Gerüchte um vom Krieg und von vergangenen
                                                    Kriegen
Der Sinn des Lebens ist im Wind verweht
Und manche Leute, die glauben, das Ende sei nah,
Lernen zu sterben, anstatt zu leben
Die Füße fest auf dem Boden, will ich sterben,
Bevor ich unter die Erde gehe.

Nach sechs Strophen »Ich« wendet sich Dylan an seine Zuhörer und spricht sie direkt an: »Go out in your country where the land meets the sun« (Geht hinaus in euer Land, wo die

Sonne die Erde berührt) – wenn ihr die Schönheit dieses naturbelassenen Landes erlebt, dann werdet ihr euch auch dafür entscheiden, mit den »Füßen fest auf dem Boden zu stehen, bevor ihr unter die Erde geht«. Die Melodie ist, wie Hentoff sagt, hypnotisch, und Dylans zurückhaltende Interpretation hinterläßt einen bleibenden Eindruck.

Die Aufnahmen aus dem Gerde's (Ende April oder Anfang Mai) und dem Finjan (Anfang Juli) liefern wertvolle Einblicke in Dylans Entwicklung vom Wunderkind zum Künstler. Auf dem Gerde's-Tape spielt er *Blowin' In The Wind*; *Corrina, Corrina* und *Honey Just Allow Me One More Chance*, lauter Stücke, die er bald auch im Studio aufnehmen sollte, außerdem *Talking New York* von der ersten Platte und Big Joe Williams' *Deep Ellem Blues*. Als er *Blowin' In The Wind* ankündigt, zeigt sich schon sein Widerwille, sich in irgendeine Schublade stecken zu lassen: »Was jetzt kommt, ist einfach ein – es ist ein – es ist kein Protestsong oder sowas, ich schreibe keine Protestsongs... Ich schreibe das irgendwie als etwas, das irgend jemand sagen kann, für irgend jemanden.« Und dann setzt die Mundharmonika ein, bläst die Wörter und Gedanken weg und schafft so den Raum, in dem sich das Lied entfalten kann.

Deep Ellem Blues, genau wie *Times Ain't What They Used To Be* auf dem Minnesota-Party-Tape ein Jahr zuvor, ist eine Art Sammelbecken für Fragmente und Strophen aus diversen Bluesstücken. Dylan scheint 1962 in einer musikalischen Welt zu leben, die mit jener der Delta-Bluessänger vergleichbar ist: Einzelne Zeilen zwölftaktiger Gedichtstrophen, Gitarrenläufe und (bei Dylan) Mundharmonikariffs wandern von Lied zu Lied und fügen sich immer wieder anders zusammen und formieren sich neu wie Moleküle der DNA. Die Mundharmonikamelodie von *Deep Ellem Blues* kann man zum Beispiel auf Dylans Aufnahme von *Going To New Orleans* vom Oktober wieder hören. Eine Strophe hat es Dylan offenbar besonders angetan: »You've got a 32 special built on a cross of wood/I've got a 38-20, gal that's twice as good« (Du hast eine 32 Special, auf ein Holzkreuz montiert/Ich habe eine 38-20, Mädchen, das ist doppelt so gut); sie taucht auf dem Gerde's-Tape in *Corrina, Corrina* auf, dann im Oktober in *Going To New Orleans* und schließlich auf dem Gaslight-Tape in *Kind-Hearted Woman*, jedesmal mit anderen Pronomen. Die erste Strophe von Dylans *Kind-Hearted Woman* stammt aus Robert Johnsons gleichnamigem Song, aber das Johnson-artige Gitarrenintro kommt aus irgendeinem anderen Lied. Die letzte Strophe (»Sometimes I'm thinking you're too good to die/Other times I'm thinking you oughta be buried alive« [Manchmal denk ich, du bist zu gut, um zu sterben/ Dann wieder denk ich, du solltest lebendig begraben werden]) benutzte Dylan auch in *Times Ain't What They Used To Be*, und sie sollte in veränderter Form auch 1964 im *Black Crow Blues* wieder auftauchen.

Dieses Spiel, einzelnen Liedteilen nachzuspüren, kann man endlos betreiben; entscheidend ist, daß Dylan tatsächlich einzelne Zeilen und Riffs und Akkordfolgen sammelt und »aufbewahrt«, wie es auch so mancher große Bluessänger getan hat – nicht bewußt, sondern sozusagen im Hinterzimmer seines musikalischen Bewußtseins. Wenn er sich in einer freien Minute mit der Gitarre hinsetzt, sich mit jemandem unterhält und dabei vor sich hin spielt (wie man es in *Renaldo & Clara* und anderen Filmen mit Dylan sowie auf einigen Interview-Aufnahmen gelegentlich hören kann), dann kommen diese »Fetzen« heraus: es ist die Musik (auch Sprach-Musik) aus seinem Unterbewußtsein. Diese Musik – nicht nur der Blues, sondern auch Guthries Lieder, Folk, Country, Rock, Gospel, alles, was aus irgendeinem Grunde hängengeblieben ist – ist auch die Quelle für seine eigenen Lieder, sowohl für die Texte als auch für die Melodien. Eine bestimmte Wendung oder auch nur ein Bruchstück einer Wendung reicht schon.

Woody Guthries Version von *Trail Of The Buffalo* zum Beispiel, die Dylan Anfang 1961 sang, enthält die Zeile »Our trip it was a pleasant one« (Wir hatten eine angenehme Reise). 1967 taucht eine ganz ähnliche Zeile: »My trip hasn't been a pleasant one« (Ich hatte keine angenehme Reise) in Dylans Lied *Drifter's Escape* auf. Ich will damit sagen, daß die Sätze, die wir bilden, genau wie die Melodien, die wir erfinden, fast immer eine (meistens unbewußte) Variation von Sprache oder eben Musik ist, die wir schon gehört, selbst eingesetzt, geliebt haben. Die Vielseitigkeit von Dylans Sprache und Musik reflektiert den Reichtum der Musik und der Sprache, die er verinnerlicht hat, und sie resultiert aus der Unbefangenheit, mit der Dylan alles verwendet, was ihm einfällt; vor allem aber ist sie Ausdruck einer Sprachbegabung, eines Talents, das er mit Geschick und Eleganz handhabt, und ist damit letztlich unerklärlich.

Wundervolle Sachen finden sich unter diesen musikalischen Bruchstücken, die das Gedächtnis für künftige Rückbezüge aufbewahrt. Meistens werden sie natürlich nicht vor dem Mikrophon hervorgeholt, aber wir bekommen immer mal wieder Kostproben von diesem Vorgang. Der *Muleskinner Blues* auf dem Finjan-Tape vom Juli 1962 beginnt mit einem scheppernden Gitarrenanschlag, in dem ganz klar der Anfang von *Subterranean Homesick Blues* (1965) zu erkennen ist. *Highway 51* auf dem Tape vom Hootenanny in der Carnegie Hall enthält ein Gitarrenriff, das aus der Version auf Dylans erster Platte hervorgegangen ist (damals hatte er es aus *Wake Up Little Suzie* von den Everly Brothers übernommen) und das hier sehr nach dem großartigen, unheilverkündenden Riff zu klingen beginnt, das sich durch *It's Alright, Ma* (1965) hindurchzieht.

Es ist unmöglich, all die eindrucksvollen Interpretationen auf den Bändern und Platten von Dylan zu berücksichtigen, und im Laufe des Buches wird das noch schwieriger werden.

Auf der Aufnahme aus dem Finjan finden sich viele Lecker-
bissen – sie ähnelt den frühen Party-Tapes, denn das Publikum besteht aus einer kleinen Gruppe von Leuten, und Dylan ist sich des mitlaufenden Tonbandgeräts bewußt und versucht deshalb, möglichst interessante Stücke zu spielen. Hier
singt er unter anderem eine mitreißende Version von Muddy
Waters' *Two Trains Running*, ein schönes, entspanntes *Let Me
Die In My Footsteps* und ein paar eindringliche Takte von Robert Johnsons *Rambling On My Mind*. In *Two Trains* singt
Dylan »I'm afraid of everybody/And I can't trust myself«
(Ich habe vor allen Angst/Und ich kann mir selbst nicht trau-
en). Das Band enthält mit *Quit Your Low Down Ways* auch
einen von Dylans stärksten selbstgeschriebenen Blues (sofern man überhaupt eine klare Trennungslinie ziehen kann
zwischen seinen eigenen Bluesstücken und denen, die er aus
bereits vorhandenen zusammensetzt; der Übergang ist auf
jeden Fall fließend, wie bei den meisten Bluessängern). *Quit
Your Low Down Ways* ist auch eines von mindestens acht Liedern, die Dylan am 9. Juli, eine Woche nach dem Auftritt im
Finjan, im Studio von Columbia aufnahm; drei davon erschienen später auf *Freewheelin'*.

In *Quit Your Low Down Ways* kann sich Dylan so richtig ausleben:

Well, you can read out your Bible
You can fall down on your knees and pray, pretty Mama,
But it ain't gonna do no good.
You're gonna need
You're gonna need my help someday
If y'all can't quit your sinning
Please, quit your low down ways.

Nun, du kannst aus der Bibel vorlesen
Du kannst auf die Knie fallen und beten, meine Hübsche,
Aber es wird nichts nützen.

Du wirst
Du wirst eines Tages meine Hilfe brauchen
Wenn du nicht mit diesem lasterhaften Leben aufhörst
Bitte, hör auf mit dieser fiesen Tour.

Diese Strophe, mit der das Stück anfängt und aufhört, hat Dylan
aus Kokomo Taylors Aufnahme von *Milk Cow Blues* geklaut.
Die übrigen Strophen auf dem Finjan-Tape sind alle deutlich erkennbar verschiedenen traditionellen Bluesstücken ent-
nommen. Doch in der Aufnahmesession eine Woche später
singt Dylan anstelle dieser mittleren Strophen neue, die er
möglicherweise im Studio improvisiert hat:

Now you can run down to the White House
You can gaze on the Capitol Dome
You can knock on the President's gate, pretty Mama
But you know it's gonna be too late...

Du kannst zum Weißen Haus rüberlaufen
Du kannst die Kuppel des Capitols bestaunen
Du kannst an das Tor des Präsidenten klopfen, meine
                                        Hübsche,
Aber du weißt, daß es zu spät sein wird...

Peter, Paul & Mary nahmen dieses Lied für eine ihrer Hit-
platten auf. Von den drei Aufnahmen, die Dylan gemacht hat
(die dritte war ein Demo-Band für Witmark vom Dezember
1962), ist jedoch bisher keine veröffentlicht worden. [Die Version vom 9. Juli 1962, der zweiten Session für *Freewheelin'*,
ist inzwischen auf *The Bootleg Series* erschienen; Anm. d. Ü.]
Alle drei Versionen sind hervorragend, und sie sind recht unterschiedlich, besonders in der Art, wie Dylan singt (bluesig
und rauh, zurückhaltend und ironisch, schwungvoll und fröhlich). Ich glaube, Dylan könnte *Quit Your Low Down Ways*
auch gut heute auf einer Tour spielen: elektrisch verstärkt oder

akustisch, dreißig Konzerte hintereinander, und jedesmal singt er es frisch, überzeugend und ein klein bißchen anders als das vorige Mal. Er hat immer wieder gezeigt, daß er das kann, wenn ein Lied gut genug ist, wenn es elastisch genug ist und sich als Vehikel für alle möglichen verschiedenen Energien und Stimmungen eignet, ohne dadurch seinen grundsätzlichen Charakter zu verlieren. Der Songwriter Dylan hat Glück, daß er mit einem so beweglichen Musiker zusammenarbeiten kann – und umgekehrt.

Dylan selbst und andere haben darauf hingewiesen, daß man seine Lieder besser versteht, wenn man sich vorstellt, daß die Person, die singt, die Person, für die gesungen wird, und/oder die Person, über die gesungen wird, jeweils er selbst ist. Als Dylan *Quit Your Low Down Ways* aufnahm, war seine Freundin einige Wochen zuvor nach Europa gereist, ein Ereignis, auf das er sich in verschiedenen Liedern zu dieser Zeit immer wieder bezieht – ich halte es für sehr gut möglich, daß er sich selbst dazu aufforderte, mit seiner »fiesen Tour aufzuhören«. Ich glaube nicht, daß er die Ermahnung befolgte, aber ich höre, wieviel Spaß es ihm machte, sie auszusprechen.

Die Version von *Blowin' In The Wind*, die auf *Freewheelin'* erschien, wurde auch während der Session am 9. Juli aufgenommen. Von all den verfügbaren Versionen dieses Liedes aus den Jahren 1962 und 1963 mag ich diese »offizielle« Version am liebsten. Sie hat eine Ausstrahlung, eine Magie, als hätte Dylan tief Luft geholt und gedacht: »Okay, das wird jetzt was für die Nachwelt.« Ich finde nicht, daß Dylan jemals wieder so viel von sich selbst in dieses Lied hineingelegt hat. Er mußte es auch nicht. Das Lied lag zu dieser Zeit in der Luft.

Man beachte das »you« in der ersten Zeile und das »my« im Refrain – in all seiner Allgemeingültigkeit ist es doch ein sehr persönliches Lied, von einem Menschen für einen anderen gesungen (»my friend«, nicht »friends«).

Blowin' In The Wind kommt dem Musiker Dylan eigentlich nicht entgegen. Es ist nicht sehr elastisch. Dylan hat es über die Jahre außerordentlich häufig gespielt, dem Publikum zuliebe und auch als eine Art persönlichen Talisman (er ist abergläubisch – das Lied hat ihm einmal Glück gebracht). Manchmal ist es ihm gelungen, das Lied auszuformen, manchmal hat er es probiert und ist gescheitert, und meistens spielt er es einfach gerade herunter, oft als Zugabe, läßt es als eine Hymne stehen, ohne zu versuchen, es im jeweiligen Moment neu zu gestalten.

Die Interpretation auf der Platte ist sehr persönlich, sie ist ehrlich und in ihrer Ernsthaftigkeit anrührend. Man kann sich vorstellen, wie ein Musiker diese persönliche Atmosphäre immer wieder herstellt, Abend für Abend, Konzert für Konzert, ob sie gerade seinen Gefühlen entspricht oder nicht – weil die Leute bezahlt haben, um das zu hören, weil er ein Profi ist und weil er gelernt hat, seine Stimme so einzusetzen, daß sie irgendwie immer ans Herz geht. Dylan der Rebell würde diese Routiniertheit vielleicht verächtlich abtun, Dylan der Profi würde sie bewundern; aber es spielt keine Rolle, denn Dylan kann und will so nicht arbeiten. Es entspricht nicht seinem Wesen, sich öffentlich zu entblößen oder so zu tun als ob. Es liegt in seiner Natur, sich zu verstecken, auszuweichen, Unklarheit zu schaffen. Seine Lieder legen seine Gefühle bloß – wenn er spielt, ist sein momentaner Gefühlszustand für alle klar ersichtlich, das läßt sich nicht vermeiden. Aber er kann diese Gefühle wohl in Geräusch und Gesang und Tanz, in Verwirrung und Ablenkung, Verspieltheit und Feindseligkeit, Einfachheit und Komplexität hüllen, und das tut er auch, wobei er meistens die Zusammensetzung verändert, sobald er das Gefühl hat, daß man ihm auf die Schliche gekommen ist. Das Seltsame dabei ist, daß all diese Begleiterscheinungen nicht etwa als Verpackung für das intime Juwel innendrin dienen: sie machen alle zusammen die Kunst aus, den Geist des Juwels, sind alle Teil dessen, was der Künstler schafft und gestaltet – eine Wahrheit, die in Al Koopers wuchtiger Orgel auf *Like A Rolling Stone* ebenso zu hören ist, wie sie in den Nuancen von Dylans bloßer Stimme zu hören wäre, wenn er beschließen würde, das Lied als Gedicht zur Gitarre zu rezitieren.

Es ist eben genau das Ungekünstelte an Dylans *Blowin' In The Wind* vom 9. Juli 1962, das diese Interpretation so besonders macht: der Klang des ernsten jungen Menschen, den wir alle in uns haben, der auf der Gitarre spielt, in die Mundharmonika bläst, idealistische Fragen stellt und sich weigert, sich mit eindimensionalen, begrenzten Antworten, mit Worten allein zufriedenzugeben.

Aber so unbefangen kann man nur einmal sein, egal in welchem Bereich, besonders wenn man dafür gelobt und geliebt wird. Schon beim zweiten Mal wird man seine »ungekünstelte« Nummer bringen, und nichts könnte künstlicher sein als das. Dylans wahre Leistung ist, daß er *Blowin' In The Wind* nicht nur schrieb und aufnahm, sondern daß er sich davon nicht lähmen ließ. Er war stark genug, zu Neuem überzugehen.

Don't Think Twice und A Hard Rain's A-Gonna Fall

Zwei der acht Lieder, die Dylan im Juli aufnahm, befaßten sich mit aktuellen, gesellschaftlichen Themen (*Blowin' In The Wind* und *The Death Of Emmett Till*). Die übrigen sechs sind Liebeslieder verschiedener Art, die allesamt illustrieren, wie sehr Dylan von den verschiedenen Aspekten des Blues fasziniert war, jener durch und durch amerikanischen Ausdrucksform (seine zweite Platte sollte eigentlich *Bob Dylan's Blues* heißen). Trotz der Gefühle, die dem Blues normalerweise zugeschrieben werden, drückt nur einer dieser sechs Songs wirkliches Leid aus: *Down The Highway* handelt von der Einsamkeit. Die anderen sind liebenswert (*Corrina, Corrina; Rocks And Gravel*), lustig (*Quit Your Low Down Ways; Baby I'm In The Mood For You; Honey Just Allow Me One More Chance*) und fröhlich (alle fünf). »I ain't got Corrina/Life don't mean a thing« (Ich hab Corrina nicht/Mein Leben ist sinnlos) ist vom Text her kein fröhliches Lied, aber in Dylans Version vom Juli klingt vor allem seine Freude darüber durch, daß er verliebt ist und daß er so einen hübschen Text, so eine traurig-schöne Melodie singen kann.

Honey Just Allow Me One More Chance und *Down The Highway* erschienen beide auf der LP *Freewheelin'*. *Corrina, Corrina* wurde im Oktober noch einmal aufgenommen. *Baby I'm In The Mood For You*, ein Lied mit erotischem Unterton, das nur so strotzt vor Lebensfreude, ist auf *Biograph* (1985) erschienen. Die anderen Aufnahmen vom Juli sind nach wie vor unveröffentlicht.

Es war eine produktive Zeit für den Songwriter Bob Dylan. Auf dem Tape vom Hootenanny in der Carnegie Hall finden sich unter anderem frühe Versionen von *Ballad Of Hollis Brown* und *A Hard Rain's A-Gonna Fall* (was die Behauptung auf dem Cover von *Freewheelin'* widerlegt, *Hard Rain* sei zur Zeit der Kubakrise entstanden – es sei denn, diese Aufnahme stammt von dem Auftritt in der Town Hall am 5. Oktober). Unter den neuen Songs, die Dylan zu den Sessions von Oktober bis Dezember mit ins Studio brachte, waren *Bob Dylan's Blues, Oxford Town* und *Don't Think Twice, It's All Right*.

Don't Think Twice, It's All Right ist ein Meisterwerk, genau wie *A Hard Rain's A-Gonna Fall*. Dylans andere bisherigen Meisterwerke sind *Mr. Tambourine Man, Like A Rolling*

Stone, der Film *Renaldo & Clara* und *Blind Willie McTell*, ein Outtake von der Platte *Infidels* aus dem Jahr 1983.

Don't Think Twice ist ein Lied über den Tod, den Tod einer Beziehung. Nat Hentoff zitiert Dylan auf der Rückseite von *Freewheelin'*: »Es ist kein Liebeslied. Es ist eine Aussage, die man vielleicht macht, damit man sich besser fühlt. So, als ob man zu sich selbst spricht.« (Sollen wir das im übertragenen Sinn verstehen: man singt das Lied für sich, um es sich selbst leichter zu machen, diesen Menschen gehen zu lassen, der einen zurückgewiesen hat, oder im wörtlichen Sinn: man singt das Lied für einen Teil von sich selbst, von dem man sich verabschiedet?)

Dylan stellt dann eine subtile und faszinierende Verbindung zwischen *Don't Think Twice* und seiner Erfahrung als Musiker und Künstler her: »Das Lied ist schwer zu singen. Manchmal kann ich es singen, aber ich bin noch nicht gut genug. Ich habe noch nicht die Statur eines Big Joe Williams, Woody Guthrie, Leadbelly oder Lightnin' Hopkins. Ich hoffe, ich werde diese Statur eines Tages haben, aber das sind alles ältere Leute. Manchmal kriege ich es hin, aber wenn es passiert, dann passiert es unbewußt.«

Dieses Zitat ist außergewöhnlich. Es zeigt, daß Dylan sich – im Alter von einundzwanzig Jahren – des unbewußten Elements in seiner Kreativität bewußt war und ahnte, daß sie sich mit zunehmendem Alter verändern und zu einem bewußten schöpferischen Prozeß entwickeln würde, so wie er das bei anderen Musikern beobachtet hatte. Er bezieht sich hier wohlgemerkt nicht aufs Schreiben, wo der Gegensatz zwischen bewußtem und unbewußtem Schaffen öfters thematisiert wird, sondern auf seinen Gesang.

Als nächstes spricht er über seine Musik, deren eigentlicher Zweck ausgesprochen persönlich sei: »Weißt du, für diese älteren Sänger war die Musik ein Werkzeug – eine Möglichkeit, mehr zu leben, es sich zu bestimmten Zeiten besser gehen zu lassen. Was mich angeht, ich kann es mir manchmal besser gehen lassen, aber es gibt auch Zeiten, wo ich es immer noch schwer finde, abends einzuschlafen.«

»Ich bin noch nicht so gut« – damit erkennt Dylan an, daß die Lieder, die er zu schreiben begann, weil er sich als Musiker eingeschränkt fühlte, ihn nun ihrerseits zwingen, als Musiker zu wachsen. Der Songwriter wird durch die Bedürfnisse des Sängers unter Druck gesetzt und zugleich inspiriert; der Sänger wiederum ist gezwungen zu wachsen, damit er der Qualität der Lieder des Songschreibers entspricht.

Die Qualität der Lieder hängt mit ihrer Allgemeingültigkeit und ihrer Schönheit zusammen. Für mich entsteht Kunst dann, wenn es einem Menschen gelingt, mit anderen Menschen auf einer Ebene zu kommunizieren, die über die rationale, intellektuelle Kommunikation hinausgeht, tiefer liegt. Diese Ebene als emotional zu bezeichnen, trifft es nicht; sie als die Ebene zu identifizieren, auf der Schönheit wahrgenommen wird, scheint hilfreich. Ich glaube, daß Kunst letzten Endes unerklärlich ist. Und wie Dylan in seinem Kommentar zu *Don't Think Twice* andeutet, besteht der Sinn jedes noch so qualvollen und schmerzhaften künstlerischen Prozesses in gewissem Sinne darin, daß es dem Künstler und dem Menschen, der die Kunst auf sich wirken läßt, besser geht. Im einfachsten Fall bedeutet das, aus einer vorhandenen Fülle abzugeben oder eine Leere auszufüllen oder beides. Sänger und Zuhörer sind so, wie sie sind, unvollständig, fühlen sich nicht wohl, und so tasten sie im Dunkeln nacheinander.

In *Don't Think Twice* geht es um die Umwandlung von Schmerz in ein Gefühl, das nicht nur erträglich, sondern sogar reizvoll ist. Man könnte es »cool« nennen, aber es geht sehr viel tiefer. Der Sänger des Liedes strahlt eine ungeheure Würde und echte Gelassenheit aus, gleichzeitig bringt er seinen Schmerz, seine Bitterkeit und Verwirrung zum Ausdruck und gibt ziemlich klar zu verstehen, daß er auf die Knie gehen und betteln würde, wenn er nur glaubte, es würde irgend etwas nützen. Außerdem drückt das Lied seine Liebe aus. Es gibt keine »Methode«, wie man all diese Gefühle in einen einfachen Song mit vier Strophen packen kann, den jeder verstehen und singen kann. Dylan ist es durch eine Kombination aus Glück (eine gute Zeile kommt einem in den Sinn, und plötzlich fällt einem das ganze Lied in den Schoß), Können und Überzeugung gelungen. Seine Überzeugung kommt im Text und besonders in seiner Interpretation deutlich zum Vorschein; Scaduto und Shelton ergänzen die persönlichen Details und erklären, daß der Song von Dylans Gefühlen gegenüber Suze handelt, die nach Italien abgereist war und keine Eile hatte zurückzukommen – von seinen Gefühlen, nicht jedoch von den genauen Umständen der tatsächlichen Situation. Es liegt ein spezielles Talent darin, eine Geschichte erfinden zu können (»look out your window...« [schau aus deinem Fenster...]), die genau die Gefühle ausdrückt, die man in einer völlig anderen Situation als der beschriebenen gerade selbst erlebt.

Ich möchte betonen, daß es kein Geheimnis darum gibt, was dieses Lied »bedeutet«. Dylans Lieder waren nie deshalb beliebt, weil sein Publikum eine besondere Vorliebe fürs Rätselhafte hatte, im Gegenteil: die Leute reagieren auf seine Lieder, weil diese so direkt zu ihnen und für sie sprechen – diejenigen Zuhörer eingeschlossen, die keine bestimmte Vorstellung von Bob Dylan haben oder nie von ihm gehört haben. *Don't Think Twice* richtet sich an alle und spricht für alle, die jemals das Ende einer Liebesbeziehung erlebt haben, oder die eine potentielle Liebesbeziehung aufgegeben haben, aus der nichts wurde, oder die sich auch nur vorgestellt haben, in so eine Situation zu geraten. Das Lied bedeutet genau das, was der jeweilige Zuhörer darin hört und spürt.

Schwierigkeiten entstehen dann, wenn wir – zum Beispiel in einer Kritik – auszuformulieren versuchen, was wir gehört und gefühlt haben. Eine sehr einfache und direkte Aussage, die man mit dem Gefühl leicht erfaßt, kann sehr schwer wiederzugeben sein, besonders wenn es um so etwas wie ein Lied oder ein Gemälde geht, dessen Wirkung man in Worte zu fassen versucht. So behauptet zum Beispiel Jon Landau 1968 in einer durchaus fundierten Einschätzung von Dylans Werk, *Don't Think Twice* sei ein Beispiel dafür, wie Dylan sich über seine Themen und Protagonisten erhebe. Er fügt hinzu: »Sein mangelndes Mitgefühl mit dem Mädchen, seine totale Ablehnung ihr gegenüber (...) die mangelnde Subtilität sind alle typisch für Dylans eindimensionale Mythenbildung.« Wenn *ich* mir dieses Lied anhöre oder auch nur den Text lese, dann kann ich keine Ablehnung entdecken – ich sehe nur, daß der Sänger mit dem Verhalten der Frau ihm gegenüber unzufrieden ist. Ich glaube auch, daß Landau sich irrt, wenn er »das Mädchen« für das Thema des Liedes hält; zwar ist das Lied an sie gerichtet, doch es handelt eindeutig von dem Sänger und seinen Gefühlen. Und es erstaunt mich, daß jemand den Begriff »eindimensional«, egal in welchem Kontext, auf ein Lied anwenden sollte, das sich so ausgiebig und vielschichtig mit verschiedenen menschlichen Gefühlsebenen befaßt. Aber dann sagt Landau weiter: »Allerdings verwandelt die Schönheit von Dylans Gesang, Mundharmonika- und Gitarrenspiel (...) die wörtliche Aussage des Songs in etwas viel Tiefergehendes, weniger Grobes.« Dieser Satz zeigt mir, daß er wohl doch dasselbe Lied hört und fühlt wie ich und daß es für ihn wahrscheinlich eine ähnliche »Bedeutung« hat wie für mich. Ich stimme ihm auch zu, daß das Lied vor allem deshalb so aussagekräftig und als Kunstwerk so gelungen ist, weil Dylan es besonders schön singt und spielt. Probleme bekommt Landau aus meiner Sicht erst, wenn er in Worte zu fassen versucht, was der Text des Liedes seiner Meinung nach aussagt. Seine Beanstandung von Dylans »mangelndem Mitgefühl mit dem Mädchen« klingt im Grunde wie ein Versuch, das im Lied ausgedrückte Gefühl (nämlich als Liebhaber zurückgewiesen zu werden) von der moralischen Warte aus abzulehnen oder zu kritisieren – ein Versuch, Dylan (und damit wohl allen, die sich mit dem Lied identifizieren) zu sagen: »Du hättest etwas anderes empfinden sollen.«

Ich erwähne das, weil es immer einige Verwirrung darüber gegeben hat, »was Dylans Songs aussagen«. Vermutlich rührt das daher, daß uns die Lieder eben so bewegen und wir den Wunsch haben, die »Message«, die wir heraushören, in irgendeiner Weise zu wiederholen. Entweder stellen wir dann fest, daß das unmöglich ist, oder wir entscheiden uns für die lineare Beschreibung einer multidimensionalen Erfahrung. Da wir nicht in Worte fassen können, was die Lieder aussagen (oder keine Zustimmung von anderen für unsere Deutung bekommen), kommen wir womöglich zu dem Schluß, daß wir nicht wissen, was sie aussagen (oder daß die anderen es nicht wissen). Dabei verwechseln wir jedoch die Rezeption der Aussage mit unserer Fähigkeit, sie zu wiederholen. Dylans Songs bedeuten fast alle genau das, was er singt, was wir hören. Aber sie sind von einer solchen Intensität und vermitteln soviel in so kurzer Zeit, daß es fast unmöglich ist, das zu wiederholen – außer vielleicht, wenn man die Lieder selbst singt.

Don't Think Twice wurde am 14. November 1962 aufgenommen. *A Hard Rain's A-Gonna Fall*, am 6. Dezember 1962 eingespielt, ist ein weiteres derartig inspiriertes und intensives Lied, daß unser analytischer Geist (nicht aber das Gefühl) möglicherweise Schwierigkeiten hat, die Einfachheit des Songs zu erkennen und akzeptieren. Und doch ist seine »Message« extrem einfach; sie wird sogar in einer Form aufgesagt und wiederholt, die einem Kinderreim oder dem Gedichtaufsagen in der Schule ähnelt. Der Sänger reagiert auf die Fragen einer neutralen und liebevollen Elternfigur, indem er

berichtet, wo er war;
erzählt, was er gesehen hat;
erzählt, was er gehört hat;
erzählt, wen er getroffen hat;
erklärt, was er jetzt tun will.

Das ist das ganze Lied. Es ist eine Aufzählung, eine »Reihe aufblitzender Bilder«, in der jeder Zuhörer etwas anderes findet. Das persönliche Erleben wird allerdings durch die rhythmische und dramatische Struktur des Songs, durch die Akkordfolge und durch den Klang von Gitarre und Stimme in eine bestimmte Richtung gelenkt.

Ich glaube, daß Dylan die einzelnen Zeilen von *Hard Rain* zum größten Teil spontan schrieb; was wir hören, ist das, was ihm in den Sinn kam, als er sich selbst all diese Fragen stellte. Ich halte es für unwahrscheinlich, daß er sich hinsetzte und bewußt Bilder auswählte, die eine bestimmte Wirkung auf seine Zuhörer haben sollten, daß er das Lied also mit einer bewußten Vorstellung davon schrieb, was es »bedeuten« sollte.

Ein Künstler ist sich während seines Auftritts – wie spontan und intuitiv er ihn auch gestaltet – zweifellos immer seines Publikums bewußt und achtet auf die Wirkung, die seine Worte und Gesten erzielen. Erst dieser Geisteszustand macht seinen Auftritt ja möglich. Aber es ist keine Frage der Berechnung, nach dem Motto: »Ich will, daß sie dies fühlen, jenes denken.« Vielmehr gilt es hier, mit Geist und Intuition zu arbeiten, sich in einen extrem intensiven, aufnahmefähigen und kreativen Zustand zu versetzen und sich darin zu entfalten, indem man seine ganze Kraft und alle verfügbaren Ressourcen darauf anwendet, Gefühle und Bilder in Worte zu fassen und so der Wahrheit Ausdruck zu verleihen.

Anders gesagt: Der Dichter plant nicht voraus, sondern er ist in einem ganz ursprünglichen Sinne inspiriert, und doch muß er zugleich sehr hart arbeiten und ein ganz eigenes Talent haben, um die Impulse der Zeit wahrzunehmen und zur Stimme seiner Generation zu werden. Er muß außerdem auf seinen Moment der Offenbarung warten können und ständig bereit dafür sein; gleichzeitig hat er nie die Sicherheit, daß dieser Moment kommen oder wiederkommen wird. Und mit dem Alter wird schließlich seine Fähigkeit, unbewußter Vermittler zu sein, nachlassen, und er wird einen Weg finden müssen, seine Arbeit »bewußt« zu tun, wenn er weitermachen will. Dann wird vielleicht alles von seiner »guten Haltung« abhängen. Aber das betrifft einen späteren Teil unserer Geschichte.

Dylan erzählte Nat Hentoff für den Plattentext auf *Freewheelin'*:» ... jede Zeile [in *Hard Rain*] ist eigentlich der Anfang eines ganzen Liedes. Aber als ich es schrieb, dachte ich, ich würde nicht mehr lang genug leben, um all diese Lieder zu schreiben, also packte ich soviel ich konnte in dieses Lied.« Dies ist ein gutes Beispiel dafür, wie man sich den Tod zum Verbündeten machen kann (so wie es Carlos Castaneda in seinen Büchern beschreibt), und wie das Bewußtsein der eigenen Sterblichkeit, die Angst vor dem Tod, als Inspiration und Anreiz dienen kann, im Jetzt mehr von sich selbst zu geben. »Jede Zeile ist der Anfang eines Liedes« bedeutet übrigens auch, daß jedes Bild ein Ausgangspunkt ist, nicht etwa eine Zusammenfassung. Obwohl das Lied im Schatten des (möglicherweise) bevorstehenden Todes geschrieben wurde, ist es nicht das Testament eines alten Mannes, in dem dieser Orte beschreibt, an denen er in seinem Leben gewesen ist, sondern hier hat ein junger Mann Anfangszeilen gesammelt, Ausgangspunkte.

Dylans Bilder in diesem Lied wirken durchweg bewußt allgemeingültig: Was höre ich, sehe ich usw. als ein Mensch, der in diesen Zeiten und dieser Gegend lebt? Sie scheinen keinerlei Einzelheiten aus seiner eigenen Biographie zu enthalten, bis zur letzten Strophe; hier ist der Sprecher als Dichter/Musiker/Prophet zu erkennen, in dem sich zweifelsohne Dylans (heroisches) Selbstbild vom Herbst 1962 widerspiegelt. Er erzählt uns, ja verspricht uns, daß er jetzt wieder hinausgehen wird: ins Leben, im Gegensatz zu diesem abseits vom Sturm gelegenen Ort, wo er die Person besucht hat, die ihn fragte, wo er gewesen sei und was er getan habe. Er geht, »bevor es anfängt zu regnen« (»'fore the rain starts a-fallin'«) – auch hier drängt ihn die bevorstehende Apokalypse, mit aller Kraft am Leben teilzunehmen, solange es noch andauert –, und will »in die Tiefen des tiefsten schwarzen Waldes ziehen, wo die Menschen zahlreich sind und ihre Hände leer« (»walk to the depths of the deepest black forest, where the people are many and their hands are all empty«). Dann beschreibt er über weitere fünf Zeilen in kurz aufleuchtenden Bildern die Not der Bedürftigen dieser Erde und schwört, daß er auf diese Situation reagieren wird, indem er sie besingt, damit die ganze Welt davon hört und erfährt.

Diese letzten Zeilen sind besonders bewegend: »And I'll tell it and think it and speak it and breathe it« (Und ich werde es sagen und denken und sprechen und atmen) – so wie Dylan das singt, ist es außergewöhnliche Dichtung. Diese einfachen, sich wiederholenden, scheinbar in der falschen Reihenfolge aufeinanderfolgenden Worte sind von Leben erfüllt und drücken nicht nur den Willen des Sängers aus, sondern die ganze Reichhaltigkeit und die Schattierungen eines Lebens, das von diesem Willen und seiner Artikulierung geprägt ist. Will man ergründen, welche dichterischen Kunstgriffe Dylan hier anwendet, so kommt man zu dem Schluß, daß es wohl genau die Einfachheit, die Wiederholung und die ungewöhnliche Reihenfolge der Worte sein müssen, mit denen er dieses Kommunikationswunder vollbringt. In der nächsten Zeile faßt Dylan treffend seine gesamte (bisherige und bevorstehende) Laufbahn zusammen, indem er verspricht, »vom

Berg [zu] reflektieren, so daß alle Menschen es sehen können« (»[to] reflect from the mountain so all souls can see it«).
Was für ein Bild!

Wäre *A Hard Rain's A-Gonna Fall* als Gedicht veröffentlicht und nie gesungen worden, dann hätte es wenig Aufmerksamkeit erregt, nicht nur, weil in der Öffentlichkeit überhaupt
wenig Interesse an Dichtung besteht (wir waren auch nicht
sonderlich an dieser Art von Folksong interessiert, bevor Dylan kam), sondern weil so viel von dem, was die Kunst, die
wahre Poesie und Ausdruckskraft dieses Liedes ausmacht,
in der Kombination von Text und Musik liegt. Das zeigt sich
besonders in dem typischen Popsong/Rock'n'Roll-Köder der
sich steigernden Spannung und ihrer großartigen Auflösung
im Refrain: »It's a hard, it's a hard, it's a hard, it's a *hard*, it's
a *hard rain's* a-gonna fall!« Fehlt das – fällt der Klang von Dylans Stimme weg, während er die einzelnen Strophen singt,
die von der beharrlich angeschlagenen Gitarre unterstützt,
schattiert, eingefärbt und kommentiert werden; fällt die Melodie weg, die den gesprochenen Bildern Leben und Substanz
gibt; fällt der Rhythmus der gesprochenen Sprache weg – so
bleibt womöglich immer noch der Entwurf zu einem Meisterwerk übrig; aber der ist nichts gegen das Original. Wer
Lieder für eine vereinfachte Form von Dichtung hält, würde
bei einer Untersuchung der wahren Geschichte der menschlichen Literatur wohl feststellen, daß das Gegenteil der Wahrheit viel näher kommt.

Nach den derzeitigen Vermutungen darüber, welche Aufnahmen aus welchen Sessions stammen, nahm Dylan im Oktober 1962 acht Lieder auf: einige, die er Anfang des Jahres geschrieben hatte (was angesichts seiner Entwicklung als Songwriter ewig her zu sein schien), einige seiner Neukombina-
tionen von alten Bluessongs und einige Cover-Versionen (ein
Guthrie-Stück, eins von Hank Williams). Diese Sessions waren die ersten, bei denen er versuchte, mit anderen Musikern

zusammenzuarbeiten. Die einzige dieser Aufnahmen, die auf *Freewheelin'* erschien, war die Oktober-Version von *Corrina, Corrina*. Dieses Lied war schließlich das einzige auf der Platte, bei dem außer Dylan noch andere Musiker mitspielten (zwei Gitarristen, ein Bassist, ein Schlagzeuger – der eine Gitarrist war Bruce Langhorne, der durch seine Arbeit mit Odetta bekannt war; er hatte mit Dylan auf den Sessions von Carolyn Hester zusammengearbeitet und spielte später auf Dylans LP *Bringing It All Back Home* aus dem Jahr 1965 mit).

Während der Session vom 14. November, auf der Dylan seine exquisite Interpretation von *Don't Think Twice* einspielte, entstand angeblich auch seine erste Rock'n'Roll-Aufnahme: ein Stück namens *Mixed Up Confusion*, das als Single herausgebracht wurde und heute auf *Biograph* zu hören ist. Dylan erklärt in den Anmerkungen zu *Biograph*, diese Session sei nicht seine Idee gewesen, und Scadutos Nachforschungen legen nahe, daß Dylans Manager versuchten, ihm ihre Vorstellungen darüber aufzunötigen, was er im Studio machen sollte. Dylan erzählte einem Freund, er sei nach dem dritten Take von *Mixed Up Confusion* angewidert aus dem Studio gelaufen. Der zweite Take, der auf *Biograph* zu hören ist, ist ein guter Rock'n'Roll-Shuffle mit Elvis-Presley-Einschlag und folgender schöner Zeile, die Dylan aus *Times Ain't What They Used To Be* übernommen hatte: »There's too many people/ And they're all too hard to please« (Es gibt zu viele Leute/ Und es ist so schwer, es ihnen allen recht zu machen). Kürzlich ist ein Tape aufgetaucht, auf dem Dylan Elvis' *That's All Right Mama* singt; nach der Begleitung mit Klavier, Gitarre, Baß und Schlagzeug zu urteilen, stammt es wohl von derselben Session. Ohne Frage hätte sich aus all diesen Ansätzen etwas entwickeln können, was ja später auch geschah; doch zunächst hatte Dylan einen anderen Weg vor sich.

Auf der Session am 6. Dezember spielte Dylan außer *Hard Rain* noch drei weitere Titel ein, die auf *Freewheelin'* erschienen: *Bob Dylan's Blues, I Shall Be Free* und *Oxford Town*. Die ersten zwei sind einfach nur albern und wurden vermutlich hinzugenommen, um die Stimmung etwas aufzulockern und ein ausgewogeneres oder zumindest anderes Bild von Dylan zu vermitteln, als das eine Platte mit ausschließlich ernsten, eindringlichen Liedern getan hätte. Man könnte fast sagen, daß es eigentlich keine Lieder sind, eher Mitschnitte von improvisiertem gesungenem Klamauk. (Ein möglicherweise aufschlußreicher Kommentar in *I Shall Be Free*: »You ask me why I'm drunk all the time/It levels my head and eases my mind« [Du fragst, warum ich dauernd betrunken bin/Es ernüchtert mich, und mein Kopf wird klar]).

Oxford Town ist ganz etwas anderes, ein täuschend netter Song im Plauderton über die Krawalle in Oxford, Mississippi anläßlich der Zulassung eines Schwarzen zur Universität. Die Einfachheit von Dylans auf der Gitarre gespielter Banjomelodie paßt perfekt zum Text, und der ganze Song belegt, wie wirkungsvoll Understatement sein kann:

Oxford Town around the bend
Come to the door, 'n' couldn't get in
All because of the color of his skin
What do you think about that, my friend?

Oxford Town grad um die Ecke
Er kam bis zur Tür, aber dann nicht rein
Alles wegen der Farbe seiner Haut
Was hältst du davon, mein Freund?

Das Gaslight Tape, das Konzert in der Town Hall und *The Freewheelin' Bob Dylan*

Wenn man sich im Museum ein Picasso-Gemälde ganz aus der Nähe ansieht, dann wundert man sich über die einfachen und groben Striche, aus denen sich auf einem Teil der Leinwand, sagen wir, ein Gesicht zusammensetzt – ein paar schnelle Pinselstriche mit ein paar Farbklecksern drum herum, weder sauber noch akkurat ausgeführt noch handwerklich irgendwie beeindruckend, eher kindlich –, und man staunt über die Perfektion, die diese hastig und impulsiv hingeworfene Skizze im Gesamteindruck dann ausstrahlt, über die außergewöhnliche Ausdruckskraft dessen, was ein paar kurze Bewegungen von Arm und Handgelenk auf der Leinwand hinterlassen haben.

Die Abruptheit, mit der Dylans Finger am Anfang von *No More Auction Block* auf dem Gaslight-Tape (Herbst 1962) auf den Saiten aufsetzen; die wenigen ausdrucksvollen aus dem wirren Klang hervortretenden Melodietöne; die erstaunliche Autorität, die von diesen Tönen ausgeht und die durch den Klang der leicht angeschlagenen Saiten irgendwie noch gesteigert wird; der tiefe Schmerz, die Schönheit und das Geschichtsbewußtsein, das diese Töne in dem kurzen Moment vermitteln, bevor der Gesang beginnt; schließlich die Kraft und Verletzlichkeit in der Stimme und die unglaubliche Abstimmung, mit der die Gitarre genau an den richtigen Stellen wiederholt, unterstreicht und vervollständigt, was die Stimme sagt – dies ist eine Art von Kunst, die sich mit dem üblichen Begriff von Technik und gesanglichem wie instrumentalem Können nicht fassen läßt. Vielleicht gibt es Leute, die meinen, eine Technik wie die Picassos oder Dylans könne analysiert und nachvollzogen, imitiert und gelernt werden; ich glaube jedoch, daß man diese Art von Ausdrucksfähigkeit nur erreichen kann, wenn man den wohl angeborenen übermäßigen Drang hat, seinen eigenen Weg zu gehen und an die Macht der eigenen Vision, Hand und Stimme zu glauben.

Das Gaslight-Tape aus dem Jahr 1962 ist ganz erstaunlich. Die stilistische und emotionale Ähnlichkeit zwischen den Liedern läßt vermuten, daß die Aufnahmen alle vom demselben Abend, vielleicht sogar aus demselben Set stammen, aber es läßt sich nicht sicher sagen. Unter den siebzehn Stücken sind nur vier selbstgeschriebene: *Hard Rain, Don't Think Twice, John Brown* (die Geschichte einer Mutter, die ihren Sohn in den Krieg schickt, um ihre eigene Eitelkeit zu befriedigen; er kommt blind und verstümmelt wieder zurück) und *Ballad Of Hollis Brown*. Die anderen Lieder waren zum Teil schon auf früheren Aufnahmen zu hören: da ist einmal eine großartige Interpretation von *Black Cross*, Lord Buckleys süffisanter Geschichte über einen »dummen Nigger« (»ignorant nigger«), der erhängt wird, weil er Bücher las und »nicht an Gott glaubte« (»didn't have no religion«) – dieses Lied singt Dylan auch auf dem Minnesota-Hotel-Tape –; dann *Handsome Molly; Cocaine; See That My Grave Is Kept Clean* und *Rocks And Gravel*, ein Blues von Dylan auf der Basis von Liedern von Brownie McGhee und Leroy Carr (Dylan nahm bei den Sessions 1962 mehrere Versionen davon auf, und eine wäre beinahe auch auf *Freewheelin'* erschienen). *Moonshine Blues* ist auch ein sehr schöner Song, mit sehr viel Gefühl gespielt; Dylan nahm ihn später auch im Studio auf, möglicherweise bei den Sessions zu seiner dritten Platte. Und dann gibt es noch sieben Lieder, die ausschließlich auf diesem Band zu hören sind, Klassiker aus dem gesamten Spektrum des Folk und Blues: *Barbara Allen*, das Dylan allerdings auch 1981 in London spielte; *No More Auction Block*, das Dylan zu einem Teil der Melodie von *Blowin' In The Wind* inspirierte; Leadbellys *Ain't No More Cane*; Robert Johnsons *Kind-Hearted Woman* sowie *The Cuckoo, Motherless Children* und *West*

Texas. Letzteres illustriert wieder einmal, daß Dylan in seiner ganz eigenen Welt lebt, linguistisch wie geographisch, wenn er nämlich singt: »I'm going down to West Texas, behind the Louisiana line« (Ich fahr runter nach West Texas, hinter der Grenze von Louisiana). Die nächste Zeile gibt einen Eindruck davon, was es heißt, mit Dylan zu leben oder zusammenzuspielen: »Get me a fortune-telling woman, one that's gonna read my mind« (Ich brauch eine weissagende Frau, eine, die meine Gedanken lesen kann).

Dylan zeigt auf diesem Tape großen Respekt und Sensibilität für das Material, das er spielt. Im Rückblick wirkt dieser Auftritt wie eine Art Abschiedsgruß an seine Wurzeln, an die Bluessongs und Balladen, die ihm soviel gegeben haben, denn soweit man von den erhaltenen Aufnahmen ausgehen kann, sollte dies für viele Jahre sein letzter wichtiger Auftritt sein, bei dem er Musik spielte, die nicht von ihm selbst stammte.

Die Ausdruckskraft von Dylans Stimme auf dem Gaslight-Tape ist beeindruckend. In gewisser Weise scheint er an diesem Abend die Lieder als eigene musikalische Wesen zu feiern, nicht wegen der Aussage ihrer Texte, sondern wegen der Tiefe und Unerklärlichkeit von Text und Musik, die sich strukturell und rhythmisch ergänzen und zusammen bestimmte Gefühle, Stimmungen, Orte heraufbeschwören. Dylan spielt auf diesem Band nicht Mundharmonika – es ist, als sei kein Raum dafür da, so sehr ist dieser Abend darauf ausgerichtet, die Intensität der Beziehung zwischen Stimme und Gitarre zu auszuloten. Zu einer Zeit, als mehr und mehr Leute begannen, sich wegen der Botschaften und Aussagen seiner Lieder für Dylan zu begeistern, schien er selbst vor allem daran interessiert zu sein, wie Musik Gefühle ausdrücken kann.

Ich habe den Eindruck, daß sich einige der Lieder auf diesem Band unterschwellig mit Problemen bei der Verständigung befassen. Dylans großartige Interpretation von *Barbara*

Allen scheint in diese Richtung zu gehen. In *The Cuckoo* singt er: »I wish I was a poet, and could write a fine hand/I'd send my love a letter, Lord, she would understand« (Ich wünschte, ich wäre ein Dichter und könnte schön schreiben/Ich würde meiner Liebsten einen Brief schicken, ja, sie würde mich verstehen). Die Version von *Don't Think Twice*, die Dylan hier spielt, unterscheidet sich von der Studioversion: Er spielt kein Fingerpicking, sondern schlägt die Gitarre an, der Text ist zum Teil etwas anders und auch die Stimmung unterscheidet sich ein wenig. Das Ganze geht eher in die Richtung: »Ist schon okay, da müssen wir nicht drüber reden.«

Die Versionen von *Rocks And Gravel* und *No More Auction Block* auf dem Gaslight-Tape sind zwei von Dylans schönsten frühen Live-Aufnahmen. In beiden Liedern hat Dylans Stimme eine magnetische Anziehungskraft, und die Gitarrenbegleitung hat etwas Hypnotisches, das mich völlig in seinen Bann schlägt. In *No More Auction Block* singt Dylan über die Sklaverei, nicht mit der Leidenschaft eines Menschen, der sie erlebt hat, sondern mit großer Würde, als wolle er ausdrücken, wie wichtig ihm ist, was er aus Liedern wie diesem über die Freiheit gelernt und erfahren hat. *Rocks And Gravel* handelt vom Schmerz und Lohn der Liebe, ein lyrischer und emotionaler Vorläufer zu Dylans Klassiker *It Takes A Lot To Laugh, It Takes A Train To Cry* aus dem Jahr 1965. Einem treibenden, stetig vorandrängenden Lokomotiven-Rhythmus auf der Gitarre hält die Stimme den langgezogenen Piff der Lok entgegen – lange, einsame Töne, die durch die Energie der Liebe immer wieder zerstreut werden und aus der Hoffnungslosigkeit immer wieder neu entstehen. »It takes some rocks and gravel, baby, to make a solid road...« (Man braucht eine Menge Felsbrocken und Kies, Baby, um eine stabile Straße zu bauen...).

Biographische Informationen, Herbst 1962/Winter 1963: Suze fuhr im Juni nach Italien, verlängerte ihren Aufenthalt, kam schließlich erst im Januar 1963 zurück. Dylan schrieb jede Menge Lieder. Er wirkte, wie Freunde aus dem Village berichteten, »verloren«; seine Musik aus dieser Zeit belegt jedoch, daß er auf einer bestimmten Ebene immer mehr zu sich fand. Sein Ansehen als Songwriter wuchs, als mehr und mehr Sänger begannen, seine Lieder zu spielen: *Don't Think Twice* und *Blowin' In The Wind* waren besonders beliebt, aber der durchschnittliche Folkfan konnte Dutzende von Dylan-Songs hören, ohne daß er je Dylan selbst hören mußte. Dylan erzählte, daß ihn oft Leute auf der Straße anhielten und baten, ihnen *Hard Rain* oder *Blowin' In The Wind* zu erklären, was ihm ziemlich unangenehm war.

Im Dezember 1962 bot sich Dylan die Gelegenheit, nach England zu fahren und dort in einem Fernsehspiel der BBC namens *Madhouse On Castle Street* mitzuspielen und zu singen. Seinen Freunden erzählte er begeistert, daß er nach Italien fahren und Suze suchen würde, doch es stellte sich heraus, daß sie, während er auf dem Weg nach Europa war, gerade nach New York zurückreiste. Sie trafen sich dann im Januar und zogen wieder zusammen.

Die Aufnahmen, die Dylan im Januar 1963 im Büro des *Broadside* und in Gil Turners Wohnung machte, sind musikalisch nicht besonders interessant, aber sie belegen, daß Dylan bis zum Januar *Masters Of War*, *Farewell*, *Bob Dylan's Dream*, *All Over You*, *Playboys And Playgirls* und *Walking Down The Line* geschrieben hatte. Dylan war während der sieben Monate, die er von Suze getrennt war, als Songwriter ausgesprochen produktiv gewesen. Eine seiner Stärken war, daß er offenbar keine feste Vorstellung davon hatte, wie ein Lied aussehen sollte. Er benutzte mal die Bluesform, mal die Balladenform, mal die erzählende Form des Talking Blues, oder er erfand etwas Neues, das entweder eine Kombination aus verschiedenen Formen war oder in eine unbekannte, spontan experimentelle Richtung ging. Er konnte in einem Lied ernst, wütend, zutiefst poetisch sein und im nächsten albern und vorlaut. Ein Lied entstand vielleicht aus dem Impuls heraus, eine bestimmte Geschichte zu erzählen oder ein Gefühl auszudrücken, oder Dylan hatte einfach einen interessanten Satz oder Ausdruck im Kopf, von dem er ausging und sich führen ließ. Ich bin mir sicher, daß er manchmal erst wußte, worum es in einem Lied ging, wenn es fertig war – wenn überhaupt.

Eine ganze Reihe der Demo-Tapes, die Dylan für seinen Musikverlag Witmark aufnahm, entstanden offenbar Anfang 1963; manchmal hatte er die Songs gerade geschrieben, manchmal spielte er auch »nachträglich« Lieder, die er Monate zuvor geschrieben hatte. Dylans gelegentliche Kommentare auf den Tapes lassen darauf schließen, daß er kein spezielles System hatte, nach dem er seinen Verleger (oder auch, so möchte man vermuten, seinen Produzenten, seinen Manager oder sonst irgend jemanden) über seine neuen Lieder informierte. Wenn er Lust hatte, spielte er ihnen die Songs vor, an die er sich gerade erinnerte oder von denen er dachte, sie könnten von Interesse sein, oder was ihm eben gerade einfiel. Die Witmark-Aufnahme von *Let Me Die In My Footsteps* hört mitten in der dritten Strophe (von sieben) auf, als Dylan plötzlich sagt: »Wollt ihr das? Wollt ihr das mit draufnehmen? Es ist unheimlich lang. Ich meine, so lang ist es nicht, aber es ist irgendwie öd [lacht befangen], wißt ihr? Ich hab es schon so oft gesungen.« Von Anfang an war es Dylan, der je nach Laune entschied, was er vorspielte, was er aufnahm, welche Songs er seinen Verlegern gab. Er hat in seiner gesamten Laufbahn nur sehr selten jemand anderem die Möglichkeit gegeben, ihm über die Schulter zu blicken und zu sagen: »Das ist ein tolles Stück, nimm das doch auf (oder spiele es oder veröffentliche es)!« Statt sich auf Kämpfe oder Erklärungen einzulassen, schafft er (meistens) einen Abstand um sich herum, der diese Situation gar nicht erst aufkommen läßt. Er ist ein

Meister im Ausweichen, und einer der Vorteile, den er davon hat, ist Freiheit – die Freiheit, immer der Sänger oder Songwriter oder Live-Musiker zu sein, der er an einem beliebigen Tag eben gerade ist.

Auf den Demotapes für Witmark spielt Dylan oft etwas lustlos, leiert die Stücke einfach runter, aber es gibt Ausnahmen. *All Over You*, eine Demoaufnahme von Anfang 1963, ist ein besonderer Genuß. Dylan sagt: »Los, das Stück hier nehmen wir jetzt einfach so zum Spaß auf!«, und dann reißt er eine Ragtime-artige Jugband-Nummer runter – ein frühes und recht gelungenes Beispiel für den magischen Sprachfluß erscheint, der ihm in seiner *Highway 61/Blonde On Blonde*-Phase so gute Dienste leistete. Der Humor ist sowohl subtiler als auch schräger als der von *I Shall Be Free* oder *Honey Just Allow Me One More Chance*. Dylan setzt hier etwas ein, das später zu einem Hauptaspekt seiner Musik wurde: eine Art perkussive Lyrik, bei der jedes Wort wie ein Schlag ist, der den Rhythmus weiter vorantreibt (»my songs're written with the kettledrum in mind« [Meine Lieder schreibe ich mit einer Kesselpauke im Sinn], schrieb er 1965). Der Text von *All Over You* ergibt nicht viel Sinn – bis man ihn von Dylan gesungen hört, denn wenn man den Text liest und gleichzeitig Dylans Stimme die einzelnen Wörter betonen hört, dann bemerkt man das Zusammenspiel von Rhythmus und Melodie, und wie in manchen Texten von T.S. Eliot erwächst aus dem sprachlichen Nonsens und Singsang eine absurde Bedeutung, die sich nicht mehr abschütteln läßt, wenn man sie erst einmal entdeckt hat.

Long Time Gone auf einem der Demobänder ist deswegen interessant, weil sowohl der Text als auch Dylans Stimme so klingen, als handele es sich hier um die Lebensgeschichte des mythischen Wanderers, als der sich Dylan in seinen Interviews gerne darstellte; letzten Endes führt der Song jedoch nirgendwo hin. Ein Moment der Intensität entsteht allerdings, als er singt: »So you can have your beauty/It's skin deep and it only lies« (Du kannst deine Schönheit behalten/Sie ist nur Schein, ist nur eine Lüge). Dies ist der Dylan, den wir auf *Blood On The Tracks* (1975) besser kennenlernen werden, ein Sänger, der in seinen Liedern Figuren kreiert und allein in der Art, wie er zwei oder drei Worte ausspricht, ihr ganzes Wesen zum Ausdruck bringen kann.

Long Ago, Far Away ist ein weiteres frühes Lied von den Demobändern, das Dylan mit mitreißender Energie singt, eine ironische Auflistung von Ungerechtigkeiten, die in früheren Zeiten begangen wurden: »Long ago, far away/Things like that don't happen no more nowadays« (Lange her, weit weg/Sowas passiert doch heutzutage nicht mehr). Der Song fängt mit der Zeile an: »To preach of peace and brotherhood/Oh, what might be the cost!/A man he did it long ago/And they hung him on a cross« (Frieden und Brüderlichkeit zu predigen/Oh, das kann ganz schön was kosten!/Ein Mann hat das vor langer Zeit getan/Und sie schlugen ihn ans Kreuz). Auch in *Masters Of War* und *With God On Our Side,* beide ein paar Monate nach *Long Ago, Far Away* geschrieben, beschäftigt sich Dylan mit Jesus (und Judas) – nicht mit dem geistlichen Jesus, der in einigen Liedern auf seiner ersten Platte auftaucht, sondern mit der mythischen Figur, dem verfolgten Lehrer und Wahrheitsverkünder.

Bert Cartwright geht in seiner hervorragenden Abhandlung *The Bible In The Lyrics Of Bob Dylan* über die Bezüge auf die biblischen Mythen, die in unserem Kulturkreis allen vertraut sind, hinaus und ist dabei auf einige Zeilen in Dylans frühen Liedern gestoßen, die nahelegen, daß Dylan mehr als üblich mit der Bibel vertraut war. Er weist darauf hin, daß in dem Satz »I know I ain't no prophet/And I ain't no prophet's son« (Ich weiß, daß ich kein Prophet bin/Und ich bin auch nicht der Sohn eines Propheten) in *Long Time Gone* die Worte des Propheten Amos anklingen (Amos 7:14): »I was no prophet, neither was I a prophet's son« (»Ich bin kein Prophet noch ein Prophetenjünger« [zitiert nach der Lutherbibel]). In der Zeile »There's been rumors of war and wars that have been« (Es gehen Gerüchte um vom Krieg und von vergangenen Kriegen) aus *Let Me Die In My Footsteps* klingt ein Satz von Jesus bei Matthäus (24:6) nach: »And you will hear of wars and rumors of wars« (»Ihr werdet hören von Kriegen und Kriegsgeschrei«). Cartwright meint, daß Dylan in der Zeit von 1961-66 »... die Bibel als Teil der Kultur der armen weißen und schwarzen Bevölkerung in Amerika betrachtete, mit der er sich identifizieren wollte.« Ich stimme ihm zu. Und ob Dylan diese biblischen Bilder nun direkt aus der Bibel bezog oder indirekt aus Blues und Gospelsongs, aus Unterhaltungen, Filmen und so weiter: die Häufigkeit seiner Rückbezüge auf die Bibel in seinen frühen Liedern ist auffällig und bezeichnend.

Am 12. April 1963 gab Dylan ein Konzert in der Town Hall in New York City. Es war ein großes Ereignis, sein erster Soloauftritt seit Monaten, womöglich sein erstes wirklich bedeutendes Konzert. Columbia Records schnitt es mit, um eventuell eine Live-Platte daraus zu machen. Dylan war eine bekannte Persönlichkeit geworden – Peter, Paul & Mary, Pete Seeger und andere reisten zu dieser Zeit von College zu College, sangen seine Lieder und bezeichneten ihn als den wichtigsten Songwriter im Land. Er war wichtig, nicht nur weil er talentiert war, sondern weil er etwas zu sagen hatte. Seine Zuhörer, besonders die jungen, hörten eine Botschaft in Bob Dylans Liedern, oder ein ganzes Bündel von Botschaften. Es waren bewegte Zeiten: Das *Civil Rights Movement* war in vollem Gange, die Friedensbewegung lebte wieder auf, eine neue Generation und eine neue Lebenseinstellung begannen sich auszudrücken – Dylans Lieder sprachen diese Themen an und vermittelten noch dazu das Gefühl, der Sänger und seine Zuhörer befänden sich im Mittelpunkt des Geschehens.

116

Dylan wurde als Sänger mit einer Botschaft betrachtet, als Verkünder der Wahrheit, und zumindest eine Weile lang schien er bereit zu sein, diese Rolle zu spielen. Der erste Satz, den er in der Town Hall sang, war: »Well, I'm just one of those ramblin' boys, ramblin' around and making noise« (Ich bin nur einer von diesen umherziehenden Kerls, ziehe herum und mache Krach), und danach spielte er fünfzehn Lieder, die alle selbstgeschrieben und von denen mindestens die Hälfte »Message«-Songs waren, in denen er sich kritisch mit gesellschaftlichen Themen befaßte. Er bezauberte das Publikum durch seine Bühnenpräsenz und seinen Humor und ließ keinen Zweifel daran, daß sein lockerer, unberechenbarer und unprofessioneller Vortragsstil ein Vorteil und nicht etwa ein Defizit war. Er hatte genügend Selbstvertrauen, um nur eines der Lieder zu spielen, für die er bekannt war (*Hard Rain*), und den größten Teil des Konzerts mit neuen Liedern zu bestreiten, die er noch nie öffentlich gespielt hatte. Und zum Abschluß des Abends tat er etwas, was er nie zuvor getan hatte und was auch seither nie mehr vorgekommen ist: Er las ohne musikalische Begleitung ein Gedicht vor, das er gerade geschrieben hatte. Das Publikum, ungefähr 900 Leute, reagierte mit stürmischem Beifall.

Unter den neuen Songs war *Who Killed Davey Moore?*, das sich mit den ethischen Aspekten des professionellen Boxens befaßt und das Thema von *Blowin' In The Wind* wieder aufgreift, daß man nämlich schon durch Schweigen dem Bösen den Weg ebnet; *Bob Dylan's New Orleans Rag*, eine witzige Geschichte über eine furchterregende Frau; *Hero Blues*, in dem Dylan sich gegen ein Mädchen wehrt, das »will, daß ich ein Held bin, damit sie es all ihren Freunden erzählen kann« (»wants me to be a hero so she can tell all her friends«); *Dusty Old Fairgrounds*, eine in Vergessenheit geratene und allgemein unterschätzte Glanzleistung, in der Dylan in übersprudelnden Sprachkaskaden das Leben als Schausteller besingt;

schließlich *With God On Our Side*, Dylans Klassiker über die amerikanische Illusion (und Lüge), daß unsere Kriege heilige Kriege sind und das göttliche Recht auf unserer Seite ist. Er spielte außerdem *Masters Of War*, *John Brown* (ein Anti-Kriegs-Lied, das aber auch davon handelt, wie gefährlich Frauen sein können); *All Over You*; *Walls Of Red Wing*; *Tomorrow Is A Long Time*; *Ramblin' Down Through The World*; *Bob Dylan's Dream*; *Hard Rain* und *Ballad Of Hollis Brown*.

Die auf diesem Konzert entstandene Live-Aufnahme von *Tomorrow Is A Long Time* wurde acht Jahre später auf dem Album *Bob Dylan's Greatest Hits Vol. II* veröffentlicht. Es war das einzige richtige Liebeslied an diesem Abend und mehr als ein Ausgleich zu der Frauenfeindlichkeit in vielen der anderen Lieder. Dylan spielt wunderbar, er singt aus tiefstem Herzen und mit einer nackten Stimme, deren Klang einem Schauer den Rücken hinunterjagt. Diese Aufnahme ist wieder ein gutes Beispiel für Dylans Ausstrahlung und Überzeugungskraft als Musiker, für seine Fähigkeit, seine tiefsten persönlichen Gefühle in seiner Musik auszudrücken. Dabei setzt er vor allem die Beziehung zwischen Stimme und Gitarre ein, die Pausen, die Resonanz und die Spannung, die in dem musikalischen Raum zwischen diesen beiden Stimmen entsteht. *Tomorrow Is A Long Time* klingt nach einem Herzen, das in einem einsamen Zimmer schlägt. Und der Text ist so eindrücklich wie die Melodie und Dylans Interpretation: »I can't see my reflection in the water/I can't speak the sounds to show no pain« (Ich kann mein Spiegelbild im Wasser nicht sehen/Ich kann nichts sagen, ohne daß mein Schmerz durchklingt); »If today was not an endless highway/If tonight was not a crooked trail/If tomorrow wasn't such a long time« (Wenn heute nicht eine endlose Straße wäre/Wenn heute nacht nicht ein gewundener Pfad wäre/Wenn es bis morgen nicht so lange dauern würde) – diese Zeilen lassen Bilder und Gefühle aufkommen, die die inneren Schutzwälle des Zuhörers herunterreißen und die Wunde der eigenen Einsamkeit und des eigenen Schmerzes bloßlegen können.

Will man Dylans geschickten Umgang mit Sprache genauer untersuchen und sehen, in welcher Form die Tatsache, daß er sich selbst als *performer* erlebt, seine Texte beeinflußt, dann lohnt es sich, sich ausgiebig mit Dylans anderer großer Leistung an diesem Abend zu beschäftigen: mit seinem Gedicht *Last Thoughts On Woody Guthrie* (in *Lyrics* abgedruckt). 1965 erzählte Dylan Ralph Gleason: »Ich singe immer, wenn ich schreibe, sogar bei Prosa.« In *Last Thoughts* spricht Dylan ganz offensichtlich auf dem Papier (und liest dann vor, was er aufgeschrieben hat), und es ist faszinierend zu sehen, wie dieses Sprechen seinen Liedtexten ähnelt. Gewisse Beschränkungen sind ihm angenehm, inspirieren ihn sogar: Das Gedicht ist in gleichmäßigem Versmaß geschrieben, mit gelegentlichen Unregelmäßigkeiten, die passend und fantasievoll zur dramatischen Steigerung eingesetzt werden, und es besteht größtenteils aus Reimpaaren, wobei gelegentliche Variationen des Reimschemas sowie einige Zeilen, die sich nicht reimen, wiederum bewußt und geschickt eingebaut werden, um eine möglichst gute Wirkung zu erzielen.

Aber das ist noch nicht alles. Das Gedicht gewinnt seine Gestalt und seinen Charakter noch aus einer weiteren Formalisierung der gesprochenen Sprache über Reim und Versmaß hinaus, nämlich einer Art monotonen Sprechgesangs, vergleichbar vielleicht mit dem Singen buddhistischer Sutras. Die erste Zeile ist ein unvollendeter »when«-Satz (temporales »wenn«), dessen Struktur in den zwei folgenden Zeilen wiederholt wird. Dann folgen drei Zeilen mit »if« (konditionales »wenn«), wobei das erste »if« raffiniert in der Mitte statt am Anfang der Zeile untergebracht ist, gefolgt von einer ganzen Seite (!) von »and«-Sätzen. Der anfängliche »when«-Satz wird dabei nie zu Ende gebracht, sondern immer nur ergänzt – die Spannung, die aus dem Warten auf die zweite

Satzhälfte entsteht, hält immer noch vor. Der letzte »and«-Satz leitet einen weiteren Einschub ein, indem das »you«, an das das ganze Gedicht gerichtet ist, im Selbstgespräch zitiert wird: »And you say to yourself just what am I doin'/On this road I'm walkin', on this trail I'm turnin'« (Und du fragst dich, was mach ich da eigentlich/Auf dieser Straße, die ich langgehe, auf diesem Pfad, dem ich folge) und so weiter, eine Reihe von Präpositionalgefügen und Partizipien und von parallelen Fragen an das eigene Selbst, bis der Sänger wieder zum »you« übergeht und aufzählt, was dieses »du« fürchtet und weiß und braucht. Und dann, ungefähr in der Mitte des Gedichts, wird die »when«-Konstruktion vom Anfang vervollständigt: »When yer head gets twisted and yer mind grows numb« ... »you need something« (Wenn du wirr im Kopf wirst und dumpf im Hirn ... dann brauchst du etwas), aber der erste Satz ist immer noch nicht zu Ende. Schließlich geht Dylan zum nächsten Satz über, in dem es darum geht, dieses »etwas« zu suchen. Zuerst werden in einer langen Liste all die Orte aufgezählt, wo es nicht ist (»it ain't...«), bis es schließlich heißt »you gotta look some other place« (du mußt woanders suchen) und Dylan das Gedicht brillant mit seinem Vorschlag abschließt, wo man dieses »etwas« suchen und finden kann.

Und dieser wahnsinnige buddhistisch-whitmaneske Neo-Hip-Hop-Straßen-Rap und Sprechgesang mit seiner eleganten, komischen, verrückten Struktur wird weiter ausgestaltet durch Binnenreime, gespiegelte Ausdrücke, Parallelismen und andere spontane formale Experimente neben den üblichen leuchtenden Dylan-Bildern und seiner wunderbaren rhythmischen Sprache:

And yer sky cries water and yer drainpipe's a-pourin'
And the lightnin's a-flashin' and the thunder's a-crashin'

And the windows are rattlin' and breakin' and the roof tops
a-shakin'
And yer whole world's a-slammin' and bangin'
And yer minutes of sun turn to hours of storm
And to yourself you sometimes say
»I never knew it was gonna be this way
Why didn't they tell me the day I was born?«

Und dein Himmel weint Wasser und aus deinem Abflußrohr
sprudelt es
Und der Blitz leuchtet auf und der Donner kracht
Und die Fenster klappern und gehen zu Bruch, und die
Dachgiebel beben
Und deine ganze Welt kracht und scheppert
Und deine Minuten der Sonne werden zu Stunden des Sturms
Und manchmal sagst du dir:
»Ich habe nie geahnt, daß es so werden würde
Warum hat mir das keiner gesagt, als ich auf die Welt kam?«

Der Mann ist genial, keine Frage. Aber worauf ich hier hinaus will: Wenn Dylan sagt, daß er singt, wenn er schreibt, dann
meint er, daß er die Musik der Sprache hört. Nicht die Melodie, die dem Text unterlegt wird, wenn es ein Lied ist – vielleicht hört er die, wenn er einen Text schreibt, vielleicht auch
nicht, aber darum geht es mir nicht –, ich meine die Musik
in der Sprache selbst. Es ist mehr ein Rhythmus als eine Melodie, aber es ist ein musikalischer Rhythmus, so als ob man
im Kopf jemanden Akkorde spielen oder eine Snare-Drum
schlagen hört, während die Wörter aus dem Mund rollen und
fließen und steckenbleiben und wieder in Gang kommen und
weiterfließen.

Dylans einleitende Worte zu seinem Dichterlesungs-Ex-
periment in der Town Hall sind ungewöhnlich ernst, bescheiden und unaffektiert, und sie zeigen, wie es ist, wenn er tat-

sächlich spricht, im Gegensatz zu dem Sprechgesang, dem Gedichtaufsagen, das folgt.

Normalerweise spricht Dylan nicht so wie in diesem Gedicht – natürlich benutzt er unvollständige Sätze, aber sie sind kürzer, enthalten viel weniger, und es ist sehr viel unwahrscheinlicher, daß er sie tatsächlich zu Ende führt. Hier aber befindet er sich in einem anderen Zustand, nämlich dem des Liederschreibens. Es ist so, als stünde er schon auf der Bühne, als träte er gerade auf. Er fühlt das Publikum und will es beeindrucken, während er schreibt. *Last Thoughts On Woody Guthrie* ist eine unglaubliche Leistung, und das wäre es auch, wenn wir es nur lesen könnten. Aber dadurch, daß Dylan es vorgelesen hat und eine Aufnahme davon existiert, wird es leichter für uns, eine Verbindung zu seinen anderen nicht gesungenen Prosagedichten herzustellen – dieses vorgetragene Gedicht ist eine Art Schlüssel, eine Brücke zwischen der öffentlichen *performance* auf der Bühne und der privaten *performance* alleine mit der Schreibmaschine oder dem Stift.

Dylans Lesung von *Last Thoughts On Woody Guthrie* wirft Licht auf einen anderen Dylan, einen Dicher, der Gefahr läuft, mißverstanden zu werden, wenn man ihn mit den meisten anderen Dichtern vergleicht. Man sollte ihn als Musiker und Sänger betrachten, der gelegentlich auch ohne Melodie singt, ohne Akkorde, nur mit perkussiver Begleitung, wie im Rap – eine Begleitung, die wir als Leser beisteuern, indem wir sie uns vorstellen, sie in der Sprache hören. Ganz ähnlich wie bei Whitman; wenn dieser allerdings heute anfangen würde zu schreiben, täte er wohl besser daran, sich um einen Plattenvertrag zu bemühen, statt auf Anerkennung in der modernen Welt der Dichtung zu hoffen. (Natürlich erschienen seine Werke damals auch im Eigenverlag; wie Dylan und Picasso war auch er ein Egozentriker, der vollkommen irrational von dem Wert seines eigenen, ungewöhnlichen Ansatzes überzeugt war.)

Für das Programmheft des Konzerts in der Town Hall schrieb Dylan noch ein anderes, autobiographisches Prosastück namens *My Life In A Stolen Moment* (Mein Leben in einem gestohlenen Augenblick). Er erzählt darin ein paar Lügen und erstaunlich viel Wahres. Es ist ein Gedicht ohne Reime, das Versmaß ist unregelmäßig und nicht gleich erkennbar, aber es ist vorhanden und trägt viel zur Wirkung bei – wenn man den Text liest, kann man Dylan reden und Pausen machen hören, sieht ihn beim Sprechen vor- und zurückwippen. Es ist die 1963er Version von Bob Dylans Kindheit und Lehrzeit, ein (recht erfolgreicher) Versuch, seine Biographie umzuschreiben, so daß sowohl die Lügenmärchen als auch die wahren Ereignisse seiner Lebensgeschichte darin Platz haben.

Zwei Wochen nach dem Konzert in der Town Hall ging Dylan zum ersten Mal seit Dezember wieder ins Studio und nahm vier weitere Songs auf: *Masters Of War*, *Bob Dylan's Dream*, *Girl From The North Country* und *Talking World War III Blues*. Sie sind alle auf der LP *Freewheelin'* enthalten, die Ende Mai herauskam; allerdings wurden Werbeexemplare davon schon im April an die Radiosender verteilt. Vier Titel auf dieser vorläufigen Pressung wurden zugunsten der neuen Lieder fallengelassen: *Rocks And Gravel*, *Rambling Gambling Willie*, *Let Me Die In My Footsteps* und *Talking John Birch Paranoid Blues*.

Die vier Lieder aus der Session vom 24. April 1963 stellen eine bedeutende Ergänzung zu *Freewheelin'* dar. Sie sind in bezug auf Songstruktur, Inhalt, Thema und Stimmung sehr verschieden, und wenn man sie miteinander vergleicht, kann man hören, wie Dylan seine Stimme dem jeweiligen Song anpaßt. Zwischen *Girl From The North Country* und *Bob Dylan's Dream* gibt es einige Gemeinsamkeiten – in beiden schwingt etwas Nostalgisches mit, ein Gefühl von Verlust; Dylan blickt zurück in die guten alten Zeiten und zu den Freunden und

Geliebten von damals. (Bisher ist man davon ausgegangen, daß mit dem »girl from the north country« Echo Helstrom gemeint war, Dylans Highschool-Freundin; Shelton glaubt allerdings, daß Dylan an Bonny Jean Beecher dachte, die er aus Minneapolis kannte. Aber im Lied entwickelt die Figur ohnehin ein Eigenleben, egal wer dafür Modell stand. Der Song entstand Anfang Januar, während Dylan in Italien war und vergeblich nach Suze suchte.)

Auf seiner ersten Platte hatte sich Dylan wie ein alter Mann mit dem bevorstehenden Tod beschäftigt. Auf *Freewheelin'* bewegte er sich zurück ins mittlere Alter und schmachtete nach seiner verlorenen Jugend. *Bob Dylan's Dream*, das er im Januar 1963 geschrieben hatte, zeigt, daß Dylan früh auf den Freiheitsverlust reagierte, den der Erfolg mit sich brachte. Er spricht von »ten thousand dollars at the drop of a hat«, zehntausend Dollar, die er sofort und liebend gerne hergeben würde, wenn er dafür die Schlichtheit und Wärme seiner Jugendzeit wiederhaben könnte – wobei er solche Summen tatsächlich noch lange nicht verdiente. Das Lied ist aufrichtig und bewegend und ruft beim Zuhören leicht alle möglichen eigenen Erinnerungen an alte Zeiten wach. Es ist verblüffend, wie sentimental Dylan in gewisser Weise ist, wie schnell er seine eigene Vergangenheit romantisiert und an diese Romantisierung auch selbst glaubt. Es gibt keine biographischen Belege für einen Dylan, »dem nichts fehlte« (»who longed for nothing«) – ganz im Gegenteil schien er mindestens seit seinem vierzehnten Lebensjahr von Ehrgeiz verzehrt gewesen zu sein. Andererseits ist die Annahme, daß sich hinter dem »ich« dieses Liedes unbedingt Dylan verbergen muß, sowenig gerechtfertigt wie die Unterstellung, *Walls Of Red Wings* weise darauf hin, daß Dylan in einer Besserungsanstalt untergebracht war oder auch nur den Anschein erwecken will. Er hat eine Begabung dafür, sich in andere Personen zu versetzen, als Sänger ebenso wie als Songwriter. *Bob*

Dylan's Dream ist ein außergewöhnliches Lied: träumerisch, entrückt, voller Bilder und Anspielungen; die entlehnte Melodie paßt perfekt zu der Geschichte, die Dylan erzählt, und sein Gesang, sein Gitarren- und Harmonikaspiel bezeugen, wie geschickt er inzwischen darin geworden ist, eine Atmosphäre der Schlichtheit zu erzeugen.

Auch *Girl From The North Country* zeigt, wie reif Dylan als Musiker geworden ist. Die Interpretation ist vielleicht ein bißchen zu glatt; sie ist eindrucksvoll, aber für meinen Geschmack zu kontrolliert. Hier ist Dylan tatsächlich der Sänger, der weiß, mit welchen Tricks er beim Zuhörer ein Gefühl der Nähe entstehen lassen kann, egal ob er es nun selbst gerade fühlt oder nicht. Mir gefällt das nackte *Tomorrow Is A Long Time* aus dem Konzert in der Town Hall besser. Das Gute an Dylan ist, daß ihn ein Lied oder eine bestimmte Interpretation eines Liedes mit Sicherheit langweilen wird, sobald er es voll im Griff hat; beim nächsten Mal – wenn er es noch einmal singt – wird er das Lied dann völlig anders spielen, und es wird wieder eine Herausforderung, ein Risiko für ihn sein.

Masters Of War widerlegt all diejenigen, die Dylan für das Understatement seiner politischen Lieder loben; das Lied ist ein Schrei, offene Wut, es klagt an, verweigert jede Vergebung und fordert sogar den Tod des Gegners. 1963 war mir nicht wohl damit. Aber es hat die 23 Jahre seitdem gut überstanden – leider. Das Thema ist heute so aktuell wie eh und je: Immer noch verstecken sich diejenigen, die bewußt und gezielt im Rüstungsgeschäft mitmischen, hinter Mauern und Schreibtischen, und mehr denn je liefern sie jungen Menschen in fernen Ländern die Motivation und Munition, um sich gegenseitig niederzumetzeln.

In den Sechzigern bemängelten einige Kritiker, *Masters Of War* sei übertrieben und eindimensional; heute scheint mir, daß wir mehr solche dreisten und zornigen alttestamentarischen Propheten wie den jungen Dylan bräuchten, die kein Blatt vor den Mund nehmen und ihren Zorn herausschreien und diejenigen anklagen, die es verdient haben – nicht selbstgefällig und selbstgerecht, sondern so bescheiden und ehrlich wie der Sprecher in diesem Lied. Dreistigkeit ist manchmal ein Ausdruck von Klarheit und Mut, und diese drei Eigenschaften brauchen wir alle, wenn wir die sicheren Gebäude zum Einsturz bringen wollen, in denen die »braven-Familienväter-und-regelmäßigen-Kirchgänger-mit-einflußreichen-Freunden«, die wahren Massenmörder unserer Zeit, sich verstecken – nicht zuletzt vor sich selbst. Mir ist immer noch nicht wohl mit der Behauptung, selbst Jesus würde ihnen ihre Taten nicht vergeben, und mit der Zeile »I hope that you die« (Ich hoffe, ihr sterbt), aber es ist ein kreatives Unbehagen, das anregt und schwierige Fragen aufwirft. Dylan schrieb dieses Lied und ging zu Neuem über, wie er es immer noch macht, aber die Lieder bleiben, und manche gewinnen mit der Zeit an Bedeutung.

Talking World War III Blues ist sehr witzig, und sehr gut gemacht. Es gibt nicht viele komödiantische Nummern – schon gar nicht solche mit einem aktuellen gesellschaftlichen Bezug –, die man immer wieder hören und dabei immer noch lustig finden kann; diese gehört dazu. Die Mundharmonika trägt viel dazu bei.

Nachdem die Arbeit an der Platte beendet war, begann Dylan, mehr zu reisen und öfter Konzerte zu geben. Ende April fuhr er nach Chicago und spielte in einem Club namens The Bear; er war auch eine Stunde lang Gast in Studs Terkels Radiosendung, wo er sich mit Terkel unterhielt und ein paar Lieder spielte. Es ist ein gutes Gespräch – Dylan läßt sich sogar darüber aus, was *Hard Rain* für ihn bedeutet –, und gegen Ende der Sendung erwähnt er, daß er gerade ein Buch schreibt »... über meine erste Woche in New York. Es handelt von einem, der ans Ende eines Wegs gekommen ist und weiß, das ist das Ende eines Wegs, und er weiß, da ist ein anderer Weg, aber er weiß nicht genau, wie der aussieht«.

Anfang Mai: Dylan spielte auf dem Brandeis Folk Festival in der Nähe von Boston und kam dann zu Aufnahmen für die Ed Sullivan Show nach New York zurück. Im letzten Moment entschied der Zensor von CBS-TV, daß Dylan *Talking John Birch Paranoid Blues* nicht singen dürfe. Daraufhin weigerte sich Dylan, in der Sendung aufzutreten; es gab ein ziemliches Aufheben um die ganze Sache, mit Berichten in der Zeitung und dergleichen mehr. Angeblich bestand Columbia Records – damals im Besitz von CBS – darauf, daß der Song von der in Kürze erscheinenden Platte heruntergenommen werden sollte, was dann dazu führte, daß die vier Lieder aus der Session am 24. April auf *Freewheelin'* gelangten. Wenn das tatsächlich so war, dann muß man sagen, daß die Platte davon profitiert hat. Auf jeden Fall ging Dylan aus dieser ganzen Fernseh-Aufregung schließlich als Held hervor.

Mitte Mai flog er nach Kalifornien, um auf dem Monterey Folk Festival zu spielen. Nach dem Festival verbrachte er einige Wochen bei Joan Baez; sie kannten sich schon länger, aber ihre enge Beziehung begann zu dieser Zeit. Von Anfang an hatte diese Liebesbeziehung etwas sehr Öffentlichkeitswirksames – nicht, daß sie nicht echt gewesen wäre, aber sie hatte für viele Leute eine große Bedeutung: die Folk Queen sucht sich ihren King.

Der Druck, der aus Dylans neuem Status als Figur des öffentliches Lebens entstand, wurde stärker. Ende Mai wurde *Freewheelin'* veröffentlicht; die erste Platte hatte sich schlecht verkauft, die zweite war von Anfang an ein Renner. *Time* brachte Ende Mai einen Bericht über Dylan, und Nat Hentoff hob ihn in seinem Artikel über Folkmusik in der Juniausgabe des *Playboy* besonders hervor. Und am 18. Juni wurde dann Peter, Paul & Marys Version von *Blowin' In The Wind* als Single veröffentlicht. Sie war ein prompter Erfolg und wurde schließlich zur Nummer zwei in den landesweiten Charts.

Dylan hatte berühmt werden wollen, und nun war er es. Es war berauschend und beängstigend zugleich. Die Berg-und-Tal-Bahn hatte sich in Bewegung gesetzt – jetzt konnte er sich nur noch festhalten, beten und den Kitzel genießen.

Im Juni oder Anfang Juli schrieb er ein weiteres Gedicht, *For Dave Glover*, das im Programmheft des Newport Folk Festival abgedruckt werden sollte. Es war ein Brief an Tony (Dave) Glover, Dylans Freund aus seiner Zeit in Minneapolis – wieder eine inspirierte schriftliche *performance* (die leider nicht in *Lyrics* enthalten ist): »Yuh ask in the last letter how come I ain't wrote lately – /Yuh say that writin' t me's like blowin words at a stone wall – « (Du fragst mich in deinem letzten Brief, warum ich in letzter Zeit nicht mehr geschrieben hab – /Du sagst, mir zu schreiben ist so, als wenn man Wörter an eine Steinmauer bläst -) und so weiter, ein inspirierter Rap. Dylan begrüßt Glover zunächst, indem er die ersten sechs Zeilen mit dessen Namen anfangen läßt; dann erinnert er sich an die guten alten Zeiten und »the songs we used t sing an play« (die Lieder, die wir immer gespielt und gesungen haben), spricht von Woodys Liedern und der Zeit damals und wie sich seitdem alles verändert hat; schließlich läßt er sich über die Welt von heute aus und was ihr alles angetan worden ist: »They robbed the Constitution of the land and snuck in the censors of the mind« (sie raubten die Verfassung des Landes und schleusten die Geistes-Zensoren ein) – der klassische Bob-Dylan-als-Stimme-seiner-Zeit aus der Phase von 1962-65. Es folgt der persönliche Teil des Briefs, und der ist natürlich Dylans Absichtserklärung und öffentliches Statement an alle, die in Newport sind – indem er an einen alten Freund schreibt, schreibt er an sein (neues) Publikum.

Yuh ask how I'm doin Dave
I'm still singin – I'm still writin
I'm still doin all a things I used to do I guess
But the difference is probably that now I really ain't thinkin
    about what I'm doin no more
I'm singin an writin what's on my own mind now –
What's in my own head and what's in my own heart –
I'm singin for me an a million other me's that've been forced
    t'gether by the same feelin –

Du fragst mich, wie's mir geht, Dave
Ich sing noch – ich schreib noch
Ich nehm an, ich mach noch all das, was ich früher auch
    gemacht hab
Aber der Unterschied ist wahrscheinlich, daß ich jetzt nicht
    mehr darüber nachdenke, was ich mache
Ich sing und schreib das, was mich selbst beschäftigt –
Was in meinem eigenen Kopf und meinem eigenen
    Herzen ist –
Ich sing für mich und eine Million andere Ichs, die von dem
    gleichen Gefühl zusammengetrieben worden sind –

Dann sagt er »I can't sing Red Apple Juice no more/I gotta sing Masters a War« und bekennt sich so dazu, daß ihm die Folksongs gezeigt haben, wo es langgeht und ihn bis zu diesem Punkt gebracht haben; aber jetzt stehen die Dinge anders: »I gotta make my own statement bout this day/I gotta write my own feelings down the same way they did it before me in that used t be day« (Ich muß mich zu diesen Zeiten äußern/Ich muß meine eigenen Gefühle aufschreiben, so wie sie es vor mir getan haben in jenen früheren Zeiten).

In der ersten Juliwoche stieß Dylan zu Theodore Bikel und Pete Seeger in Greenwood, Mississippi, um auf einem Konzert zur Unterstützung des *voter registration drive* [Kampagne zur Registrierung von Wählern; Anm. d. Ü.] zu spielen. Der Film *Don't Look Back* enthält wundervolle Aufnahmen von dieser Veranstaltung: Dylan singt sein neues Lied *Only A Pawn In Their Game*, das davon handelt, wie die arme weiße Bevölkerung durch die Manipulation der Politiker gegen die Schwarzen aufgehetzt wird (typisch Dylan – er präsentiert das Thema aus einem ganz neuen Blickwinkel, singt eine neue Art von *freedom song*). Cotts Buch *Dylan* enthält einige Fotos von Dylan in Greenwood, darunter ein rührendes Bild, auf dem er auf den Stufen einer Hütte in Mississippi sitzt und Gitarre spielt, umgeben von jungen *freedom workers* – für einen Moment ist er Teil der Familie. Das Bild von Dylan, das am engsten mit dieser Zeit verbunden ist, ist natürlich das im Winter zuvor aufgenommene Coverfoto von *Freewheelin'*, auf dem er mit Suze eine verschneite Straße in New York entlanggeht; sie hat sich lachend bei ihm eingehängt, er hat die Schultern gegen die Kälte hochgezogen, die Hände in den Taschen, den Blick auf den Boden gerichtet, und sieht sehr verwundbar aus.

Mitte Juli flogen Dylan und Suze, ihre Schwester Carla sowie Dylans Manager Albert Grossman nach Puerto Rico zu einer Verkaufskonferenz von Columbia Records, wo Dylan vor den Vertretern spielte und für seine Platte warb. Und dann plötzlich war es Ende Juli, Zeit für das Newport Folk Festival. Am ersten Abend, dem 26. Juli, spielte Dylan allein und sang *With God On Our Side*, *Bob Dylan's Dream* und *Hard Rain* vor 13 000 Leuten. Peter, Paul & Mary waren auch auf dem Festival, außerdem Joan Baez und Pete Seeger, und alle spielten sie Dylan-Songs und baten Dylan, mit ihnen zusammen zu singen. Das Publikum war jedesmal begeistert, wenn sein Name nur erwähnt wurde. Bob Dylan war der Mann der Stunde. Der Protestsänger war ein Star geworden.

Folkstar

Juli 1963 – Juni 1965

People ask why do I write the way I do
how foolish
how monsterish
a question like that hits me...
it makes me think that I'm doin nothin
it makes me think that I'm not bein heard

Die Leute fragen mich, warum ich so schreibe,
wie ich schreibe
wie dumm
wie grotesk
so eine Frage haut mich um...
das klingt so, als ob ich gar nichts tue
das klingt so, als ob mir keiner zuhört

Bob Dylan, 1963

The Times They Are A-Changin'

Jonathan Cotts Buch *Dylan* enthält ein Dutzend Fotos von Bob Dylan auf dem Newport Folk Festival im Juli 1963. Auf einem (von David Gahr) sieht man Dylan mit einer Zigarette im Mund vor einer Backsteinmauer stehen und mit einer sechs Meter langen Nilpferdpeitsche knallen. Sein Gesichtsausdruck ist intensiv und konzentriert, sein Körper ist angespannt, und er hat ein Bein nach vorne gestellt, um die Balance zu halten. Einer von Dylans Biographen erzählt, Dylan sei fast das ganze Wochenende über mit der Peitsche »fest um die Schulter gewickelt« herumgelaufen. Ein anderer berichtet, Dylan sei hinter der Bühne und im Motel, wo die Musiker untergebracht waren, mit der Nilpferdpeitsche »herumstolziert« und habe »immer und immer wieder damit geknallt.« Jemand fragte ihn, was er denn mit der Peitsche mache, und Dylan antwortete: »Ich haue den Leuten die Zigarette aus dem Mund. Das mache ich damit, Mann.«

Suze und Dylan lebten noch zusammen, und sie war mit ihm in Newport. Joan Baez war auch da; es gibt viele Fotos von ihr und Dylan zusammen. Und Dylans neues Publikum war da. Es waren junge Leute, die nicht unbedingt irgendeine Ahnung von Folkmusik hatten. Aber sie erkannten Bob Dylan, so wie Dylan und seine Altersgenossen ein paar Jahre vorher James Dean erkannt hatten: sofort und intuitiv. Es war Liebe auf den ersten Blick.

Es gibt Bilder von Dylan in Newport, auf denen er hinter der Bühne allein mit seiner Gitarre auf und ab geht, mit Freunden lacht, in den Swimmingpool des Motels springt; Bilder, auf denen er mit einer solchen Freude und Energie in ein Mikrophon singt, daß man sein Lied mit den Augen hören kann, und andere, auf denen er Hand in Hand mit Baez, Seeger, Bikel, den Freedom Singers und Peter, Paul & Mary auf der Bühne steht und *We Shall Overcome* singt. Es ist ein Foto dabei von einem verletzlichen Dylan zusammen mit Suze, »du und ich gegen den Rest der Welt«, und verschiedene Fotos von Dylan mit Joan Baez, auf denen er die Stirn runzelt, ganz der ernste junge Künstler. Die Tonaufnahmen, die es von Dylan in Newport 1963 gibt, sind bewegend: Er singt *Blowin' In The Wind* zusammen mit Joan Baez, Peter, Paul & Mary und den Freedom Singers, *Playgirls And Playboys* mit Pete Seeger auf einem Workshop über *topical songs,* und *With God On Our Side* mit Joan Baez während ihres Soloauftritts am letzten Abend des Festivals. Dylans musikalische Energie und Ausstrahlung kommen in diesen Gemeinschaftsaktionen gut zum Tragen, man spürt seine Begeisterung, spürt, daß dies ein besonderer Augenblick für ihn ist. Aber die Fotos zeigen noch deutlicher als die Musik, welche Gefühle und Kräfte zu dieser Zeit in seinem Leben wirkten, und lassen die verschiedenen Seiten seiner Persönlichkeit erkennen.

Die Ereignisse überschlugen sich. *Blowin' In The Wind* war eine Top-Ten-Platte, und Anfang August war es in vielen Teilen des Landes die Nummer eins geworden. Zwei Tage nach Newport nahm Dylan zwei Lieder (*Blowin' In The Wind* und *Only A Pawn In Their Game*) für die Fernseh-Sondersendung *Songs Of Freedom* auf. Weniger als eine Woche nach Newport trat er wieder auf, und zwar vor größeren Menschenmengen, als er sie vor dem Newport Festival je erlebt hatte: Joan Baez war auf Tournee, und Dylan war als Überraschungsgast dabei. In der ersten Hälfte ihres Konzerts sang sie immer einige seiner Lieder, und in der zweiten Hälfte kam er dann selbst; sie sangen ein paar Lieder zusammen, und er spielte ein paar allein. Im August gaben sie im Nordosten des Landes zehn Konzerte.

Das erste Baez/Dylan-Konzert fand am 3. August statt. Am 6. August ging Dylan ins Studio von Columbia in New York und begann mit den Aufnahmen für seine dritte Platte, *The Times They Are A-Changin'*. Weitere Sessions folgten am 7. und 12. August. Irgendwann im August zog Suze Rotolo aus Dylans Wohnung aus. Dylan hielt sich jetzt öfters in Albert Grossmans Landhaus in Woodstock, New York auf, einem kleinen Ort einige Stunden von New York City entfernt. Am 17. August spielten Dylan und Baez in Forest Hills, New York vor 14 000 Leuten; Dylan sang ein neues Lied mit dem Titel *I'm Troubled And I Don't Know Why*. Am 28. August spielten sie vor 200 000 Leuten auf dem »Marsch nach Washington«, einer Massenkundgebung der Bürgerrechtsbewegung. Dylan sang *Only A Pawn In Their Game*. Martin Luther King Jr. hielt an diesem Tag vom selben Podium aus seine Rede »I have a dream«.

Den September verbrachte Dylan bei Joan Baez in ihrem Haus in Carmel an der kalifornischen Küste. Er ruhte sich aus und schrieb ein bißchen. Mitte Oktober trat er auf einem Baez-Konzert in der Hollywood Bowl auf; er sang eine halbe Stunde lang ein und dasselbe Lied, und das Publikum buhte. Baez erzählt, er sei auf vielen dieser Konzerte »betrunken und ängstlich ... völlig verstört« gewesen.

Den Rest seiner dritten Platte nahm Dylan Ende Oktober auf – drei Lieder am 23. und 24. Oktober und das letzte, *Restless Farewell*, am 31. Oktober, nachdem sich zwei wichtige Ereignisse zugetragen hatten: Am 26. Oktober gab Dylan ein triumphales Solokonzert in der Carnegie Hall, und in der *Newsweek* vom 4. November (die ein oder zwei Tage nach dem Konzert in die Läden kam) erschien ein sehr gehässiger Artikel über Dylan.

Dylans dritte Platte spiegelt seine Stimmung von August bis Oktober 1963 wider. Sie entstand aus seinem Bedürfnis heraus, seiner neuen Rolle zu entsprechen und sie ganz auszufüllen: der gesellschaftskritische Dichter und Songpoet, der ruhelose junge Mann, der etwas zu sagen hat und für eine neue

Generation spricht und singt. War *Freewheelin'* ein Mosaik, das Journal eines phänomenalen Jahres des Wachstums, des Liederschreibens und Aufnehmens, so ist *The Times They Are A-Changin'* ein einheitlicheres Werk, eine bewußte Zusammenstellung, ein Liederzyklus, an dem Dylan über drei Monate hinweg gezielt und mit einer bestimmten Absicht arbeitete.

So wie ich es mir vorstelle, begann dieser Prozeß wahrscheinlich direkt nach Newport: Angeregt durch die Vorgänge in ihm selbst und in seiner Umgebung sowie durch die Lieder, die er schon geschrieben hatte und an denen er gerade arbeitete, entwickelte Dylan ein Gefühl dafür, wie seine nächste Platte aussehen sollte – eine Ahnung, was möglich war, wie vielleicht alles zusammenpassen konnte. Das Spannende an jedem schöpferischen Vorgang ist ja das Gefühl, daß etwas Größeres als einfach nur die Summe aller Einzelteile greifbar nah ist. Ein gewisser Karl Gauss hat einmal gesagt: »Meine Lösungen habe ich schon lange, allerdings weiß ich noch nicht, wie ich zu ihnen gelangen soll.« Zu diesen Lösungen zu gelangen, ist die große Herausforderung, und zugleich das Befriedigende am kreativen Arbeiten; jede wahre Inspiration verlangt vom Künstler, über seine gegenwärtigen Fähigkeiten, über das, was er sicher beherrscht, hinauszugehen und sich auf neuen Boden zu begeben.

Dylan ging also Anfang August ins Studio und nahm *Ballad Of Hollis Brown*, *Boots Of Spanish Leather*, *With God On Our Side* und *Only A Pawn In Their Game* auf, Lieder aus seinem aktuellen Repertoire, von denen er meinte, daß sie auf die Platte gehörten. Außerdem spielte er zwei neue Songs ein, die schließlich auch mit auf die Platte kamen, *North Country Blues* und *One Too Many Mornings*. Letzteres ist das einzige Lied, von dem wir wissen, daß es von der Session am 12. August stammt; Dylan schrieb es vermutlich in den fünf Tagen zwischen dieser und der vorhergehenden Session. Es ist ein spontaner Ausdruck dessen, was in seiner Beziehung zu Suze gerade vor sich ging.

Dylan hatte einen neuen Produzenten, Tom Wilson; ihre Zusammenarbeit begann offenbar mit den letzten vier Songs, die Dylan für *Freewheelin'* aufnahm. Wilson war ein junger Schwarzer, der sich zwar für Dylan interessierte, nicht aber für Folkmusik an sich; er ließ Dylan gerne die Führung übernehmen und selbst entscheiden, was er wie aufnehmen wollte. (Nat Hentoff zufolge meinte Wilson einmal: »Bei Dylan muß man nehmen, was man kriegen kann.«) Dafür, daß er als junger Künstler bei einer großen Plattengesellschaft unter Vertrag stand, genoß Dylan ein bis dahin ungekanntes Maß an künstlerischer Freiheit; er verdankte sie zum einen der Unterstützung durch Wilson und John Hammond, zum anderen seinem Image als unabhängiger Geist und seinem unbeirrbaren Glauben an sich selbst.

Es war eben dieser Glaube an sich selbst, der es Dylan erlaubte – ja: der ihn bei dem Tempo, in dem er sich entwickelte, geradezu zwang –, mit jeder neuen Platte wieder eine ganz andere Richtung einzuschlagen. *The Times They Are A-Changin'* ist stilistisch und vom Klang her völlig anders als *Freewheelin'*. Die Platte ist in vielfacher Hinsicht ein Rückschritt: Den Liedern mangelt es an Humor; Gitarrenspiel und Gesang sind nicht sehr komplex und oft monoton; zweifellos kann sich keins der Stücke mit den Highlights von *Freewheelin'* messen. Die Platte ist insgesamt enger und gibt musikalisch wie poetisch nicht so viel her wie die vorhergehende.

Und doch stellt sie einen wichtigen Schritt in Dylans künstlerischer Entwicklung dar, denn er geht hier mit dem Ziel an die Arbeit, auf der gesamten Platte einen bestimmten, einheitlichen Klang zu erzielen, eine einheitliche Perspektive zu vermitteln, und das gelingt ihm. Er setzt seine ursprüngliche Inspiration um und schafft so nicht nur ein beachtliches Kunstwerk, sondern bekräftigt – vor sich selbst – seine Fähigkeit, Neues zu schaffen, sich an das Unbekannte heranzuwagen und jegliche Herausforderung anzunehmen, die aus seinem Bedürfnis, sich mitzuteilen, womöglich entstehen könnte.

Auf späteren Platten werden wir erleben, wie er dies auch gegen den Widerstand seiner Zuhörer tut, die von ihm erwarten, daß er die Herangehensweise(n) beibehält, an die sie sich gewöhnt haben. Hier allerdings, glaube ich, geht er bewußt auf die Erwartungen seines Publikums ein (seine gesellschaftskritischen Songs haben ihm die meiste Anerkennung gebracht, also liefert er mehr von der Sorte). Die Ironie an der Sache ist, daß er selbst auf diese Weise eine Platte und einen »Bob-Dylan-Sound« hervorbringt, die anders sind als alles, was er vorher gemacht hat. Selbst wenn er den Wunsch hat, sein Publikum zufriedenzustellen, dann tut er das nicht, indem er sich wiederholt, sondern indem er sich vorwärtsbewegt, zur nächsten Folge von »singin and writin what's on my own mind now (...) for me an a million other me's that've been forced t'gether by the same feelin.« Er glaubt wirklich daran, daß er am besten für seine Zuhörer sprechen kann, wenn er sich selbst treu bleibt.

Wie an anderer Stelle schon ausgeführt worden ist, spiegelt das Schwarzweißfoto auf dem Cover von *The Times They Are A-Changin'* den Inhalt der Platte sehr gut wider: Es zeigt Kopf und Schultern eines ernst und verächtlich dreinblickenden Dylan (man kann ihn anstarren, solange man will, er sieht einem nie in die Augen); das hintergrundslose Bild wird völlig von ihm dominiert.

North Country Blues wurde offenbar als erstes aufgenommen. Wie viele der Lieder auf der Platte strahlt auch dieses eine seltsame Mischung von Distanz und Nähe aus. Es handelt von einer Frau, die in einer Bergarbeiterstadt aufgewachsen ist, und die von den Menschen in ihrem Leben erzählt, als seien sie nur Anhängsel der Erzmine, als werde ihr Dasein allein von den Erfolgen und Verlusten der Mine bestimmt.

Dieses Lied ist als »Protestsong« bezeichnet worden, aber jegliche Wut oder auch Moral muß der Zuhörer selbst beisteuern; das Lied selbst schildert nur glaubhaft die traurige Leere im Leben der Erzählerin. Und es vermittelt die Stimmung in den nördlichen Midwestern Plains, wenn der Herbst in den Winter übergeht. Die widersprüchliche Aussage in den ersten zwei Zeilen paßt sehr gut: »The cardboard-filled windows/And old men on the benches/ Tell you now that the whole town is empty« (An den mit Pappe vernagelten Fenstern/Und den alten Männern auf den Bänken/Siehst du jetzt, daß die ganze Stadt leer ist). Dylans Stimme klingt hier flach und dabei doch tragend, sie enthält das Frösteln des nahenden Winters und vermittelt überzeugend, daß diese Stadt leer wirkt – nicht trotz, sondern gerade wegen der Menschen, die man dort sieht.

Man ist versucht zu sagen (und kommt dabei der Wahrheit – oder einem Teil der Wahrheit – wahrscheinlich ziemlich nahe), daß es auf der ganzen Platte um Leere geht – die Leere, die Dylan innerlich quälte, und die er zu dieser Zeit auch in der Außenwelt erlebte. *Ballad Of Hollis Brown* handelt von einem Mann, der sich und seine Familie umbringt, weil es ihnen an so vielem mangelt. Das Lied beginnt und endet in der dritten Person; der größte Teil (acht Strophen) ist jedoch in der zweiten Person gehalten. Es ist eine Litanei der Armut und des wachsenden Drucks ohne das Gegengewicht der Hoffnung: »Your empty pockets tell you that you ain't got no friend« (An deinen leeren Taschen erkennst du, daß du keinen Freund hast). Auch hier muß jeglicher Protest vom Zuhörer selbst kommen – die Wut im Lied steckt in der Struktur, in der nicht aufgelösten Spannung von Dylans Interpretation; in seiner Stimme aber ist keinerlei Wut zu hören (wäre das anders, dann würde damit die Spannung aufgelöst, und der Zuhörer wäre entlastet). Dylan bietet auch keine Moral an, außer der zweideutigen Bemerkung: »Some-

where in the distance there's seven new people born« (Irgendwo in der Ferne werden sieben neue Menschen geboren). Ist
das gut oder schlecht? Anscheinend weder noch; so wie bei
der Zerstörung der Familie oder der Stadt im North Country
gilt auch hier: Es ist so, wie es ist.

Auch in *With God On Our Side* wird die Leere durch die
musikalische Interpretation vermittelt: Der Gesang und die
Gitarren- und Mundharmonikabegleitung lassen das Bild eines jungen Mannes aufkommen, allein in einem Zimmer, ohne irgend etwas, an das er glauben kann. Mein Name: nichts.
Mein Alter: hat noch weniger Bedeutung. Was man mir beigebracht hat: alles Lügen. Helden: Namen, die man auswen-
dig lernt. Stolz, Tapferkeit: leere Gefühle, nichts als Anreize,
das Unakzeptable zu akzeptieren. Dylan geht in dieser Interpretation zu weit, das Zuhören wird mühsam, aber das Lied
selbst ist unbestritten stark. Es benennt in wenigen Worten
ein Dilemma, das vor allem die Amerikaner betrifft, aber auch
grundsätzlich alle Menschen, die in Nationalstaaten leben:
daß uns nämlich Lügen und Propaganda weiterhin so wirkungsvoll dazu bringen, zu hassen, uns zu fürchten und unsere Nachbarn zu morden, und daß der Name Gottes, der
uns eigentlich vor bösen Gedanken schützen sollte, statt dessen zu deren Legitimation mißbraucht wird. Dylan schließt,
indem er zunächst seine Müdigkeit und Verwirrung zum Ausdruck bringt und dann, unerwartet und ergreifend, eine Art
Gebet ausspricht:

> The words fill my head
> And they fall to the floor
> That if God's on our side
> He'll stop the next war.

> Ich hab die Worte im Kopf
> Und sie stürzen heraus
> Daß Gott, wenn er auf unserer Seite ist,
> den nächsten Krieg verhindern wird.

Müdigkeit, Leere, Verwirrung, das sind die Themen der meisten im August aufgenommenen Lieder auf dieser Platte. (Paradoxerweise spielt Dylan sie allerdings mit großer Intensität, Klarheit und Energie – zwar eine sorgfältig und knapp bemessene Energie, aber sie ist vorhanden; bloß auf *With God On Our Side* fehlt der Schwung.) *Only A Pawn In Their Game* ist eine Ausnahme – die Verwirrung ist da: »He never thinks straight« (Er denkt nie wirklich darüber nach), auch die mutmaßliche Leere im Inneren eines Menschen, der so sehr manipuliert wird, daß man ihm nicht einmal »die Schuld geben kann« an dem von ihm begangenen Mord. Aber der Schwerpunkt liegt hier woanders, vielleicht weil es das einzige Lied auf der ganzen Platte ist, das komplett in der dritten Person gesungen wird. Es ist auch das einzige Lied, das offen und deutlich anklagt – *With God On Our Side* ist kurz davor, es zu tun, aber die Quelle des Bösen wird nie benannt. *Only A Pawn In Their Game* nennt den Schuldigen: »the South politician« (der Südstaatenpolitiker). Beide Lieder machen vor allem die Schulen und Lehrer für den Schaden verantwortlich. Wie in vielen anderen Songs auf seiner dritten Platte gelingt es Dylan auch in *Only A Pawn In Their Game*, intellektuelle Einsichten bezüglich der amerikanischen Gesellschaftsstruktur auf nicht rationalem, eher intuitivem Weg zu vermitteln, und zwar so überzeugend, daß man sicher sein kann, daß seine Analyse spontan aus seinem Erleben und seinen Gefühlen entstand und nicht umgekehrt. Anders gesagt: Dylan war erschüttert von Medgar Evers' Tod, fragte nach dem Grund, versetzte sich in die Lage des mutmaßlichen Täters und gelangte so zu einem ungewöhnlichen und überzeugenden Verständnis der ganzen Situation. Dylans Einfühlungsvermögen in den Mann, von dem er singt, und möglicherweise auch sein Vergnügen daran, den *Northern liberal*, den (Pseudo-)Liberalen aus den Nordstaaten, für seine reflexartige Verurteilung des *poor white* hochzunehmen, regen ihn zu einem meisterhaften Einsatz von Bildern, Versmaß und Reim an: Jede Strophe steigert sich zu einem sprachlichen Crescendo, das allein durch den Klang etwas aussagt, selbst wenn die Aussage des Textes fragwürdig ist (tötet ein angeketteter Hund oder ein Ku-Klux-Klan-Mörder tatsächlich »with no pain«, ohne Schmerz?). Dylans Gesang ist vollkommen überzeugend (schon allein, wie er aus *pawn* ein viersilbiges Wort macht!), und sein Gitarrenspiel könnte kaum einfacher und wirkungsvoller sein.

Boots Of Spanish Leather ist wunderschön und musikalisch gesehen das beste Stück auf der Platte; von der inneren Dynamik her ähnelt es der Town-Hall-Aufnahme von *Tomorrow Is A Long Time* (auch der Gitarrenteil ist ähnlich). Dylans Stimme ist hier sehr voll. Er spielt wieder mit der Form: Das Lied ist ein Dialog zwischen Geliebten, in dem der Sänger bis zur siebten Strophe beide Rollen übernimmt; dann gibt er sich plötzlich als der Mann zu erkennen – wodurch die ersten sechs Strophen rückwirkend als seine Rekonstruktion des Dialogs definiert werden – und spricht einen Dritten an: »I got a letter on a lonesome day/It was from her ship a-sailin'« (An einem einsamen Tag bekam ich einen Brief/Er kam von dem Schiff, mit dem sie reiste). In den letzten zwei Strophen spricht er wieder zu seiner Geliebten, aber es ist klar, daß sie nicht da ist, während er spricht. Die letzte Strophe ist herzzerreißend: Immer noch verliebt – »take heed, take heed of the Western wind« (hüte dich, hüte dich vor dem Westwind) –, findet er sich voller Bitterkeit mit ihrem Desinteresse ab; er folgt ihrem Vorschlag, ihr ein Geschenk, einen Gegenstand zu nennen, den sie ihm schicken kann, anstatt selbst zurückzukommen. Das Understatement sowie die erfolgreiche Kombination von Romantik (sowohl in der Sprache als auch in der Musik) und kargem harten Realismus (in der Art, wie Dylan das Lied spielt, und in der Klarheit und Einfachheit der dargestellten Situation) verbinden dieses Lied mit den anderen Songs auf der Platte. Es ist ein Liebeslied, aber in Perspektive und Ausdrucksstil ähnelt es dem »sozialen Realismus« der anderen Stücke. Und wenn sich dann herausstellt, daß auch dieses Lied trotz der sanften und ausdrucksvollen Stimme, Gitarrenbegleitung und Sprache von Leere handelt, dann ist die Wirkung fast bestürzend.

Die fünf gerade besprochenen Lieder waren die ersten, die eingespielt wurden, und sie machen die Hälfte der Platte aus. Wir wissen nicht, wann die Outtakes aufgenommen wurden; einige davon stammen bestimmt von den Sessions am 6. und 7. August. Von manchen muß Dylan von Anfang an gewußt haben, daß sie nicht auf die Platte passen würden – die Aufnahme von *Farewell* zum Beispiel ist hübsch, aber weniger als halb so lang wie andere Versionen dieses Songs; entweder konnte er sich nicht an den Text erinnern, oder es war ihm egal. Andere Stücke wurden wahrscheinlich erst ausgesondert, als die endgültige Auswahl getroffen wurde (ich nehme an, im November). *Seven Curses* ist eine großartige Interpretation eines starken Songs, die wahrscheinlich auch von den Sessions im August stammt; möglicherweise wurde das Stück deswegen nicht mit auf die Platte genommen, weil die anderen Lieder alle gegenwartsbezogen sind und *Seven Curses*, auch wenn es stilistisch und thematisch eigentlich auf die Platte paßt, eine Geschichte aus einer früheren Zeit erzählt.

One Too Many Mornings, ein Liebeslied und eindeutig auch ein Lieblingslied von Dylan (es ist im Laufe der Jahre in vielen verschiedenen Formen immer wieder in seinen Konzerten aufgetaucht), paßt nicht ganz ins Gesamtkonzept der Platte: Es handelt zwar von Müdigkeit und Leere, aber die Stimmung ist unbeschwert, versöhnlich, fast erleichtert. Die Mundharmonikasoli sind wunderschön.

Mehr als zwei Monate verstrichen, bis Dylan wieder ins Studio ging, um seine dritte Platte abzuschließen. Irgend etwas fehlte noch – sowohl ästhetisch als auch kommerziell gesehen brauchte die Platte eine Hymne, einen Song, in dem sich das neue Lebensgefühl ausdrückte, das Dylan und seine Zuhörer teilten. Jedes einzelne Lied auf der Platte spiegelt dieses Lebensgefühl wider, aber Dylan wollte es noch deutlicher artikulieren – einmal aus ästhetischen Erwägungen, um die Fäden zusammenzuführen und zu verdeutlichen, daß diese Song-Stories sowohl untereinander als auch mit unserem neuen Lebensgefühl in Verbindung standen; zum anderen aus kommerziellen Gründen: Die Öffentlichkeit war durch *Blowin' In The Wind* auf Dylan aufmerksam geworden, und wenn er jetzt nicht wieder eine starke, zeitbezogene Message brachte, lief er Gefahr, vom Autor der nächsten Hit-Hymne von seinem Thron heruntergestoßen zu werden.

Er arbeitete hart an *The Times They Are A-Changin'*, und obwohl bewußtes Handwerk nicht immer seine Stärke ist, gelang es ihm hier gut. In den Anmerkungen zu *Biograph* sagt Dylan zu *The Times They Are A-Changin'*: »Dieser Song hatte ein ganz klares Ziel. Ich wußte genau, was ich sagen wollte und für wen ich es sagen wollte. Ich wollte ein großes Lied schreiben, eine Art Themensong, weißt du, mit kurzen, knappen Strophen, die in einer hypnotischen Weise aufeinander aufbauen.«

Und das gelang ihm. *The Times They Are A-Changin'* verleiht einem Gefühl Ausdruck, das in der Luft lag, aber bis dahin noch nicht in Worte gefaßt worden war, zumindest nicht in einer Form, die eine breite Öffentlichkeit erreicht hätte: dem Gefühl nämlich, daß die politischen, kulturellen und auch persönlichen Veränderungen, die gerade stattfanden, Teil einer großen Bewegung waren, eines totalen Umbruchs von historischem Ausmaß, einer Entwicklung von der Tragweite, wie sie in den biblischen Prophezeiungen angekündigt werden. Möglicherweise wurde in diesem Song zum erstenmal in den sechziger Jahren öffentlich thematisiert, was später als *generation gap*, Generationskonflikt, bezeichnet wurde – der

Gegensatz zwischen dem neuen Weg der Kinder und dem alten ihrer Eltern. Dylan folgte seinem eigenen Rat, ergriff die Gelegenheit beim Schopf und schrieb eine Hymne, die auch angesichts der Veränderungen im Laufe der folgenden sechs Jahre (wenn nicht länger) ihre Gültigkeit behalten sollte. Die Platte nach diesem Lied zu nennen, war naheliegend, es steigerte die dramatische Wirkung sowohl der Platte als auch des Liedes.

Text und Aussage von *The Times They Are A-Changin'* sind bemerkenswert, aber wie bei anderen Dylan-Songs kann man auch hier den Text nicht von der musikalischen Ausgestaltung trennen. Allein auf dem Papier, so wie ihn jemand lesen würde, der das Lied nie gehört hat, scheint der Text kunstlos und wenig aussagekräftig. Die Bilder in der ersten Strophe zum Beispiel wirken, betrachtet man das Ganze als geschriebene Sprache (Gedicht) und nicht als gesungene Sprache (Lied), ungelenk und unpassend: Das Wort »drenched« (durchnäßt) läßt an Regen denken, besonders an den Zustand, in dem man sich befindet, nachdem man einen heftigen Regenguß abbekommen hat, und das paßt schlecht zu dem Bild der steigenden Flut in den folgenden Zeilen. Auch geht für mich aus dem geschriebenen Text die Verbindung zwischen der steigenden Flut und den sich ändernden Zeiten nicht hervor. Warum sollte man hier »sinken wie ein Stein« (»sink like a stone«), wenn man nicht schwimmt? Das ergibt keinen Sinn (wenn man nicht mit der steigenden Flut mitschwimmt, ertrinkt man da, wo man steht, und Ertrunkene treiben auf dem Wasser), und die Sprache allein enthält keinen Hinweis, warum man dem Dichter glauben sollte.

Derselbe Text als Lied – mit Musik und rhythmischer Begleitung von einem Sänger vorgetragen, gehört und nicht gelesen – wirkt völlig anders. Die Worte fließen zu einer rhythmischen und musikalischen Rede zusammen, in der die Betonung nicht auf den Bildern, sondern auf den mahnenden

Verben liegt: »gather«, »admit«, »accept«, »start swimming«; außerdem werden die Reimwörter hervorgehoben: »roam«, »grown«, »bone«, »stone«. Die assonanten Reime sind sehr effektiv eingesetzt, besonders in den umarmenden Reimpaaren: »savin'« und »changin'« (auf dem Papier funktioniert das überhaupt nicht, in gesungener Form um so mehr). Auf dem Papier mangelt es Dylans Wörtern an Eleganz, sie stolpern förmlich übereinander, aber innerhalb der Liedstruktur funktionieren sie so reibungslos wie ein Schweizer Uhrwerk – sie passen perfekt zueinander, wie durch eine höhere Gewalt zusammengefügt, und es erscheint unmöglich, sie voneinander zu trennen (auch wenn wir natürlich die menschliche Arbeit und Anstrengung dahinter erkennen). »Sinken wie ein Stein« steht offensichtlich für die Alternative, aufzusteigen oder unterzugehen, und »schwimmen« bedeutet, an der Bewegung teilzunehmen, statt sich ihr zu widersetzen oder sie abzuleugnen. So wie der Text gesungen klingt, nehmen wir ihn dem Sänger ohne weiteres ab.

When The Ship Comes In ist eine weitere Hymne. In The Times They Are A-Changin' behauptet Dylan: »... the wheel's still in spin/And there's no tellin' who/That it's namin'« (Das Rad dreht sich noch/Und keiner weiß, auf wen/Es schließlich zeigen wird), aber implizit vermittelt der Song das Gegenteil: Es geht um uns, unsere Zeit ist gekommen. In den letzten Strophen von When The Ship Comes In, einem Lied über den Triumph der Auserwählten, ist diese Aussage explizit enthalten.

Die ersten fünf Strophen des Liedes sind in der dritten Person erzählt, die sechste Strophe wechselt zur zweiten Person: »your weary toes« (deine müden Füße). Die siebte Strophe ist wieder in der dritten Person erzählt, die achte und letzte jedoch in der ersten Person Plural: »we'll shout from the bow« (wir werden vom Bug herunterrufen), und dadurch verwandelt sich das ganze Lied plötzlich in eine blutige Vision, in der »unsere Seite« rachsüchtig über »die Feinde« triumphiert. Im Gegensatz zu dem gesellschaftlich massiv provozierten und aus vollem Herzen kommenden Zorn in *Masters Of War* entspringt die Mordlust in diesem Lied der reinen Selbstgerechtigkeit – sie ist einfach häßlich. Man könnte denken, daß Dylan hier bereits (ohne jede Spur von Ironie) behaupten will, seine Mannschaft habe »Gott auf ihrer Seite«.

Joan Baez hat erzählt, daß Dylan das Lied eines Abends schrieb, als sie zusammen auf Tour waren (im August oder September) und Dylan vom Portier seines Motels unhöflich behandelt worden war. »Das stank ihm dermaßen ... er ging in sein Zimmer und schrieb *When The Ship Comes In*, ... um es diesen Idioten heimzuzahlen.« Ich kann mir gut vorstellen, wie er in seinem Motelzimmer die Gideon-Bibel aufschlug und im siebten Kapitel der Offenbarung des Johannes vom Anhalten der Winde, dem Erscheinen der »Überwinder« (der Verschonten) und den Qualen aller übrigen Menschen las. Das kombinierte er dann vielleicht mit dem Bild des »Schiffs mit acht Segeln und mit fünfzig Kanonen« aus dem Lied von Brecht und Weill (die Rachefantasie der Seeräuber-Jenny – Dylan zufolge waren seine Texte zu dieser Zeit von Brecht beeinflußt, insbesondere von diesem Song), und dann konnte es losgehen. Ein oder zwei Jahre früher hatte Dylan dasselbe Thema (das Jüngste Gericht als Bild für persönliche Rache) humoristisch in einem Lied namens *I'd Hate To Be You On That Dreadful Day* abgehandelt, aber jetzt war er ein aufstrebender junger Star, und seine Leute waren unterwegs, waren dabei, die Welt zu verändern – es war eine berauschende Zeit, eine Zeit, in der man leicht seinen Sinn für Humor und fürs Gleichgewicht verlieren konnte.

In *The Times They Are A-Changin'* ruft Dylan alle, die es hören wollen, dazu auf, sich zu retten, indem sie mit den sich wandelnden Zeiten schwimmen; in *When The Ship Comes In* verkündet er einfach, daß die Rechtschaffenen gerettet werden und die Feinde, selbst wenn sie kapitulieren, ertrinken müssen. Dylan ist im Sternzeichen des Zwillings geboren und hat in Interviews wie in Liedern bekannt, daß er sich gelegentlich fühlt, als sei er zwei Personen auf einmal, daß er manchmal gleichzeitig oder kurz hintereinander zwei gegensätzliche Meinungen vertritt. In diesen beiden Liedern, die sich in vielfacher Hinsicht so ähnlich sind und auch zur gleichen Zeit geschrieben wurden, kommen zwei Seiten von Dylan zum Vorschein: Einerseits ist er großmütig, sehr engagiert, will der ganzen Welt die Wahrheit verkünden; andererseits ist er ein boshafter Fanatiker, der auf den Tag wartet, an dem Gottes Gerechtigkeit jene ereilen wird, die es gewagt haben, ihm in die Quere zu kommen. Letzterer klingt wie ein sehr unangenehmer Zeitgenosse, aber wir haben ihm viele von Dylans besten Songs zu verdanken.

The Lonesome Death Of Hattie Carroll ist ein sehr bewegendes Lied, das die Jahre besser überdauert hat als alle anderen frühen *topical songs* dieser Art, die Dylan geschrieben hat (Nacherzählungen tatsächlicher Ereignisse, meistens Tragödien, im allgemeinen mit einer impliziten oder ausformulierten Moral). Dylan singt aus tiefstem Herzen, er empfindet wirklich etwas für die Frau, die da gestorben ist. Ihre Würde und der Wert ihres Lebens sind in dem Lied fühlbar, es setzt ihr und ihresgleichen ein Denkmal, während es gleichzeitig ihren Mörder, seinesgleichen und auch das System, das diese Leute mit Samthandschuhen anfaßt, anklagt.

Das Lied hat eine ganz besondere Struktur. Es ähnelt vom inneren Rhythmus her *Hard Rain*, und wie in *Hard Rain* scheint am Ende jeder Zeile die Musik zunächst zu enden, nur um in der nächsten Zeile wieder neu zu beginnen, sich zu steigern, mit jeder musikalischen und lyrischen Phrase intensiver zu werden. Das führt dazu, daß wirklich jedes Wort und jeder Ton beim Zuhörer ankommt, einsinkt und Kopf wie Herz erreicht. Die Strophe ohne Text, in der Dylan die

148

Melodie auf der Mundharmonika spielt, ist genauso eindringlich wie die gesungenen, sie greift die bereits hervorgerufenen Gefühle auf und vertieft sie weiter.

Weil das Lied so klar und so tief empfunden ist, gebe ich mich mit der üblichen Interpretation der »Message« im Refrain nicht zufrieden. Die meisten Leute verstehen sie wohl so, daß die wahre Tragödie nicht der Mord ist, sondern die Tatsache, daß der Mörder mit einer sechsmonatigen Haftstrafe davonkommt. Ich finde, daß das nicht zu dem Sarkasmus paßt, den ich im Gesang höre. »You who philosophize disgrace/And criticize all fears« (Ihr, die ihr philosophisch über Schande redet/Und jede Furcht kritisiert) – an wen richtet Dylan diese Worte? Ich glaube nicht, daß es jemand ist, den er mag. Ein Mensch, der »jede Furcht kritisiert« scheint mir einem William Zanzinger näher zu stehen als einer Hattie Carroll. In Ermangelung anderer Ideen nehme ich an, daß sich der Refrain an jene Liberalen richtet, die sich unbedingt für etwas einsetzen wollen, sich aber dann nur abstrakt mit dem jeweiligen gesellschaftlichen Mißstand befassen, ohne mit den Menschen selbst mitzufühlen. Dylan, so stelle ich mir vor, sieht sich selbst als einen Menschen (und er drückt sich in diesem Lied auch so aus), den der Tod von Hattie Carroll genauso zum Weinen bringt wie das Versagen des Rechtswesens in Maryland. So nutzt er das Lied für mehrere Zwecke: um von Hattie Carroll zu sprechen, von Zanzingers Arroganz und der Heuchelei des Gerichts; schließlich, um seine Abneigung gegen jene Leute auszudrücken, die auf der richtigen Seite stehen, sich jedoch nicht für die von den jeweiligen Problemen betroffenen Menschen interessieren – gegen Heuchler, die Krokodilstränen weinen.

Der letzte Song auf der Platte klingt wie eine Koda, und er wurde auch eine Woche nach den anderen Sessions im Oktober aufgenommen, nämlich an Halloween, nachdem Dylan seine neuen Songs in einem seinem Prestige sehr zuträglichen und wohlwollend beurteilten Konzert in der Carnegie Hall vorgestellt hatte. Seine Paranoia bezüglich seiner Berühmtheit bestätigte sich, als die *Newsweek* eine »Gerüchte-Geschichte« über ihn veröffentlichte – ein paar Absätze Rufmord als Reaktion darauf, daß er sich weigerte, mit ihrem Interviewer zusammenzuarbeiten. (Man hatte ihn bei einer Lüge über seine Eltern erwischt: Er hatte behauptet, er habe keinen Kontakt mehr zu ihnen, während er sie tatsächlich zu seinem Konzert in der Carnegie Hall nach New York geholt hatte – eine Reverenz an seine Eltern, die nicht zu dem Rebellen-Image paßte, das er gerne von sich verbreitete. Der Bericht darüber ließ ihn als Heuchler dastehen; darüber hinaus wurde in dem Artikel, ohne es zu überprüfen, das Gerücht wiedergegeben, Dylan habe *Blowin' In The Wind* von einem Highschool-Studenten in New Jersey gestohlen. Dieses Gerücht hat sich als falsch erwiesen, aber es besteht mancherorts bis heute und zeugt so von der Macht falscher Berichterstattung und von den Konsequenzen, die es haben kann, wenn man nicht mit den Mittelsmännern der Macht kooperiert.)

Mit *Restless Farewell* signalisiert Dylan, daß er erreicht hat, was er mit dieser Platte und in diesem Abschnitt seines künstlerischen Lebens erreichen wollte, indem er – direkt und indirekt – erklärt, daß er bereit ist, zu Neuem überzugehen. Alles Nötige ist gesagt, und so lüftet der Künstler den Schleier ein wenig und spricht über seine eigene Situation: als Künstler, als Privatperson, als Person des öffentlichen Lebens. Der Titel dieses Songs erinnert an eine Zeile aus *One Too Many Mornings*: »It's a restless hungry feeling that don't mean no one no good« (Es ist ein ruheloses, hungriges Gefühl, das für keinen etwas Gutes bedeutet). Genauso offen und direkt, wie Dylan auf der Platte andere Figuren dargestellt hat, beschreibt er nun sich selbst: Er fühlt sich unbehaglich mit dem Geld, das er verdient, also gibt er es seinen Freunden, und sie vertrinken es zusammen. Doch es kommt der Moment, wo die Flaschen leer sind und das Feiern ein Ende hat (ich habe das Bild vor Augen, wie alle besoffen herumliegen und wegdämmern außer dem ruhelosen Dylan) – es ist also Zeit für etwas Neues. Er sagt Lebewohl, erst seinen Freunden, dann seinem Mädchen, »weil es mich in den Füßen juckt/Und sie die Vergangenheit hinter sich lassen wollen« (»...since my feet are now fast/And point away from the past«), wie er geradeheraus und etwas unromantisch erklärt. Dann nimmt er Abschied von allen Zielen und guten Zwecken, für die er sich irgendwann einmal eingesetzt hat (ohne auszuschließen, daß es gerade um die Ecke vielleicht andere gute Zwecke, andere Mädchen, andere Freunde gibt), vielleicht auch von seinen Liedern in ihrer derzeitigen Form, »till we meet again« (bis wir uns wiedersehen). Schließlich verabschiedet er sich von jeglichem Bild, das irgend jemand von ihm haben könnte. In dieser letzten Strophe bezieht sich Dylan auf die Geschichte in der *Newsweek* – »the dust of rumors« (der Staub der Gerüchte) – und erklärt, daß er sich bewußt darüber ist, daß man über ihn urteilt. Auch hier reagiert er mit derselben edlen Pose, die er das ganze Lied über einnimmt, aber sie ist ernst gemeint und deshalb vielsagend – Dylans Überzeugungen klingen durch, und wir wissen, daß er diese tatsächlich auch umsetzte, selbst als er intensivem Druck ausgesetzt war: »If the arrow is straight/And the point is slick/It can pierce through dust/No matter how thick« (Wenn der Pfeil gerade ist/Und seine Spitze scharf/Dann durchdringt er den Staub/Wie dick er auch liegt). Viele Leute haben diese Ansicht vertreten, aber nur wenigen Künstlern ist es gelungen, auch dem Anspruch der folgenden Zeilen zu genügen: »So I'll make my stand/And remain as I am« (Also sage ich, was ich denke/Und bleibe wie ich bin). Dylan ist es gelungen – es war ihm immer besonders wichtig, »gerade« zu sein (sich selbst treu zu bleiben) und seine »Spitze scharf« zu halten (seinen scharfen Blick und seine Visionen zu bewahren). *Restless Farewell* ist ein Porträt des Künstlers in Bewegung – am Ende des Abends, am Ende der Platte, auf dem Weg ins Dunkle, vom aktuellen Mythos des Bob Dylan hin zu einem neuen.

Outtakes, *11 Outlined Epitaphs* und andere Texte

Von den unveröffentlichten Songs, die den Sessions für *The Times They Are A-Changin'* zugeschrieben werden, ist einer aus historischen Gründen interessant: *Paths Of Victory*, ein eher unbedeutendes Stück mit einer hübschen Melodie, ist die erste Aufnahme, auf der Dylan sich selbst auf dem Klavier begleitet. Drei weitere Songs verdienen aus musikalischen Gründen Beachtung: *Seven Curses*, *Percy's Song* und *Lay Down Your Weary Tune*; die letzten beiden, die im Oktober 1963 aufgenommen wurden, sind 1985 auf *Biograph* veröffentlicht worden.

Dylans Konzert in der Carnegie Hall im Oktober 1963 wurde von Columbia Records für eine eventuelle Live-Platte mitgeschnitten; 1964 war eine Weile lang tatsächlich die Veröffentlichung einer Platte namens *Bob Dylan In Concert* vorgesehen. Sie enthielt vier Stücke von dem Konzert in der Town Hall im April 1963 – *John Brown*, *Dusty Old Fairgrounds*, *Bob Dylan's New Orleans Rag* und *Last Thoughts On Woody Guthrie* – und fünf aus der Carnegie Hall: *When The Ship Comes In* (mit einer interessanten Vorrede über die »Goliaths« der heutigen Welt, die getötet werden müssen), *Who Killed Davey Moore?*, *Lay Down Your Weary Tune*, *Percy's Song* und *Seven Curses*. Es wäre also eine Live-Platte mit fast ausschließlich »neuen« Stücken geworden; daß sie nicht veröffentlicht wurde, liegt möglicherweise daran, daß Dylan diese Lieder Mitte 1964 bereits wie Schnee von gestern erschienen und er einen Sack voll neuer Songs hatte, die er der Öffentlichkeit präsentieren wollte. Auf jeden Fall sind die fünf Lieder, die für diese Platte vorgesehen waren, derzeit die einzigen Mitschnitte, die von dem Konzert in der Carnegie Hall oder auch sonstigen Auftritten vom Herbst 1963 in Umlauf sind.

Seven Curses hat sowohl in der Studioversion als auch auf der Aufnahme aus der Carnegie Hall einen Gitarrenteil, der *Barbara Allen* auf dem Gaslight-Tape ähnelt; er bringt eine Seite von Dylan zum Vorschein, die meines Erachtens auf *The Times They Are A-Changin'* zwar vorhanden, aber versteckt ist, und die auf dem Gaslight-Tape vom Herbst 1962 besonders deutlich hervortritt: seine Empfänglichkeit für das unerklärliche, geheimnisvolle Element der Musik.

The Times They Are A-Changin' vermittelt das Bild eines Sängers, dessen Message in seinen Texten liegt (und ich glaube, daß Dylan hart arbeitete, um diesen Eindruck entstehen zu lassen): Die Texte und die Geschichten, die darin erzählt werden, sind das Entscheidende, und die Musik ist dazu da, einen Rahmen zu schaffen, in dem die Texte zur Geltung kommen. Die Vorrede über die heutigen »Goliaths« sowie die Gedichte, die Dylan zu dieser Zeit schrieb, bestätigen, daß er sich als eine Stimme gegen die Ungerechtigkeit sah (mehr noch als der Inhalt seiner Lieder war es der größere Zusammenhang, in den er sich selbst stellte, der die Leute dazu veranlaßte, ihn als »Protestsänger« zu betrachten). Auch in seinen Liebesliedern ist er der Mann, der über Herzensangelegenheiten *spricht*, während er die Gitarre anschlägt und gelegentlich ein paar einsame Töne auf der Mundharmonika bläst.

Das ist alles schön und gut, doch letztlich entsteht dabei ein eingeschränktes Bild des Künstlers. Dylan präsentierte sich auf *The Times They Are A-Changin'* in einer bestimmten Weise, stellte seinem Publikum geschickt und überzeugend einen Dylan vor, mit dem es sich identifizieren und zu dem es einen Bezug herstellen konnte: überlebensgroß, aber unter Aussparung einzelner Aspekte seiner Persönlichkeit, die nicht in den Rahmen paßten oder sich nicht leicht erklären ließen. Ein Freund merkte dazu an, Dylan habe zu dieser Zeit sein »inneres Selbst« unterdrückt, da er »auf Realität stand« (d.h. er sah sich selbst als einen Menschen, der sich mit der »äußeren« Realität befaßte, mit den kleinen Leuten und ihren Nöten).

Aber die Musik war in Dylans Songs immer mehr als nur Begleitung für seine Texte, so sehr er auch phasenweise in die Macht der Sprache und seine eigenen Fähigkeiten als Wortschmied vernarrt gewesen sein mag. In Dylans besten Aufnahmen kann man hören, wie er von Anfang an der Musik folgt, während diese die Geschichte, die der Text erzählt, vertieft und weiter ausführt. Beim Schreiben folgt er der Musik der Sprache (und nicht dem Funktionszusammenhang von Inhalt und bewußtem Ausdruck), und beim Singen und Spielen folgt er der Musik der Töne (Melodien, Rhythmen, Klänge) – offen, bescheiden und immer empfänglich für das, was die Musik ihm zu sagen hat.

In der ganz außergewöhnlichen Studioaufnahme von *Seven Curses* hören wir eine Geschichte über Verrat, Verlust und ersehnte Rache. Dylan spielt und singt sie in einer äußerst zurückhaltenden, fast beziehungslosen Art und Weise (es gibt keinen einzigen Moment, in dem man Zorn in Dylans Stimme entdecken könnte), die aber irgendwie enorme Erregung, Mitgefühl und Wut ausdrückt. Dylan bleibt cool, aber als Zuhörer will man nur schreien. Die Geschichte, die das Lied erzählt, stellt die notwendige Grundlage für die Gefühle dar, die durch Dylans Interpretation geweckt werden. Die wahre Stärke dieses Stücks jedoch liegt vor allem in Dylans Timing, in der Modulation seiner Stimme, in der subtilen, beziehungsreichen Sprache und in der geheimnisvollen Spannung, die aus der Wechselwirkung zwischen Melodie, Erzäh-

154

lung und Rhythmus entsteht. Weder Dylan noch seine Zuhörer müssen diesen Prozeß begreifen, um daran teilzuhaben. Der Künstler Dylan greift das Material auf, das sich ihm bietet, und lotet es aus – irgend etwas inspiriert ihn, eine Melodie oder eine Geschichte, oder beides auf einmal, und er folgt dieser Inspiration mit Herz und Seele.

Percy's Song läßt den Gedanken aufkommen, daß Dylan auch eine Laufbahn als Anwalt hätte einschlagen können – in *Hattie Carroll* überzeugt er uns davon, daß ein Mann, der wegen Totschlags für schuldig befunden wurde, ein viel zu mildes Urteil erhalten hat; in *Percy's Song*, das auf *Biograph* direkt auf *Hattie Carroll* folgt, legt er ebenso überzeugend dar, daß das Urteil in diesem anderen Fall von Totschlag viel zu streng ausgefallen ist. (Vermutlich hätte er versucht, Medgar Evers' Mörder mit dem Argument freizubekommen, er sei »only a pawn«, nur eine Marionette.) *Percy's Song* ist lang – zu lang, finde ich, für die einfache Geschichte, die es erzählt. Schön ist die Melodie und Dylans offensichtliche Freude an dem Lied und den sich wiederholenden Zeilen »turn, turn, turn again... turn, turn to the rain and the wind« (dreh dich, dreh dich, dreh dich noch einmal... dreh dich hin zum Regen und zum Wind). Es geht ein Zauber von diesen Zeilen aus, und Dylan gibt ihn so weiter, wie er ihn selbst empfunden hat – Text und Melodie stammen von einem Traditional, das, wie Dylan in der Carnegie Hall erwähnte, von Paul Clayton entdeckt wurde.

In den Anmerkungen zu *Biograph* spricht Dylan davon, wie Lieder beim Anhören auf einen »abfärben können«, so daß Teile daraus in eigenen Songs wieder auftauchen, und er gibt zu, daß er das Riff aus *Don't Think Twice* auch aus einem Stück von Paul Clayton übernommen hat (in diesem Fall kam es sogar zu einem Rechtsstreit). Bei sehr vielen Dylan-Songs, besonders aus dieser Periode, stammen die Melodie oder Teile der Melodie und oft auch Teile des Textes aus Traditionals, aus überlieferten Liedern. Das nennt man den *folk process*, und oft schreiben jene Musiker die besten Folksongs, die sich in diesem Prozeß am besten zurechtfinden, die bewußt und unbewußt Material absorbieren, es wiederverwenden und auf diese Weise am Leben erhalten (so wie es zum Beispiel Woody Guthrie tat). Dylan ist nachweislich so manches Mal nicht gerade großzügig gewesen, wenn die Angabe eines Co-Autors angemessen gewesen wäre und einem anderen Künstler hätte nützen können; ihn aber dafür zu kritisieren, daß er sich überhaupt an diesem Prozeß beteiligt, in dem musikalische Ideen von Mensch zu Mensch und von Generation zu Generation weitergegeben werden, hieße nicht nur Dylan und den *folk process* mißverstehen, sondern das Wesen der Musik und des schöpferischen Prozesses an sich. Es wäre ungefähr so, wie zu fordern, daß die italienische Sprache nach Dante hätte stillgelegt werden müssen oder man sie nur noch mit Erlaubnis seiner Nachlaßverwalter benutzen dürfe.

In *Lay Down Your Weary Tune* zeigt Dylan nicht nur, wie sehr ihn die Musik als geheimnisvolle Kraft fasziniert, sondern er spricht ganz offen darüber. Das Stück ist ein Durchbruch, es ist eines seiner stärksten spirituellen Lieder (neben *What Can I Do For You?* und, vielschichtiger, *Mr. Tambourine Man*) und auch einer seiner frühsten abstrakten, impressionistischen Texte. In den Anmerkungen zu *Biograph* beschreibt er, wie das Lied entstand:

Ich schrieb das an der Westküste, bei Joan Baez zuhause. Sie hatte ein Haus in der Nähe von Big Sur. Ich hatte auf einer alten 78er Platte eine schottische Ballade gehört und versuchte, das Gefühl darin richtig zu fassen zu bekommen. Es ließ mich nicht los, es ging mir nicht mehr aus dem Kopf. Ich wollte einen Text mit dem gleichen Gefühl.

Ich kann ihn mir gut in Big Sur vorstellen: erschöpft, voller Staunen über die Wunder der Natur um ihn herum und über die neu entdeckte Möglichkeit, sich auszuruhen und seine Schultern von zu schweren Lasten zu befreien – und mit dieser Melodie im Kopf beschreibt er dann alles, was er sieht, was er hört und was er fühlt, in musikalischen Bildern: »The crashing waves like cymbals clashed/Against the rocks and sands« (Die brechenden Wellen donnerten wie klirrende Bekken/Gegen Fels und Sand). Die Strophen sind in der ersten Person gesungen, beschreiben nur, ohne eine Geschichte erzählen zu wollen (in den Bildern blitzen allerdings Fragmente einer Geschichte auf: »The last of leaves fell from the trees/And clung to a new love's breast« [Die letzten Blätter fielen von den Bäumen/Und blieben auf der Brust einer neuen Liebe hängen]). Der Refrain ist in der zweiten Person gehalten, und diesmal ist es ganz offensichtlich nicht Dylan, der zu jemand anderem spricht, sondern hier wendet sich Jemand an Dylan:

Lay down your weary tune, lay down
Lay down the song you strum.
And rest yourself 'neath the strength of strings
No voice can hope to hum.

Leg deine müde Melodie nieder, leg sie nieder
Leg das Lied nieder, das du spielst
Und ruh dich aus unter der Kraft der Saiten
Die keine Stimme je wird summen können.

Eine intensivere Beschreibung einer seiner Visionen – in diesem Fall einer auditiven – werden wir von Dylan kaum bekommen können: Diese Melodie verfolgt ihn, er sucht nach Worten, die dazu passen, und als sie kommen, kommen sie wie eine Botschaft aus dem Universum, vom Schöpfer selbst – die Erlösung von seiner Müdigkeit, eine starke Schulter, an die er sich anlehnen kann. Und dieses stärkere Wesen, diese Gottheit, wird von Dylan als Musik personifiziert und auch so erlebt. Später wird er dieses Geheimnis, das er in »every grain of sand«, jedem Sandkorn, findet, eine Weile lang mit dem Namen Jesu verbinden, aber hier identifiziert er es einfach in der Gestalt, in der es ihm begegnet. Und sich selbst beschreibt er, in der klassischen Form der Lobpreisung, wie er das geliebte Wesen überall sieht: Er spürt den Wind und sieht den Ozean und erlebt alles als Musik.

Der Animismus in diesem Lied – der weinende Regen, der zuhörende Wind – erinnert an *Percy's Song* (»the cruel rain«, der grausame Regen) und tritt in verstärkter Form in *When The Ship Comes In* auf: lachende Fische, lächelnde Seemöwen, stolze Felsen, ein Strand, der einen Teppich zum Empfang ausrollt, und – das schönste, weil frischeste Bild – die Sonne, die jedes Gesicht auf Deck respektiert. Diese Bilder wirken deshalb, weil sie nicht konstruiert sind; sie vermitteln vielmehr einen Eindruck davon, wie Dylan in bestimmten Momenten die Welt tatsächlich sieht und erlebt.

Anfang November 1963 gab Dylan ein Konzert in der Jordan Hall in Boston. Soweit bekannt, gibt es keine Aufnahme davon, aber für mich hat dieses Konzert eine persönliche Bedeutung: Es war das erste Mal, daß ich Dylan live erlebte. Ich war fünfzehn. Es war ein tolles Konzert. In den vorderen Reihen waren ein paar Plätze frei, und ich kam von der Empore herunter und setzte mich vorne hin. Dylan ließ sich eine Weile lang über Werbespots für Seife aus und sang dann *Blowin' In The Wind*. Er spielte *Who Killed Davey Moore?*, was mir damals sehr gut gefiel, und *Eternal Circle*, was ich langweilig fand. Er spielte ganz locker, mit einer Ausstrahlung, der man sich schwer entziehen konnte. Es war aufregend, ihm so nahe zu sein. Schon damals war offensichtlich, daß man ihn nicht mit anderen Folksängern, anderen Songwritern oder Musikern vergleichen konnte. Er machte alles auf seine eigene Art, im Guten wie im Schlechten. Und etwas von seiner besonderen Art blieb an mir haften, einfach weil ich da war – stolz darauf, die Art von Jugendlicher zu sein, der zu Mississippi John Hurt ins Café Yana oder zu Bob Dylan in die Jordan Hall ging.

Dylan spielte zu dieser Zeit immer noch die Rolle des Songwriters, des Protestsängers, des jungen Mannes, der etwas über das Leben zu sagen hat, ja, er befand sich auf dem Höhepunkt seines Flirts mit dieser Rolle. Aber schon jetzt hing die Bedeutung, die er für sein Publikum hatte, nicht nur mit dem Inhalt seiner Lieder zusammen. Entscheidend war auch, wer er war oder zu sein schien, seine Präsenz auf der Bühne und in der aktuellen Szene. Mochte es auch der Erfolg von *Blowin' In The Wind* gewesen sein, der ihn zum Star gemacht hatte – Grundlage seines Ruhms war das Bedürfnis der jungen Leute nach einer Identifikationsfigur, nach einem *folk hero*. Dylan mußte diese Rolle nicht spielen, sie entsprach ihm. Er strahlte sie aus, wo immer er war, er lebte sie.

Irgendwann im November oder Dezember 1963 schrieb Dylan die *11 Outlined Epitaphs*, einen Gedichtzyklus, der auf *The Times They Are A-Changin'* veröffentlicht wurde (die Gedichte sind auf der Rückseite der Plattenhülle und auf einem beigelegten Blatt abgedruckt). Er hatte ziemlich viel mit Texten außerhalb der Liedform experimentiert: Außer *Last Thoughts On Woody Guthrie*, *My Life In A Stolen Moment* und *For Dave Glover*, die er Anfang des Jahres geschrieben hatte, verfaßte er zwei Texte für das Magazin *Hootenanny*, die Plattentexte für Peter, Paul & Marys *In The Wind* und für *Joan Baez In Concert, Part II* (letzterer ist in *Lyrics* abgedruckt) sowie lange Briefe in Gedichtform an die Zeitschrift *Broadside* und an das *Emergency Civil Liberties Committee*; alle diese Texte entstanden im Herbst oder Spätsommer des Jahres 1963. Die Texte für *Hootenanny* sind unbedeutend, die anderen sind jedoch faszinierend, weil sie so viel darüber aussagen, wer Dylan war (und vielleicht noch ist) und wie er sich selbst zu dieser Zeit sah.

Im Plattentext zu *In The Wind* beschreibt er, wie 1961 spät in der Nacht im Gaslight Café das entstand, was Peter, Paul & Mary (und Dylan) jetzt nach außen trugen: »It's a feelin that's born an not bought/An it can't be taught – /An by livin with it yuh learn t see an know it in other people/ ... An once yuh know the feelin it don't change –/It can only grow« (Es ist ein Gefühl, das geboren wird und nicht gekauft/Und man kann es nicht lehren –/Und indem man damit lebt, lernt man, es in anderen Menschen zu sehen und zu erkennen/... Und wenn man das Gefühl erst mal kennt, dann verändert es sich nicht mehr –/Es kann nur noch wachsen).

Dylans Beschreibung von »diesen Zeiten, die niemals je wiederkommen werden« (»these times that'll not never come again«) ist ehrlich und bewegend. Es ist klar, daß er über seine eigenen Erfahrungen als Musiker spricht; irgendwie gelingt es ihm, auf der Bühne aus einem Reservoir an Gefühlen zu schöpfen, die in jenen frühen Momenten der unbefangenen Nähe zu anderen Musikern entstanden und in ihm lebendig geblieben sind.

Der Text zu Joan Baez' Platte ist als Dichtung nicht besonders gelungen, verdient aber dennoch, näher betrachtet zu werden, weil Dylan hier einiges über sich selbst mitteilt. Er beschreibt, wie vehement und effektiv er ausblenden kann, was er nicht hören will: »A fence a deafness with a bullet's speed/Sprang up like a protectin glass/Outside the linin a my ears/ An I talked loud inside my head« (Eine Wand der Taubheit entstand mit der Geschwindigkeit einer Pistolenkugel/ Wie eine Panzerglasscheibe/Über meinen gefütterten Ohren/ Und in meinem Kopf redete ich laut). Er erklärt auch, wo die Eisenbahnsymbolik herrührt, die sich durch sein Werk zieht, erwähnt die subtile Macht von Schuldgefühlen in seinem Leben und deutet an, daß möglicherweise ein Zusammenhang zwischen seiner Angst und seinem Eigensinn, seiner trotzigen, herausfordernden Unabhängigkeit besteht. Die Wandlung, die er im Gedicht beschreibt – wie sein Leben sich verändert, als er sich zufällig dem Gesang der Baez und ihrer Wahrheit öffnet –, ist durchaus anrührend, aber sie überzeugt nicht. In einem Abschnitt erfahren wir vielleicht etwas darüber, wie er beim Schreiben vorgeht: Er erzählt, wie er sich schnell noch ein paar Worte einprägt, um sie an einem anderen Tag aufzuschreiben, bevor er dann vom Wein und der Erschöpfung seiner kathartischen Erfahrung ohnmächtig wird.

Der Brief ans *Broadside* ist wunderbar direkt und ehrlich. Dylan spricht davon, wie ihn das Leben als Star paranoid werden läßt: »I am now famous by the rules of the public famiousity/it snuck up on me/an pulverized me« (Ich bin jetzt berühmt, nach den Regeln der öffentlichen Berühmtigkeit/ sie schlich sich an mich heran/und zerrieb mich). Er erzählt, daß ihn nichts so sehr aufbringt wie gefragt zu werden, warum er tut, was er tut: »It makes me think that I'm not bein heard« (Das klingt so, als ob mir keiner zuhört) – vielleicht sind die Leute, für die er singt, alle Idioten und Banausen, so wie der Frager, vielleicht ist all das Lob verlogen, und seine schlimmsten Zweifel und Befürchtungen bezüglich der Qualität seiner Arbeit treffen zu. Er erklärt, daß er sich schuldig fühlt, weil er soviel Geld hat, und daß es nichts nützt, wenn er versucht, es zu verschenken; er erzählt, daß er sich auch schuldig fühlt, weil er nicht alle Menschen so liebt wie seine Freundin (er spürt den Schmerz und die Nöte anderer Menschen und weiß nicht, was er dagegen tun kann, und das Ganze wird dadurch noch gesteigert, daß die Leute offenbar denken, er könne ihnen etwas geben). Er berichtet von den Schwierigkeiten, die er mit seinem Vermieter hat, und daß er zu bequem ist, diesen zu verklagen; er erzählt, wie gerne er die Platte hört, auf der Pete Seeger *Guantanamera* singt, und spricht von seiner Begeisterung für Brecht und seinen Problemen beim Prosaschreiben: »My novel is going noplace/absolutely noplace/like it dont even tell a story/it's about a million scenes long/an takes place on a billion scraps/of paper (...) certainly I cant make nothing out of it« (Mit meinem Roman geht's nicht voran/absolut nicht voran/er hat nicht einmal eine richtige Geschichte/er ist ungefähr eine Million Szenen lang/und findet auf Billionen von Papierfetzen statt/ (...) ich kann garantiert nichts draus machen). Er erklärt – durchaus ernst gemeint –, daß er beschlossen hat, statt des Romans jetzt Theaterstücke zu schreiben. Dylan gibt sich oft geheimnisvoll und versteckt sich hinter seiner Feindseligkeit, aber er kann auch erstaunlich offen und verletzlich sein.

Am 22. November 1963 wurde Präsident Kennedy erschossen. Dylan erzählte Scaduto, daß er am darauffolgenden Abend ein Konzert in Upstate New York hatte; es war so aufgebaut, daß er als erstes *The Times They Are A-Changin'* singen mußte, obwohl ihm das völlig unpassend erschien. (Dies ist der erste Hinweis darauf, daß Dylan seine Konzerte durchplante – daß er eine Vorstellung davon hatte, welche Lieder er in welcher Reihenfolge singen wollte, und auf Tour jeden Abend ungefähr das gleiche Programm spielte. Irgendwann unterwegs, wahrscheinlich im August, als er mit Joan Baez auf Tournee war, hatte er angefangen, wie ein Profi zu denken.) »Ich verstand nicht, warum sie klatschten, oder auch nur, warum ich dieses Lied geschrieben hatte. Ich verstand überhaupt nichts.« Sowohl Dylans Karriere als auch die äußeren Ereignisse nahmen in einer Geschwindigkeit ihren Lauf, die es ihm unmöglich machte, noch zu begreifen, was da eigentlich geschah, und das ging nicht nur ihm so. Oft konnte er nur einfach dasein und abwarten, was passieren würde.

Am 13. Dezember 1963 erschien er im Hotel Americana in New York, um den *Tom Paine Award* des *Emergency Civil*

Liberties Committee entgegenzunehmen. Im Jahr zuvor war der Preis an Bertrand Russell verliehen worden. Dylan war zweiundzwanzig; sein Eindruck von den Leuten im Publikum war, daß sie zwischen fünfzig und siebzig Jahre alt und in ihrer Jugend politisch aktiv gewesen waren und nun Pelzmäntel und Juwelen trugen. Dylan fühlte sich völlig fehl am Platz, bekam Angst, betrank sich, versuchte zu verschwinden und wurde wieder zurückgeholt, fühlte sich verpflichtet, eine Rede zu halten, und sagte dann Dinge wie: »Ich wünschte nur, daß Sie alle, die Sie heute hier sitzen, nicht da wären, und daß ich alle möglichen verschiedenen Gesichter mit Haaren auf dem Kopf sehen könnte«, und: »Der Mann, der Präsident Kennedy erschossen hat, Lee Oswald... ich muß ehrlich zugeben, daß ich mich ein Stück weit in ihm wiedergefunden habe.« Die Leute waren schockiert, und die Fundraising-Veranstaltung wurde ein Flop. Später schrieb Dylan einen Brief in Gedichtform an das Komitee und versuchte zu erklären, was er gemeint und wie er sich gefühlt hatte. Auch dies ist ein einzigartiges, wertvolles und faszinierendes Dokument – Dylan erklärt eine seiner *performances* (die mißverstanden wurde) in Form einer anderen *performance,* nämlich in einem Gedicht.

Zwischen den *11 Outlined Epitaphs* und den anderen Nicht-Lied-Texten aus dem Jahr 1963 gibt es Parallelen: Dylan spricht sehr direkt von seinem Leben und seinen Gefühlen, in einer rhythmischen, manchmal poetischen Sprache, mit dem Gespür des Live-Künstlers für Anfang und Ende. Aber die *11 Outlined Epitaphs* sind anspruchsvoller und besser gelungen. Der Zyklus beginnt mit dem frühen Abend und endet kurz nach der Morgendämmerung; Dylan fängt das Gedicht so an, als sei bereits ein Gespräch zwischen ihm und seinen Lesern in Gang, und er hält dieses Gefühl der Nähe, der Verbundenheit, des gegenseitigen Verstehens den ganzen Gedichtzyklus hindurch aufrecht. Das erste Gedicht beginnt mit einem witzigen Bild: Ein ärgerlicher, benommener, chaplinesker Dylan stolpert herum und sucht jemanden, mit dem er streiten kann – als würde sein frühes Bühnen-Ich sein derzeitiges parodieren. Er hält einen assoziativen Monolog und läßt seine Gedanken schnell fließen, bleibt dabei jedoch beim Thema, das für den Leser fast, aber nie ganz greifbar ist. Die Hektik, mit der dieser Teil beginnt, hat sich am Ende in Gelassenheit verwandelt – Dylan hat einen Weg gefunden, wie er die Welt und den Sonnenuntergang beobachten kann, ohne bemerkt zu werden: Er schaut hin, aber mit geschlossenen Augen. Es folgt ein Abschnitt über seine Kindheit in Minnesota – ein häufiges Thema in seinen Texten von 1963 – und über seine »legacy visions« (die Visionen, die ihm mit auf den Weg gegeben wurden). Wie im ersten Abschnitt hält er am Ende einen Augenblick inne: Er ist jetzt in der Lage, die Gegend, die er verlassen hat, zu lieben, weil er dazu bereit ist, »nie etwas von ihr zu erwarten, was sie mir nicht geben kann« (»never t expect what it cannot give me«).

Es ist ein ehrgeiziges Projekt; Dylan versucht, die meisten Unstimmigkeiten in seinem aktuellen Selbstbild aufzulösen und die einzelnen Elemente zusammenzuführen, um sich auf diese Weise frei weiterbewegen zu können. Im vierten Abschnitt bekennt er sich zu seinem früheren Wunsch, so wie Woody Guthrie zu leben, und sagt sich dann davon los. Die Höhepunkte dieses Teils sind zum einen die eindringliche Passage zur Melodie von *The Bells Of Rhymney* (selbst auf dem Papier die reine Musik), zum anderen der Vierzeiler am Ende, der sofort ins Auge springt und der sowohl diesen Abschnitt als auch die Anfangszeilen des gesamten Zyklus abschließt; er vermittelt außerdem ein wundervolles romantisches Bild, das dem aktuellen Image des Bob Dylan genau entspricht: »yes it is I/who is pounding at your door/if it is you inside/who hears the noise« (ja, ich bin es/der an deine Tür hämmert/wenn du es bist/der da drin das Geräusch hört).

164

Acht weitere Epitaphe, und jedes eine Goldgrube. Unter den amerikanischen Künstlern tut sich Dylan besonders dadurch hervor, daß er soviel zu sagen hat (Melville ist vergleichbar, Hemingway hinkt weit hinterher). Sein Abschnitt über Politik enthält eine faszinierende und von Herzen kommende Schmährede gegen erzwungene Schulbildung. Das kurze Gedicht, das mit der Zeile beginnt: »Al's wife claimed I cant be happy« (Als Frau behauptet, ich könne nicht glücklich sein), ist höhere Philosophie und ein weiterer wichtiger Ansatzpunkt für alle, die wissen wollen, wie Dylan selbst seine Arbeit erlebt:

»I'm happy enough now«
»why?«
»cause I'm calmly lookin outside an watchin the nite unwind«
»what'd yuh mean, ›unwind‹?«
»I mean somethin like there's no end t it an it's so big that everytime I see it it's like seein for the first time«
(...) »but what about the songs you sing on stage?«
»they're nothin but the unwindin of my happiness«

»jetzt bin ich grad glücklich«
»warum?«
»weil ich ganz ruhig rausschaue und sehe, wie sich die Nacht entrollt«
»was meinst du damit, ›entrollt‹?«
»ich meine sowas wie: sie hat kein Ende und ist so groß, daß es mir jedesmal, wenn ich sie sehe, vorkommt, als sähe ich sie zum ersten Mal«
(...) »und was ist mit den Liedern, die du auf der Bühne singst?«
»in ihnen entrollt sich mein Glücklichsein«

Dylan spricht darüber, daß er Melodien und Geschichten, Texte und Strukturen von anderen Liedern übernimmt; er erzählt, was für eine Herausforderung es ist, ein Idol zu sein, und warum er nicht mit Journalisten kooperiert, die ihn für

165

Zeitschriften interviewen wollen; er führt – aus der Perspektive des letzten noch wachen Künstlers – ein Selbstgespräch über die Nacht, die sich ihrem Ende zuneigt (es endet mit den berühmten Zeilen: »for I am runnin in a fair race/with no racetrack but the night/an no competition but the dawn« [denn ich laufe in einem fairen Wettrennen mit/als Rennbahn nur die Nacht/als Konkurrenz nur die Dämmerung]). Seine Beschreibung der schlafenden Sue in diesem Abschnitt ist das genaue Gegenstück zu Picassos berühmten Gemälde »Der Traum« aus dem Jahr 1932. Zum Abschluß feiert er den grauen Morgenhimmel, läßt seine Gedanken wieder laufen, gleitet dahin und entzieht sich dem Wunsch der Leser nach der Gewißheit, wirklich alle Zusammenhänge begriffen zu haben. Er zählt eine Reihe von Künstlern auf, die er bewundert, von Edith Piaf über Miles Davis bis zu William Blake, und führt schließlich in einem sauberen Dreiklang Film, Musik und Religion zusammen: »outside, the chimes rung/an they/are still ringin« (draußen läuteten die Glocken/und sie/läuten immer noch). Eine Glanzleistung. Und, das sollte man dazu sagen, nicht das Produkt eines Angebers, sondern das eines großzügigen, engagierten Geistes. Der Humor und die Spontaneität, die in den Songs auf dieser dritten Platte eher fehlen, sind in der Textbeilage sehr präsent. *11 Outlined Epitaphs* kann man als Dylans Versuch lesen, den Interviewern zuvorzukommen: Er stellt sich selbst jede sinnvolle Frage, die ihm nur einfällt, und beantwortet sie ehrlich und kritisch. Natürlich wird das die Leute von der Presse nicht zufriedenstellen, aber Dylan kann sie jetzt wenigstens mit gutem Gewissen abblocken.

The Times They Are A-Changin' kam Mitte Januar 1964 heraus. Am 1. Februar nahm Dylan sechs Lieder für das kanadische Fernsehen auf; eine Videoaufnahme davon ist erhalten. Am 25. Februar trat Dylan in der Steve-Allen-Show im Fernsehen auf und sang *The Lonesome Death Of Hattie Car-*

roll. Zwischendurch fuhr er mit drei Kumpels quer durch die Vereinigten Staaten, eine Odyssee, die sowohl in Scadutos als auch in Sheltons Biographie ungewöhnlich gut dokumentiert ist. Dylan langweilte sich, Suze und er kamen nicht miteinander aus, er wollte das Land sehen und ein paar »richtige Leute« kennenlernen. Er und seine Freunde (der Musiker Paul Clayton, der Journalist Pete Karman und der Roadmanager und Leibwächter Victor Maimudes) fuhren von New York aus in einem neuen Ford Kombi zu Konzerten in Atlanta, Denver, San Francisco und Los Angeles, bestens ausgerüstet mit Marihuana, Benzedrin, Schreibmaschine, Papier und Reiselust. Sie besuchten Carl Sandburg in North Carolina (er war höflich, hatte aber noch nie etwas von Dylan gehört – Dylan war sauer), streikende Bergarbeiter in Kentukky, ein College für Schwarze in Mississippi und waren zum Mardi Gras in New Orleans. Auf der Fahrt schrieb Dylan *Chimes Of Freedom* und Teile der *Ballad In Plain D.*

Im März trennten sich Dylan und Suze Rotolo endgültig. (Scaduto berichtet, Dylan habe fast noch ein Jahr lang versucht, Suze dazu zu bringen, zurückzukommen und ihn zu heiraten.)

Im April oder Mai – wie man in Sammlerkreisen schätzt – nahm Dylan das letzte Demotape für Witmark auf: eine Klavierversion von *Mama, You Been On My Mind* (es gibt auch eine Demoaufnahme mit Gitarre, deren Datum unbekannt ist), *I'll Keep It With Mine* und *Mr. Tambourine Man.* *Mama, You Been On My Mind* wurde eine Standard-Nummer für Dylan und Joan Baez, die sie im Duett sangen, wenn sie zusammen auftraten; *I'll Keep It With Mine* taucht noch einmal in einer besseren Version als Outtake von Dylans fünfter Platte auf; *Mr. Tambourine Man* wurde auf der fünften Platte veröffentlicht. Diese frühe Version von *Mr. Tambourine Man*, auf der Dylan sich auf dem Klavier begleitet, ist besonders interessant (und rührend). Melodie und Text sind identisch mit der späteren Aufnahme, aber schon der feine Unterschied in Dylans Stimmung und der Einfluß des Klaviers auf seine Stimme machen diese Version zu einer eigenen Kostbarkeit.

Im Mai flog Dylan nach London, um ein Konzert in der Royal Festival Hall zu geben. Danach fuhr er mit Victor Maimudes nach Paris sowie in einen kleinen Ort in Griechenland, wo er an Liedern für seine nächste Platte arbeitete. Wieder zurück in New York, ging Dylan am 9. Juni 1964 mit Tom Wilson, einer Gruppe von Freunden und ein paar Flaschen Wein ins Aufnahmestudio und nahm seine gesamte vierte Platte, *Another Side Of Bob Dylan*, an einem einzigen Abend auf.

Another Side Of Bob Dylan

Nat Hentoff war bei der Aufnahmesession zu *Another Side Of Bob Dylan* dabei und beschrieb sie in einem Porträt von Dylan, das er für den *New Yorker* verfaßte. Anscheinend hatte Dylan gute Laune und ließ sich auch nicht aus der Ruhe bringen, als die Kinder eines Freundes mitten in einem Lied ins Studio hereinplatzten. Tom Wilson erzählte Hentoff, daß die Platte so schnell aufgenommen wurde, weil die Plattengesellschaft sie für ihre bevorstehende Verkaufskonferenz benötigte, aber Dylan wirkte ganz zufrieden, sogar begeistert von der Idee, alles an einem Abend durchzuziehen. Sowohl die Platte selbst als auch Hentoffs Bericht belegen, daß Dylan keine Bedenken hatte, seinem Publikum Aufnahmen zu präsentieren, auf denen er kichert, die falsche Strophe zu singen anfängt, seine Stimme überanstrengt und die Akkorde nicht richtig trifft. Er geht die Platte wie eine Live-Aufnahme an, und zwar eine ungewöhnlich formlose – obwohl er neue Songs spielt, die ihm ganz offensichtlich viel bedeuten, und obwohl der Inhalt der Lieder, wie aus dem Plattentitel hervorgeht, ziemlich radikal von dem abweicht, was sein Publikum von ihm erwartet. Kurz gesagt, sein Selbstvertrauen ist verblüffend. Zumindest an diesem Abend ist er ein Künstler, der volles Vertrauen in sein künstlerisches Schaffen hat.

Hentoff berichtet, daß Dylan während der Session zu ihm sagte: »Diese Platten, die ich gemacht habe, da stehe ich schon dahinter, aber einiges davon habe ich einfach gemacht, um in der Szene bemerkt und gehört zu werden, und auch weil ich sonst niemanden kannte, der so etwas tat. Jetzt schreiben viele Leute Fingerzeige-Songs. Weißt du – sie zeigen auf all das, was falsch ist. Ich dagegen, ich will nicht mehr *für* andere Leute schreiben. Verstehst du, Sprecher für andere sein ... Von jetzt an will ich aus meinem Inneren heraus schreiben, und um das zu tun, muß ich wieder so schreiben, wie ich es mit zehn gemacht habe – alles ganz natürlich herausfließen lassen. Am liebsten schreibe ich so, daß es wie von selbst herauskommt, so wie ich auch laufe oder rede.«

Nun redete Dylan sicher nicht so: »Even though a cloud's white curtain in a far-off corner flared« (Obwohl sich der weiße Vorhang einer Wolke in einer Ecke weit weg aufbauschte); oder so: »Half-wracked prejudice leaped forth« (Halb zerfallene Vorurteile sprangen hervor); oder auch nur so: »I don't want to fake you out, take or shake or forsake you out« (Ich will dir nichts vormachen, dich nicht nehmen oder fertigmachen oder dich verlassen). Und doch trifft Dylan mit seinem Statement das Wesen des kreativen Ansatzes, den er gerade entwickelte: Diese Lieder, diese Zeilen kommen direkt aus seinem Inneren; sie werden nicht mit der Absicht geschrieben, den Maßstäben oder Erwartungen irgendwelcher anderer Leute zu entsprechen. Und wenn Dylan seine Lieder dann spielt, kommen sie genauso frei und ehrlich, genauso nackt und natürlich heraus, wie wenn jemand sich mit Freunden oder Fremden unterhält oder durch ein Zimmer läuft.

Die Songs sind nachlässig und holprig eingespielt, und der Gedanke, daß die Platte hätte besser werden können, wenn Dylan sich mehr Zeit dafür genommen hätte, scheint zunächst einleuchtend. Bloß wäre das ungefähr so, wie zu sagen, daß das Angeln leichter von der Hand ginge, wenn das Boot, in dem man sitzt, in einer Sanddüne eingegraben wäre, damit es nicht so schaukelt.

Die wirklich herausragende Leistung an diesem Abend, das Glanzstück auf dieser Platte, ist *Chimes Of Freedom*. Dylan singt es nicht nur so, als gäbe es bloß diesen einen Moment, bloß das Jetzt, als müsse er alles in diese Aufnahme hineinstecken. Er singt es, als sei er aus Frankreich und Griechenland zurückgekehrt, habe sich bereit erklärt, zu dieser Aufnahmesession zu kommen, seine Laufbahn fortzusetzen und sogar eine neue Platte zu machen, nur um dieses eine Lied aufzunehmen. Als wäre sein ganzes Leben allein auf dieses Lied, diesen Augenblick ausgerichtet gewesen.

Es kann in die Irre führen, das Werk eines Künstlers chronologisch zu besprechen – es verleitet Autor wie Leser dazu, jedes einzelne Werk so zu behandeln, als sei es Teil eines Entwicklungsprozesses, Teil eines Heldenepos über das persönliche und künstlerische Wachstum (oder den Niedergang) eines Menschen; oder man betrachtet das einzelne Werk als eine Episode in der Geschichte der Beziehung zwischen dem Künstler und seinem Publikum. All dies ist durchaus richtig und auch sehr interessant, aber es lenkt von der Tatsache ab, daß jedes Kunstwerk, jede künstlerische Darbietung auch außerhalb der Zeit existiert und in erster Linie aus sich selbst heraus wirkt, nicht über den Kontext. Das wird deutlich, wenn wir *Chimes Of Freedom* von 1964 und die 1962er Aufnahme von *Hard Rain* nebeneinanderstellen – zwei Berge, die Dylan erklommen hat, zwei Orte, an denen er gewesen ist und von denen er mit brennender Intensität berichtet. Die Bedeutung von Dylans Gesamtwerk beruht ebenso auf jeder einzelnen herausragenden *performance* wie auf seiner beeindruckenden Gesamtleistung. (Wir können ja auch immer nur einen Song auf einmal anhören.) Es ist verlockend zu versuchen, das umfangreiche Werk eines außerordentlichen Künstlers wie Dylan oder Picasso besser in den Griff zu bekommen, indem man es biographischen oder ästhetischen Perioden zuordnet oder Maßstäbe entwickelt, nach denen man einzelne Werke als besonders gelungen oder wichtig hervorheben kann. Ich bekenne mich beider Ansätze schuldig und bin der Ansicht, daß eine geringfügig in die Irre führende Ordnung gar keiner Ordnung immer noch vorzuziehen ist, aber ich möchte empfehlen, diese willkürliche Einteilung nicht zu ernst zu nehmen. Letztlich erlebt jeder einzelne Zuhörer jedes einzelne Werk auf seine eigene Art; die Bedeutung von Kunst hängt davon ab, wie diese persönliche Erfahrung aussieht.

Als *Another Side Of Bob Dylan* erschien, gefiel mir *Chimes Of Freedom* nicht. Ich fand es lang und voller Wiederholungen, und das Bild der »chimes of freedom flashing« (das aufleuchtende Glockenläuten der Freiheit) erschien mir umständlich und wirr, fast peinlich. Nachdem ich zu dieser Ansicht gekommen war und sie auch anderen mitgeteilt hatte, hielt ich lange Zeit daran fest. Wahrscheinlich habe ich das Lied deswegen im Laufe der Jahre Dutzende Male gehört, ohne je zu bemerken, was für eine Geschichte es erzählt: Es handelt von den Gefühlen des Sängers, während er ein Gewitter erlebt. Auch anderen Leuten, mit denen ich gesprochen habe, ist dieser grundsätzliche Sachverhalt entgangen, während sie sich zugleich über die Bedeutung anderer, schwerer verständlicher Bilder im Text den Kopf zerbrachen.

Dies also ist die Geschichte, die Dylan erzählt: Er und jemand anderes (ein oder mehrere Freunde) geraten abends in ein Gewitter und stellen sich in einem Hauseingang unter, wo sie wie gebannt einen Blitz nach dem anderen den Himmel erleuchten sehen. Dylan hat eine Vision (»Vision« ist nicht ganz der richtige Ausdruck, denn diese Erfahrung ist nicht visuell, sondern auditiv und letztlich emotional, empathisch), in der er die Blitze und das gleichzeitige Donnern als läutende Glocken wahrnimmt – wie Kirchenglocken, Hochzeitsgeläute, vielleicht mit Anspielung auf die Liberty Bell. Die Blitze werden zu Glockenläuten, Klang und Anblick vermischen sich: »...majestic bells of bolts struck shadows in the sounds/Seeming to be the chimes of freedom flashing« (majestätische Blitzglocken schlugen Schatten in den Klang/Schienen das aufleuchtende Glockenläuten der Freiheit zu sein). Und so wie die Liberty Bell geläutet wurde, um die amerikanische Unabhängigkeit zu verkünden, wie Kirchenglocken läuten, um eine Hochzeit zu feiern, einen Todesfall zu betrauern oder die Gläubigen zum Gebet zu rufen, so erlebt Dylan jeden Blitz als ein Läuten (oder Blitzen oder Schlagen oder Krachen oder Aufleuchten) *für* jemanden, besonders für die Underdogs, die Bedürftigen, die Bescheidenen, die Sanftmütigen der Erde, die Jesus in der Bergpredigt erwähnt. (Mich erinnert das an Dylans Brief ans *Broadside*, in dem er erzählt, daß er sich »zum hunderttausendsten Mal« Pete Seegers *Guantanamera* anhört, »listenin t Pete sing Guantanamera for the billionth time« – die entscheidende Zeile in diesem Song lautet: »With the poor people of the Earth, I cast my fate« [Ich will das Schicksal der Armen dieser Erde teilen]).

Was Dylan erlebt, ist nicht eine Kette von Gedanken, sondern von deutlichen Gefühlen – er nimmt jeden aufleuchtenden Blitz als einen Glockenschlag wahr, der in seinem Herzen nachklingt und all die Legionen von Vergessenen heraufbeschwört: »Flashing for the refugees on the unarmed road of flight ... tolling for the luckless, the abandoned and forsaked ... tolling for the searching ones, on their speechless, seeking trail/ For the lonesome-hearted lovers with too personal a tale/And for each unharmful, gentle soul misplaced inside a jail« (Sie leuchten für die Flüchtlinge auf ihrem unbewaffneten Fluchtweg ... läuten für die Glücklosen, die allein Zurückgelassenen ... läuten für die Suchenden auf ihrem stummen Pfad/ Für die im Herzen einsamen Liebenden mit ihren zu persönlichen Geschichten/Und für jedes harmlose, sanfte Geschöpf, das zu Unrecht im Gefängnis sitzt). Dieser letzten Gruppe widmete er noch 1986 Lieder.

Dylan und seine Freunde schauen den Blitzen zu, während um sie herum der Sturm wütet: »the mad mystic hammering of the wild ripping hail« (das wütende mystische Hämmern des wilden, reißenden Hagels). Dylan schreibt oft vom Wetter; hier fällt der »hard rain«, der schwere Regen schon, doch hat er nichts mit der Apokalypse des früheren Songs zu tun: Diesmal ist es ein Shakespearescher Sturm, der Offenbarungen und Visionen für jene bereithält, die mit dem Herzen sehen können. Schließlich beginnt der Sturm nachzulassen, was sich durch das Erscheinen einer weißen Wolke in einer Ecke des langsam aufklärenden Himmels ankündigt; Dylan und seine Freunde stehen immer noch »mit leuchtenden Augen und lachend« (»starry-eyed and laughing«) im Hauseingang, unsicher, ob das nun fünf Minuten oder fünf Stunden waren: »Trapped by no track of hours for they hang'd suspended« (Durch kein Zeitgefühl gefangen, denn die Zeit hing in der Schwebe) – die Zeitlosigkeit zieht sich wie ein roter Faden durch viele von Dylans besten Liedern. Im Verlauf des Liedes beschreibt Dylan das Aufleuchten der Blitze ganz verschieden: »The sky cracked its poems in naked wonder« (Der Himmel schmetterte seine Gedichte in unverhülltem Staunen); »the rain unraveled tales« (der Regen spulte Geschichten ab); »Electric light struck like arrows« (Elektrisches Licht schlug ein wie Pfeile) – die Bilder sind ziemlich direkt, kommen aber in einer solchen Flut, daß man beim Zuhören nicht mehr mitkommt; Dylan versucht offensichtlich, bei seinen Zuhörern das gleiche »Umspringen« der Sinne hervorzurufen, das er selbst erlebt hat, sie in die unberechenbare Welt ihrer eigenen Visionen zu stoßen.

Und es gelingt ihm. Das Lied fesselt durch die Überzeugung und Intensität, mit der Dylan singt, durch seine kurzen, eindringlichen Mundharmonikasoli und seine außergewöhnlich sensible Gitarrenbegleitung. Es fordert nicht nur von Anfang an die Aufmerksamkeit des Zuhörers, sondern geht direkt ins Herz, bevor der Text sich überhaupt zu irgendeiner Aussage verdichtet. Und dann beginnen einzelne Textfragmente und Phrasen hervorzutreten, wie kurze, von Blitzen erleuchtete Ausblicke auf eine vertraute, aber unwirkliche Landschaft: »fired but for the ones [ich habe immer ›fiery but barbed ones‹, ›feurige, aber mit Widerhaken versehene‹, verstanden] condemned to drift or else be kept from drifting« (nur für die abgeschossen, die dazu verdammt sind, sich treiben zu lassen oder vom Treibenlassen abgehalten zu werden), »starry-eyed and laughing« (mit leuchtenden Augen und lachend) und »the misdemeanour [das dritte in einer Reihe von »mis-«-Wörtern] outlaw chained and cheated by pursuit« (der Gesetzesbrecher, der verfolgt, gefesselt und betrogen wird). Schließlich, unvergeßlich:

> Tolling for the aching whose wounds cannot be nursed
> For the countless confused accused misused strung-out ones
> and worse
> And for every hung-up person in the whole wide universe...

> Sie läuten für die Verwundeten, deren Schmerzen nicht
> gelindert werden können
> Für die zahllosen Verwirrten Angeklagten Mißbrauchten
> Süchtigen und die, denen es noch schlechter geht
> Und für alle verstörten Menschen auf der ganzen weiten
> Welt...

Vielleicht ist das keine große Dichtung, aber es ist unnachahmlich geschrieben und gesungen – ein Strom wilder Lyrik, der unverkennbar das Produkt (und die Verkündung) von Dylans Bedürfnis ist, sich über bewußte Bildersprache und gezieltes Geschichtenerzählen hinauszubewegen und eine Technik zu entwickeln, über die er ein Mehrfaches von seinem Inneren auf Vinyl übertragen kann. Das Lied ist eine atemberaubende Glanzleistung, die niemand anderes als Dylan hätte erbringen können, und die, wäre sie zu einem beliebigen anderen Zeitpunkt seines Lebens oder seiner Karriere aus ihm herausgebrochen, genauso anrührend und eigenwillig gewesen wäre. Daß mich dieses Lied jetzt, Jahrzehnte nachdem ich es zum ersten Mal gehört habe, unwiderstehlich anzieht und mir ungeheuer viel gibt, ist für mich eine Warnung und zugleich ein Versprechen: Wieviel mehr mag ich noch überhört haben, und wie unwahrscheinlich ist es, daß ich in meinem Leben auch nur die Höhepunkte all dessen entdecken werde, was Dylans Werk zu bieten hat – dieses Lied habe ich wohl hundertmal gehört, bevor ich den Blitz gesehen habe...

Viele der Songs auf *Another Side Of Bob Dylan* sind an Frauen gerichtet (*All I Really Want To Do*, *It Ain't Me Babe*), handeln von Frauen (*I Don't Believe You*, *Ballad In Plain D*) oder beides (*Spanish Harlem Incident*, *To Ramona*). Während Dylans frühere Liebeslieder hauptsächlich romantisch waren, haben diese neuen Songs eine starke sexuelle Komponente – der Mensch, der hier schreibt und singt, ist ganz offensichtlich sexuell aktiv und steckt mitten im Wechselspiel von Lust, sexueller Vereinigung und Trennung. Man hört an seiner Stimme, daß er zu haben ist. Man erkennt an der Geschwindigkeit, mit der er den Raum betritt und wieder verläßt, daß er nach etwas sucht.

Spanish Harlem Incident ist eine hübsche Vignette (zwei Minuten und zweiundzwanzig Sekunden lang, eins von Dylans kürzesten Stücken), in der der Sänger von Begierde für

ein Zigeunermädchen entbrannt ist – vielleicht hat er sie sogar nur auf der Straße vorbeigehen sehen, aber das ist egal,
er ist völlig hin und weg. In diesem Text stellt Dylan wieder
einmal sein künstlerisches Geschick unter Beweis: Er schildert in brillanter Weise, wie feurig sie ihm erscheint, setzt Bilder aus der Weissagung ein und verliebt sich mit einem Schlag
nicht nur in diese Frau, sondern in die Idee der Zigeuner
schlechthin und in den Gedanken, daß er in eine von ihnen
verliebt sein könnte. »The night is pitch black, come and make
my/Pale face fit into place, oh, please!« (Die Nacht ist stock-
finster, komm und laß mein/Blasses Gesicht da hineinpas-
sen, oh, bitte!) – womöglich ist das die deutlichste erotische
Zeile, die Dylan je geschrieben hat (oder lese ich das hinein?).
Auf jeden Fall ist es phänomenal, wie er es bewerkstelligt,
daß »pitch black« und »make my« sich reimen, und zwar perfekt – es ist ein Trick in der Betonung, im Rhythmus, ein ge-
sangliches Kunststück. Er singt auch »surround me« so, daß
es sich rückwirkend mit »I'm nearly drownding« acht Zeilen
vorher reimt. Er ist inspiriert. Schon allein, wie er das Mädchen beschreibt und dann sich selbst, vom Gedanken an sie
völlig berauscht – ein wunderbares und in sich vollständiges
Bild; doch darüber hinaus gelingt es ihm auch noch, die be-
schriebene Situation von der persönlichen Ebene auf die der
allgemeinen Identifikation zu heben (der Bob-Dylan-Super-
markt der berauschenden Einblicke): »I been wond'rin' all
about me/Ever since I seen you there« (Ich zerbrech mir den
Kopf über mich/Seit ich dich dort gesehen hab) – man würde erwarten, daß er »about you« sagt; wenn er statt dessen
»about me« sagt, weiß man sofort, was gemeint ist. Und zum
Schluß bekniet er sie: »I got to know babe, will you surround
me/So I can know if I am really real« (Ich muß es wissen Baby,
wirst du mich umschließen?/Damit ich weiß, ob es mich wirklich gibt). Natürlich gibt es ihn, aber er wird es nicht wissen,

bis er sie bekommen und wieder verloren hat, oder bis er heim-gegangen ist und sich ein paar kalte Duschen verabreicht hat.

Der sensible, liebevolle, starke-Schulter-großer-Bruder-Dylan, der *To Ramona* singt, ist derselbe lüsterne Straßen-sänger, aber er ist in einer anderen Stimmung, zeigt sich von einer anderen Seite – er sitzt vielleicht in einer Bar, wo er eine Freundin tröstet, die sich sowohl mit ihrer Situation (Pro-bleme mit ihrem Freund?) als auch mit ihren daraus resul-tierenden Selbstzweifeln rumschlägt. Er erzählt ihr, daß er sie begehrt (um ihr zu sagen, woran sie ist, vielleicht auch, damit es ihr besser geht), was uns als Zuhörer zu der Annah-me verleitet, daß es sich um ein Liebeslied handelt, aber es ist eindeutig ein Lied über eine Freundschaft. Es richtet sich an alle, die verwirrt und traurig und voller Selbstzweifel sind, wie wir es ab und zu alle sind, und diese Allgemeingültig-keit sowie die echte Anteilnahme im Lied und in der Stim-me lassen leicht den Eindruck entstehen, daß Dylan nur für den Zuhörer selbst singt. In bestimmten Momenten können Dylans Lieder die Realität des Zuhörers durchdringen und eine Ich-und-Du-Beziehung, eine erstaunliche und oft ver-wirrende Nähe entstehen lassen.

Dylan teilt beim Spielen und Singen (fast immer) und in seinen Texten (oft) sehr viel Persönliches von sich mit. Manch-mal führt das dazu, daß seine Zuhörer sich über ihr Verhält-nis zu ihm nicht mehr im klaren sind. Stan Lynch, Schlagzeu-ger auf der Tour 1986, beschrieb das gegenüber dem *Rolling Stone* folgendermaßen: »Ich habe Leute gesehen, die wirk-lich sehr bewegt waren, die das Gefühl hatten, daß sie irgend-eine Verbindung zu ihm herstellen mußten ... Sie wollten ihm nahe sein und ihm sagen, daß alles in Ordnung sei, denn sie hatten wohl das Gefühl, Bob habe ihnen gesagt, alles würde in Ordnung kommen, als es ihnen eben *nicht* gut ging – als ob Bob gewußt hätte, daß es ihnen damals nicht so gut ging.

Sie vergessen eine wichtige Sache: Bob kennt sie nicht, nur sie kennen ihn.«

Dieses Phänomen, daß Leute das Gefühl haben, Dylan nah zu sein, und sich dementsprechend verhalten, war schon 1964 ein Teil von Dylans täglichem Leben – manchmal angenehm, oft lästig und manchmal sehr beängstigend. Zweifellos war *It Ain't Me Babe* für ihn, schon als er es aufnahm, nicht nur ein Junge-an-Mädchen-Lied, sondern auch an sein Publikum gerichtet; im Laufe der Jahre ist dieser Aspekt immer wichtiger geworden, Dylan singt das Lied heute manchmal wie eine inständige Bitte an die Außenwelt, ihn doch in Ruhe zu lassen: »It ain't me you're looking for« (ich bin nicht der, den du suchst/ihr sucht). Aber natürlich stellt er sich gleichzeitig auch hin und singt: »Ramona, come closer« (Ramona, komm näher).

Another Side Of Bob Dylan ist eine sehr vielseitige und komplexe Platte, und es nicht möglich, hier alle Lieder oder alle Aspekte davon zu besprechen (womit ich nicht sagen will, daß mir alle Aspekte bewußt sind, im Gegenteil: Diese Platte, wie Dylans gesamtes Werk, überrascht mich immer wieder). Erwähnen möchte ich aber noch, daß diese Platte ein Gefühl des Angekommenseins ausstrahlt. Was da angekommen ist, ist eine Art mythisches, projiziertes Wesen: »Bob Dylan«, das *alter ego*, das Robert Zimmerman sechs oder sieben Jahre zuvor zu gestalten begann, um sich besser ausdrücken zu können, auf sich aufmerksam zu machen, sich selbst zu entfliehen und sein wahres Selbst zu leben – eine Bühnenidentität, ein *nom de plume*, das, was Rimbaud »den anderen« nannte. Dieses Wesen ist jetzt aus Fleisch und Blut, dreidimensional, es steht auf eigenen Füßen (die Puppe läuft von selbst, der Puppenspieler scheint nicht mehr zu existieren), und es ist sich seiner selbst nicht mehr bewußt: Auf dieser Platte finden sich – in *My Back Pages* – die letzten Überbleibsel von Dylans Versuch, sich in einer bestimmten Weise darzustellen; zum größten Teil hat er dieses Bedürfnis auf dieser und den folgenden drei Platten nicht mehr.

Aber es gibt noch einen weiteren Dylan, und auf die Gefahr hin, allgemeine Verwirrung zu stiften, nenne ich ihn den *performer*, den Musiker und Künstler, der den Mythos aus dem Schrank holt, ihn umschnallt und vor dem Mikrophon eins mit ihm wird, während seine Freunde im Regieraum stehen, zuschauen, zuhören, lächeln und ihn anfeuern – und eine Pufferzone zwischen ihm und der Außenwelt herstellen, einen Freiraum, in dem er allein sein und sich richtig auf seine Musik einlassen kann. Dieser Künstler ist parallel zum Mythos gewachsen und gereift, und an diesem Abend im Juni wird deutlich, daß auch er angekommen ist – sein Klavier, seine Gitarre und Mundharmonika und seine Stimmbänder sind genauso lebendig und beweglich wie seine Texte, seine Melodien und sein Mythos; er geht locker und spielerisch mit ihnen um und scheint in der Lage, sie einzusetzen, wie und wann immer er es will (vielleicht stimmt das nicht, aber entscheidend ist, wie es wirkt).

Es ist, als ob Dylan nichts mehr beweisen müßte – und das schafft ihm einen Freiraum (den er auf dieser Platte zum ersten Mal geltend macht), in dem er seiner kreativen Energie freien Lauf lassen und tun kann, was immer er tun will. Auf dem Foto auf der Plattenhülle sieht er aus wie ein Maler, der ein fertiges Gemälde betrachtet: die Stirne gerunzelt, meditativ und voll ruhigem Stolz – so sieht einer aus, der seine Arbeit ernst nimmt. Und wo ist das Kindergesicht der letzten drei Platten? Dies ist der erwachsene Dylan. Er ist »jetzt jünger als damals« (»younger than that now«), weil er nicht mehr so tun muß, als sei er älter.

Auf allen Outtakes von *Another Side Of Bob Dylan* (den bekannten wie den mutmaßlichen) spielt Dylan Klavier. Ergänzt durch entsprechende Hinweise in Nat Hentoffs Artikel läßt dies darauf schließen, daß sich Dylan mit diesen Titeln (plus *Black Crow Blues*, das auf der Platte erschien) möglicherweise am Anfang einspielte, solange die Tontechniker noch mit ihren Vorbereitungen beschäftigt waren. Falls es so war, dann ist es schön, daß das Band mitlief – es enthält ein paar hübsche spontane Sachen auf dem Klavier, inklusive einer fröhlichen Version des Songs *Hero Blues* aus dem Jahr 1962 (vom Text her eine Art Vorgänger zu *It Ain't Me Babe*). Das Blues- und Boogie-Klavier sowie die durchdringenden Mundharmonikaläufe in *Hero Blues* sind großartig, und man hört einmal mehr, was für ein guter Rock'n'Roll-Sänger Dylan sein kann, ob mit oder ohne Band. (Das Datum dieser Aufnahme ist nicht sicher, vielleicht war es 1963.)

Auf der Plattenhülle von *Another Side Of Bob Dylan* sind wieder Gedichte von Dylan abgedruckt, unter dem Titel *Some other kinds of songs...* (sechs Gedichte aus dieser Serie, die nicht mehr auf die Hülle paßten, sind in *Lyrics* enthalten). In diesen Gedichten entwickelt Dylan die Techniken weiter, die er in *11 Outlined Epitaphs* einsetzte, aber zum größten Teil fehlt das Gefühl. Ein Gedicht wie »I could make you crawl« (Ich könnte dich fertigmachen) zieht alle Register: Ironie, Hintersinn, sorgfältig zurechtgestutzte Sprache, frei und wirr herausquellende Sprache, die clevere Wiederaufnahme des ersten Bildes über eine unerwartete Route – für mich fehlt jedoch der zündende Funke, das Ganze ist zu konstruiert. Wie jeder Künstler imitiert sich auch Dylan manchmal selbst, läßt seine Tricks und Kunstgriffe zum Selbstzweck werden, möglicherweise mit dem Hintergedanken: »Die Trottel da draußen werden den Unterschied schon nicht bemerken«, und manchmal vielleicht auch, ohne es selbst zu bemerken.

An dem längsten Gedicht, »run to get out of here...«, ist jedoch viel Gutes. Da ist zunächst die einfache Feststellung: »i lost my glasses/can't see Jericho« (ich habe meine Brille verloren/kann Jericho nicht sehen) – man kann nicht in den Kampf ziehen, wenn man sich nicht mehr sicher ist, wer der

Gegner ist. Im nächsten Abschnitt beschreibt Dylan, wie er den Schauplatz eines drohenden Selbstmords verläßt, als er bemerkt, daß er wirklich sehen will, wie sich der potentielle Selbstmörder von der Brücke herunterstürzt – er ist ehrlich genug, um zu bemerken, daß man seinen eigenen Gefühlen nicht immer trauen kann, und daß es in einem solchen Fall das einzig Anständige ist, sich von solchen Szenen zurückzuziehen. Und dann sind da noch die sechs Zeilen Dylan pur, die mich seit Jahrzehnten verfolgen, die all das treffend zusammenfassen, was er hier sagt, und ein Dutzend neuer, bis dahin nicht existenter Gedichte im Kopf des Lesers anklingen lassen: »i know no answers an no truth/for absolutely no soul alive/i will listen t no one/who tells me morals/there are no morals/an I dream a lot« (ich weiß keine Lösungen und keine Wahrheit/für irgend jemanden auf dieser Welt/ich werde auf niemanden hören/der mir was von Moral erzählt/ es gibt keine Moral/und ich träume viel).

Im Juli trat Dylan zum zweiten Mal auf dem Newport Folk Festival auf; wie verlautet, war er ängstlich, völlig stoned und spielte sehr schlampig. Möglicherweise hatte ihn – wie in einer selbsterfüllenden Prophezeiung – seine Angst davor, von seinem »alten« Publikum zurückgewiesen zu werden, so nervös gemacht, daß er den Leuten gar keine Chance gab, ihn richtig anzuhören und einen Bezug zu seiner neuen Identität zu entwickeln. Ich könnte mir auch vorstellen, daß Dylan von vielen Freunden und Bekannten umgeben war, die ihm Ratschläge gaben, die ihn so oder anders haben wollten oder einfach von ihm verlangten, er solle sich erklären. Es muß wohl eine sehr schmerzhafte Erfahrung für ihn gewesen sein, daß diese Umgebung (die Folk Community), in der er sich so zuhause gefühlt hatte, jetzt so ungemütlich für ihn geworden war.

Im August 1964 erhielt ein Fotograf namens Daniel Kramer die Erlaubnis, Dylan in Woodstock (im Haus seines Managers) zu besuchen und dort eine Fotosession mit ihm zu machen. Wie sich zeigte, sollte es die erste von vielen weiteren Sitzungen im Laufe der folgenden zwölf Monate sein. 1967 brachte Kramer ein Buch mit seinen Fotos von Dylan heraus, in dem er die erste Sitzung beschreibt: »Als ich kam, saß er in einer Eßnische in der Küche und las Zeitung. Er blätterte die Seiten um und schien meine Anwesenheit überhaupt nicht zu registrieren. Damit war klar, wie das Ganze laufen würde. Offensichtlich hatte er nicht vor, irgend etwas speziell für die Kamera zu tun. Nicht, daß er nicht mitgemacht hätte. Er tat es auf seine Weise – er erlaubte mir, bei ihm zu sein, erlaubte mir, ihn zu fotografieren und die Motive selbst auszuwählen, solange sie der Situation entsprachen, in der er sich gerade befand.«

Und: »Einmal... schlug ich vor, auf die Veranda hinauszugehen, wo das Licht sehr gut war. Ich bat ihn, sich in einen Schaukelstuhl zu setzen, was er auch tat, aber nach kurzer Zeit stand er wieder auf und sagte mir, so wolle er nicht fotografiert werden. Es war klar für mich, selbst als ich ihn erst kurz kannte, daß Dylan ein ruheloser Mensch ist. Es ist schwierig, ihn festzunageln, schwierig für ihn, stillzuhalten.«

Wenn ich lese, wie Kramer seine Arbeit mit Dylan beschreibt – Dylan war freundlich, nicht stur, wußte aber recht genau, was er wollte und was nicht –, und wenn ich mir die Fotos von Dylan ansehe: wie er in der Eßnische sitzt, im Schaukelstuhl, wie er später mit Victor Schach spielt, auf einen Baum klettert oder mit der Nilpferdpeitsche übt, dann komme ich dem Geheimnis, wer Dylan ist, ein Stückchen näher. Indem er da sitzt und Zeitung liest, die Kamera nicht zur Kenntnis nimmt und einfach tut, wozu er Lust hat, tritt er schon auf, stellt sich dar. Er weiß, daß die Kamera da ist, spürt vielleicht sogar die Augen, die Monate oder auch Jahre später diese Fotos ansehen werden, und verhält sich vor der Kamera so, daß er das Gefühl hat, er kann sich richtig ausdrücken. Es ist ein sehr bewußtes Verhalten: Seine Anwesenheit füllt den Raum aus, er nimmt der Kamera die Macht, etwas aus ihm zu machen, das er nicht ist – und zwar nicht, indem er möglichst »natürlich« ist, sondern indem er auch hier auftritt und Kamera und Fotograf letztlich unter seiner Regie arbeiten läßt. Mit den Musikern auf der Bühne oder im Aufnahmestudio macht er es genauso. Er sagt ihnen nicht, was sie tun sollen. Aber seine Anwesenheit erfüllt den Raum so, daß alles, was die Musiker tun, in Verbindung zu seiner kreativen Präsenz steht. Er ist nicht nur sich selbst treu; er läßt um sich herum einen Bereich entstehen, in dem auch Kameras, Musiker, Mikrophone, alle »Übermittler« ihm und seinen Gefühlen in diesem Moment treu sein müssen.

Am 31. Oktober 1964 gab Dylan ein Konzert in der Philharmonic Hall in New York City. Columbia Records nahm das ganze Konzert auf, und irgendwann später fand das Band seinen Weg aus den Kellergewölben der Plattengesellschaft heraus zu den Fans, wo es seither zirkuliert. Auf diese Weise haben wir heute eine echte Kostbarkeit: eine in bezug auf die Klangqualität sehr gute Aufnahme eines kompletten Dylan-Konzerts aus seiner (noch akustischen) »Folkstar«-Zeit.

»Laßt euch davon nicht einschüchtern«, sagt Dylan an einer Stelle auf dem Band zum Publikum, wobei er sich möglicherweise auf sein Mundharmonikaspiel bezieht oder auf eine Geste oder eine Grimasse, die er schneidet, »es ist doch Halloween... Ich habe meine Bob-Dylan-Maske an. Ich habe mich maskiert.« (Er lacht.) Dylan klingt stoned – vermutlich hat er Marihuana geraucht und vielleicht auch den einen oder anderen Benny eingeworfen (Benzedrin-Pillen, ein schwaches Amphetamin). Aber ob stoned oder nicht, er erweist sich als ein wahrer Meister der Auftrittskunst. Wenn er zwischen den Liedern etwas sagt, ist er charmant und sehr witzig (er bringt das Publikum ständig zum Lachen). Wenn er singt und spielt, nehmen seine Lieder Gestalt an, als malte er sie vor einem in die Luft. Er hat eine Ausstrahlung, eine Präsenz, die sich nicht leicht erklären läßt. Dylan spielt *To Ramona, Hard Rain* und *Hattie Carroll* sehr ähnlich wie auf der Studioaufnahme, er hat weder an den Arrangements noch an den Texten viel verändert, und doch erlebt man die Lieder beim Anhören neu und erstaunlich anders. Das Feeling der Songs ist anders, und zwar so, daß man sie noch lieber mag – als wenn man einen bestimmten Fleck im Wald, für den man eine besondere Vorliebe hat, zu einer anderen Tageszeit, in einem anderen Licht sieht.

Dylans Repertoire an diesem Abend reichte zurück bis zu *Talking John Birch* (zu diesem Zeitpunkt fast drei Jahre alt) und griff vor auf drei wichtige Lieder, die auf seiner nächsten Platte erscheinen sollten: *Mr. Tambourine Man, It's Alright, Ma* und *Gates Of Eden*. Er begann das Konzert mit *The Times They Are A-Changin'*, wie er es seit einem Jahr getan hatte und bis zu seinem letzten unbegleiteten Konzert im Mai 1965 weiter tun sollte.

Dylan stellt für die meisten seiner Tourneen ein grundlegendes Repertoire zusammen und hält sich auch daran, wobei er gelegentlich eine Überraschung einbaut oder an einem bestimmten Punkt im Programm zwischen ein paar Songs hin und her wechselt. Es gibt Ausnahmen, Tourneen oder Teile von Tourneen, auf denen er völlig unberechenbar war, aber die Songlisten von 1964/65 zeigen, daß er, schon bevor er mit einer Band proben mußte, gerne innerhalb einer vertrauten Struktur arbeitete – mit einem Konzept, auf das er zurückgreifen konnte, das er ausschmücken und mit dem er herumspielen konnte. Die Reihenfolge der Lieder ist ihm wichtig; vielleicht wegen ihrer Aussage, aber auch seine Energie spielt eine Rolle. Bestimmte Lieder singt er zum Warmwerden oder um das Eis zu brechen. Wahrscheinlich funktioniert auch die Kombination einiger Lieder nicht (wegen seiner Stimme oder auch seiner Stimmung), während andere Kombinationen sich als besonders zufriedenstellend oder anregend erweisen – sie halten die Energie im Fluß, lockern das Programm etwas auf oder bereiten Dylan ein ganz persönliches Vergnügen, das vom Publikum gar nicht wahrgenommen wird.

Auf dem Tape aus der Philharmonic Hall singt er achtzehn Lieder, drei davon zusammen mit Joan Baez (sie singt außerdem ein Lied, *Silver Dagger*, allein und wird dabei von Dylan auf Gitarre und Mundharmonika begleitet). Drei Lieder sind von der Platte *Freewheelin'*, drei von *The Times They Are A-Changin'*, fünf von *Another Side Of Bob Dylan*, drei erschienen später auf *Bringing It All Back Home* und vier Lieder wurden nie aufgenommen oder veröffentlicht – zum Teil neue, zum Teil alte (die Dylan demnach durchaus mochte, auch wenn er sie nie aufnahm). Die Reihenfolge ist: *The Times They Are A-Changin'*; *Spanish Harlem Incident*; *Talking John Birch Paranoid Blues*; *To Ramona*; *Who Killed Davey Moore?*; *Gates Of Eden*; *If You Gotta Go, Go Now*; *It's Alright, Ma*; *I Don't Believe You*; *Mr. Tambourine Man*; *Hard Rain*; *Talking World War III*; *Don't Think Twice*; *Hattie Carroll*; *Mama, You Been On My Mind*; *Silver Dagger*; *With God On Our Side*; *It Ain't Me Babe* und *All I Really Want To Do*. Bei *Mama, You Been On My Mind*, *With God On Our Side* und *It Ain't Me Babe* singt Joan Baez mit, *All I Really Want To Do* ist die Zugabe. (Die Leute rufen ihm Lieder zu, die sie sich wünschen, und einer schreit: »*Mary Had A Little Lamb*!« Das Publikum lacht. Dylan hält inne und sagt dann: »Mein Gott, habe ich *das* aufgenommen?« Er beginnt seine Gitarre zu stimmen. »*Mary Had A Little Lamb*, ist das ein Protestsong?« Das Publikum lacht wieder, Dylan saugt ein paarmal an der Mundharmonika und fängt dann an zu singen: »I ain't looking to compete with you...«.)

Zweierlei ist an diesem Konzert besonders bemerkenswert: zum einen Dylans gute Beziehung zum Publikum, sein Herumgealbere – er amüsiert sich bestens, er genießt es, geliebt zu werden –, zum anderen die wirkliche Schönheit eines großen Teils dieser Musik.

Von allen Aspekten der Kunst ist der Schönheitsbegriff der wichtigste und zugleich der, zu dem sich am schwierigsten etwas sagen läßt. Das Wesentliche am Schönen ist, daß es gefällt, und diese Freude an etwas läßt sich weder analysieren noch beschreiben. Immerhin läßt sich soviel sagen, daß Schönheit mit In-Bewegung-Sein zu tun hat. So gelungen die Version von *Don't Think Twice* auf *Freewheelin'* auch ist, eine exakte Kopie dieser Version (wenn so etwas überhaupt möglich wäre) wäre nie so gut gewesen wie die neue, nervöse, unerwartete Interpretation des Liedes, die Dylan auf der Bühne der Philharmonic Hall spielte, und die eben im Kontext seiner Gefühle zum Leben und speziell zu diesem Lied am 31. Oktober 1964 um ungefähr 22 Uhr entstand. Es geht nicht darum, Vergleiche anzustellen. Aber eine Kopie wäre etwas Totes, während diese Version höchst lebendig ist. Sie entsteht aus einem offensichtlichen Gefühl der Angriffslust gegenüber dem »klassischen« Status des Liedes, und Dylan nutzt dieses Gefühl als Energiequelle, um die unglaubliche Formbarkeit von Struktur, Melodie und Text dieses Liedes sowie von seinem eigenen Vortragsstil auszuloten – seine Stimme überschlägt sich und kippt aus der Melodie, wird fast zu einem Kreischen, und statt sich da schnell herauszuretten, nutzt er es, baut es aus und greift es sogar in seinen Mundharmonikasoli wieder auf. Er steht auf der Bühne und gestaltet das Lied aus dem Stegreif und voller Freude neu, während er es spielt; er begibt sich auf neuen Boden, und es macht ihm soviel Spaß, das zu tun und dabei zu bemerken, wie gut das Lied in diesem Experiment besteht, daß er es plötzlich wieder richtig mag, daß er wieder entdeckt, wieviel es ihm bedeutet und wie gut er sich damit ausdrücken kann.

Als nächstes Lied folgt *The Lonesome Death Of Hattie Carroll*, und hier läßt sich Dylans Stimmung nur als reine

Zuneigung beschreiben – er liebt dieses Lied, er hält es sozusagen in seinen Armen und gurrt ihm zu wie ein stolzer Papa. Er geht nicht so grob damit um wie mit *Don't Think Twice*, aber er läßt es auch nicht unbehelligt. Wenn er singt: »*Hattie Carroll* was a maid of the kitchen«, dann kommt soviel von ihm selbst und von seinen Gefühlen herüber, daß es einem schier das Herz zerreißt. Der Gesang hat etwas sehr Liebevolles, eine Intensität, die einen anrührt und fast zum Weinen bringt – nicht wegen der Ungerechtigkeit oder wegen des Mordes, sondern, so seltsam das auch erscheinen mag, weil die Welt so schön ist. Farben kommen einem in den Sinn, die Farben menschlicher Gefühle, in Klang verwandelt. *The Lonesome Death Of Hattie Carroll* war ein großartiges Lied, als Dylan es aufnahm, und hier ist es wieder ein großartiges Lied, eine andere großartige Interpretation.

Das Programmheft zu dem Konzert in der Philharmonic Hall enthielt einen Text von Dylan namens *Advice For Geraldine On Her Miscellaneous Birthday* (in *Lyrics* abgedruckt). Es ist ein erstklassiges Gedicht über den Preis, den man zahlt, wenn man sich als öffentliche Person selbst treu bleibt: »if you go too far out in any direction, they will lose sight of you. they'll feel threatened. thinking that they are not a part of something that they saw go past them...« (wenn du zu weit in irgendeine Richtung gehst, dann werden sie dich aus den Augen verlieren. werden sich bedroht fühlen. sie werden denken, daß es da etwas gibt, wo sie nicht dazugehören...). Stimmung, Rhythmus und Struktur sind schön herausgearbeitet und ziehen sich gleichmäßig durch das ganze Gedicht hindurch, das vor Leben sprüht – man spürt, daß der Dichter das, was hier steht, wirklich sagen wollte.

Im Herbst 1964 gab Dylan noch mehr Konzerte: in Boston, New Haven, Philadelphia, Buffalo, Toronto, San Francisco, San Jose, Santa Barbara und noch andere. Es sind ein paar Publikums-Mitschnitte von Teilen der Konzerte in Nordkalifornien aufgetaucht, auf denen noch mehr gute Musik im Stil des New Yorker Konzerts zu hören ist. Dylan brachte sein Publikum zum Lachen (und Jubeln), wohin er auch ging. Man bekommt einen Eindruck von der nicht-musikalischen Seite von Dylans Tourneen, von der aggressiven, rowdyhaften, zugekifften, besoffenen, ruhelosen »*backstage*/Presse-und-schon-wieder-all-die-Leute-mit-ihren-Fragen/aus-den-Autofenstern-grölende-Jungs-unterwegs-in-der-Stadt«-Seite, wenn man sich die Aufnahme von Bob Blackmars »Interview« mit Dylan, Roadmanager Victor Maimudes und anderen Kumpels von Dylan anhört, das im Dezember 1964 im College-Radio von Santa Barbara gesendet wurde.

Die besten Beschreibungen von Dylan sowohl auf als auch hinter der Bühne in der Zeit um 1964/65 findet man in dem Text, den Daniel Kramer zu seinem Fotoband geschrieben hat. Er erwähnt Dylans »unglaubliches Maß an Professionalität« im »Umgang mit den Schwierigkeiten, die das Leben als Live-Musiker mit sich bringt [das viele Reisen, die Beengung, die Langeweile, die ständig wechselnden Arbeitsbedingungen].« Er beschreibt, wie Dylan unterwegs auf seinem Notizblock an neuen Songs arbeitet oder wie er an einem Klavier hinter der Bühne Melodien ausprobiert. Er schildert den enormen Unterschied in Dylans Stimmung vor und nach einem Konzert – vorher große Ruhe, Klarheit, Zurückgezogenheit; danach Ruhelosigkeit und Feierstimmung (»er konnte meistens nicht aufhören, wenn das Konzert vorbei war«). Er beschreibt Dylan auf der Bühne: »Er begann seine Gitarre anzuschlagen, bevor er überhaupt vor dem Mikrophon stand, so als könnte er sich nicht beherrschen... als wollte er sagen, die Zeit reicht kaum aus, um alles unterzubringen. Einmal fragte ich ihn, welche Songs er singen wolle. Er meinte, die Frage sei nicht, welche er spielen, sondern welche er weglassen solle. Er wollte sie alle spielen, er wollte, daß alles gesagt würde.«

Im Januar 1965 ging Dylan mit Tom Wilson und, zum ersten Mal seit 1962, einigen anderen Musikern für zwei Tage ins Studio und nahm seine fünfte Platte *Bringing It All Back Home* auf. Er hatte einen Stapel neuer Lieder dabei und wie immer ein neues Selbstbild, eine größere und bessere (weiterentwikkelte) »Bob-Dylan-Maske«. Außerdem war sein Leben um eine neue Freundschaft reicher. Irgendwann in den vorangegangenen Monaten hatte Albert Grossmans Frau, Sally, Dylan mit Sara Lowndes bekanntgemacht, einer geschiedenen Frau mit einer kleinen Tochter. (Zehn Jahre später beschrieb Dylan dieses Treffen so: »I came in from the wilderness/A creature void of form/›Come in‹, she said, ›I'll give you/Shelter from the storm‹« [Ich kam aus der Wildnis/Ein Wesen ohne Form/ ›Komm rein‹, sagte sie, ›bei mir findest du/Schutz vor dem Sturm‹]).

Bringing It All Back Home

Neben anderen Auswirkungen hatte *Bringing It All Back Home* einen ganz beträchtlichen Einfluß auf die Sprache einer ganzen Generation – sofern man anerkennt, daß Sprache ebenso aus Redenwendungen besteht wie aus einzelnen Wörtern, und daß eine Redewendung, die mündlich und schriftlich oft wiederholt wird, uns nicht nur inhaltlich, sondern auch durch ihren Stil und ihre Form beeinflußt, durch die Art und Weise, wie Wörter darin aneinandergereiht werden. Dies macht einen so grundsätzlichen Bestandteil des Denkprozesses aus, daß eine Handvoll aussagekräftiger Redewendungen tatsächlich das Denken der Menschen in einer bestimmten Kultur zu einer bestimmten Zeit beeinflussen kann. Wie Benjamin Franklin kann auch Dylan eine beachtliche Anzahl von gelungenen Aphorismen zu seinen vielen Errungenschaften zählen. Die folgenden häufig zitierten Sätze stammen alle von *Bringing It All Back Home*:

»Don't follow leaders.« (Folge keinen Führern.)

»Money doesn't talk, it swears.« (Geld spricht nicht, es flucht.)

»He who is not busy being born is busy dying.« (Wer nicht gerade geboren wird, ist dabei zu sterben.)

»Don't ask me nothin' about nothin'; I just might tell you the truth.« (Frag mich nichts zu irgend etwas, ich könnte dir die Wahrheit sagen.)

»I ain't gonna work on Maggie's farm no more.« (Ich werde nicht mehr auf Maggies Farm arbeiten.)

»I try my best to be just like I am, but everybody wants you to be just like them.« (Ich versuche mein Bestes, so zu sein, wie ich bin, aber alle wollen, daß man so ist wie sie.)

»You don't need a weatherman to know which way the wind blows.« (Man braucht keinen Meteorologen, um zu wissen, woher der Wind bläst.)

»Even the president of the United States sometimes must have to stand naked.« (Selbst der Präsident der Vereinigten Staaten muß manchmal nackt dastehen.)

»Meantime life outside goes on all around you.« (Inzwischen geht draußen um dich herum das Leben weiter.)

»I said, ›You know, they refused Jesus, too.‹ He said, ›You're not Him.‹« (Ich sagte: ›Weißt du, auch Jesus haben sie zurückgewiesen.‹ Er sagte: ›Aber du bist nicht Er.‹)

»She's an artist, she don't look back.« (Sie ist eine Künstlerin, sie blickt nicht zurück.)

Und es gibt noch viele andere solche Sätze. Zusätzlich zu den Wendungen, die in den allgemeinen Sprachgebrauch übergegangen sind, gibt es für die meisten Zuhörer ein paar Sätze – von dieser und anderen Platten –, die eine ganz persönliche Bedeutung angenommen haben, die sich im Hirn festgesetzt haben und einem oft ganz unabhängig von dem Lied, in das sie hineingehören, durch den Kopf gehen. Die Auswirkungen dieser Art von Durchdringung des persönlichen und kollektiven Bewußtseins durch Kunst (und damit durch die Persönlichkeit und das Bewußtsein des Künstlers), sind schwer zu bemessen, aber wir wissen, daß sie enorm sind. Bach und Shakespeare sind bis heute in einem großen Teil der Musik und Literatur unserer Welt präsent; ihre Wahrnehmung der Realität und die Ausdrucksformen, die sie für ihre Wahrnehmung fanden, beeinflussen noch heute menschliches Verhalten und das menschliche Selbstverständnis.

Es ist erst zweiundzwanzig Jahre her, daß *Subterranean Homesick Blues* einer schockierten Öffentlichkeit vorgesetzt wurde – war es doch mit einer E-Gitarre, einem rockigen Klavier und einem dominanten Backbeat eingespielt worden und galt somit als »Rock'n'Roll«. Zu jener Zeit betrachteten sich viele, wenn auch nicht alle Bob-Dylan-Fans als »Folkmusik«-Hörer und neigten dazu, voller Verachtung auf Geschwister und Bekannte herabzublicken, die »primitiven Rock'n'Roll« – wie z.B. die Beatles – anhörten. Das plötzliche Erscheinen von *Subterranean Homesick Blues* (das eine einigermaßen erfolgreiche Pop-Single wurde) und von weiteren elektrisch verstärkten Stücken auf *Bringing It All Back Home* brachte viele Leute in Verlegenheit – manche reagierten, indem sie Dylan des »Verrats« bezichtigten, da ihnen zumindest zunächst nicht klar war, daß er jetzt die revolutionärste und am deutlichsten gegen das Establishment gerichtete Musik machte, die er oder auch sonst irgend jemand je gespielt hatte. Das Stück hat sich außerordentlich gut gehalten: Nach allem, was passiert ist, in der Musik und auf der Welt, ist an *Subterranean Homesick Blues* immer noch alles (der Sound, der Text, der Gesang) so frisch und spannend wie an dem Tag, als es herauskam. Sollte man Dylan so wie Shakespeare dafür in Erinnerung behalten, daß er sprachliche Wendungen geschaffen hat, die die Zeit überdauern, dann wird *Subterranean Homesick Blues* ein leuchtendes Beispiel dafür sein. So wie meine Klassenkameraden und ich Tage damit verbrachten, »The quality of mercy is not strained« [W. Shakespeare: *The Merchant Of Venice*, IV.i.184] auswendigzulernen, so kann ich mir gut zukünftige Schulkinder vorstellen, die gedankenverloren vor der Klasse stehen und aufsagen:

Maggie comes fleet foot
Face full of black soot
Talkin' that the heat put
Plants in the bed but
Phone's tapped anyway
Maggie says that many say
They must bust in early May
Orders from the D.A.

Maggie kommt auf flinkem Fuß
Gesicht verschmiert mit schwarzem Ruß
Sagt, die Bullen hätten wieder mal
Stoff in ihrem Bett versteckt, egal,
Das Telefon wird sowieso abgehört
Maggie sagt: Nach dem, was man so hört,
Hat der Staatsanwalt den Befehl gegeben,
Anfang Mai alle hopps zu nehmen

(Übersetzung von Carl Weissner)

(Natürlich wird ein zukünftiger Experte den Text mit Fußnoten versehen haben, um die Bedeutung von »heat«, »plants«, »bust« und »D.A.« zu erklären und vielleicht auch über den Gemeinschaftssinn zu dozieren, der Mitte der sechziger Jahre in den Großstädten unter den frühen Konsumenten illegaler, bewußtseinserweiternder Drogen herrschte.)

Es gibt Aufnahmen (*Ticket To Ride* von den Beatles, *The Last Time* von den Rolling Stones, *Reach Out I'll Be There* von den Four Tops, um ein paar Beispiele aus derselben Zeit zu nennen), auf denen der Sound auf geradezu mysteriöse Weise perfekt ist, etwas Traumwandlerisches hat, das weit über all das hinausgeht, was Musiker und Produzenten allein durch bewußtes Knowhow hätten hervorbringen können. Auch *Subterranean Homesick Blues* hat diesen Sound. Sicher macht die phänomenale Energie und Intelligenz, mit der Dylan singt, 90% der Power dieses Stücks aus, und es wäre kriminell gewesen, wenn die anwesenden Musiker die Aufnahme dadurch verdorben hätten, daß sie sich nicht voll auf Dylans Gesang einließen (sie hatten auch keine andere Wahl – ich behaupte, daß Dylan die Musiker in seinen stärksten Momenten zu hilflosen, aber glücklichen Instrumenten macht, sie sozusagen mit seiner Stimme spielt). Doch diese Aufnahme hat etwas Atemloses, etwas Magisches, in der Art und Weise wie besonders der Baß, aber auch alle Instrumente als Ensemble Dylans Phrasierung unterstützen und widerspiegeln; genau die richtige Abmischung, die richtige Ausblendung, die richtigen Echos im Raum: man kann dieses Stück immer und immer wieder anhören und wird es nur noch öfter hören wollen. (In den Siebzigern erzielte Dylan diese Wirkung noch einmal mit einem Stück, das einen ganz anderen Sound hatte: *Knockin' On Heaven's Door.*)

Dylans Buch *Lyrics* (und auch schon die frühere Ausgabe, *Writings And Drawings*) bietet einen einzigartigen Einblick in die Entstehung eines Klassikers: es enthält eine Manuskriptseite von *Subterranean Homesick Blues*, inklusive Kaffeeflecken. Wir wissen aus anderen Berichten, daß Dylan seine Songs oft auf der Schreibmaschine schrieb; hier können wir sehen, wie sich ein Lied auf der Schreibmaschinenseite entfaltet – wie ein Stück Fotopapier, auf dem sich ein Bild von Dylans Gedanken und Gefühlen vor unseren Augen entwickelt.

Das erste, was mir auffällt, ist, daß zwischen den einzelnen Zeilen kein Platz gelassen ist. Aus dem Gedankenfluß auf dem Papier geht klar hervor, daß Dylan hier nicht etwas abtippt, das er zuvor auf einem Notizblock aufgeschrieben hatte; mit dieser getippten Seite geht es los, dies ist die erste Fassung. Wenn man die erste Fassung mit doppeltem Zeilenabstand schreibt, hat das den Vorteil, daß man Platz für Korrekturen und Verbesserungen hat; der einzeilige Abstand wiederum ermöglicht es, direkter zu schreiben, die Worte fließen schneller, so wie wenn man einem Freund einen Brief schreibt. Jemand, der ein Gedicht oder ein Lied Zeile für Zeile schreibt, *muß* fast mit doppeltem Zeilenabstand arbeiten. Doch der Verfasser dieser Seite schrieb ganze Strophen, nicht einzelne Zeilen, Abschnitte, nicht Sätze. Das sagt viel über den Prozeß aus, in dem diese spontane Sprache und ihre Bilder entstehen – die Binnenreime und Halb-Reime und der außergewöhnlich einfallsreiche, wirkungsvolle und ausdrucksstarke Rhythmus des Textes. All das könnte so nicht entstehen, wenn der Schreibende eine Zeile schreiben und daran herumfeilen würde, bis sie stimmt, um dann zur nächsten überzugehen. Die einzelnen Zeilen, Reime, Rhythmen und Bilder entstehen spontan: Hier hält einer mit wachem Verstand fest, was ihm in den Sinn kommt, was paßt. Der Fluß der Sprache bewegt sich auf das Ende der Strophe, des Abschnitts, des umfassenden Gedankens, des grundlegenden Gefühls zu, nicht auf das Ende der Zeile. Nicht innehalten, nicht langsamer werden, *keep moving*.

Man kann *Subterranean Homesick Blues* als ein brillantes frühes Beispiel für Rap-Musik betrachten. Dylan ist ein geborener Rapper (und dieser Song ist stilistisch eindeutig eine Weiterentwicklung seines Prosaschreibstils, der Technik, die man besonders in *Advice To Geraldine*, aber auch schon in *Last Thoughts On Woody Guthrie* entdecken kann). Doch er ist bei weitem nicht der erste, der *hip talk*, *hip bop*, die schwarzen Sprachrituale der Straße, in die Unterhaltungsmusik hereinholte, im Gegenteil: Dylan baut hier – bewußt oder unbewußt – auf Chuck Berrys Rockrap *Too Much Monkey Business* aus dem Jahr 1957 auf. In dem Interview zu *Biograph* sagte Dylan: »Es gibt nichts Neues. Es ist einfach so, daß jeder seine Chance bekommt – das meiste klingt einfach recycled und ein bißchen umgebaut, verwässert. Selbst Rap – ich mag das Zeug, aber es ist nicht neu, früher konnte man sowas ständig hören...« Der Dylan von 1965 hätte den Dylan von 1985 zweifellos für einen hoffnungslosen alten Knacker gehalten, mit seiner »alles nichts Neues, die Musik ist tot, hab ich alles schon mal gehört«-Unkerei, aber von dieser Attitüde einmal abgesehen – musikgeschichtlich hat er recht.

Dylans Manuskriptseite beginnt mit »man in a coonskin cap in the pigpen wants 11dollars bills an i only got ten« (Mann mit einer Waschbärmütze im Schweinestall will elf Dollarscheine, und ich hab nur zehn). Vielleicht fiel ihm das ein, während er an einer anderen Strophe schrieb, und er schob die Seite nochmal hoch, um die Idee festzuhalten – vielleicht war es auch der erste inspirierte Atemzug des Songs, interessant insofern, als diese Zeile das rhythmische Grundschema des Liedes enthält. Als nächstes steht auf der Seite »i stumble downtown« (ich stolpere in die Stadt) und »man wants a pay off« (Mann will ein Bestechungsgeld). Dylan denkt auf dem Papier. Dann plötzlich beginnt der Song hervorzuprudeln:

a voice come sounding like a passenger train
look out kid, it's something you did
god knows when but you're doing it again
better duck down the doorway/looking for a new friend

da ist eine Stimme, klingt wie ein Passagierzug
paß auf, Junge, du hast was angestellt
weiß der Himmel wann, aber du machst es wieder mal
duck dich lieber in einen Hausgang/such einen neuen Freund

Es ist wirklich spannend: Dylans Schaffensprozeß liegt offen vor uns. In dem Moment, wo Dylan beim Schreiben richtig in Schwung kommt, fällt ihm der Refrain ein, der dann direkt in eine Idee für eine mögliche Strophe übergeht (Dylan läßt keine Zeile frei): »here comes maggie/strutting down the fifth street« (hier kommt Maggie/stolziert die fünfte Straße runter). Das wandelt sich in seinen Gedanken dann sofort um in das brillante »maggie comes fleetfoot/face full of black soot...« (Maggie kommt leichtfüßig/das Gesicht voll mit schwarzem Ruß...) – er findet jetzt seinen Rhythmus. Er tippt die gesamte oben zitierte Strophe herunter, genauso, wie er sie später singen wird, ohne durchzustreichen – Athene entspringt Zeus' Stirn in voller Größe –, und geht dann direkt in die Strophe über, wobei er jetzt die Zeile »a voice come sounding« fallenläßt und so zeigt, daß er die Strophe und ihren Übergang in den Refrain gefunden hat. Die Struktur steht. Was jetzt noch bleibt, ist, mit Worten herumzuspielen und zu sehen, was paßt. Wir haben das Privileg, auf dieser Seite ein paar Fehlstarts mitzuerleben; wir sehen, wie die erste Strophe langsam Form annimmt: »Johnny's in the basement« (Johnny ist im Keller) steht noch nicht da, statt dessen heißt es »daddy's in the dimestore/getting 10 cent medicine« (Papa ist im Kramladen/holt Medizin für 10 Cent), und das steht erst in der zweiten Zeile; die erste heißt: »walking down pavement/thinking bout the gvt« (geh die Straße entlang/denk über die Regierung nach), und man kann noch erkennen, daß die durchgestrichene erste Fassung hieß: »walking down main street« (geh die Hauptstraße entlang). Die anderen beiden Strophen dagegen sprudeln genauso atemlos und vollständig heraus wie vorher Maggie, so als habe Dylan erst einmal »get sick« und »get born« finden müssen, woraufhin alles andere dann ganz von selbst folgte und die Wörter in ihrer Eile, aufs Papier zu gelangen, förmlich übereinanderstolperten. Wow!

Die Version von *Mr. Tambourine Man* auf *Bringing It All Back Home* steht mit auf meiner kurzen Liste der Meisterwerke Dylans. Es sagt einiges über unsere Denkstrukturen aus, daß so viele Leute sich gefragt haben, »wer« dieser Mr. Tambourine Man wohl ist, obwohl aus dem Song eigentlich klar hervorgeht, wer er ist: Er ist die Quelle des Rhythmus, den der Sänger hört, nicht mehr und nicht weniger. Der Tamburinspieler, der allgegenwärtige Perkussionist. Im Plattentext läßt sich Dylan darüber aus: »my songs're written with the kettledrum in mind/a touch of any anxious color. unmentionable. obvious. an people perhaps like a soft brazilian singer.« (Meine Lieder schreibe ich mit einer Kesselpauke im Sinn/Färbe sie mit einer Spur Unruhe ein. Unaussprechlich. Offensichtlich. Und Leuten wie zum Beispiel einem sanften, brasilianischen Sänger.) Dylan denkt nicht nur an eine Kesselpauke, er hört eine, und in seinen freudigsten Momenten tanzt er zu ihrem Rhythmus. Oft gehen diese Momente in sein Liederschreiben ein, und wir können daran teilhaben, wenn er das Gefühl beim Spielen wieder erlebt. »Play a song for me« (Spiel ein Lied für mich): Das kann der Muse gelten, muß aber nicht. Es kann ein Gebet sein oder irgendeine Anrufung eines Geistes – es ist allgemeingültig und nicht auf die Menschen beschränkt, die bewußt kreativ oder bewußt spirituell sind; beschränkt nicht einmal auf diejenigen, die bis in die unergründeten, geheimnisvollen Stunden des anbrechenden Morgens aufbleiben, wenn die Nacht eigentlich schon vorbei ist – auch wenn sich das Lied auf diese spezielle Zeit bezieht. *Mr. Tambourine Man* ist ein Lied für alle diejenigen, die es fühlen können, und es handelt von etwas so Einfachem, daß man es sogar mit einem einzelnen Wort benennen kann, ohne größere Mißverständnisse befürchten zu müssen: Das Wort heißt Freiheit.

Daniel Kramer, der während dieser Sessions einige erstaunliche Bilder machte, berichtet, daß Dylan probierte, *Mr. Tam-*

bourine Man einzuspielen, nicht zufrieden war und mit etwas anderem weitermachte (während der Sessions zu *Another Side Of Bob Dylan* im vorangegangenen Juni hatte er sich schon einmal an dem Lied versucht). Am nächsten Tag dann »verlangte er, daß die Toningenieure nicht herumpfuschen sollten – es handele sich hier um lange Stücke, und er wolle sie nicht mehr als einmal spielen«, woraufhin er die endgültigen Fassungen von *Mr. Tambourine Man, It's Alright, Ma* und *Gates Of Eden* in einem einzigen Take einspielte – ohne sie sich zwischendurch noch einmal anzuhören! Das belegt wohl hinlänglich, daß Dylan im Studio wie bei einem Auftritt arbeitet und nicht wie jemand, der eine Platte einspielt. Es ist, als seien die drei Lieder wie in einem langen Atemzug aus ihm herausgekommen – vielleicht der längste Atemzug, den ein amerikanischer Künstler gemacht hat, seit Ginsberg und Kerouac ein Jahrzehnt zuvor *Howl* und *On The Road* hinausbliesen.

Ich sitze gerade hier und lupfe die Nadel auf meinem Plattenspieler hin und her, um diese drei Stücke in der Reihenfolge anzuhören, in der sie aufgenommen wurden; um sie nicht als drei einzelne Lieder, sondern als eine musikalische Einheit auf mich einwirken zu lassen. Es flößt mir größte Ehrfurcht ein, was Dylan hier geleistet hat. Jedes Lied, jede einzelne Zeile liegt mir sehr am Herzen. *Mr. Tambourine Man* allerdings handelt außer von Freiheit auch von Hingabe, und ich spüre, wie ich jedesmal, wenn ich dieses Lied höre, meine Gedanken ein bißchen mehr loslasse und mich dem Zauber des musikalischen Ganzen hingebe: »I'm ready to go anywhere, I'm ready for to fade...« (Ich bin bereit, irgendwo hinzugehen, ich bin bereit, dahinzuschwinden...), »Take me disappearing...« (Nimm mich mit, laß mich verschwinden...).

Wenn ich mich auf das Bild des dreiundzwanzigjährigen Bob Dylan konzentriere, wie er, die Gitarre in der Hand und die Mundharmonika um den Hals gehängt, allein im Studio in ein Mikrophon singt, dann wird langsam die Anwesenheit von noch jemand anderem spürbar. Es ist nicht Bruce Langhorne, der auf *Mr. Tambourine Man* die melodische Begleitung auf der Gitarre spielt, und es ist ganz gewiß auch nicht Tom Wilson oder einer der Toningenieure. Es ist eine Projektion, etwas, das Dylan spürt, während er singt: das Publikum, das er sich vorstellt. Was für einen enormen Respekt hat er vor denen, die er da draußen am anderen Ende des Aufnahmeprozesses vermutet!

Auf der Aufnahme aus der Philharmonic Hall singt Dylan *Mr. Tambourine Man*, *It's Alright, Ma* und *Gates Of Eden* ausgesprochen gut, und man kann sich kaum eine bessere Beziehung zwischen Publikum und Musiker wünschen, als sie auf diesem Konzert bestand. Aber dieser direkte Kontakt zum Publikum schränkt auch ein – er beschränkt den Künstler auf das, was *ist*, während das vorgestellte oder projizierte Publikum es möglich macht, auf etwas hinzuzielen, was *sein könnte*. Niemals zuvor hatte jemand so zu einem Pop/Rock/Folk-Publikum gesprochen und gesungen, wie Dylan es auf der zweiten Seite von *Bringing It All Back Home* tat – vielleicht hatte niemand außer Dylan das je für möglich gehalten. Und auch er konnte es sich die meiste Zeit vermutlich nicht vorstellen. Aber als der Moment im Studio kam, in dem er tatsächlich dieses Gefühl im Bauch hatte, daß da draußen jemand war, der auf diese Musik reagieren würde und etwas damit anfangen konnte, da legte er los, ohne sich noch einmal umzusehen, kündigte sogar vorher an, daß jetzt etwas Wichtiges passieren würde: Dieser Take ist es, verpaßt ihn nicht. Er konnte *fühlen*, wie die Leute zuhörten, und er mußte schnell alles singen, solange dieses Gefühl noch da war. Die anderen, live gespielten Versionen dieser drei Lieder, die auf ihre Weise hervorragend gewesen waren, hatten alle auf dieses Ziel hingeführt, hatten den Riesenschritt nach vorn vorbereitet.

Man kann wohl sagen, daß die »maßgeblichen« Versionen dieser Lieder diejenigen auf der Platte sind – Dylan singt sie mit einer ungeheuren Überzeugungskraft, und es liegt eine wahrhaft mysteriöse Klarheit und Ausdruckskraft in jeder Silbe, jedem Akkord, jedem Atemzug.

Und wenn man genau und immer wieder hinhört, dann wird das Geheimnis noch größer. Zu wem spricht er, und von wo aus spricht er? Schon das Lied an sich ist dermaßen ausdrucksvoll und weitblickend, dermaßen intelligent und inspiriert; wie schafft er es nur, den Text dann auch noch in einer Weise zu singen und mit der Gitarre auszugestalten, als sei er sich der Bedeutung und Wirkung jeder Nuance, jeder Aussage voll bewußt, als fühlte er jedes Wort beim Singen noch intensiver und persönlicher als beim Schreiben? Und wie hält er den außergewöhnlich persönlichen Ton aufrecht, mit dem er sich in jedem der drei Lieder auf ganz unterschiedliche Weise an seine Zuhörer wendet, ohne irgendwann einzubrechen oder die Rollen, die er in den einzelnen Liedern übernimmt, durcheinanderzubringen, obwohl er die drei Lieder direkt hintereinander singt, fast nonstop? (*Mr. Tambourine Man*, *It's Alright, Ma* und *Gates Of Eden* wirken, auch wenn sie als Werke desselben genialen Künstlers zu erkennen sind, wie Gemälde von drei unterschiedlichen Paletten, mit jeweils eigenen Farben und Oberflächenstrukturen.) Und wie schafft er es schließlich, durch diese drei Lieder so unbeschwert hindurchzugaloppieren, mit soviel Stil und Spontaneität, ohne auch nur über ein Wort zu stolpern?

Wenn Dylan sich in diese Erfahrung zurückversetzen und auf der Grundlage seiner damaligen Gefühle diese Fragen beantworten könnte, dann gälte wohl für alle dieselbe Antwort: daß er nämlich in diesem Moment im Aufnahmestudio von Columbia eine Brücke war, die einen gefühlten Zuhörer auf der einen Seite, eine Instanz, der Dylan etwas zu geben hatte, mit einer anderen Instanz auf der anderen Seite verband, mit etwas, das keinen Namen trug außer vielleicht »Wahrheit«, »Lied« oder »Mr. Tambourine Man«, und von dem Dylan selbst etwas empfing. Ein Metaphysiker würde vielleicht sagen, Dylan habe seine Musik von seinem »höheren Selbst« empfangen. Der metaphysischen Beschreibung der Wirklichkeit zufolge haben wir alle ein höheres Selbst; die besondere Leistung des Künstlers liegt darin, in Verbindung mit diesem Selbst zu stehen und es nach außen tragen zu können. Dylans besondere Leistung – hier und auch in vielen anderen Momenten seiner Karriere – liegt in der Großzügigkeit, der Absolutheit, mit der er sich mitteilt: Er vermittelt uns nicht nur einen Einblick oder eine Zusammenfassung, sondern seine vollständige persönliche Erfahrung – wie er es erlebt, mit einer tieferen, kompromißloseren, umfassenderen Wahrheit in Verbindung zu stehen. Und diese Erfahrung setzt er in ein Medium um (nämlich seine Musik), das einfach genug ist, um über den Äther verbreitet, per Massenproduktion vervielfältigt und in Plattenläden verkauft zu werden, gleichzeitig aber auch subtil genug, um dabei seinen inneren Reichtum, seine Vielschichtigkeit und sein Geheimnis zu bewahren; und das gilt, selbst wenn man die Musik auf einem billigen Plattenspieler abspielt oder mit vollkommen ungeschultem Ohr anhört. Große Kunst – mir fallen Van Goghs »Sonnenblumen« ein – hat immer etwas Offensichtliches und ist, zumindest theoretisch, in der Lage, jedem etwas zu geben, ohne dafür Tiefe oder Vielschichtigkeit opfern zu müssen.

Auch der Schlüssel zu *It's Alright, Ma* liegt im Plattentext: »I am about t sketch You a picture of what goes on around here sometimes (...) my poems are written in a rhythm of unpoetic distortion/divided by pierced ears. false eyelashes/subtracted by people constantly torturing each other. with a melodic purring line of descriptive hollowness« (Ich geb euch jetzt ein Bild von dem, was hier manchmal so vor sich geht [...] meine Gedichte entstehen in einem Rhythmus unpoetischer Verzerrung/geteilt durch durchstochene Ohrläppchen. falsche Wimpern/abgezogen von Leuten, die sich ständig gegenseitig quälen. mit einer schnurrenden Melodielinie von beschreibender Hohlheit).

Ist *Mr. Tambourine Man* thematisch mit dem zehnten und elften der *Outlined Epitaphs* von Ende 1963 verwandt, so geht *It's Alright, Ma* ausführlicher auf ein Thema aus dem vierten *Epitaph* ein – »Jim Jim/where is our party?« (Jim Jim/wo ist unsere Partei?): Möglicherweise besteht das wichtigste (und am wenigsten deutlich ausformulierte) politisch-gesellschaftliche Problem unserer Zeit darin, daß uns ein falsches Bild von der Wirklichkeit verkauft wird, und zwar von überall her. Dylan hat einen erstaunlichen Sprung gemacht: Nachdem er zunächst zu klar definierten Themen eine bestimmte Position einnahm und dann eine Phase der offensichtlichen Absage an »die Politik« durchlief (*Another Side Of Bob Dylan*), ist er hier schließlich zum vielleicht tonangebenden Vertreter einer ganz neuen Art von Politik geworden – des Kampfes neuer und in vielen Fällen noch nicht ausgeformter Weltsichten gegen die Starrheit alter, festgefahrener Vorstellungen (und der Mechanismen, über die diese Vorstellungen umgesetzt werden). Diese politische Bewegung war – noch zögerlich – im Enstehen begriffen, als die Platte aufgenommen wurde: Auf dem Campus der University of California in Berkeley bildete sich zu ungefähr derselben Zeit, als Dylan *It's Alright, Ma* schrieb, das *Free Speech Movement*. In Liedern wie *It's Alright, Ma* und *Maggie's Farm* greift Dylan den Feind (den »Moloch« in Ginsbergs Gedicht *Howl* aus dem Jahr 1956) direkt an; indirekt tut er das ab 1964 und in den folgenden Jahren auch in allen anderen Liedern, indem er sich weigert, sich von irgend jemandes Vorstellungen darüber festnageln zu lassen, was für eine Form Lieder, Musik, populärer künstlerischer Ausdruck überhaupt haben sollten. Dylan hatte Vorbildfunktion durch das, was er tat; er inspirierte seine Zeitgenossen dazu, sich mit dem, was sie taten, auf neuen Boden zu begeben, ob das nun mit Kunst oder Politik zu tun hatte, mit Kommunikation oder beruflicher Entwicklung. Er wurde wahrscheinlich mehr als irgendein anderer einzelner Mensch mit dem anhaltenden Wandel in der Einstellung und dem Verhalten der breiten Masse identifiziert, der die kulturellen, politischen und persönlichen Veränderungen der sechziger Jahre in den USA, Europa, Australien und Japan kennzeichnete. Zu einem großen Teil war es ein unbeabsichtigter Nebeneffekt seines »sketching You a picture of what goes on around here sometimes«, daß er in diese Position geriet, aber er erfüllte damit auch ein Versprechen, das er implizit im vierten Epitaph gab, als er fragte: »where is the party that sets a respected road for all of those like me who cry ›I am ragin'ly against absolutely everything that wants t force nature t be unnatural (be it human or otherwise) an I am violently for absolutely everything that will fight those forces (be them human or otherwise)‹?« (Wo ist die Partei, die einen anerkannten Weg für die bietet, die wie ich schreien: ›Ich bin mit aller Macht gegen absolut alles, das die Natur dazu zwingen will, unnatürlich zu sein (sei es menschlich oder sonstwie), und ich bin leidenschaftlich für absolut alles, das gegen diese Kräfte kämpft (seien sie menschlich oder sonstwie)‹?)

It's Alright, Ma handelt von einem entfremdeten Individuum, das die typischen Merkmale seiner Umwelt identifiziert und damit seine Unabhängigkeit von ihren »Regeln« erklärt. Die außerordentlich gelungene Darstellung basiert nicht nur auf dem Text, sondern auf einem bezwingenden Sound, einem treibenden Rhythmus und einem einzigartigen, unheilvollen Tonfall in der Melodie, die allesamt dazu beitragen, daß der Zuhörer die Aussage spürt, anstatt sie nur in Form von Gedanken zu erfassen. Ironischerweise hat dieses Lied, das Dylan unbegleitet auf der Folk-Seite seiner fünften, halb akustischen, halb elektrischen Platte spielt, mehr von einer Rock'n'Roll-Nummer an sich als jedes andere Lied auf der Platte. Seine Wirkung beruht auf grundlegenden Werten und Techniken des Rock'n'Roll: Erst schafft man einen durchdringenden Rhythmus und Sound, und wenn man die Zuhörer auf diese Weise in den Song hineingezogen hat, dann folgt der Text. Die Aussage erreicht den Zuhörer auch hier in erster Linie darüber, daß ihm immer wieder einzelne Wendungen und Bilder ins Bewußtsein dringen: »It is not he or she or them or it that you belong to« (Du gehörst weder zu ihm noch zu ihr noch zu ihnen noch zu etwas); »... flesh-colored Christs that glow in the dark/It's easy to see without looking too far/That not much is really sacred« (fleischfarbene Christusse, die im Dunkeln glühen/Man kann leicht sehen, ohne zu weit nach vorne zu blicken/Daß nicht viel wirklich heilig ist). Und obwohl der Song in gewisser Hinsicht ein Katalog des Schreckens ist, ist er doch weder pessimistisch noch niedergeschlagen (und es mangelt ihm sicher nicht an Humor); vielmehr spricht er von der Fähigkeit des Individuums, all diese Schrecken zu durchschauen, sie auszuhalten, zu überstehen und letzen Endes vielleicht sogar die Oberhand darüber zu gewinnen.

Der Text von *Gates Of Eden* gleitet einige Male ins Undurchschaubare ab (was mag wohl »shadows metal badge« bedeuten?), aber die Musik und die grundsätzliche Stimmung des Liedes sind so bewegend, daß das nichts ausmacht. Dylan scheint sich in der letzten Strophe selbst zu diesem Thema zu äußern, als er singt:

At dawn my lover comes to me
And tells me of her dreams
With no attempts to shovel the glimpse
Into the ditch of what each one means.

In der Morgendämmerung kommt meine Liebste zu mir
Und erzählt mir von ihren Träumen
Ohne zu versuchen, diese flüchtigen Eindrücke
In den Graben ihrer jeweiligen Bedeutung zu schaufeln.

Wir werden also vorgewarnt, daß es nicht cool ist, zu analysieren oder sich mit »Bedeutung« abzugeben. Etwas hilfreicher ist Dylans Andeutung, daß er hier mit Traumbildern arbeitet und mit der Überlegung, daß man vielleicht der ungehemmten Wahrnehmung und Kommunikation des bewußtseinserweiterten Zustandes bedarf, um die Illusionen der Alltagsrealität zu durchbrechen:

At times I think there are no words
But these to tell what's true
And there are no truths outside the Gates of Eden.

Manchmal glaube ich, daß es keine Worte
Außer diesen gibt, um die Wahrheit zu sagen
Und es gibt keine Wahrheiten außerhalb der Tore Edens.

Der Ausdruck »Gates of Eden« ist möglicherweise eine Art freie, nicht genauer definierbare Kombination von Huxleys »doors of perception« und dem biblischen Mythos eines perfekten Zustandes, aus dem wir alle herausgefallen sind, sowie ein paar anderen Dingen, die ich nicht identifizieren kann (schaufele ich schon flüchtige Eindrücke in den Graben?). Das Wesen dieses Liedes liegt weniger in seinem wörtlichen Inhalt als in dem Gefühl, das der Text vermittelt, der Stimmung, die durch die seltsame dröhnende Begleitung hervorgerufen wird, und der Art und Weise, wie Dylans Stimme einzelne Wörter umhüllt. Irgendwie schafft er tatsächlich einen Traumzustand, der für unsere neu entstehende gemeinsame Wahrnehmung der Welt, so wie sie wirklich ist (und nicht ist), von großer Bedeutung zu sein scheint. Wieder treten einzelne verblüffende Sätze und Bilder hervor: »The motorcycle black madonna/Two-wheeled gypsy queen« (die schwarze Motorradmadonna/Zweirädrige Zigeunerkönigin) und »Upon the beach where hound dogs bay/At ships with tattooed sails/Heading for the Gates of Eden« (Auf dem Strand, wo Jagdhunde/Schiffe mit tätowierten Segeln anbellen/Die auf dem Weg zu den Toren Edens sind). Die Wiederholung des Bildes aus dem Titel hat einen besonders hypnotischen Effekt.

In jedem seiner epischen Lieder hat Dylan der Sänger einen Miniaturauftritt: als Clown in *Mr. Tambourine Man*: »And if you hear vague traces of skipping reels of rhyme/To your tambourine in time, it's just a ragged clown behind/I wouldn't pay it any mind ...« (Und wenn du vage Spuren hüpfender Reimwirbel hörst [diese Worte beschreiben das Lied perfekt]/ Im Takt zu deinem Tamburin, das ist nur ein zerlumpter Clown/ Ich würde mich gar nicht darum kümmern...); als eine Art Demagoge in *It's Alright, Ma*: »...one who sings with his tongue on fire... Cares not to come up any higher/But rather get you down in the hole/That he's in« (einer, der mit flammender Zunge spricht... will gar nicht höher hinaus/Sondern dich in das Loch herunterziehen/In dem er sitzt); als Spielmann in *Gates Of Eden*: »I try to harmonize with songs/The lonesome sparrow sings« (Ich versuche, im Einklang mit den Liedern zu singen/Die der einsame Sperling singt). Wie viele unserer besten bildenden Künstler hat auch Dylan (als Musiker) seinen Spaß daran, irgendwo in seinen energiegeladenen Darstellungen vom Karneval des Lebens eine kleine Karikatur von sich selbst einzubauen.

It's All Over Now, Baby Blue ist meiner Meinung nach auf jeden Fall Teil der außergewöhnlichen Vier-Lieder-Symphonie, die sich über die zweite Seite dieser Platte erstreckt, auch wenn es ein paar Stunden vor oder nach den anderen Liedern aufgenommen wurde. Dylans Gesang zeigt sich hier in seiner verletzlichsten und schönsten Form; es ist, als hätte sich jede Vorstellung von Gesang als einer Technik, etwas Erlernbarem aufgelöst, als sei das Singen ein offenes Fenster, durch das man einen anderen Menschen fühlen kann, ein Ort, an dem zwei menschliche Seelen direkt in Kontakt treten können. Es ist soviel Leben in diesem Gesang, daß es geradezu beängstigend ist. Im Plattentext zu *Bringing It All Back Home* schreibt Dylan: »a poem is a naked person« (ein Gedicht ist ein nackter Mensch); hier demonstriert er, daß kein Gedicht so nackt ist wie der Klang einer menschlichen Stimme.

Was die Frage betrifft, von wem das Lied handelt: Ich würde sagen, es geht eindeutig um jemanden aus dem Leben des Zuhörers, um jemanden, dem man eine gewisse Traurigkeit entgegenbringt, auch Ärger, Zuneigung; es geht um den Menschen, der einem in den Sinn kommt, wenn man so dasitzt und sich das Lied anhört. Dylan dachte vielleicht an eine bestimmte Person, als er es schrieb, vielleicht aber auch nicht. Manchmal entsteht ein Lied, indem dem Musiker eine bestimmte Wendung einfällt und die Melodie und der restliche Text sich dann ganz von selbst daraus ergeben; dieses Lied hier ist so allgemeingültig, daß es sich ganz leicht von selbst geschrieben haben könnte, bevor Dylan überhaupt dazu kam zu überlegen, wer Baby Blue wohl war. Rückblickend allerdings kann man in *It's All Over Now, Baby Blue* das erste einer Reihe von Liedern erkennen, die Dylan an jemanden richtet, der oder die auf dem hohen Roß sitzt und möglicherweise kurz davor ist, tief abzustürzen. »... the vagabond who's rapping at your door/Is standing in the clothes that you once wore« (der Vagabund, der an deine Türe klopft/Steht da in den Kleidern, die du selbst einmal trugst) – lassen diese Zeilen nicht den Gedanken aufkommen, daß der Mensch, den Dylan in diesem Lied anspricht, Bob Dylan selbst sein könnte?

Bob Dylan's 115th Dream, wieder auf der ersten Plattenseite, ist clever und sehr witzig. Das Gelächter am Anfang der Aufnahme ist so etwas wie eine Unabhängigkeitserklärung für Studiomusiker in aller Welt. *Outlaw Blues* ist ein gutes Riff; ich habe mein erstes Buch danach genannt, weil die Zeile »I got no reason to be there but I imagine it would be some kind of change« (Ich habe keinen Grund, dort zu sein, aber ich stelle mir vor, daß es mal was anderes wäre) irgendwie all meine Gefühle zur Rockmusik zusammenzufassen schien, als ich das Buch schrieb, ungefähr Anfang 1968. Fast jede Dylan-Zeile ist irgendwann einmal irgend jemandes Lieblingszeile – sie kommen alle mal dran.

She Belongs To Me ist sehr schön gespielt, eines dieser seltsamen Lieder, dessen Klang etwas ganz anderes vermittelt als sein Text. Wenn man vom Klang ausgeht, ist es eins von Dylans zärtlicheren Liebesliedern. Wenn man sich aber am Text orientiert, dann handelt es von dem männermordenden Weib aus dem Zimmer Nr. 103 in Dylans *New Orleans Rag*. Das hat manche Dylan-Fans so sehr verwirrt, daß Dutzende von faszinierenden, komplizierten Theorien darüber entstanden sind, wovon das Lied wirklich handelt, und im Laufe der Jahre werden sich weitere dazugesellen. *Love Minus Zero/No Limit*, das oft in einem Atemzug mit *She Belongs To Me* erwähnt wird, ist sowohl vom Text als auch von Klang und Melodie her ein liebevolles Lied; ich denke, es ist das einzige auf der Platte, das Dylan vielleicht für Sara geschrieben hat. Es ist oft darauf hingewiesen worden, daß Dylan seine Liebste in diesem Lied für das preist, was sie nicht ist. Dem Ansturm des Jahres 1965 ausgesetzt, muß es sehr wohltuend für ihn gewesen sein, jemanden um sich zu haben, die wußte: »there's no success like failure, and that failure's no success at all« (es gibt keinen Erfolg wie das Versagen, und Versagen ist wahrhaftig kein Erfolg). »Everybody wants you to be just like them« (Alle wollen, daß man so ist wie sie), schrieb er in seinem sofort zum Klassiker gewordenen *Maggie's Farm* – und außerdem wollen sie, daß man so ist, wie sie gerne *wären*, wenn sie es nur so gut könnten, wie sie es von einem selbst vermuten.

Die England-Tournee und *Don't Look Back*

Auf vielen der Fotos, die Daniel Kramer während der Aufnahmesession zu *Bringing It All Back Home* von Dylan gemacht hat, lacht oder grinst Dylan; es ist eine wunderbare Sequenz von Bildern dabei, auf denen er Klavier spielt, singt, schließlich seinen Kopf in den Nacken wirft und die Fäuste in die Luft streckt, voller Triumph, Begeisterung, ungezügelter Freude. Der Grund für diese Freude erschließt sich jedem, der sich die Bilder ansieht oder die Platte anhört: Es ist das Neue, die Spontaneität der Musik, die er mit seinen Freunden macht, und zugleich das Vertraute daran (*das* ist der Sound, den ich die ganze Zeit im Kopf gehabt habe!). Diese Musik Rock'n'Roll zu nennen, wäre zu einfach und trifft es letztlich auch nicht. *She Belongs To Me* und *Maggie's Farm*, *Love Minus Zero* und *Subterranean Homesick Blues* klingen wie Ausflüge in eine musikalische Welt, die vor den Sessions im Januar 1965 vielleicht noch nicht einmal existierte, und die bis heute Musiker wie auch jegliche andere Art von kreativen Zuhörern anzieht und inspiriert. 1977 erzählte Dylan Ron Rosenbaum:

Am nächsten bin ich dem Klang, den ich im Kopf höre, auf einzelnen Titeln der Platte *Blonde On Blonde* gekommen. Es ist dieser dünne, dieser wilde, quecksilbrige Klang. Er ist metallisch und leuchtend golden, mit allem, was das an Bildern entstehen läßt... Auf der Platte davor hatte ich ihn auch [*Highway 61 Revisited*]. Und auf *Bringing It All Back Home* genauso. Das ist der Klang, den ich immer gehört habe.

Von den Sessions zu *Bringing It All Back Home* sind fünf Outtakes bekannt. Einer ist *I'll Keep It With Mine*, das auf *Biograph* erschien. Ein anderer ist *If You Gotta Go, Go Now*, das Dylan in seinen Konzerten von Herbst 1964 bis Frühjahr 1965 spielte. Die übrigen sind Alternativaufnahmen: *She Belongs To Me* und *Love Minus Zero*, nur von Bruce Langhorne auf einer zweiten Gitarre begleitet (ohne Baß, Schlagzeug oder dritte Gitarre), und *It's All Over Now, Baby Blue* solo (auf der Platte wird Dylan von William Lee auf dem Baß begleitet).

Diese Alternativaufnahmen erinnern wieder daran, daß Dylan, wenn er wirklich engagiert bei der Sache ist, seine Lieder jedesmal wieder anders spielt – jede Version ist neu und aufregend. Die Musik ist so im Fluß, drückt so sehr aus, was Dylan von einem Moment zum nächsten fühlt, daß es irreführend wäre zu behaupten, eine rhythmische oder melodische oder textliche Variante entspräche der ursprünglichen Intention eines Liedes mehr als eine andere. Denn das würde eine bestimmte Absicht voraussetzen, die dem Schreiben und Spielen eines Liedes vorausgeht; tatsächlich drücken Dylans Lieder aus dieser Zeit aber ständig wechselnde Intentionen aus, die wohl zu einem mindestens ebenso großen Teil emotional und unbewußt wie beabsichtigt und gezielt vermittelt sind. Die Leistung des Songwriters liegt also darin, Texte, Musik und eine Liedstruktur zu schaffen, die so elastisch sind, daß sie dem Musiker mit seiner ständig wechselnden Stimmung und Vorgehensweise immer als Ausdrucksmittel dienen können. Aber Formbarkeit allein reicht nicht aus. Um die Gefühle und Gedanken des Musikers direkt und wirkungsvoll ausdrücken zu können, muß ein Lied Integrität haben, es muß in sich stimmig und abgerundet sein und das, was der Sänger im Moment des Singens fühlt, genauso formen wie es selbst von diesen Gefühlen geformt wird. Sänger und Lied beeinflussen sich gegenseitig, und die *performance*, die daraus erwächst, kann dann in eine neue Beziehung eintreten, in der sie die Gefühle des Zuhörers beeinflußt und selbst davon beeinflußt wird.

Die unveröffentlichte Soloaufnahme von *It's All Over Now, Baby Blue* ist sehr bewegend. Paul Cable schreibt in seinem Buch *Bob Dylan: His Unreleased Recordings*, der Outtake sei »von der Melodie her viel besser als die veröffentlichte Version« und moniert: »... auf letzterer sind die ersten beiden Zeilen jeder Strophe nicht mehr als ein Schrei auf einem Ton, der zum Schluß die Tonleiter herunter ausläuft«. Ich mag nun gerade diesen »Schrei auf einem Ton« besonders gern und könnte Cable entgegenhalten: Was immer der »wilde, quecksilbrige Klang« auch sein mag, die veröffentlichte Aufnahme hat ihn und die unveröffentlichte nicht. Aber Vergleiche, sage ich mir immer wieder, sind nicht angebracht. Beide Versionen sind stark; besonders bemerkenswert ist vielleicht, daß der Outtake – obwohl das Lied zweifellos dasselbe ist – nach ein paarmal Anhören ganz andere Gefühle in mir weckt als die veröffentlichte Version, er hat eine ganz eigene Stimmung, einen eigenen Charakter. In der Les-Crane-TV-Show im Februar 1965 ging Dylan wieder anders an *It's All Over Now, Baby Blue* heran (Bruce Langhorne begleitete ihn – ähnlich wie bei *Mr. Tambourine Man* – auf einer kontrapunktisch gespielten E-Gitarre). Der Unterschied zu den anderen Versionen ist nicht groß, aber prägnant, und auch diese Interpretation ist wirklich bewegend. (Auf *Biograph* findet sich mit der Live-Aufnahme aus dem Jahr 1966 eine vierte erstklassige Version des Liedes.) *It's All Over Now, Baby Blue* kann in tausend verschiedenen Varianten gesungen und gespielt werden – sogar von ein und demselben Sänger –, ohne dabei je seine Wirkung und seine Identität zu verlieren. Das ist sowohl für den Songwriter als auch für den Sänger ein echter Triumph. Für den Zuhörer wiederum ist es eine Gelegenheit zu entdecken, was für endlose Möglichkeiten es gibt, einer scheinbar beschränkten Konstruktion aus gereimten Zweizeilern und Mollakkorden Schönheit und Wahrheit zu entlocken.

If You Gotta Go, Go Now ist ein hübsches Stück – Dylan spricht offen und mit Humor den frustrierten Wunsch jedes jungen Mannes aus, die widersprüchlichen Signale des Flirtens und Werbens zu entwirren. Das Stück ist mit voller Bandbesetzung und mit viel Power eingespielt. Viele Dylan-Fans haben sich gewundert, daß es nicht auf *Biograph* veröffentlicht wurde; zweifellos wird es auf irgendeiner späteren Sammel-LP/CD von Dylan erscheinen [Das Lied wurde 1991 auf *The Bootleg Series* veröffentlicht; Anm. d. Ü.].

I'll Keep It With Mine, eine herzzerreißend schöne Solo-Aufnahme von Dylan an Klavier und Mundharmonika, ist auf *Biograph* erschienen, nachdem es zwanzig Jahre lang in der Versenkung verschwunden war. Wie kann Dylan so etwas Wunderbares aufnehmen und es dann nicht veröffentlichen? Diese Frage stellt sich immer wieder, und deswegen sammeln auch so viele Leute Bänder von Dylan oder kaufen Bootleg-LPs (illegale, nicht autorisierte Platten). Dylan antwortet in der Textbeilage zu *Biograph*, daß manche Songs deswegen nicht auf Platte erschienen sind, weil kein Platz mehr für sie war, und »viele Sachen, die ich nicht auf meine Platten mit drauf genommen habe, fand ich einfach nicht gut genug. Oder vielleicht klangen sie für mich einfach nicht nach Schallplatte. *I'll Keep It With Mine* habe ich sogar nie aufgenommen [offensichtlich hat er es doch aufgenommen – vielleicht meint er, daß diese Aufnahme ein Demo für andere Musiker war, das er während der Aufnahmesession für seine Platte am Klavier einspielte, oder daß er sich damit nur warmspielte und die Aufnahme nie für eine Veröffentlichung gedacht war] ... aber wenn es den Leuten gefällt, dann gefällt es ihnen.«

Dylan wiederum würde vielleicht gerne von uns wissen: »Was ist denn überhaupt so toll an *I'll Keep It With Mine*?« Und wir antworten: Der Gesang. Das Klavierspiel. Die Melodie. Der einfache, geheimnisvolle Text. Die Intensität des Gefühls, das Dylan ausdrückt. Und wieder einmal wird klar, daß der Mann, der diese Lieder schreibt und spielt, ihren Wert vielleicht gar nicht kennt, gar nicht bemerkt, wann sie die Linie überschreiten, die das Normale vom Außergewöhnlichen trennt.

Der Plattentext zu *Bringing It All Back Home* ist ausgezeichnet; diesmal ist es rhythmische Prosa anstelle eines Gedichts. In den Fluß seines komödiantischen Monologs flicht Dylan einige wichtige Aussagen darüber ein, wie er sich selbst und seine Umwelt erlebt, über seine Kunst und seine Intentionen. Auch das Foto auf der Plattenhülle ist eine eigene *performance*, genau wie der Titel der Platte. Dylan will anregen, provozieren. Mit dem Plattentitel widerspricht er denen, die seine Bewegung hin zum Rock'n'Roll als Verrat betrachten, indem er erklärt, daß er zu seinen Wurzeln zurückkehrt. Mit dem Cover hingegen trotzt er denen, die daran festhalten wollen, daß er auf jeden Fall derselbe schlampige Dylan geblieben ist, der er immer war: Es zeigt ihn in teurer Kleidung und frisch frisiert in einem teuren Wohnzimmer mit einer teuer aussehenden Frau. Ist das ein Witz? Ja. Und was bedeutet das? Hahahaha. Es bedeutet, daß es ein Witz auf deine Kosten ist, wenn du keinen Spaß vertragen kannst. Es bedeutet, daß ich all das bin, was du denkst, und nichts davon. Es bedeutet, na los, schau mir doch in die Augen, wenn du dich traust – immer schön weiterrätseln.

Vielleicht bedeutete das Cover auch »Ich bin kein Folkstar mehr.« Aber das stimmte nicht ganz. Im März 1965, als *Bringing It All Back Home* herauskam, war Bob Dylan mit Joan Baez auf Tournee. Sie waren seit Juli 1963 gegenseitig auf ihren jeweiligen Tourneen als *special guests* erschienen, und jetzt machten sie tatsächlich eine gemeinsame Tour, die auch entsprechend angekündigt wurde. Erstaunlicherweise sind bisher keine Tapes davon aufgetaucht. Es gibt ein paar unvollständige Mitschnitte von Solo-Konzerten von Dylan im April (in Santa Monica, Kalifornien und Sheffield, England) und Mai (in der Royal Albert Hall in London), auf denen er gut, aber uninspiriert spielt. Das Programm scheint dasselbe zu sein wie in der Philharmonic Hall an Halloween (plus *It's All Over Now, Baby Blue*; *She Belongs To Me* und *Love Minus Zero*), aber die Intensität, die Leichtigkeit und die Spielfreude, die jenes Konzert so wunderbar machten, fehlen hier.

Im Frühjahr 1965 war Dylan soweit, daß es ihn unendlich langweilte, ein Folkstar zu sein, der in ausverkauften Sälen vor einem ehrfürchtigen Publikum alleine sang und Gitarre und Mundharmonika spielte. Seine neue Platte verkaufte sich gut, und die Pop/Rock-Version von *Mr. Tambourine Man*, die im April von einer neuen Gruppe namens The Byrds herausgebracht worden war und auf dem Weg zur Nummer eins in den Charts war, gefiel ihm ausgezeichnet. Ende April flog er nach England und bekam seinen ersten echten Eindruck vom Leben als Popstar – Presse und Fans reagierten auf ihn, als sei er Amerikas Antwort auf die Beatles. Aber irgendwie hatte er sich selbst in die Ecke manövriert, was seine Konzerte anbelangte: Die Spontaneität war dahin, Publikum und Musik waren zu berechenbar geworden, es war alles Routine. An einer Stelle in dem Dokumentarfilm *Don't Look Back* (der während der Tournee durch England entstand) dreht sich Dylan, kurz bevor er auf die Bühne geht, zu seinem Freund Bobby Neuwirth um und sagt: »Ich habe gar keine Lust zu singen.« Natürlich hätte er das vor jedem Konzert sagen können – es sagen, und dann auf die Bühne gehen und eine tolle Vorstellung abliefern. Aber in diesem Fall legen Ton- und Filmaufnahmen nahe, daß es stimmte, daß er wirklich keine Lust zum Singen hatte. Er sang, und er machte es gut, weil es von ihm erwartet wurde und er dafür bezahlt wurde und sein Stolz auf dem Spiel stand und so weiter ... aber die Magie war dahin.

»Als die England-Tournee vorbei war«, erzählte Dylan Jules Siegel im Februar 1966, »hörte ich auf, weil es zu einfach war. Es kam nichts für mich dabei heraus. Jedes Konzert war gleich: erste Hälfte, zweite Hälfte, zwei Zugaben, dann rannte ich raus und mußte mich die ganze Nacht um mich selbst kümmern. Ich verstand das nicht: Ich bekam stürmischen Applaus, und es bedeutete mir nichts. Das erste Mal schämte ich mich nicht. Aber dann machte ich mich nur noch selbst nach, es war nur noch ein Muster.«

Die Ausschnitte aus *Don't Look Back* (meistens nur kurze Fragmente), die Dylan während der England-Tournee auf der Bühne zeigen, sind teilweise sehr stark – weil Dylan ein erstklassiger Live-Musiker ist, und weil es durchaus bewegend ist zu sehen, wie er allein auf der Bühne steht, singt und Mundharmonika spielt und seine wunderbaren Lieder nur mit der akustischen Gitarre begleitet – immer noch im Aufwind seines Sechziger-Jahre-Ruhms, noch nicht ganz 24 Jahre alt. Aber leider sind die Auftritte, die im Film festgehalten wurden, nichts Besonderes; es sind angemessene Darbietungen eines großen Künstlers, den sein eigener Erfolg zeitweise lahmgelegt hat.

Don't Look Back (1967 erschienen, heute als Videocassette im Handel) wurde von D.A.Pennebaker gedreht. Es ist ein filmisches Portrait von Dylan und der Szene, in der er sich während seiner England-Tournee Ende April bis Mitte Mai 1965 bewegte. Ein großer Teil des Films wurde hinter der Bühne, in Hotelzimmern, in Dylans Auto auf dem Weg von und zu Konzerten und auf der Straße aufgenommen. Albert Grossman, Dylans Manager, ist im Film sehr präsent, genau wie Joan Baez, die offenbar mitgekommen war, weil sie erwartete, daß sie als Gast bei Dylans Konzerten in England auftreten würde, und weil sie in ihn verliebt war. Dylan ist im Film kaum oder gar nicht anzumerken, daß er auch in sie verliebt war, und er lud sie bei keinem einzigen dieser Konzerte zu sich auf die Bühne ein (tatsächlich sollten sie erst 1975 wieder zusammen singen). Auch Bobby Neuwirth ist im Film häufig zu sehen, genau wie Alan Price, ein erstklassiger Keyboarder, der oft mit Dylan hinter der Bühne herumhängt und dauernd vor der Kamera säuft. Der Film ist für niemanden besonders schmeichelhaft, am wenigsten für Dylan, der hier wahrscheinlich mehr Zeit damit verbringt, ekelhaft zu Interviewern und anderen leicht zu treffenden Opfern zu sein als zu singen. Manchmal ist das geradezu schmerzhaft anzusehen. Es wäre schön, wenn man diese gemeine und kleinliche Seite von Dylans Persönlichkeit als eine zeitweilige Verirrung betrachten könnte, die durch seinen Ruhm, das Touren oder durch Drogen verursacht wurde. Aber leider erzählen Dutzende von Freunden und Bekannten Dylans in diversen verschiedenen Büchern und Artikeln ähnliche Geschichten über seine »truth attacks« – bissige und verletzende Ausfälle gegen enge Freunde (Phil Ochs, Victor Maimudes), Bekannte oder Fremde, die er immer vor einem Publikum von anderen Freunden oder zufällig Anwesenden machte, zum Teil schon 1960 und 1961.

Das Gute an *Don't Look Back* ist, daß Dylan darin zu einem realen Menschen wird. Der Film zeigt nicht die Person, die Dylan unserer Meinung nach ist oder sein soll, oder die Person, die den Vorstellungen des Filmemachers entspricht – was wir sehen, ist der Mensch, den der Filmemacher vorfand, als er die Kamera ausrichtete, und als er später sein Material begutachtete, bearbeitete und zu einem Film zusammenstellte. Es ist nicht notwendig, diesen Menschen zu verstehen oder sein Verhalten zu rechtfertigen, gutzuheißen oder zu verurteilen. Entscheidend ist, daß der Film die Gelegenheit bietet, Zeit mit Bob Dylan zu verbringen, ihn ein bißchen besser kennenzulernen, die Welt zu sehen, in der dieser berühmte Musiker lebt, und die unweigerlich anders ist als jede Vorstellung, die wir davon haben können. Und natürlich sehen wir trotzdem nur die Außenwelt, Dylans öffentliches und halb-öffentliches Leben. Dylan sagt ziemlich am Anfang des Films (in einem Moment, als er sich einem Reporter gegenüber ehrlich und kooperativ verhält): »In so einer Situation wie hier schreibe ich nicht. Weißt du, ich erinnere mich eh an alles, was passiert. Wenn ich mein eigenes Ding mache, wenn ich tue, was ich halt so tue, dann ist all dies gar nicht da. Ich meine, ich akzeptiere alles. Ich akzeptiere auch das hier.«

»Warum?« fragt der Reporter.

»Nun, weil es real ist, ich meine, es existiert genauso wie die Busse draußen existieren. Ich meine, ich kann nicht zulassen, daß es mich anwidert, denn wenn ich versuche, es abzuwehren, verstehst du, dann werd ich bloß noch schneller verrückt, als ich sowieso verrückt werde... Falls ich verrückt werde... Wenn und falls die Zeit für mich kommt, verrückt zu werden... [Original: »...when and if the time comes for me to... go... in... sane...« Gesprochen heißt das sowohl: to go insane (verrückt werden) als auch: to go... in... sane (zu gehen... reinzugehen... gesund reinzugehen); Anm. d. Ü.] Dylan verwandelt seine Aussage in einen Witz, eine Bühnen-Nummer, aber erst nachdem er sehr ehrlich und aus seinem tiefsten Inneren darüber gesprochen hat, wer er ist, was er fühlt und auf welche Weise er mit »seinem Erfolg«, das heißt mit seiner Realität, umgeht.

Es gibt in dem Film viele Bilder von Dylan, wie er mit der Gitarre in der Hand durch die Türe auf die Bühne tritt oder vor dem Publikum im Scheinwerferlicht steht, das seinen Schatten nach hinten über die Bühne wirft. Diese Bilder haben etwas sehr Bewegendes – vielleicht weil wir sie so lange mit Dylan (und anderen Sängern, die wir verehren) in Verbindung gebracht haben, vielleicht auch, weil etwas wirklich Geheimnisvolles in dem Spiel von Licht und Schatten, von Klang und Stille um den Vortragenden herum liegt, in dem Bild dieses einzelnen Menschen, auf den sich tausendfache Aufmerksamkeit richtet... Tausende in dieser Halle an diesem Abend und weitere Millionen, die im Laufe der Jahre den Film anschauen werden, und alle richten ihre Aufmerksamkeit allein auf diesen einen Mann und auf die Klänge aus seinem Mund, seiner Mundharmonika und seiner Gitarre.

Musikalisch herausragend ist für mich der Moment in *Don't Look Back*, als Dylan in seinem Hotelzimmer mehrere Strophen von *Lost Highway* singt, einem Song von Hank Williams. Auch die Szene, in der er in einer Garderobe Klavier spielt, mag ich sehr. In beiden Fällen scheint er mit etwas verbunden zu sein, das größer ist als er selbst – die musikalische Kraft, die er in *Lay Down Your Weary Tune* und *Mr. Tambourine Man* besingt. Er macht Musik, weil er es gerne tut, nicht weil es das ist, was man von ihm erwartet. Als er nach zwei Strophen von *Lost Highway* die Gitarre weglegen will, hält Bobby Neuwirth ihn zurück: »Nein, nein, nein! Es gibt noch eine Strophe!« Es ist ein ekstatischer Augenblick, man sieht es in Neuwirths Gesicht, und er will nicht, daß dieser Moment früher als nötig endet.

Das letzte Konzert der England-Tournee fand am 10. Mai statt. Am 12. Mai begaben sich Dylan und Tom Wilson zusammen mit John Mayall, Eric Clapton, Hughie Flint und John McVie in ein Aufnahmestudio in London, wo sie vielleicht eine neue Platte aufnehmen oder damit anfangen wollten; offensichtlich wurde nicht viel daraus. Sara Lowndes kam aus den Vereinigten Staaten nach England, und sie und Dylan fuhren zusammen mit den Grossmans nach Portugal, um dort Urlaub zu machen. Dylan wurde krank, konnte aber noch seine letzte Verpflichtung in England erfüllen: Er nahm am 1. Juni zwei halbstündige Fernsehauftritte für die BBC auf.

Von den zwölf akustischen Stücken gibt es noch einen Ton-, aber keinen Filmmitschnitt. Abgesehen von *One Too Many Mornings*, das Dylan mit Esprit und Leidenschaft singt, spielt er die Lieder ziemlich routinemäßig und uninspiriert herunter. Er muß sich zu diesem Zeitpunkt wirklich gefühlt haben, als sei er »tausend Meilen entfernt« (»a thousand miles behind«).

Rückblickend waren die Fernsehaufnahmen für die BBC der letzte Auftritt von Bob Dylan, Folkstar. Als er in die Staaten zurückkam, war *Mr. Tambourine Man* in der Version der Byrds ganz oben in den Charts. Dylan reinigte sich innerlich sofort von allem, was er in England hatte durchmachen müssen, indem er sechs Seiten »erbrecherischer« Prosa schrieb. Er hatte genug von seiner Liedermacher-Identität. Er verarbeitete seine Prosa zu einem Song, trommelte ein paar neue Musiker zusammen, ging am 15. Juni 1965 ins Studio A von Columbia Records in New York City und nahm *Like A Rolling Stone* auf.

Rockstar

Juni 1965 – Juli 1966

»Man braucht ein Menge Medizin, um dieses Tempo aufrechtzuerhalten.«

Bob Dylan, März 1966

Like A Rolling Stone

Like A Rolling Stone ist eine völlig neue Art von Musik. Es passiert häufig, daß die Triumphe eines Künstlers als Reaktion auf Scheitern und Frustration erfolgen. Erschöpfung und Unzufriedenheit bereiten den Boden für einen künstlerischen Durchbruch. Aber da man einen wahren Durchbruch nur erzielen kann, wenn man auf der Höhe seiner Kraft ist, bemerken Außenstehende dieses Gefühl der Unzufriedenheit mit der eigenen Arbeit vielleicht gar nicht. Gerade die Begeisterung des Publikums für ein Werk, das dem Künstler, der es geschaffen hat, selbst nichts mehr bedeutet, kann für ihn ja die größte Irritation und zugleich den größten Ansporn darstellen.

All die Elemente, die *Like A Rolling Stone* ausmachen, zeichnen sich in *Don't Look Back* schon ab. Dylans enorme Anspannung und Unzufriedenheit mit sich selbst und der daraus entstehende rachsüchtige Zorn sind in jenen Szenen am offensichtlichsten, in denen Dylan seine Möchtegern-Interviewer auf die Anklagebank setzt. Vielleicht sehen wir im Film sogar, wie die Idee zu Titel und Refrain von *Like A Rolling Stone* entstand – als nämlich Neuwirth Dylan auffordert, noch eine Strophe von Hank Williams' *Lost Highway* zu singen, und zwar die, die mit den Worten »I'm a rolling stone« beginnt. Dylan singt:

I'm a rolling stone, I'm alone and lost
For a life of sin I've paid the cost
Take my advice, you'll curse the day
You started going down that lost highway.

Ich bin ein rollender Stein, ich bin allein und verloren
Habe den Preis für ein sündiges Leben bezahlt
Hör auf meinen Rat, du wirst den Tag verfluchen,
An dem du anfingst, den verlorenen Highway langzugehen.

Am deutlichsten aber kündigt sich *Like A Rolling Stone* an, als Dylan irgendwo in England an einem Klavier hinter der Bühne sitzt und voller Energie darauf improvisiert. Sein Produzent ist in der Nähe und hört zu, aber man kann sehen und hören, daß Dylan nur für sich selbst spielt, daß er an etwas arbeitet, das er schon länger im Kopf hat: es ist der Klang der Musik, die er zu dieser Zeit in seinem Inneren hört. Es ist verblüffend, wie sehr sich diese Musik von dem unterscheidet, was er später auf der Bühne spielen wird. Da draußen muß er sich hinstellen und seine Akkorde auf der Gitarre anschlagen, aber innerlich hört er diese tiefe, gemessene, fast klassische Musik – kein Folk- oder Rock'n'Roll-Rhythmus, sondern etwas anderes, eine Feier der versteckten Beziehungen zwischen den Tönen des Klaviers, die durch die Magie der Akkorde und die geheimnisvolle, vielschichtige Kraft fließender Musik miteinander verknüpft werden.

In den aufsteigenden Akkorden, die Dylan ganz am Anfang dieses Backstage-Solos spielt, kann man das grundlegende musikalische Muster hören, das die Basis der Refrainmelodie und die wiederkehrende harmonische Figur in *Like A Rolling Stone* darstellen wird. Dylan zufolge stammt es aus Richie Valens' *La Bamba*, aber ich höre das nur als einen von einer ganzen Reihe von Einflüssen. Der Film hat hier das Wunder künstlerischen Schaffens eingefangen: Ein großes Werk taucht langsam aus dem Unterbewußtsein des Künstlers auf und beginnt in der materiellen Welt Gestalt anzunehmen – man bekommt richtig Gänsehaut beim Zusehen.

Irgend etwas passierte in der kurzen Zeitspanne zwischen dem Ende der England-Tournee und dem Schreiben und Einspielen von *Like A Rolling Stone* (das letzte Konzert fand am 10. Mai statt, aber Dylan spielte am 1. Juni noch einmal für die Fernsehaufnahmen der BBC). Wir wissen, daß er das Lied »nach England« schrieb, vielleicht während eines dreitägigen Besuchs in Woodstock zusammen mit Sara, wie er in dem

Text zu *Biograph* berichtet; die Aufnahmesession fand am 15. Juni statt. Dylan erzählte mindestens vier verschiedenen Interviewern zwischen Ende 1965 und Anfang 1966 dieselbe Geschichte:

Ich schrieb es, nachdem ich aufgehört hatte. Ich hatte wirklich aufgehört, zu singen und zu spielen, und dann schrieb ich diesen Song, diese Geschichte, dieses lange Auskotzen, ungefähr zwanzig Seiten lang. Da nahm ich *Like A Rolling Stone* heraus. Ich hatte vorher noch nie so etwas geschrieben, und mir wurde plötzlich klar: das war es, was ich tun sollte.

(Zu Martin Bronstein, Februar 1966)

Alles ist jetzt anders als zuvor. Letztes Frühjahr wollte ich aufhören zu singen. Ich war völlig ausgelaugt. Ich spielte einen Haufen Lieder, die ich nicht spielen wollte. Ich sang Texte, die ich eigentlich nicht singen wollte. Aber *Like A Rolling Stone* änderte das alles. Das war endlich etwas, was mir selbst Spaß machte. Es ist sehr ermüdend, wenn dir andere Leute dauernd erzählen, wie toll sie dich finden, wenn du dich selbst nicht toll findest.

(Zu Nat Hentoff, Herbst 1965)

Früher wußte ich immer, was ich sagen wollte, bevor ich ein Lied schrieb. Aber jetzt schreibe ich ein Lied und *weiß*, daß es okay sein wird – ich weiß nicht genau, worum es geht, aber ich kenne die verschiedenen Schichten von dem Thema, um das es geht. *Rolling Stone* ist der beste Song, den ich je geschrieben habe (...) Ich habe *Rolling Stone* nach England geschrieben. Ich habe es zusammengestrichen, aber es ist alles drin. Nach England mußte ich aufhören. Ich mußte aufhören, und ich wußte, daß ich das Stück mit einer Band spielen mußte. Ich singe immer, wenn ich schreibe, sogar bei Prosa, und so habe ich es gehört.

(Von Ralph Gleason zitiert, Dezember 1965)

Jules Siegel erzählte er das Gleiche. Nach England hörte er auf. Er hörte auf. Was für ein Rätsel! Wie kann einer aufhören, dann den wichtigsten Song seiner Laufbahn schreiben und dann ins Studio gehen und ihn aufnehmen, alles innerhalb von zwei Wochen? Ein Zyniker würde sagen: »Er hat wohl für zwei Minuten aufgehört«, ohne sich darüber klar zu sein, daß Aufhören in dem Sinne, wie Dylan es meinte, nichts ist, was man eine bestimmte Zeit lang tut. Es geschieht in einem Moment – und wenn es echt ist, dann ist es absolut und permanent. Man geht nie zurück. Wer Dylans Aussage wörtlich nimmt, könnte sie so verstehen, daß er aufhören wollte, allein aufzutreten und akustische Musik zu machen, und statt dessen ab jetzt mit Band spielen wollte. Aber auch das trifft es nicht. Was passierte, war eine Nummer größer: Dylan hörte auf zu singen und zu spielen, gab seine Karriere auf, seine Arbeit, ließ alles los. Er änderte nichts an dem, was er tat, sondern er hörte auf, es zu tun. Für immer. Er hatte das Ende seines Weges erreicht.

Daß es wirklich so war, zeigt sich paradoxerweise gerade in dem Aktivitätsschub, der direkt folgte. Es ereignete sich etwas, das Dylan selbst als Durchbruch bezeichnet hat – er schrieb und spielte plötzlich (auf der Session am 15. Juni) auf eine völlig neue Art und Weise. Was immer ihn zurückgehalten hatte, war verschwunden, und er bewegte sich plötzlich in riesigen Sprüngen vorwärts. Er hatte (wie Jesus nach seinem Gang in die Wüste) einen Wendepunkt erreicht und überschritten – wie ich glaube, einen bedeutsameren, als es der Motorradunfall vierzehn Monate später war, auch wenn dieser in Dylans Biographie ein sehr viel sichtbareres und dramatischeres Ereignis ist. Die Behauptung, daß dieser Wendepunkt etwas mit dem Übergang von der Folkmusik zum Rock'n'Roll zu tun hatte, ist eine ärgerliche (oder amüsante) Banalisierung. Wer eine solche Sichtweise vertritt – wie es in den populären Medien oft geschieht –, beachtet nur die äußere Form eines künstlerischen Werks und spielt die Bedeutung des spirituellen und kreativen Wachstums herunter, aus dem das Werk seinen Charakter, seine Energie, sein Leben bezieht.

Wie sich Dylans künstlerischer Durchbruch anbahnte, kann man nur erahnen. Man sieht in *Don't Look Back*, daß er müde war und oft in einer Weise defensiv reagierte, wie es Leute tun, die sich festgefahren oder gefangen fühlen. Wir wissen, daß er Ende Mai ziemlich krank war, und das kann durchaus ein Impuls für Veränderung gewesen sein – oder aber der Ausdruck einer inneren Veränderung, die schon stattzufinden begann. Wir wissen, daß Sara um diese Zeit zu ihm nach Europa kam und auch bei ihm war, als er nach New York und Woodstock zurückfuhr. Ich kann mir gut vorstellen, daß dies der Punkt in Dylans Leben war, den er später in *Shelter From The Storm* beschrieb:

I was burned out from exhaustion, buried in the hail,
Poisoned in the bushes and blown out on the trail
Hunted like a crocodile, ravaged in the corn...

Not a word was spoke between us, there was little risk involved
Everything up to that point had been left unresolved...

Suddenly I turned around and she was standing there...

Ich war vor Erschöpfung ausgebrannt, unterm Hagel begraben,
In den Büschen vergiftet worden und auf den Weg hinausgeblasen
Wie ein Krokodil gejagt, auf dem Feld fertiggemacht...

Kein Wort fiel zwischen uns, wir gingen kein Risiko ein
Bis zu diesem Punkt war alles offen geblieben...

Plötzlich drehte ich mich um, und sie stand da...

Dylans Kommentaren in den verschiedenen schon erwähnten Interviews läßt sich entnehmen, daß er nach New York zurückkehrte, in seinem Innersten spürte, daß er genug davon hatte, zu singen und spielen und »Bob Dylan« zu sein, sich überlegte, daß Prosaschreiben vielleicht der richtige Weg für ihn sein könnte, und daraufhin ein kathartisches Manuskript heruntertippte. (Er benutzt in einem halben Dutzend Interviews das Wort »vomit«, erbrechen, um den Text zu beschreiben, und macht verschiedene Angaben bezüglich seiner Länge; Shelton gegenüber erklärt er schließlich: »Es schien wie zwanzig Seiten, aber es waren tatsächlich sechs.«) Und dann begann das Manuskript ganz unerwartet für ihn zu singen, wurde zu einem Lied, obwohl er das überhaupt nicht beabsichtigt hatte, eine ganz neue Art von Lied:

Es hatte keinen Titel, war nur so ein rhythmisches Ding auf Papier über meinen ständigen Haß, auf einen Punkt gerichtet, der ehrlich war. Es war dann doch kein Haß, sondern ich erzählte jemandem etwas, was er nicht wußte, nämlich wie gut es ihm ging. Rache, das ist ein besseres Wort.

Ich hatte es nie als Song betrachtet, bis ich eines Tages am Klavier saß und es auf dem Papier sang: »How does it feel?« – im Zeitlupentempo, es folgte im absoluten Zeitlupentempo irgend etwas anderem hinterher.

Es war, wie in Lava zu schwimmen. Man sieht sein Opfer vor sich, wie es in Lava schwimmt. An den Armen an einer Birke aufgehängt... Man sieht jemanden in dem Schmerz, dem er irgendwann nicht mehr aus dem Weg gehen kann...

Ich schrieb es. Es ging nicht daneben. Es stimmte.

(Zu Jules Siegel, Februar 1966)

Wir wissen nicht viel über die Entwicklung von Dylans Beziehung zu der Frau, die seine Ehefrau und Mutter seiner Kinder wurde. Die wenigen bekannten biographischen Details und das, was Dylan selbst in seinen Liedern sagt, lassen mich vermuten, daß die Zeit um Ende Mai, Anfang Juni 1965 den Wendepunkt in ihrer Beziehung markiert, den Moment, wo die Freundschaft (»wir gingen kein Risiko ein«) zu Seelenverwandtschaft wurde. Und auf geheimnisvolle Weise feiert

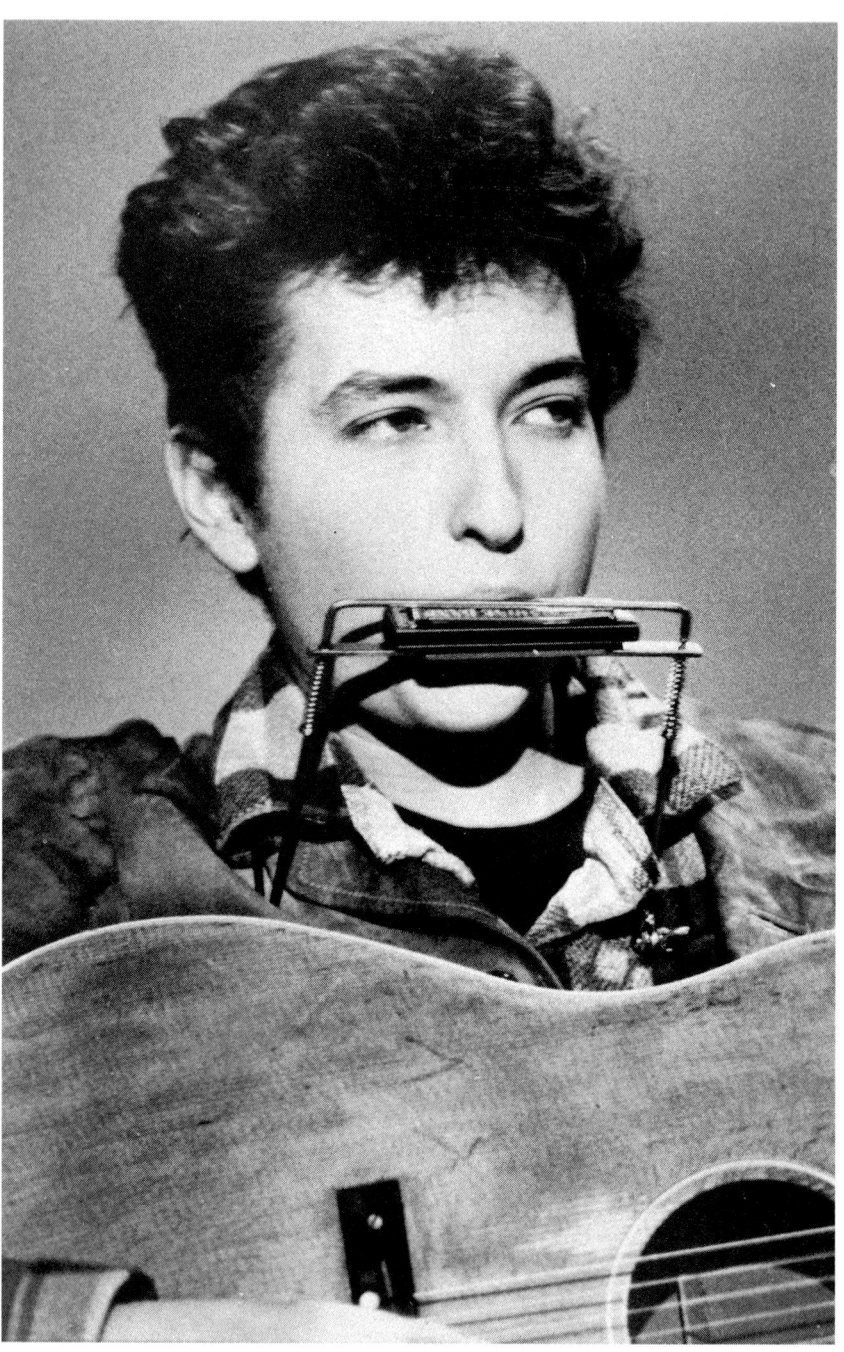

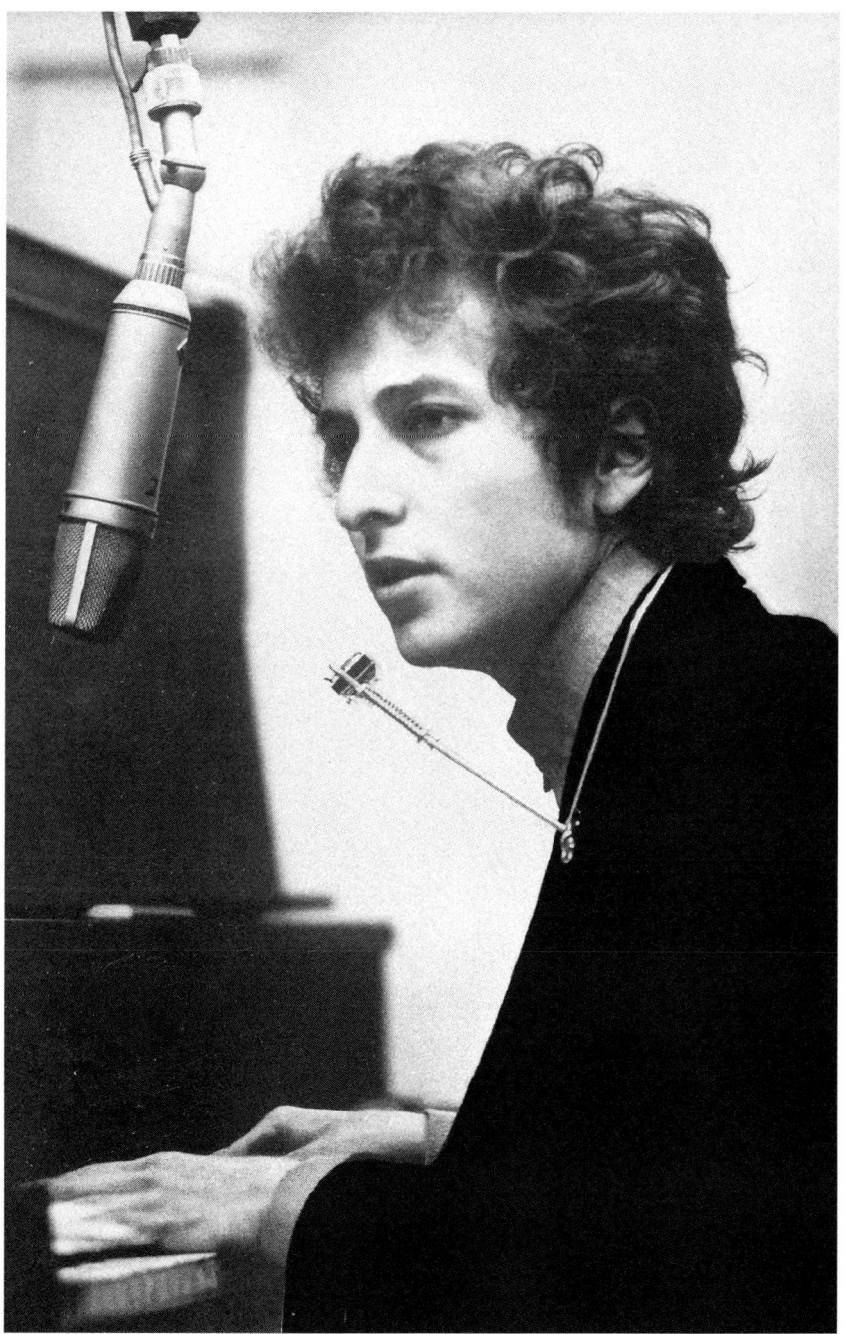

10

15

Dylan in *Like A Rolling Stone* die beiden neuen Beziehungen in seinem Leben: die zu Sara, und die zu sich selbst, seiner Kunst, seiner Musik.

Das englische Wort *serendipity* bezeichnet (laut *Webster's College Dictionary*) die »offensichtliche Befähigung, zufällig glückliche Entdeckungen zu machen«. Dylan erhebt diese Befähigung in seinen Aufnahmesessions zu einer hohen Kunst. Er tut anscheinend alles Denkbare, um sicherzugehen, daß seine Musiker und Produzenten nicht auf normale Vorgehensweisen zurückgreifen können – es soll das Unerwartete sein, das Spontane, der glückliche Zufall, oder aber gar nichts. Oft wirkt das so, als wolle er stur und um jeden Preis anders sein, aber in Kombination mit seiner Ausstrahlung und Persönlichkeit, mit seiner Fähigkeit, musikalische Spannung entstehen zu lassen, und seinem entspannten Vertrauen darauf, daß seine Musiker – wer immer sie auch sein mögen –, mithalten und etwas zum Programm beitragen können, scheint Dylans Methode manchmal durchaus zu funktionieren. Und wenn sie funktioniert, dann funktioniert sie unglaublich gut. Die Aufnahmesession, in der *Like A Rolling Stone* entstand, ist – genau wie die Sessions für *Bringing It All Back Home* fünf Monate zuvor – ein Beispiel dafür, wie durch das uneingeschränkte Vertrauen auf *serendipity*, auf den Glücksgriff, Musik entstehen kann, die jeden der beteiligten Musiker schlichtweg genial erscheinen läßt.

Der junge weiße Blues-Gitarren-Zauberer Michael Bloomfield aus Chicago gründete seinen Ruhm zum großen Teil auf diese Session. Er hatte bis dahin noch nie bei einer professionellen Aufnahmesession mitgespielt. Dylan hatte ihn Jahre zuvor kennengelernt, hörte dann, was für ein erstklassiger Gitarrist er inzwischen geworden war, und lud ihn ein.

Aber der wahre Amateur und eine von Dylans ganz besonderen glücklichen Entdeckungen war Al Kooper. (Es waren auch erfahrene Profis bei der Aufnahmesession dabei: Paul

Griffin am Klavier und Bobby Gregg am Schlagzeug – sie hatten beide auch auf *Bringing It All Back Home* mitgespielt – sowie Harvey Brooks am Baß.) Kooper war nicht einmal für die Session engagiert worden, der Produzent Tom Wilson kannte ihn flüchtig und hatte ihn eingeladen, vorbeizukommen und zuzuschauen. Kooper erzählt die Geschichte in seinem Buch *Backstage Passes*: Er war mit der Vorstellung zur der Session gekommen, daß er vielleicht auf der Gitarre einsteigen würde, ließ diesen Gedanken aber sofort fallen, als er Bloomfield hörte. Sein Ehrgeiz erwachte jedoch wieder, als »beschlossen wurde, daß der Orgelteil sich eigentlich besser fürs Klavier eignete... Blitzschnell machte ich mich an Tom Wilson ran und erzählte ihm, ich wüßte einen tollen Orgelteil für den Song.« Wilson wies darauf hin, daß Kooper gar nicht Orgel spielen könne, aber dieser schlüpfte trotzdem hinein, als Wilson nicht hinsah, und versuchte so gut es ging, etwas Passendes zu spielen.

Wenn der andere Typ das verdammte Ding nicht angelassen hätte, dann hätte meine Karriere als Organist an Ort und Stelle geendet. Ich schaffte es gerade so (...) mich durch die Harmonien zu tasten, wie ein kleines Kind im Dunkeln, das den Lichtschalter sucht. Nach sechs Minuten hatten sie die erste vollständige Aufnahme des Tages im Kasten, und alle gingen in die Kabine hinüber, um sie sich anzuhören. Eine halbe Minute nach Beginn der zweiten Strophe gab Dylan Wilson ein Zeichen. »Dreh die Orgel lauter«, verlangte er. »Hey Mann«, sagte Tom, »dieser Kerl ist kein Organist.« Aber Dylan ließ sich nicht beirren. »Hey, jetzt erzähl mir nicht, wer ein Organist ist und wer nicht. Dreh einfach die Orgel lauter.« (...)
Als wir das Stück zu Ende angehört hatten, applaudierten alle in der Kabine dem künftigen Klassiker *Like A Rolling Stone*, und Dylan nahm diese Würdigung zur Kenntnis, indem er sich umdrehte und ins Studio wanderte, um den nächsten Song anzugehen.

Was macht dieses Lied zum Klassiker? Das ist eine schwierige Frage. Ich würde sagen, es ist der Gesang und alles, was direkt damit verbunden ist: der Gesamtklang, der Text (besonders der unwiderstehliche Refrain) und die musikalische Struktur des Liedes – die Art und Weise, wie es sich steigert und steigert, wie sich mit »How does it feel?« die Spannung etwas löst, um dann gleich wieder anzusteigen, bis schließlich mit dem durchdringenden und ausgesprochen befriedigenden Mundharmonikasolo am Ende der krönende Abschluß erreicht wird. Aber der Gesang steht eindeutig im Mittelpunkt. Die Wirkung des Textes – sowohl der Strophen als auch des Refrains – beruht vor allem auf Dylans Diktion beim Singen. Schlagzeug, Orgel, Klavier, Gitarre, Baß klingen alle großartig und passen ausgezeichnet zusammen, aber sie existieren nur in Verbindung mit dem Klang von Dylans Stimme, nehmen erst so Bedeutung an (sowohl einzeln als auch im Ganzen). Was dem Song sein Leben gibt, ist die Überzeugung, mit der der Sänger sagt, was er zu sagen hat.

Was sagt er? Nun, er sagt, wie er sich fühlt. Vor allem sagt er in jedem einzelnen Augenblick: »Ich bin.« »Once upon a time...« (Früher einmal...) Das Lied bedarf keiner Interpretation, denn es spricht ganz direkt zu jedem, der es anhört – aber genau darum bietet es sich zum Interpretieren geradezu an. Die beste Interpretation, die ich bisher gelesen habe, ist in der Frühlingsnummer 1986 des *Telegraph* (einem Magazin für Dylan-Fans) unter der Überschrift »Weary Hugh Tonight« erschienen, unterzeichnet von einem Hugh Dunnet. Hugh erzählt von einer Erkenntnis oder Vision, die er beim Einschlafen hatte: Dylan wendet sich in *Like A Rolling Stone* nicht an eine Frau, sondern er singt für und über sich selbst, seine verschiedenen Ichs. Er drückt einerseits seine Verachtung für die ausgehöhlte Persönlichkeit aus, zu der er geworden ist, und feiert andererseits seine eigene Wiedergeburt: »Sein Geburtsschrei ist die dämonische Ur-Stimme, mit der er die aufwallenden Refrains dieses Songs herausschreit (...) jeder einzelne Refrain ist eine scharfe, schmähende Verhöhnung, die bis auf die Knochen provozieren soll. Aber der Text (so wie Dylan ihn singt) und die Musik klingen unverkennbar freudig, enthusiastisch. [Dieser Dylan] jubelt, triumphiert, er ist frei und allein, ekstatisch, weil er ist, was er einmal war: ein vollkommen Unbekannter – unbekannt, weil unkennbar.« Hugh zufolge sind die anderen Figuren in dem Lied – der *mystery tramp*, der Diplomat, Napoleon in Lumpen – alle auch Dylan, so daß das Lied seine Beziehung zu seinen anderen, früheren oder inneren Ichs beschreibt... Die Erklärung ist verwirrender als das Lied selbst, aber sie gefällt mir, sie klingt einleuchtend.

Dylan war unterdessen schon wieder mit Neuem beschäftigt. Er probierte am nächsten Tag, dem 16. Juni, noch drei oder vier andere Songs aus, nahm sich dann sechs Wochen frei, kam Ende Juli ins Studio zurück, und Anfang August war seine neue Platte *Highway 61 Revisited* fertig.

Newport 1965 und *Highway 61 Revisited*

Like A Rolling Stone kam am 20. Juli 1965 in zwei Versionen als Single heraus, einmal in voller Länge (sechs Minuten) und einmal halbiert, damit es besser im Radio gespielt werden konnte. Es wurde sofort ein Hit und war Ende August bis auf Platz 2 der US-Charts gestiegen. Durch den Erfolg dieser Platte, dem *Mr. Tambourine Man* in der Version der Byrds sowie einer Reihe anderer Hit-Singles mit Liedern vorausgegangen waren, die entweder von Dylan stammten (*It Ain't Me Babe* von den Turtles, *All I Really Want To Do* von Cher) oder irgendwie nach Dylan klangen (*Eve Of Destruction* von Barry McGuire) etablierte sich Dylan als Popstar ersten Ranges. Er war ganz oben, neben den Beatles und den Rolling

Stones. Für den Jungen, der einst mit Little Richard hatte zusammenspielen wollen und der beinahe mit Bobby Vee durch die Lande gezogen wäre, war ein Traum in Erfüllung gegangen. Dylan hatte auf dem musikalischen Gebiet seiner Wahl triumphiert, und zwar nach seinen eigenen Bedingungen.

»You'll find out when you reach the top, you're on the bottom« (Wenn du ganz oben angelangt bist, wirst du merken, daß du ganz unten bist), sollte er später einmal schreiben. Schon lange war er berühmt und stand im Mittelpunkt der Aufmerksamkeit. Aber jetzt wurde der Einsatz noch einmal erhöht. Außer Folkstar war er nun auch ein Rockstar (allerdings wurde ihm erstere Würde bald entzogen, denn die Folkgemeinde erkennt die doppelte Staatsbürgerschaft nicht an). Mehr noch als die Beatles war Dylan zum öffentlichen Symbol für den Generationskonflikt und die kulturellen und politischen Umwälzungen geworden, die in Europa und den USA stattfanden. Er wurde als Leitfigur betrachtet, und in mehrfacher Hinsicht erfüllte er diese Rolle auch. Er war vierundzwanzig Jahre alt. Der Druck war enorm.

Am 25. Juli 1965 trat Dylan zum ersten Mal öffentlich mit Band auf. Es war das Sonntagabend-Konzert auf dem Newport Folk Festival, seinem alten Paradeplatz. Michael Bloomfield war auch in Newport, zusammen mit der Paul Butterfield Blues Band, einer Gruppe von jungen schwarzen und weißen Musikern aus Chicago. Sie spielten rotzigen Chicago-Blues, den sie hier einem ganz neuen Publikum präsentierten. (Sie traten damals an drei Abenden im Club 47 in Cambridge auf, und ich habe jede Minute davon miterlebt; es war, als wäre ich gestorben und im Himmel gelandet.) Dylan engagierte also Bloomfield, Jerome Arnold und Sam Lay von der Butterfield Blues Band (Leadgitarre, Baß und Schlagzeug) sowie Al Kooper und Barry Goldberg (Orgel und Klavier), die ihn bei seinem ersten elektrisch verstärkten Auftritt begleiten sollten. Sie probten am Samstagabend bis spät in die

Nacht, und am Sonntagabend standen sie dann in Newport auf der Bühne und powerten *Maggie's Farm*, *Like A Rolling Stone* und *It Takes A Lot To Laugh* heraus. Danach verließen sie die Bühne. Dylan wurde aufgefordert, noch einmal herauszukommen und ein paar Solo-Nummern zu spielen. Er war einverstanden und sang *It's All Over Now, Baby Blue* und *Mr. Tambourine Man*. Das ganze Set existiert auf Band, und in dem Dokumentarfilm *Festival* kann man Dylan auch Teile von *Maggie's Farm* und *Mr. Tambourine Man* spielen sehen.

Dieser Auftritt (den Shelton nicht zu Unrecht mit der turbulenten Premiere von Strawinskys *Le Sacre Du Printemps* vergleicht) ist deswegen so berühmt, weil das Publikum buhte. Ich bin mir gar nicht sicher, ob es tatsächlich so sehr buhte (auf dem Band hört man nur Applaus), und einer Theorie zufolge bestand das wahre Problem darin, daß der Sound sehr schlecht war und man Dylans Stimme nicht hören konnte. Aber das spielt keine Rolle. Mythen haben ein Eigenleben, und auf lange Sicht spiegeln sie menschliche Geschichte treffender wider als Fakten. Sobald die Idee erst einmal aufgetaucht war, daß Dylan von seinem Folk-Publikum ausgepfiffen wurde, weil er elektrisch verstärkt spielte, wurde sie gleich von mehreren Seiten aufgegriffen: von Musikhistorikern, von Journalisten (die ja Konflikte lieben) und auch von jenen Zuhörern aus Dylans Publikum, die sich durch seine fortwährende Entwicklung bedroht fühlten. Viele von ihnen waren ernsthaft davon überzeugt, daß Rock'n'Roll mit Kommerz und dem Ausverkauf ans Establishment gleichzusetzen war. Sie kamen zu Dylans nächstem Konzert in Forest Hills am 28. August und buhten den gesamten elektrisch verstärkten Teil des Konzerts aus. Buhrufe wie Kritik setzten sich fort, ließen in den Vereinigten Staaten dann zwar langsam nach, lebten aber umso heftiger wieder auf, als Dylan im Frühjahr 1966 in England auf Tournee ging. Für Dylan entpuppte sich das als ein wahrer Segen – Newport hatte ihm einen Schock versetzt, aber schon in Forest Hills hatte er das Buhen richtig schätzen gelernt, wahrscheinlich weil es den Auftritten etwas Rauhes gab, sie realer machte. Es vermittelte ihm das Gefühl, daß er für etwas geradestand, an das er glaubte, daß er wieder eine politische Figur war und nicht mehr eine vertraute, knuddelige Bob-Dylan-Protestpuppe.

Maggie's Farm ist Dylans erstes Stück auf dem Festival in Newport – das erste elektrisch verstärkte Stück, das er überhaupt vor Publikum spielte, der Antrittssong seiner neuen Karriere. Dylan singt sehr gut, doch Mike Bloomfields brillante und aggressive Leadgitarre sticht den Gesang noch aus. Der Song rockt wirklich. Das Live-Debut von *Like A Rolling Stone* ist ungeschliffen, aber wirkungsvoll; die Band erzielt einen dichten Gruppensound, dessen auffälligstes Element Koopers Orgelspiel ist. Auch *Phantom Engineer* (der ursprüngliche Titel von *It Takes A Lot To Laugh*) hat einen enormen Drive; Kooper und Bloomfield vergeben sich hier nichts und jammen, daß einem die Ohren klingeln. Für die Kids, die innerlich bereit dafür waren, war das erstklassiger Blues-Rock, der durch Dylans Texte und seinen eindringlichen Gesang noch um eine zusätzliche Dimension ergänzt wurde. Für die Nicht-Initiierten war es nicht nur elektrisch verstärkte Musik auf einer »Folk«-Bühne, sondern wahrscheinlich das lauteste, durchdringendste, chaotischste Getöse, das sie je im Namen der Unterhaltung über sich ergehen lassen mußten.

Ich glaube nicht, daß Dylan absichtlich provozierte (ausnahmsweise). Er folgte seiner Muse, seinem Ohr, bewegte sich aus einer Form, die ihm nicht mehr entsprach, in eine Welt voller neuer Möglichkeiten hinein. Er erwartete wahrscheinlich, daß sein Publikum, das Publikum in Newport (die beiden waren seit seinem Triumph 1963 für ihn identisch), ihm begeistert folgen würde; vielleicht stellte er sich sogar vor,

235

daß man ihn fragen würde: »Warum hast du so lange gebraucht?«

»I ain't gonna work on Maggie's farm no more« ist eine Unabhängigkeitserklärung, doch sie klingt hier nicht feindselig – der Text scheint sich nicht gegen irgendeinen der Anwesenden zu richten. Und auch *It's All Over Now, Baby Blue* wirkt weder wie ein trauriges Lebewohl noch wie ein ärgerliches »Sieh doch zu, wo du bleibst!«. Angeregt durch die Rocksongs spielt Dylan auch die akustischen Nummern mit Herz und Seele. *It's All Over Now, Baby Blue* ist sehr schön; *Mr. Tambourine Man* ist hübsch, aber etwas glatt, das inspirierte Harmonika-Solo am Schluß rettet es gerade noch.

Was immer dieser Auftritt auch für Publikum und Medien bedeutete, für den Musiker bedeutete er – wie üblich – etwas anderes. Wenn ich mir ansehe, wie Dylan weitermachte, dann bin ich mir sicher, daß er ausgesprochen gerne mit Band spielte. Anstatt mit weniger selbstbewußten Musikern zusammenzuspielen, wollte er lieber als Musiker wachsen, wollte seine Stimme weiterentwickeln und seine Bühnenpräsenz ausbauen, um so jegliche Musik integrieren und dominieren zu können, die irgendein Begleitmusiker spielen mochte, und sei sie noch so wild. (Offenbar hätte er Bloomfield mit auf Tournee genommen, wenn dieser abkömmlich gewesen wäre.) Er fand einen anderen hervorragenden Gitarristen, Robbie Robertson, und eine Band, die jeder anderen Band 1965-66 (und auch sonst jederzeit) zeigen konnte, was Sache war, aber er ließ sich nur noch sehr selten, wenn überhaupt, von einem Begleitmusiker die Show stehlen.

Vier Tage nach Newport rächte sich Dylan an den »Folkies«, die ihn abgelehnt hatten (und die ihn seit der Veröffentlichung von *Another Side Of Bob Dylan* ein Jahr zuvor attakkierten und verächtlich machten), indem er als Folge-Single zu *Like A Rolling Stone* das Lied *Positively Fourth Street* aufnahm. Es ist eine Art vernichtender Rundumschlag, »die große

Abrechnung« (»the perfect squelch«), aber es spricht auch ziemlich direkt Dylans Kritiker in der Folk-Community an (Dylan wohnte in seiner Folk-Zeit in der West 4th Street in Greenwich Village). Vor allem richtet sich das Lied gegen Irwin Silber, den Herausgeber von *Sing Out!*, der in der November-ausgabe 1964 von *Sing Out!* einen Text mit dem Titel »Ein offener Brief an Bob Dylan« geschrieben hatte: »Lieber Bob ... ich schreibe dir jetzt diesen Brief, weil einiges von dem, was geschehen ist, mir Sorgen macht. Und nicht nur mir. Vielen anderen guten Freunden von dir ebenfalls...« Und so weiter. Dylan hat im Laufe der Jahre endlose öffentliche Er-mahnungen von »Freunden« und Fremden über sich erge-hen lassen müssen, die ihm erklärten, was er tun und lassen solle; dieser Song ist seine Dauer- und Vielzweck-Antwort – besonders an diejenigen, die glauben, *Maggie's Farm* und *It Ain't Me Babe* gelte nicht ihnen. Auf dem Video von der Pressekonferenz im Dezember 1965 sagt jemand zu Dylan, er sei in vielen seiner Lieder – *Like A Rolling Stone*, *Positively Fourth Street* – sehr hart zu anderen Leuten und fragt: »Sind Sie so hart, weil Sie sie quälen wollen, oder weil Sie ihr Le-ben verändern und ihnen dabei helfen wollen, sich selbst bes-ser kennenzulernen?« Dylan verzieht sein Gesicht zu einem sehr ernsten und dämonischen Grinsen und sagt: »Ich will sie *reizen*.«

Mit *Positively Fourth Street* hat Dylan auch insofern sei-nen Spaß, als er das Radio nutzt, um seinen eigenen »Offe-nen Brief« zu senden, und damit alle Regeln der Hit-Radio-sender bricht. *Like A Rolling Stone* hatte mit sechs Minuten eine für eine Single völlig unübliche Länge, und diesem Song ließ Dylan nun einen Top-Ten-Hit folgen, der keinen Refrain hatte (keine erkennbare wiederholte Zeile) und dessen Titel im Lied selbst nie erwähnt wurde. Wie kann man von Ra-diohörern erwarten, daß sie sich so ein Lied merken oder es sich gar wünschen sollen? Aber sie taten es.

Dylan macht sich auch darüber lustig, daß er für seine inhaltsschweren, vielschichtigen und poetischen Texte bekannt ist: *Positively Fourth Street* ist in gnadenlos einfacher Sprache geschrieben. Weit davon entfernt, hinter Popmusik und Rock'n'Roll kommerzielle Interessen zu vermuten, an die man seine Seele verkaufen müsse, betrachtete Dylan diese neue Musik vielmehr als eine riesige Spielwiese, auf der man kreativ arbeiten, kommunizieren und einfach anders sein konnte (eine durchaus zutreffende Sichtweise: 1965 war Popmusik noch etwas Ungewöhnliches).

Außer *Positively Fourth Street* gingen aus der Aufnahmesession am 29. Juli (mit denselben Musikern wie auf *Like A Rolling Stone*, aber einem neuen Produzenten, Bob Johnston) noch zwei Stücke für *Highway 61 Revisited* hervor: *Tombstone Blues* und *It Takes A Lot To Laugh, It Takes A Train To Cry*. Es war ein großartiger Studiotag. Hatte Dylan am 15. Juni eine neue Art von Musik erfunden, so konsolidierte er diese Errungenschaft am 29. Juli.

Es war ein ganz eigener Sound, der sich da entwickelte. Bruce Springsteen: »Was mir [an Dylans Platten 1965/66] vor allem gefiel, war der *Sound*... Bevor man darauf achtete, was in dem Song selbst passierte, hörte man den Refrain und den Sound der Band – er hatte einen unglaublichen Sound, und auf den fuhr ich einfach voll ab.« In dem *Playboy*-Interview mit Ron Rosenbaum 1978 (in dem Dylan von dem »dünnen, wilden, quecksilbrigen Klang« auf seinen Platten von 1965/66 gesprochen hatte) äußert er sich auch über die Beziehung zwischen dem Klang seiner Musik und ihrem Inhalt:

D: Die Musik sickert in der Morgendämmerung zu mir durch.
RR: Im »Jingle-Jangle-Morning«?
D: Genau.
RR: Nach einer durchgemachten Nacht?

D: Manchmal. Man ist etwas benebelt, wenn man die ganze Nacht aufgeblieben ist, und dann hat man nicht mehr die Kraft, die Musik zu formen.

Aber das ist der Klang, den ich versuche rüberzubringen. Ich stehe nicht nur da oben und wärme alte Blues-Melodien wieder auf oder versuche irgendeine surrealistische Rhapsodie zu erfinden.

RR: Dir kommt es auf den Sound an.

D: Ja, auf den Sound und den Text. Der Text stört nicht. Er – er – strukturiert den Sound. Weißt du, er gibt ihm einen Sinn. [Pause] Und alle Ideen zu meinen Liedern, alle Einflüsse kommen daher.

Der kreative Künstler ist wie ein Entdecker, der in ein unbekanntes Gebiet vorstößt und mehr zurückbringt als das, wonach er bewußt gesucht hat. Für einen Maler ist dieses Gebiet visuell; er erforscht es, indem er mit dem Pinsel die Leinwand berührt und Farbe oder eine Linie darauf hinterläßt, und indem dann Formen, Eindrücke und Gefühle – bewußte wie unbewußte – aus diesen Linien und Farben entstehen. Für Dylan als Musiker/Songschreiber/Interpret ist dieses Gebiet auditiv, er erforscht es mit der Stimme, der Gitarre, dem Klavier und der Schreibmaschine – ein Reich des Klangs, das auch Worte umfaßt. Hier arbeitet er, hier macht er seine Entdeckungen. Es sind nicht zwei getrennte Gebiete, eines für Worte und ihre Bedeutung und eines für musikalische Klänge und Beziehungen. Es ist ein einziger Ort, wo ein einziger Vorgang stattfindet.

In *Tombstone Blues* (und *Desolation Row* und *Just Like Tom Thumb's Blues*) besteht dieser Vorgang darin, daß ein bestimmtes Ambiente, ein Milieu, ein Ort heraufbeschworen wird. Ein Gefühl. Ich wollte eigentlich auch *Ballad Of A Thin Man* auflisten, aber da wird eine Situation beschrieben. Der Unterschied besteht darin, daß sich dieses Lied auf einen einzigen Protagonisten konzentriert, nämlich das »du«, das immer wieder angesprochen wird. *Ballad Of A Thin Man* vermittelt auch viel Ambiente, jede Menge freakige Atmosphäre, aber die Situation dominiert. *Tombstone Blues* handelt nicht durchgängig von einem Protagonisten oder einer Situation, also sieht man hier vor allem ein bestimmtes Ambiente vor sich. Auch *Desolation Row* beschreibt hauptsächlich ein Ambiente, aber es ist zielgerichteter: die Bilder steigern sich, werden vom Gesang und den Instrumenten vorwärtsgetrieben. Das Lied macht eine klare Aussage: Dieses Milieu ist wichtig, muß beachtet werden – es *gibt* eine Realität in diesem Leben, die vielleicht nicht gerade heiter ist, die aber, hat man sie erst einmal entdeckt, alles andere als Pose entlarvt. *Desolation Row* ist eine Hymne; es verkündet die Existenz eines bestimmten Orts, eines bestimmten Zustands und schreibt diese für immer fest. *Tombstone Blues* ist eher zugekifftes Herumgeblödel: Schau nur, wie seltsam es hier manchmal ist. *Just Like Tom Thumb's Blues* ist eine Kombination von Ambiente und Situation: Man sieht jede Menge Bilder vor sich, doch münden sie nicht in ein einzelnes Bild, das zeigt, wovon das Lied eigentlich »handelt«. (Es ist auch keine Klarheit beabsichtigt: Das Lied ist eine eine geniale Heraufbeschwörung von vernebeltem Bewußtsein.) Drei Strophen sind in der zweiten Person gehalten, zwei in der ersten Person (einschließlich der letzten Strophe, was der autobiographischen Seite nochmal ein spezielles Gewicht gibt), und eine ist in der dritten Person erzählt, so wie der größte Teil von *Desolation Row* – jede Menge Verwirrung darüber, wer singt, *für* wen und *über* wen gesungen wird. *It Takes A Lot To Laugh* dagegen ist ausschließlich in der ersten Person erzählt, ein reines Stimmungsstück mit wunderbaren Ansichten, deren Inhalt rein emotional ist: »leanin' on the window sill« (lehne am Fensterbrett), »sun… going down over the sea« (die Sonne… geht über dem Meer unter), »windows are filled with frost« (die Fenster sind reifbedeckt) – die Bilder werden zu Gefäßen, in die Melodie und Stimme bis zum Überlaufen hineinfließen; Gesang sickert in alle Risse im Herzen des Zuhörers und wieder aus ihnen heraus.

Allen Ginsberg, der Dylan 1965 gut kannte, wurde 1985 in einem Interview gefragt: »Dylan wollte sich nicht auf bestimmte Sachen festnageln lassen, nicht wahr? Zum Beispiel wer Mr. Jones war, oder wo man die Desolation Row finden konnte?« Ginsberg antwortete: »Ich glaube nicht, daß es etwas festzunageln gab. Es reizte ihn, Strophen zu improvisieren, und manchmal sang er aus dem Stegreif direkt ins Mikrophon, ohne zu wissen, was als nächstes Wort kommen würde... Manchmal hörte er sich auch hinterher an, was er gesagt hatte, schrieb es auf und verbesserte es noch ein bißchen. Es hatte nicht unbedingt eine Bedeutung, jedenfalls nicht in dem Sinn, daß er von vornherein eine bestimmte Aussage beabsichtigte. Es sagte allerdings immer etwas über den Zustand oder die Richtung seiner Gedanken oder seiner Stimmung im jeweiligen Moment aus, über das, was ihn beschäftigte, und die Art und Weise, wie er über Dinge nachdachte... Es war eine Zusammensetzung aus all dem, was ihm durch den Kopf ging.«

Der Vietnamkrieg war eines der Themen, die ihm durch den Kopf gingen, als er *Tombstone Blues* schrieb und sang – »... fattens the slave/Then sends them out to the jungle« (... mästet die Sklaven/Und schickt sie dann in den Dschungel) –, aber es ließe sich schwerlich behaupten, daß der Song vom Krieg *handelt*. Auch der Einfluß von Liedern wie *Wandering* aus der Zeit der Großen Depression läßt sich erkennen: »Daddy is an engineer/Brother drives a hack/Sister takes in washing/And the baby balls the jack« (Papa ist Ingenieur/Bruder fährt Taxi/Schwester wäscht/Und das Baby setzt alles auf eine Karte), aber würde man deswegen sagen, es handle sich um ein Lied über die »Neue Depression«? Unsinn. Dreimal mehr oder weniger unabhängig voneinander nimmt Dylan auf das Buch der Richter 15 und 16 Bezug (die Kapitel in der

Bibel, die von Samson und den Philistern handeln), aber können wir daraus irgendeine besondere Absicht ableiten? Nicht unbedingt. Vielleicht ging er von dem Wort »Philister« aus (das einem in jenen Tagen leicht in den Kopf kommen konnte, wenn man an Lyndon Johnson dachte) und gelangte durch freies Assoziieren zu der kleinen Szene zwischen Galileo und Delilah. Diese wiederum mag Dylan dann auf die Idee gebracht haben, Brother Bill mit seiner masochistischen Sehnsucht danach, ein Märtyrer zu sein, in der Rolle des Samson in DeMilles Monumentalfilm zu beschreiben (vielleicht hatte Dylan den Film einmal gesehen und erinnerte sich an den Namen Galileo, den er vor langer Zeit mal in der Schule gehört hatte – mehr braucht es nicht dazu, aber was für ein Wunder, wie das alles zusammenpaßt!)

Dieselbe Strophe beginnt mit dem Ausdruck »the geometry of innocent flesh on the bone« (die Geometrie unschuldigen Fleisches auf dem Knochen). Ist das nicht exquisit? Was mag es wohl bedeuten? Nun, eigentlich wissen wir es: Es geht um das sinnliche Begehren von Teenagern. Aber wie vermittelt das Lied das? Das ist das große Rätsel. Das Mathebuch, Delilahs widersprüchliche Reaktion (sie fühlt sich wertlos, sie lacht ihm ins Gesicht), das Wort »unschuldig« – all das wäre nie so gut geworden, wenn jemand es sich vorher ausgedacht hätte. (Andererseits habe ich die Strophe über die Sonne, die »nicht gelb, sondern feige« ist – »the sun's not yellow, it's chicken« – nie besonders gut leiden können.)

Ein anderes Wort für das, was Dylan in diesen Liedern durch Wort und Klang heraufbeschwört, ist »Landschaft«. Er wurde zum Poeta Laureatus der sechziger Jahre, weil seine Musik so treffend und überzeugend die subjektive Landschaft dieser Zeit widerspiegelte: das, was die Menschen in der Welt, in der sie lebten, sahen und fühlten. »Fühlten« ist hier das Schlüsselwort, denn »die Zeit« ist kein objektives Phänomen. Sie nimmt im Rückblick bestimmte typische Merkmale an, aber es wäre ein Fehler zu denken, irgendeine bestimmte Konstellation von Bildern oder Gefühlen könne tatsächlich erfassen und vermitteln, was damals vor sich ging. Was Dylans Werk diese spezielle Aura der Aktualität (und zugleich der Zeitlosigkeit) gab, ist wohl seine Bereitschaft und seine Fähigkeit, so viele verschiedene Aspekte seiner und unserer Erfahrung in seine Kunst zu integrieren (was bedeutete, daß er unweigerlich auch die gespürten Zusammenhänge zwischen, sagen wir, Geilheit, Aufmüpfigkeit, Neugier, Erschöpfung, Schrottplätzen und einem riskanten Leben erforschte). Dylans Musik blieb nie (jedenfalls nicht lange) in irgendeiner bestimmten Ausrichtung stecken. Eben durch diese Eigenschaft, nämlich in Bewegung zu sein und zu bleiben, spiegelte sie das Bewußtsein jener Zeit wider. Dylan spricht eigentlich nie von der Erfahrung irgend eines anderen Menschen als sich selbst (welcher Künstler täte das schon?), aber das ist auch nicht notwendig. Wie die Beatles war auch Dylan eine Leitfigur für sein Publikum und für andere Musiker, aber diese Führungsposition wurzelte in seiner Bereitschaft zu folgen. Es war etwas im Gange, und er wußte nicht, was es war, aber es machte ihm Spaß, der Sache nachzugehen und zu schauen, was als nächstes passieren würde.

It Takes A Lot To Laugh, It Takes A Train to Cry ist ein gutes Beispiel dafür, wie Dylans Lieder sich mit jedem Mal Spielen verwandeln und eine neue Gestalt annehmen. Es gibt einen Outtake von diesem Lied (vielleicht von der Session am 29. Juli, vielleicht aber auch vom 16. Juni), der vom Sound und der Energie her völlig anders ist als die Plattenversion, sich aber nur geringfügig von der Interpretation auf dem Newport Folk Festival am 25. Juli unterscheidet. Beide sind vom musikalischen Feeling her rauher, schneller, treibender als die Plattenversion – ähnlich wie *From A Buick 6* auf der Platte. Es ist fast so, als hätte sich *Phantom Engineer* (der ursprüngliche Titel des Liedes) zweigeteilt, und eine Hälfte wäre zu

It Takes A Lot To Laugh, die andere zu *From A Buick 6* geworden. Vier Zeilen im Text haben sich zwischen den frühen Varianten und der Version auf der Platte verändert: Der Abschnitt »wintertime is coming« (der Winter kommt) lautete ursprünglich:

Well, I just been to the baggage car
Where the engineer's been tossed
I stamped out forty compasses
Sure don't know what they cost.

Also, ich war gerade im Gepäckwagen
Wo sie den Ingenieur reingeworfen haben
Ich hab vierzig Kompasse zertrampelt
Keine Ahnung, was die gekostet haben.

Das ist freie Assoziation, *jive talk* von der Art, wie er in *From A Buick 6* auftaucht (»I need a steam shovel, mama, to keep away the dead« [Ich brauch einen Löffelbagger, Alte, um die Toten fernzuhalten] – völlig abgedreht, aber zugegebenermaßen ein starkes Bild). Vom sprachlichen Standpunkt aus gesehen paßt dieser Text in die spätere Version nicht hinein; allerdings sage ich das, ohne hören zu können, wie Dylan ihn in der Stimmung und im Kontext der späteren Aufnahme gesungen hätte. Ich betone noch einmal, daß der Text ja erst in dem Moment eine Bedeutung annimmt, wo wir ihn gesungen hören (und wo Dylan sich selbst seinen Text singen hört). »I can't help it/If your train gets lost« (Ich kann auch nichts dran ändern/Wenn dein Zug vom Weg abkommt) lauten die letzten beiden Zeilen der späteren Version, und so können wir das Bild vom Ingenieur, der in den Gepäckwagen geworfen wurde, als die (interessante, etwas umständliche) Darstellung einer Frau betrachten, die die Kontrolle über sich selbst und ihr Gefährt aufgegeben, weggeworfen hat. Dylan reagiert, indem er Kompasse für sie zertritt (Hilfsmittel zur Orientierung) und protestiert, daß er nicht ihr Boß sein will. In der späteren Version wird dieses Bild sozusagen übermalt – vielleicht entstanden die geheimnisvolleren und auch schöneren, aussagekräftigeren Bilder, die in der »fertigen« Version nebeneinanderstehen, tatsächlich in einem ähnlichen Vorgang. »Reifbedeckte Fenster« – sehr schön anzusehen, aber durchsehen kann man nicht. »Don't say I didn't warn you...« (Sag nicht, ich hätte dich nicht gewarnt...)

Jede Version dieses Songs ist verschieden, jede ist es wert, gehört, erlebt zu werden, jede ist ein Kunstwerk für sich. Und dadurch wird deutlich, daß diese Platte – jede Platte – nicht aus Liedern besteht, sondern aus *performances*, aus Interpretationen, die im Moment entstehen. Jede Interpretation hat ihre eigene Stimmung – einen bestimmten Tonfall, den man in Dylans Gesang, im Textfluß, im Sound der Band hört. Im Plattentext zu *Highway 61 Revisited* schreibt Dylan: »Die Lieder auf dieser Platte hier sind eher Übungen in tonaler Atemführung als Lieder.« Das ist ein Witz, aber einer von der Sorte, die lustig sind, weil sie wahr sind. Die Band und Dylan (Dylan der Songwriter, Dylan der Sänger, Dylan der Bandleader) verschmelzen zu einem Wesen, und dieses Wesen demonstriert neun völlig verschiedene Varianten des Atmens auf den neun Titeln dieser Platte, wobei jede Variante ein unterschiedliches Bild heraufbeschwört, Ausdruck einer unterschiedlichen Stimmung, Haltung, Szene, Situation, einer anderen Atmosphäre ist. Dieselben Worte und dieselbe Musik werden in einem anderen Moment (selbst in einer zweiten Aufnahme fünf Minuten nach der ersten) vielleicht anders geatmet und ergeben einen anderen Song. Wenn man so frei und ehrlich ist wie Dylan bei diesen Sessions, dann ist es schwierig, zweimal auf die gleiche Art zu atmen. Das einzige, was man tun kann, ist, die neuen Gefühle herauszulassen.

Ballad Of A Thin Man beginnt mit einem bluesigen Klavier-Orgel-Riff, das einen sofort in seinen Bann schlägt. Es schafft eine Stimmung, der man sich kaum entziehen kann. Dylan spielt auf dieser Aufnahme Klavier – Rhythmusklavier: Er spielt die sich wiederholende Phrase, die Akkorde, so wie er auch fast immer Rhythmusgitarre und nicht Leadgitarre spielt. (Wenn er mit einem Instrument einen musikalischen Kommentar abgeben will, dann benutzt er dazu die Mundharmonika.) In der ersten Strophe kann man ihn lachen hören, als er singt: »You try so hard« (du strengst dich so an) – dasselbe Lachen, das man oft von ihm hört, wenn er den Text eines Liedes vergessen oder durcheinandergebracht hat. In diesem Fall lacht er, glaube ich, weil er sich auf dem Klavier verspielt hat. Es ist bemerkenswert, wie durch Dylans Art, seine Musik zu spielen und zu singen und aufzunehmen, in dem Lied tatsächlich Raum für sein Lachen entsteht – er hört nicht auf und fängt noch einmal von vorne an oder entscheidet sich, diese Aufnahme nicht für die Platte zu verwenden, wie das die meisten anderen Musiker (und Produzenten) im Studio tun würden; sein Sinn für Ästhetik erlaubt es ihm, dieses Lachen stehen zu lassen, es zu einem Teil der Interpretation zu machen. Wenn man sich diesen kurzen Moment der Belustigung genau anhört, bemerkt man, daß das Lachen Teil des Atemflusses beim Singen ist.

Es ist eine ganz besondere Eigenschaft von Dylans Gesang, daß so viel Emotion, so viel von dem, was er im Moment des Spielens fühlt, in seinem Atem mitschwingt (und, falls das einen Unterschied macht, in der Art, wie er bestimmte Worte ausspricht – ich würde sagen, den Ansatz hört man am deutlichsten bei den Konsonanten, den Atem bei den Vokalen und zwischen den Wörtern). Mindestens zwei Faktoren spielen hier ein Rolle: zum einen Dylans Fähigkeit, sich auf diese Weise mitzuteilen, in seinem Gesang derartig präsent zu sein; zum anderen seine Bereitschaft, das auch zuzulassen. Viele Live-Interpreten gehen ganz diszipliniert vor: Sie entscheiden (wenn sie ein Lied schreiben oder arrangieren oder wenn sie die Spielweise gefunden haben, die ihnen passend erscheint), wie das Lied klingen soll, und betrachten dann ihr »Interpreten-Ich« (Stimme, Atem, Finger) als ein Instrument, das die jeweilige Interpretation korrekt und nach Plan auszuführen hat. Dylan hingegen vertraut den Eingebungen und Impulsen seines »Interpreten-Ich« mehr als seinen vorgefaßten Ideen, und daraus ergibt sich ein ungeheuer breites Spektrum an Ausdrucksmöglichkeiten.

Ich glaube, daß Dylans Spielweise damit zusammenhängt, daß es ihm eine innere Notwendigkeit ist, sich auszudrükken, etwas herauszulassen: »I might go insane if it couldn't be sprung« (ich würde wohl verrückt, wenn ich ihn nicht lösen könnte) – er reagiert auf einen inneren Druck. Das Lachen bei »You try so hard« ist da, weil das, was beim Klavierspielen passierte, ihn innerlich zum Lachen brachte und er es herauslassen *mußte*. Sein Geistes- und Gefühlszustand beim Musikmachen läßt nicht zu, daß er etwas, das er fühlt, bewußt zurückhält; es ist Teil seiner Veranlagung, daß er alles ausdrücken, ausatmen muß. So erklärt sich auch, wie es ihm gelingt, so viel zu geben.

Ich möchte damit nicht sagen, daß die Gefühle und die Aussage in Dylans Musik hauptsächlich unbewußt oder zufällig zum Ausdruck kommen. Zum Teil ist das der Fall, aber in erster Linie ist seine Ausdruckskraft ein Resultat von Interaktion und Projektion. Mit Projektion meine ich, daß die in einem Lied geschilderte Situation für ihn real ist, während er singt – nicht in dem Sinne, daß er jedesmal wütend auf seine Freundin ist, wenn er *Like A Rolling Stone* singt, sondern er versetzt sich in sich selbst oder irgendeinen anderen Menschen, der gerade auf diese Frau (oder sonst jemanden) wütend ist. Wenn er *Ballad Of A Thin Man* singt, dann sieht er diesen dünnen Mann vor sich, verhöhnt ihn (und fühlt auch ein kleines bißchen mit ihm mit); er sieht, wie sich die Ereignisse zutragen, von denen er singt, und richtet seinen Gesang an den Mann, während das geschieht – eine Art erzählender Soundtrack zu einem Film über das Opfer. Er versetzt sich in das Gespräch mit Mr. Jones hinein, und wenn er sich an dem entsprechenden Abend zufällig gerade über einen Journalisten ärgert (wie 1986, als ich ihn in Austin sah), dann erhöht das nur die Intensität und bringt ihn noch mehr in Fahrt. Aber es gelingt ihm auch ohne weiteres, sich voller Hingabe in jedwede Situation in seinen Liedern hineinzuversetzen, ohne daß ihm die jeweiligen Gefühle sonderlich bewußt wären, bevor er zu singen anfängt. Er trägt sie wie in einem Reservoir immer in sich (und der Zuhörer glücklicherweise auch). Natürlich werden an verschiedenen Abenden ganz verschiedene Lieder besonders lebendig, weil sie (beim Sänger oder beim Zuhörer) einen Teil des Selbst anrühren, der gerade besonders empfänglich ist. Auf jeden Fall wird es durch diese Art von Projektion möglich, gezielt spontan zu sein: Der Sänger versetzt sich in das Lied, die Situation, die Geschichte hinein und nimmt das als Ausgangsbasis für seine Interpretation; er singt den Text und spielt die Akkorde, die auf dem Papier stehen – wobei Dylan auch diese oft genug variiert –, aber er tut das in einer dem jeweiligen Moment verhafteten und damit einzigartigen Weise.

Interaktion findet in Dylans Liedern als Teil der Projektion statt, denn es gibt immer ein »du« oder »sie« oder »ich«, für oder über das er singt. Er fühlt diese Person beim Singen und steht in Beziehung zu ihr. Aber eine solche wechselseitige Beziehung besteht auch zum Publikum und – was in Dylans Fall noch wichtiger ist – zu den Mitmusikern. Man muß sich nur mal anhören, wie der Orgelteil in *Ballad Of A Thin Man* den Gesang kommentiert und auf ihn reagiert, und sich dann vorstellen, wie das umgekehrt wieder auf den Sänger einwirkt und ihn anregt.

Dies ist die direkte Interaktion; genauso wichtig ist aber auch das ständige Bewußtsein, daß die anderen Instrumente

248

und Musiker da sind – als Dylan lacht, gesteht er den anderen Musikern gegenüber ein, daß er gerade etwas getan hat, das auf ihre gemeinsame Musik in diesem Moment einwirkt, er entschuldigt sich, macht einen Witz daraus und sagt: »Weiter im Programm.« Er kommuniziert. Das wird besonders deutlich, wenn man ihn auf der Bühne beobachtet, live oder im Film. Er ist sich der anderen Musiker bewußt – er hört sie und spürt sie, weiß, daß sie da sind und mit ihm auf das eine gemeinsame Ziel hinarbeiten, eben das zu sagen, was gerade gesagt wird –, und das beeinflußt sein Spielen, er reagiert in jedem einzelnen Moment auf alles, was sie tun. Er respektiert sie, er liebt sie, sie frustrieren ihn, er neckt und provoziert sie, und das alles geht in seine Musik ein. Es ist offenkundig, daß er nicht nur deshalb mit einer Band spielt, weil ihm der Sound gefällt, sondern auch, weil die Musik für ihn viel lebendiger wird, wenn sie im Austausch mit anderen Musikern entsteht. In gewissem Sinne ist es, als ob er den Sound, die ganze Musik, die man auf der Aufnahme von *Ballad Of A Thin Man* hört, alleine machen würde – er ist der Bandleader, und er braucht all diese verschiedenen Teile seiner selbst, muß ein Schlagzeug sein, ein Baß, eine Orgel, gelegentlich auch eine Leadgitarre, um das auszudrücken, was er fühlt. Die Aussage liegt eindeutig in Text und Sound zusammen; Dylans Gesang steht im Mittelpunkt der Musik und wird von Moment zu Moment durch all die Klänge, Personen und Energien geformt, mit denen er in diesem gemeinsamen Akt interagiert.

Die Platte *Highway 61 Revisited* ist das Produkt einer Reihe von Aufnahmesessions, bei denen Dylan in Höchstform Musik macht: auf dem Gipfel seiner Kreativität und Intensität und im fruchtbaren Austausch mit seinen Mitmusikern, die er zu ähnlichen Höhenflügen veranlaßt. In welche Richtung er sich auch bewegt, es passiert etwas Neues und Bemerkenswertes. *Queen Jane Approximately* wird allgemein unterschätzt, es ist bescheiden in seiner musikalischen und lyrischen Intention, aber brillant im Ergebnis. Die Schlichtheit des Liedes ist bezaubernd: Die Strophen sind alle Vierzeiler nach dem Schema ABAB (wobei die letzte Zeile als Refrain noch einmal wiederholt wird), die mit »when« beginnen und mit »... come see me, Queen Jane« (komm doch bei mir vorbei, Queen Jane) aufhören. Die B-Zeilen enden also alle mit einem Reim auf die Silbe »ain«, und die A-Zeilen sind durch zweisilbige Reimpaare verbunden, von denen eins schöner ist als das andere: »invitations/creations«, »lent you/resent you«, »commissioned/repetition«, »plastic/drastic«, und »cheek to/speak to«. Diese hübschen Reimpaare machen Dylan dem Zuhörer sympathisch; außerdem feiern sie die englische Sprache – vielleicht wird man Dylan tatsächlich eines Tages neben James Joyce (und wem noch? Yeats? Faulkner?) als einen der großen Förderer der englischen Sprache im zwanzigsten Jahrhundert in Erinnerung behalten.

Worin die besondere musikalische Qualität von *Queen Jane Approximately* liegt, ist schwieriger zu beschreiben – sie hat etwas mit dem täuschend einfachen Sound zu tun. Die Melodie ist nett und gefällig, aber ihr unterliegt eine rhythmische Spannung, die sich beharrlich steigert und wieder auflöst – heftig, gewaltsam, von unterdrückter Kraft erfüllt, eindrucksvoll und überraschend. Der Sound auf *Highway 61 Revisited* und *Blonde On Blonde* ist perkussiv und von den Tasteninstrumenten dominiert; es ist erstaunlich, wie verschieden Dylan Schlagzeug und Tasteninstrumente in den einzelnen Liedern einsetzt. Und doch ist eine gemeinsame Linie zu erkennen: Da ist einmal die klangliche Beziehung zwischen Dylans Stimme und den Perkussionsinstrumenten, zum anderen Dylans Bedürfnis und Bereitschaft, diese Beziehung unbefangen und voller Energie auszuloten, während er die anderen Musiker ermutigt, auf ihre Weise die Begleitung zu reproduzieren, die er im Kopf hört.

Der Sound des Liedes *Highway 61 Revisited* ist wieder anders, unglaublich frei und aufregend, ironisch und verspielt, und Dylan setzt dem Song noch das letzte I-Tüpfelchen auf, indem er in eine Spielzeug-Polizeisirene bläst. Das Reimschema ist AAAA BBB, wobei der B-Reim immer auf »un« endet. Die Worte »Highway 61« am Ende der Strophe halten den Text zusammen, genau wie die Worte »Desolation Row«, »tombstone blues«, »Mr. Jones« und »Queen Jane« in den anderen Liedern – zu dieser Zeit baute Dylan seine Songs gerne auf Refrains oder Pointen aus zwei Worten auf.

Just Like Tom Thumb's Blues kommt allerdings ohne Pointe oder Refrain aus, es hat nur sechs unvergeßliche Strophen nach dem AAAA-Schema, die durch eine Handvoll Akkorde und Dylans geschickte Betonung beim Singen ausgemalt und vertieft, verkürzt und verlängert werden. Schlagzeug und Klavier, die Spannung im Gesang und der Klang der Stimme sind zum Sterben schön.

Zu *Desolation Row* schließlich kann ich nur sagen, daß es mich mit Ehrfurcht erfüllt. Man stelle sich nur mal diese eine kleine Frage: Welche Zeit wird in der dritten Strophe beschrieben? »The moon is almost hidden/The stars are beginning to hide/The fortune-telling lady/Has even taken all her things inside« (Der Mond ist fast verdeckt/Die Sterne beginnen zu verschwinden/Die Wahrsagerin/Hat sogar schon all ihre Sachen hereingeholt) Ist es die Abend- oder Morgendämmerung? Mitternacht? Ende eines Zyklus? Kurz vor der großen Show? Die ganze Strophe ist eigentlich nichts anderes als die Beschreibung einer bestimmten Zeit, und wenn man sie hört, *weiß* man, spürt man genau, von was für einem Moment da die Rede ist. Und doch kann man ihn nicht in Worten oder Zahlen ausdrücken, ohne bei genauerem Hinsehen plötzlich zu merken, daß man sich widerspricht. Aber wenn man Dylan die Strophe singen hört, ist sie nicht widersprüchlich – die Beschreibung stimmt, ist präzise, evoziert etwas ganz Bestimmtes. Was? Dafür gibt es keine Worte. Außer eben: die Zeit, von der Dylan in *Desolation Row* spricht, wenn er sagt: »Der Mond ist fast verdeckt.«

Tarantula, Interviews und *She's Your Lover Now*

Die letzte Aufnahmesession zu *Highway 61 Revisited* (auf der *Tom Thumb's Blues* und *Desolation Row* eingespielt wurden) fand am 4. August 1965 statt. Die Platte wurde am 30. August 1965 veröffentlicht, zwei Tage nach Dylans erstem abendfüllenden Konzert seit England, im Forest Hills Tennis Stadium in Queens, New York City.

Die einzige Aufnahme, die von diesem Konzert bekannt ist, hat eine sehr schlechte Klangqualität (einer der spannenden Aspekte des Tape-Sammelns besteht allerdings darin, daß jederzeit ein guter Mitschnitt dieses Konzerts auftauchen, unser Leben bereichern und Abhandlungen wie diese hier über den Haufen werfen kann). Bemerkenswert ist der Aufbau des Konzerts. Es war in zwei Sets unterteilt; das erste bestand aus sieben Songs, die Dylan allein mit akustischer Gitarre und Mundharmonika vortrug, das zweite – nach einer kurzen Pause – umfaßte acht Songs, die er zusammen mit seiner ersten eigenen Live-Band spielte: Dylan an der (elektrischen) Rhythmusgitarre, Al Kooper an der Orgel, Harvey Brooks am Baß, Robbie Robertson an der Leadgitarre und Levon Helm am Schlagzeug. Außer dem Schlagzeug waren alle Instrumente elektrisch verstärkt, so daß dies also das »elektrische« Set war, das dementsprechend von vielen Leuten im Publikum ausgebuht wurde. Im Soloteil spielte Dylan hauptsächlich Lieder von der LP *Bringing It Back All Home* (die erst fünf Monate zuvor veröffentlicht worden war, aber schon wieder in fernster Vergangenheit zu liegen schien), außerdem *To Ramona* und, kühnerweise, *Desolation Row*. Der elektrische Teil umfaßte zwei Titel von *Another Side Of Bob Dylan*, einen von *Bringing It All Back Home* und fünf von der neuen Platte: *Tombstone Blues, I Don't Believe You, From A Buick 6, Just Like Tom Thumb's Blues, Maggie's Farm, It Ain't Me Babe, Ballad Of A Thin Man* und *Like A Rolling Stone*. Man könnte durchaus sagen, daß Dylan seither auf seinen Konzerten immer Variationen dieses Sets gespielt hat.

Clinton Heylin listet in seinem Buch *Stolen Moments* 33 weitere Dylan-Konzerte auf, die in den letzten vier Monaten des Jahres 1965 über die ganzen USA verteilt stattfanden, sowie einige Auftritte in Kanada. Soweit ich weiß, gibt es von keinem dieser Konzerte Mitschnitte. Nach dem zweiten Konzert (in der Hollywood Bowl in Los Angeles am 3. September) verließen Kooper und Brooks die Band, für sie stiegen Richard Manuel (Klavier), Garth Hudson (Orgel) und Rick Danko (Baß) ein. Dylan wurde nun von der vollen Besetzung der Hawks begleitet: fünf Musiker, die 1960 als Begleitband für Ronnie Hawkins angefangen hatten und jetzt seit einiger Zeit ihr eigenes Ding machten, mit dem Schlagzeuger Levon Helm als Sänger. Irgendwo unterwegs auf dem 1965er Dylan-Trip hatte Helm genug von seinem neuen Job und ging; an seiner Stelle spielte Bobby Gregg Schlagzeug, manchmal auch Sandy Konikoff und später Mickey Jones. Alle Konzerte von Dylan und der Band in den übrigen Monaten des Jahres 1965 bis zum Mai 1966 waren gleich aufgebaut: zuerst ein akustisches Set von Dylan solo, dann ein elektrisches Set von Dylan mit Band.

Seit spätestens 1963 arbeitete Dylan immer mal wieder an einem Buch, das zunächst als Roman, dann als Gedichtzyklus geplant war. Irgendwann Ende 1963 oder Anfang 1964 unterschrieb Dylan einen Vertrag für dieses Buchprojekt mit dem New Yorker Verlag Macmillan (die Arbeitstitel des Buches lauteten *Side One* bzw. *Off The Record*; allerdings erschien im Januar 1965 in der Zeitschrift *Sing Out!* ein kleines Prosa-Fragment von Dylan mit dem Zusatz »Auszug aus *Walk Down Crooked Highway*«). Im Herbst 1965 begann Dylan von seinem Buch so zu sprechen, als sei es fertig; es hatte inzwischen seinen endgültigen Titel, *Tarantula*. Wir wissen, daß das Manuskript im März 1966 gesetzt wurde und daß Dylan die Druckfahnen auf seiner Konzerttour dabei hatte, um sie zu korrigieren und zu entscheiden, ob das Buch wirklich veröffentlicht werden sollte. Er beschloß dann, es nicht veröffentlichen zu lassen (in Interviews 1968 und 1969 erklärte er: »Es war einfach kein Buch, es war nur lästig.«). Unter den Fans kursierten jedoch Kopien der Druckfahnen, und schließlich erschienen sogar Raubdrucke des Buches, die Dylan offensichtlich dazu veranlaßten, seine Meinung zu ändern und Macmillan das Buch doch in der Form veröffentlichen zu lassen, in der er es 1965 eingereicht hatte, so daß es dann im Mai 1971 offiziell erschien.

Es spricht einiges dafür, daß Dylan das Buch *Tarantula* in der Form, in der es veröffentlicht wurde, im August oder September 1965 abschloß. Der Text gibt ausgesprochen wenig her, und es ist sehr unwahrscheinlich, daß jemand, der sonst nichts von Dylan kennt, irgend etwas Lohnendes oder Bemerkenswertes darin finden wird. Es gibt einzelne clevere Zeilen und Abschnitte, aber selbst die werden dem Leser durch den pseudo-ironischen Kontext schnell verleidet, in dem jeder Satz steckenzubleiben scheint. Die sprachlichen Spielereien sind weder befreiend noch anregend, sondern durchsichtig und banal; der Sprachrhythmus macht ein paar Sätze lang Spaß, aber dann wird er schnell schwerfällig, fängt an zu stocken, schläfert ein. Das Faszinierende ist, daß Dylan in dieser Zeit ganz ähnliche Techniken einsetzte, um Meisterwerke wie *Desolation Row* oder *Gates Of Eden* zu schaffen.

Das Scheitern von *Tarantula* ist kein Rätsel: Dylan versuchte etwas zu sein, was er nicht war. Er war kein Buchautor. Aber er hatte den ausgeprägten Wunsch, ein Buch, einen Roman zu schreiben. Vielleicht hatte die Frustration, die bei seinen ersten Versuchen in diese Richtung entstanden war, dazu geführt, daß Dylans Schreiben zur Zeit von *Tarantula* (so wie wir es kennen) eine starke Verachtung für genau die Form ausdrückte, in der er arbeitete, nämlich das Bücherschreiben – so als wollte er sagen: »Das ist eine total beschissene Form, und ich werde das beweisen, indem ich sie sprenge, revolutioniere, sie aus dem Rahmen kippe.« Dies ist nicht der Geist, in dem er seine Lieder schreibt, seine Platten aufnimmt, seine Konzerte gibt. Dort ist er ein echter Revolutionär, der von innen heraus agiert, der Formen ausdehnt und sprengt, in denen er sich zuhause fühlt und die er respektiert und liebt.

Tarantula ist Wichtigtuerei, und es ist sehr interessant zu entdecken, daß Dylan, so genial er auch mit Sprache umgehen kann, nicht besonders beeindruckend ist, wenn er nur angibt. Was sein Werk kennzeichnet und seine Genialität erst freisetzt, ist seine Ehrlichkeit – das ist die Flamme, die in *Gates Of Eden* und *Desolation Row* und all seinen wichtigen Stükken brennt und die auch seine weniger bedeutenden Lieder erleuchtet. Es ist ihm wichtig, was er sagt und wie er es sagt. Er muß die Formen, in denen er sich ausdrückt, nicht anstreben, denn sie kommen ganz von selbst – er lebt in ihnen.

Um das zu illustrieren: Im Plattentext zu *Highway 61 Revisited* wendet Dylan über Dreiviertel des Textes hinweg die gleiche Technik an wie in *Tarantula*, aber was in *Tarantula* mißlingt, überzeugt in den *linernotes*, denn sie stehen in einem Kontext, der Dylan etwas bedeutet: Sie sollen eben auf einer Plattenhülle abgedruckt werden. Daraus ergibt sich, daß der Text in der Länge beschränkt ist, aber das ist nicht alles. Dylans *jive talk* ist lustig und paßt auf die Rückseite dieses Konsumartikels, und sein Gefühl für Sinn und Zweck dieses Textes läßt ihn noch weiter gehen: Er beginnt mit einem wahrhaft beziehungsreichen Bild – »On the slow train time does not interfere« (Auf dem langsamen Zug ist die Zeit kein Hindernis) – und äußert sich zum Schluß zu der Beziehung zwischen Künstler und Publikum, indem er sich direkt an den Leser/Zuhörer wendet: »the songs on this specific record...« (die Lieder hier auf dieser Platte...). Man beachte die unglaubliche Perfektion der Struktur von Dylans Sprache in diesem Teil; ebenso bemerkenswert ist, wie elegant der langsame Zug wieder auftaucht, wie gut im letzten Abschnitt die Wiederholung von »you«, »right« und »eye« wirkt und wie spannend es für die Leser ist, daß Dylan auf ihre Fähigkeit vertraut, zu verstehen und zu erfühlen, was er zum Schluß in seinem Selbstgespräch sagt, das mit den Worten beginnt: »I cannot say the word eye anymore« (Ich kann das Wort Auge nicht mehr sagen). Dylan stellt hier eine Beziehung zu seinen Lesern her. Dieser Text ist echt, hat Tiefgang, kommt von Herzen. Und daher wirkt der ganze Nonsens mit dem Cream Judge nicht verächtlich oder arrogant, sondern verspielt, freundlich – in *Tarantula* findet sich diese Art von Entspannung auf den gesamten 149 Seiten kein einziges Mal. Das Buch ist kalt, der Plattentext hingegen heiß.

Und das ist wichtig, denn es zeigt, daß es nicht nur um den Unterschied zwischen dem schreibenden und dem singenden Dylan geht. Selbst auf dem Papier ist Dylan stark – wenn er die Menschen, mit denen er kommuniziert, und die Form, in der er arbeitet, respektiert. Am einfachsten und häufigsten geschieht das für ihn beim Singen, beim Musikmachen; der entscheidende Faktor ist jedoch nicht die Form selbst, sondern wie er zu ihr steht.

1965: Dylan auf Hochtouren, Dylan nimmt jede Menge Speed; Dylan reizt seine Möglichkeiten aus, Dylan wird immer gereizter. Keine feste Adresse. Nach der Hollywood Bowl drei Wochen in Los Angeles und Toronto, dann ein paar Konzerte in Texas mit der neuen Band, am 1. Oktober die Carnegie Hall. Am nächsten Tag Newark. Atlanta, Worcester,

Providence, Burlington, Detroit, Boston, Hartford; und dann noch ein paar Aufnahmesessions, auch im Oktober. Dylan arbeitet bereits an der nächsten Platte. Interviews, wo immer er Station macht. November: Minneapolis, Buffalo, Cleveland, Toronto, Columbus, Syracuse, Chicago, D.C., weitere Aufnahmen, und dann, an einem freien Tag zwischen Konzerten in Syracuse und dem Mittleren Westen, eine biographische Notiz: Am 22. November 1965 heiraten Bob Dylan und Sara Lowndes in New York State.

Diese Periode ist ein einziges Durcheinander, alles ist verschwommen, und so ist es kein Wunder, daß es einige Verwirrung hinsichtlich der Datierung der verschiedenen erhaltenen Studioaufnahmen gibt, die nicht auf *Highway 61 Revisited* oder *Blonde On Blonde* erschienen sind. Aus der Session am 16. Juni 1965 – der letzten mit Tom Wilson als Produzent – gingen vermutlich *Jet Pilot* (ein auf *Biograph* veröffentlichtes und dort falsch datiertes Lied-Fragment) und *Sitting On A Barbed-Wire Fence* hervor, letzteres ein schneller Blues-Shuffle mit spontanem Nonsens-Text, der an einer Stelle in eine scherzhafte Tirade gegen die Frauen à la *You're No Good* umschlägt: »This woman I've got, she's killing me alive/ She's making me into an old man and, man, I'm not even 25« (Die Frau, die ich da hab, die bringt mich noch um/Sie macht einen alten Mann aus mir, und Mann, ich bin erst 25).

Der Session am 16. Juni werden gemeinhin auch die frühen Versionen von *Can You Please Crawl Out Your Window?* zugeschrieben; eine spätere Version, die als Single veröffentlicht wurde, nahm Dylan in der Nacht vom 20. Oktber 1965 mit den Hawks auf. Andere Aufnahmen, bei denen die Hawks vermutlich mitspielten (von verschiedenen Sammlern auf den 20. Oktober, den 30. November bzw. Ende Januar datiert), sind die beiden Versionen von *I Wanna Be Your Lover* (eine davon ist auf *Biograph* erschienen); ein Instrumentalstück namens *Number One*; ein Fehlstart namens *Medicine Sunday*;

She's Your Lover Now (in der Version mit Band) und die beiden frühen Versionen von *Visions Of Johanna* (damals noch unter dem Titel *Freeze Out*).

Dies sind bisher die einzigen Outtakes, die aus der Phase 1965-66 aufgetaucht sind, während der Dylan Aufnahmen mit den Hawks machte. Dylan hat erzählt, daß er im Herbst und Winter 1965-66 (vor den Nashville-Sessions) endlose Stunden im Studio verbrachte und versuchte, seine neue Platte aufzunehmen, ohne daß irgend etwas dabei herauskam – in einem Interview macht er explizit die Band dafür verantwortlich. Man darf wohl annehmen, daß das Problem mit den Hawks, wenn es denn ein solches gab, weniger mit der Musik zu tun hatte als mit ihrem freundschaftlichen Verhältnis zu Dylan; Dylan hat im Studio meistens am besten gearbeitet, wenn er mit Musikern zusammenspielte, die er nicht sehr gut kannte. Eine Ausnahme ist Robbie Robertson, in dieser Zeit Dylans engster Freund und der einzige der Hawks, der auf einigen der Nashville-Sessions zu *Blonde On Blonde* mitspielte.

Can You Please Crawl Out Your Window? verliert durch die Digitalisierung für *Biograph* viel von seinem Zauber (viele andere Stücke, möchte ich hinzufügen, haben durch diese Bearbeitung gewonnen). Es ist einer jener Songs, dessen Wirkung davon abhängt, daß der Sound genau stimmt – hier der fröhlich schmetternde, schrille Klang von Dylans Stimme, wenn sie genau im richtigen Verhältnis zur Begleitung auf der Kuhglocke steht, was nur auf der Monoversion der Fall ist (man kann es auf der Original-Single und bestimmten Bootleg-LPs hören). Mir gefällt der freundlich lustvolle Refrain. Dylan schrieb den Song vermutlich Anfang Juni, und ich betrachte die erste Strophe gerne als Selbstkarikatur: Dylan, der »Rauskotz-Künstler«, schreibt *Like A Rolling Stone* – »preoccupied with his vengeance« (in Rachegedanken vertieft) –, während gleichzeitig der verspielte, kindliche Teil von Dylan Sara dazu bringen will, sich von jenem zwanghaften Dumm-

kopf wegzuschleichen und ein bißchen mit ihm herumzu-
tollen.

Es ist möglich, daß die Band-Version von *She's Your Lover
Now* vor Dylans Soloversion am Klavier entstand, die man
verläßlich auf Mitte Januar datiert hat, aber ich halte das für
sehr unwahrscheinlich, denn die Klavier-Versionen sind meistens Demos, mit denen anderen Musikern ein neues Lied
vorgestellt werden sollte. Ich gehe hier davon aus, daß beide
Versionen im Januar 1966 entstanden sind und werde sie an
der entsprechenden Stelle besprechen.

Was bleibt, sind noch zwei frühe Alternativ-Aufnahmen
von *Visions Of Johanna*, die in einer Besprechung von Dylans
wichtigen Aufnahmen nicht unerwähnt bleiben dürfen. Im
Jazz ist es üblich, aus einer Aufnahmesession verschiedene
Takes desselben Stücks zu veröffentlichen, besonders wenn
die Session schon eine Weile zurückliegt (die CD von John
Coltranes *Giant Steps* zum Beispiel enthält von fast jedem
Titel eine zweite Version). Diese Vorgehensweise ist allgemein anerkannt, weil Jazz als eine Kunstform betrachtet wird,
die auf Improvisation beruht, also zumindest teilweise spontan entsteht. In der Rockmusik dagegen arbeiten die Musiker in einem Kontext, in dem das musikalische Endprodukt
dadurch entsteht, daß man versucht, ein Stück in der best-
möglichen (d.h. geschliffensten, kommerziellsten) Form zu
präsentieren. Studioaufnahmen werden selten in einem einzigen Durchgang gemacht, so daß oft gar keine Alternativ-
Versionen eines Stücks existieren, denn jeder Take ist ein einzelner Baustein, der entweder dem Ganzen hinzugefügt oder
aber – unvollständig – verworfen wird. Und selbst wenn es
echte Alternativ-Versionen gibt (wie z.B. die fantastischen
Aufnahmen der Beatles aus dem Jahr 1963, als sie live für BBC
spielten), zögern Künstler wie Plattengesellschaften oft, dieses Material der Öffentlichkeit zugänglich zu machen. Die
Beatles werden als Komponisten bewundert, als Konstruk-

teure perfekter Pop-Objekte, und es bestehen wohl – bewußt oder unbewußt – Bedenken, daß die Veröffentlichung unterschiedlicher, unausgefeilter und spontaner Alternativ-Versionen ihrer Lieder ihr Werk schädigen könnte, anstatt ihm zuträglich zu sein.

Mit diesem Buch möchte ich nicht zuletzt einen Beitrag dazu leisten, daß jenes Verständnis von Rockmusik legitimiert wird, das sich in den Aktivitäten und der Begeisterung der Sammler von Live-Mitschnitten und Studio-Outtakes manifestiert (egal, ob es dabei um Dylan oder die Beatles, um Grateful Dead oder R.E.M., um Jimi Hendrix oder einen anderen der vielen Künstler geht, deren Interpretationen abwechslungsreich und spannend genug sind, um das Sammeln von Mitschnitten zu rechtfertigen): daß nämlich jede einzelne musikalische Darbietung eines Künstlers grundsätzlich von Interesse ist und wir folglich unsere Aufmerksamkeit nicht nur auf die Summe der von ihm geschriebenen Lieder oder die veröffentlichten Schallplatten bzw. CDs beschränken müssen.

Ich möchte dies im Kontext von Dylans Werk illustrieren und kann mir (um den noch nicht Bekehrten Augen und Ohren zu öffnen) keinen besseren Ausgangspunkt denken als ein potentielles Mini-Doppelalbum aus zwei Singles, auf denen vier verschiedene Versionen von *Visions Of Johanna* zu hören wären: die schnelle Version von *Freeze Out* aus der frühen Session; die langsamere Fassung, die möglicherweise am selben Abend aufgenommen wurde; die »offizielle« Version von *Visions Of Johanna* auf *Blonde On Blonde*; schließlich die Live-Aufnahme aus London vom Mai 1966, die auf *Biograph* erschienen ist. Um den Genuß noch zu steigern, sollte die »offizielle« Version die heute seltene Original-Mono-Abmischung sein.

Ich kann mir gut vorstellen, daß ein treuer *Blonde On Blonde*-Fan zunächst von der Aggressivität des schnellen

(»Rock'n'Roll«-)*Freeze Out* geschockt wäre oder daß ihn das auf seltsame Art andere Arrangement und die ungewohnte Betonung der langsamen unveröffentlichten Version erst einmal kalt ließe (naja, langsamer ist sie eigentlich nicht, vielleicht ruhiger). Aber ich kann mir nicht vorstellen, daß sich irgend jemand diese beiden Aufnahmen ein paarmal hintereinander anhören kann, ohne von ihrer Intensität, ihrer Schönheit, ihrer Einzigartigkeit und Ausdruckskraft völlig fasziniert zu sein. Wem es gefällt, wie Dylan auf *Blonde On Blonde* »Ain't it just like the night?« singt, der möge ihn erst einmal in der Rock-Version »*Jewels* and binoculars« sagen hören oder sich auf das hypnotische, rhythmische Plätschern der anderen frühen Version einlassen (die darin *Sad Eyed Lady Of The Lowlands* ähnelt) und dabei bemerken, wie eigenartig Dylan Wendungen wie »up on trial« oder »taken my place« ausspricht – man wird richtig süchtig, man will mehr.

Wenn ich schon dabei bin, mir ungewöhnliche Vermarktungsstrategien für die Inhaber der Rechte an Ton- und Filmaufnahmen von Dylan auszudenken – wie wär's mit *What Do You Want Me To Say?* (Dylan-Pressekonferenz 1965) als *special feature* in den Programmkinos der ganzen Welt? (Natürlich müßte der Film, sobald er ausreichend bekannt geworden und allgemein akzeptiert wäre, als Video im Handel erhältlich sein.) Diese einstündige Pressekonferenz – sie wurde am 3. Dezember 1965 im KQED-Fernsehstudio in San Francisco abgehalten, mit dem Kritiker Ralph Gleason als Gastgeber und Produzent und einer interessanten Mischung aus Amateur- und Profi-Journalisten sowie einigen *special guests* wie Allen Ginsberg und Bill Graham als Publikum – ist einer der rührendsten Auftritte Dylans, die derzeit auf Video in Umlauf sind.

Dies ist der Dylan, den man normalerweise in seinen Liedern antrifft: schlagfertig, smart, verwundbar, ehrlich, geistreich, liebenswürdig – ein Mensch, der das Leiden und die

Schwäche des Fleisches kennt, eine rätselhafte Kombination aus Sprachlosigkeit und Ausdrucksvermögen, ein hipper Bodhisattwa mit Engelsgesicht und einem dämonischen Grinsen, der in die Geheimnisse des Universums ebenso eingeweiht ist wie in die Gehcimnisse in den Herzen seiner Zuhörer. Zum Teil läßt er die Frager brillant abblitzen, was jedoch durch seine ernsthaften Bemühungen aufgewogen wird, auf die unbeantwortbaren Fragen, die man ihm stellt, ehrlich zu antworten. Durch diesen Film kommt man nicht nur dem Menschen, der Dylan 1965 war, näher als durch *Don't Look Back* oder jede Biographie; er ist auch ein subtiles, bemerkenswertes Porträt der Zeit – man kann den Bewußtseinswandel, der damals stattfand, fast vor sich sehen.

Interviews sind, genau wie Plattentexte, eine sekundäre, zweckorientierte Ausdrucksform, die zum Musikerdasein, zum Leben eines Popstars dazugehört. In seinen besten Zeiten gelang es Dylan, sich diese vorgegebenen Formen anzueignen und sie neu zu schaffen, sie zu Kunstformen umzuwandeln. Nicht ganz mühelos – Dylans (in seinem eigenen Stil erzielter) Erfolg auf dieser Pressekonferenz ist eindeutig hart erkämpft, denn er hatte von der Presse immer wieder eins aufs Dach bekommen, egal ob er nun freundlich und kooperativ gewesen war oder abweisend und arrogant. Es ist auch nicht zu übersehen, daß er zum Teil einfach deswegen so eine herausragende Vorstellung gibt – allein sein kleines Lächeln und die Art und Weise, wie er das Kinn auf die Faust stützt, sind das Eintrittsgeld wert –, weil er an diesem Tag ausgesprochen gute Laune hat. (Seine Freunde im Studio und das Gefühl, daß das Publikum auf der anderen Seite der Fernsehkameras hip war und die Nuancen goutieren würde – man war eben in San Francisco –, trugen sicher zu seiner guten Laune bei. Er wirkt außerdem ein bißchen stoned.)

Jeder Wortwechsel ist eine eigene *performance* – oft tut Dylan sich durch seinen Witz hervor, durch seine Fantasie,

durch die Zen-Klarheit oder aber bewußte Undurchsichtig-
keit seiner Aussagen, aber manchmal ist es einfach auch die
überraschende Ehrlichkeit, mit der er eine Herausforderung
annimmt oder – genauso unerwartet – die andere Wange hin-
hält. Sarkasmus und Ironie werden nicht überstrapaziert, meistens versucht er wirklich, die Fragen zu beantworten. Wenn
die Kamera auf Ralph Gleason schwenkt, sieht man, daß der
Mann völlig hingerissen ist – und als Zuschauer kann man
das gut nachvollziehen: So liebenswert hat man Dylan selten erlebt. Ich stelle mir vor, daß eine Filmaufnahme von einem seiner frühen Komiker/Folksänger-Auftritte in einem
Kaffeehaus im Village ähnlich aussehen könnte. Dylan würde nicht halb so charmant wirken, wenn nicht so verdammt
offensichtlich wäre, daß sich die Vorgänge seiner Kontrolle
entziehen: »Ich bin eigentlich gar kein Komiker...«

Selbst wenn das Protokoll dieser Pressekonferenz, das im
Rolling Stone veröffentlicht wurde, korrekt und vollständig
wäre, was es nicht ist – es wäre nie dasselbe, wie Dylan im
Film zu hören und zu sehen. Aber es gibt andere veröffentlichte Interviews aus dieser Zeit, die auch abgedruckt erstklassige *performances* abgeben. Zwei der besten stammen allerdings aus Dylans eigener Feder (das heißt, es sind keine
Mitschriften, sondern ernst-komische Essays, literarische Texte in der Interviewform, mit der Dylan ja so vertraut war).

Eins dieser »Interviews« trägt den Titel *Positively Tie Dream*,
ein kurzer, urkomischer Text, der im Februar 1966 im Magazin *Cavalier* erschien und dort als Interview mit Maura Davis
ausgegeben wurde. Tatsächlich wurde das Gespräch aber wohl
im Frühjahr 1965 »geführt« (ausgeheckt). Das andere ist das
– ursprünglich ernsthafte – *Playboy*-Interview mit Nat Hentoff, das im Herbst 1965 geführt wurde (Teile davon kursieren auf Tape), das aber von Dylan mit Hentoffs Unterstützung in großen Teilen umgeschrieben wurde, nachdem die
Herausgeber von *Playboy* versucht hatten, ihm bestimmte

Aussagen in den Mund zu legen. Der Abschnitt, der mit der Frage anfängt: »Was brachte dich dazu, die Rock'n'Roll-Route einzuschlagen?« ist besonders berühmt – mit Recht: »Leichtsinn. Ich verlor meine große Liebe. Ich fing an zu trinken. Kaum daß ich mich's verseh, sitz ich bei einem Kartenspiel...« Diese Dylan-Comedy-Nummer sagt alles Nötige zu der in der Öffentlichkeit verbreiteten Illusion, persönliche Geschichte sei öffentliches Eigentum und der Schlüssel zu allen Geheimnissen. Sie wirft neues Licht auf die Lügenmärchen, die Dylan verschiedenen Interviewern erzählte, als er gerade nach New York gekommen war. Und sie kündigt, sprachlich und formal, seine Abhandlung über ein ähnliches Thema im Jahr 1974 an: *Tangled Up In Blue*.

Ende Dezember kehrte Dylan nach einer Reihe von Konzerten und Pressekonferenzen in Kalifornien nach New York zurück, wo er blieb, bis er Anfang Februar wieder auf Tour ging (vermutlich pendelte er zwischen Woodstock und New York City hin und her). Am 25. Januar nahm er *One Of Us Must Know (Sooner Or Later)* auf, das ein paar Wochen später als Single veröffentlicht wurde und der einzige Titel auf *Blonde On Blonde* ist, der nicht im Februar und März in Nashville eingespielt wurde. In einer Radiosendung auf WBAI in New York am Abend des 25. Januar erzählte Dylan, er habe gerade seine neue Single eingespielt, die besser als die letzten beiden sei, vergleichbar mit *Like A Rolling Stone*. Als ich ihn einen Monat später in Philadelphia sprach, war er immer noch begeistert von *One Of Us Must Know*, aber im Top 40-Radio war man anderer Ansicht. *Like A Rolling Stone* hatte Platz 2 erreicht, *Positively Fourth Street* Platz 7 (Ende Oktober), *Can You Please Crawl Out Your Window?* Platz 58 (auf der Liste im Magazin *Billboard*), aber *One Of Us Must Know* kam nicht einmal in die Top 100. War Dylan enttäuscht? Erleichtert? Verwirrt? Gleichgültig? Wahrscheinlich alles.

In der Radiosendung erwähnt Dylan, daß seine Musiker und er drei Tage im Studio verbracht hatten und nur dieser eine Song dabei herausgekommen war. Die Musiker waren die Hawks – es war das eine Lied auf *Blonde On Blonde*, bei dem sie mitspielten, obwohl nur Robbies Name aufgeführt wird. Ich halte es für wahrscheinlich, daß die Soloversion von *She's Your Lover Now* (und wahrscheinlich auch die Version mit Band) auf einer dieser Sessions aufgenommen wurde.

She's Your Lover Now ist der Song, der mich dazu brachte, auf die Suche nach Bootleg-LPs mit unveröffentlichtem Material von Dylan zu gehen. Der Auslöser war die Veröffentlichung von Dylans Textsammlung *Writings And Drawings* im Jahr 1973, in der so manches Lied abgedruckt war, das man auf keiner Platte finden konnte. Ich entdeckte *She's Your Lover Now* und entwickelte die Angewohnheit, es Freunden laut vorzulesen – ich konnte Dylans Stimme, seinen Tonfall hören, während ich den Text vorlas, obwohl ich ihn das Lied nie hatte singen hören. Als ich dann einen Katalog mit »Seltenen Schallplatten« in die Finger bekam und eine davon eine Aufnahme von *She's Your Lover Now* von Dylan enthielt, konnte ich nicht widerstehen und bestellte sie. Mir eröffnete sich eine völlig neue Welt.

Die Band-Version von *She's Your Lover Now* ist rauh und ungeschliffen, und obwohl sie, wie die frühen Versionen von *Visions Of Johanna*, sehr schön ist, kann man verstehen, daß Dylan noch nach etwas anderem suchte – was er dann in dem wahrhaft magischen, leichtfüßigen, erfrischenden und komplexen Sound von *Blonde On Blonde* fand. Dieser Sound war ein neuer, tieferer Vorstoß in das Mysterium der Musik, alles andere als eine Neuauflage von *Highway 61 Revisited*. Die Band-Version von *She's Your Lover Now* ist unvollständig – Dylan macht in der vierten Strophe einen Fehler im Text, kommt durcheinander und hört auf zu singen. (Die Zeile lautet: »Now your eyes cry wolf, while your mouth cries, ›I'm not scared of animals like you‹« [Deine Augen schreien Wolf, während dein Mund schreit: ›Ich habe keine Angst vor Tieren wie dir‹]; Dylan singt: »Now your mouth cries wolf, while... what?«) Der Liedtext in *Writings And Drawings/Lyrics* ist offensichtlich von dieser Aufnahme abgeschrieben, denn die vierte Strophe fehlt.

Im Sommer 1980 erlebten Dylan-Sammler dann eine Offenbarung: Eine Plattenpressung aus dem Aufnahmestudio mit dem Titel *Just A Little Glass Of Water No. 89210* tauchte auf (die Nummer ist eine Zählung des CBS-Aufnahmestudios, der vordere Teil vermutlich Dylan-Klamauk) und entpuppte sich als eine Version von *She's Your Lover Now* in voller Länge, von Dylan allein am Klavier gesungen und gespielt. Es ist ohnehin schon ein großartiges Lied, aber diese Soloversion ist einfach phänomenal – hier hört man Dylans Stimme in ihrer ganzen Intensität und genialischen Ausdruckskraft, nackt, erschreckend, überwältigend, immer kurz davor, die dünne Anstandsschicht zu durchbrechen, die uns Menschen davon abhält, uns gegenseitig durch die Macht unserer Gefühle oder die bittere Kraft unserer Persönlichkeiten zu überwältigen und auszulöschen. »Oh, how the pawnbroker roared« (Oh, wie der Pfandleiher brüllte), singt er, nachdem er einen Moment lang unverständliche Worte vor sich hin gegurgelt hat, um Stimme und Seele auf das Klavier einzustimmen. »And it was so good for the landlord/To see me so crazy, *wasn't it?*/They both were so glad/To see me destroy everything I had/Pain sure brings out the best in people DOESN'T IT??« (Und es tat dem Vermieter so gut/ Mich so verrückt zu sehen, *nicht wahr?*/Sie waren beide so froh zu sehen, wie ich alles zerstörte, was ich hatte/Schmerz bringt doch das Beste im Menschen hervor, NICHT WAHR??)

Das Lied beschreibt sehr lebendig einen Moment im Leben, der wohl für niemanden leicht zu ertragen ist: Kurz nachdem eine sexuell und emotional intensive Beziehung abrupt in die Brüche gegangen ist, trifft man die andere Person (in der eigenen Vorstellung oder in Wirklichkeit) mit dem neuen Partner/der neuen Partnerin. In den ersten elf Zeilen jeder Strophe spricht der Sänger seine frühere Freundin an, mal ärgerlich, mal verächtlich, mal flehend, mal traurig. Dann plötzlich, in der zwölften Zeile, wendet er sich an ihren neuen Freund, macht sich gehörig über ihn lustig, ist ihm immer um eine bittere Nasenlänge voraus und gibt diesem aufrechten Mann, dieser Null, keine Chance, überhaupt zu Wort zu kommen. Damit verbringt er die letzten sieben Zeilen jeder Strophe. Das Reimschema ist interessant: AAB CCB DEFEE/ GG HH IJI (die letzte Zeile lautet immer »She's your lover now« oder »You're her lover now«). Die dritte E-Zeile, die jeweils aus einer langen Kette von Wörtern besteht, dient als Höhepunkt des ersten Abschnitts. Das einfachere Reimschema des zweiten Abschnitts paßt zum Stimmungswechsel: von ernster, klarer Intensität zu heftigem, aber verspieltem Sarkasmus. Es sind zwei Arten von Haß: einer voller Liebe und Enttäuschung, der andere von Gleichgültigkeit geprägt – oder vielleicht von dem frustrierten Wunsch nach Gleichgültigkeit. (Was kann sie bloß an dir finden? Warum muß ich akzeptieren, daß du existiert?)

Ich habe keine Ahnung, welches Ereignis in Dylans Leben ihn zu diesem Song inspiriert haben könnte. Hier singt einer, der im November geheiratet hat, dessen erstes Kind unterwegs ist – vielleicht erinnert er sich an ein früheres Ereignis, oder... wer weiß? Aber es ist interessant, daß dieses Thema von einer dritten Person (hier die Ablehnung des Hampelmanns, mit dem das Mädchen zusammen ist) auch in anderen Liedern aus der *Blonde On Blonde*-Phase ganz deutlich auftaucht: der »kleine Junge, der sich verloren fühlt« (»little boy lost«) aus *Visions Of Johanna*, das »tanzende Kind in seinem chinesischen Anzug« (»dancing child with his Chinese suit«) aus *I Want You*. Wer ist dieser Kerl? Wer ist das

Mädchen? Nur Dylan weiß es, wenn er sich überhaupt daran erinnert. Wahrscheinlich geht es weniger um eine bestimmte Enttäuschung, als um eine sich wiederholende Situation – tatsächlich erlebt oder nur vorgestellt oder von beidem ein bißchen –, in der sich die Macht und die Verwirrungen der Sexualität manifestieren, die Geheimnisse und Frustrationen und das Glück der sexuellen Vereinigung (die ja immer mit der Angst verbunden ist, daß man mißverstanden wird). Handelt nicht auch *One Of Us Must Know* genau davon? »Sooner or later one of us must know/That I really did try to get close to you« (Früher oder später muß einer von uns erkennen/ Daß ich wirklich versucht habe, dir nahezukommen). Und wie steht es mit *Fourth Time Around*? Und, auf eine andere Art, auch mit *Absolutely Sweet Marie, Leopard-Skin Pill-Box Hat*, dem Ruthie-Abschnitt von *Memphis Blues Again, Most Likely You Go Your Way, Temporary Like Achilles* und *Just Like A Woman*? Das ganze Album handelt von der Sexualität und ihrer Macht, oder, wenn man so will, vom Kampf zwischen Mann und Frau. Sicher ist das nicht das einzige Thema auf der Platte, aber in einem Lied nach dem anderen scheint es mitzuschwingen, im Text wie in der Musik. Vielleicht ist das Dylans rauhes Lebewohl an das Junggesellendasein. Auf jeden Fall ist *Blonde On Blonde* ein unvergeßliches, ausgesprochen gelungenes Kunstwerk – und das Pendant zu der großartigen Platte, die am anderen Ende von Dylans Ehe steht: *Blood On The Tracks*.

Wenn ich ein einziges Lied als Beleg für Dylans künstlerische Größe auswählen sollte, einen kurzen Atemzug von einem Lied, der das Wesen seiner Kunst definieren und sein Format beweisen sollte, dann würde ich mich für *She's Your Lover Now* in Dylans Solo-Version am Klavier entscheiden. Es steht nicht auf meiner Liste von »Meisterwerken«, da es (in dieser Form) nicht die Allgemeingültigkeit und Zugänglichkeit von *Mr. Tambourine Man* oder *Like A Rolling Stone* hat; aber es kann sich mit diesen Stücken messen, was die Intensität, die Vollendung in der Ausdruckskraft, die Schönheit angeht (eine seltsame, schreckliche Schönheit, eine Schönheit, die zu hören noch nicht jeder Zuhörer bereit ist). Und es hat, gerade in seiner Ungeschliffenheit, eine Transparenz, eine Durchsichtigkeit, die uns Dylans besondere Begabung näherbringt und die wahre Natur seines künstlerischen Schaffens erhellt.

Dylan ist ein leidenschaftlicher Verkünder der gefühlten Wahrheit – seine Zunge ist direkt mit seinem Herz verbunden, dem die Gedanken folgen, anstatt selbst die Führung zu übernehmen. Zuerst entstehen Rhythmus und Struktur der Musik, und die Sprache füllt dann die entstandenen Freiräume aus. Die Zuhörer, die spezielle symbolische Bezüge in Dylans Texten zu entdecken meinen (»*dies* steht für *das*«), sind fast immer auf dem falschen Dampfer – sie gehen davon aus, daß jede Bedeutung, die sie erfassen, zuvor bewußt intellektuell verschlüsselt wurde. Aber Dylans Technik läßt einen Schritt aus: seine »Symbolsprache« ist nicht rational, sondern intuitiv, nicht konzipiert, sondern gefühlt. Seine Lieder unterhalten den Intellekt, aber sie kommen aus dem Bauch – die Gedanken folgen dem Gefühl. Auch für den Zuhörer ist zuerst das Gefühl da, doch Dylan geht so verblüffend geschickt mit Sprache um, daß wir oft gar nicht bemerken, daß auch wir ein Lied zuerst fühlen, bevor uns dann Gedanken dazu kommen.

In *She's Your Lover Now* versucht Dylan nicht, irgend etwas zu sagen, wie uns viele Textinterpreten glauben machen wollen, sondern er *sagt* etwas und erlaubt uns hineinzuhorchen, an der Erfahrung teilzuhaben: indem wir uns mit dem Sänger oder mit der Person, an die er sich wendet, identifizieren, oder als unbeteiligte Außenstehende, oder alles auf einmal. Am intensivsten wirkt ein Lied, wenn man sich als Zuhörer mit dem Ich-Erzähler identifiziert (und sich so selbst erkennt). Wenn das geschieht (man kann es nicht willentlich herbeiführen), dann gelangt man über die »oberflächliche« Reaktion hinaus – wie zum Beispiel das Unbehagen angesichts der Grausamkeit des Sängers oder auch das Gefühl der Anerkennung für seine gekonnte Darbietung (in dem Sinne, daß er vor dem Spiegel steht und allen Leuten, die ihn verletzt haben, seine Meinung sagt, sie nach Strich und Faden fertigmacht). Man findet sich auf einer Ebene wieder, die sehr viel tiefer geht.

»I've already assumed«, singt er in der zweiten Strophe, »That we're in the felony room/But I ain't the judge, you don't have to be nice to me« (Ich habe schon vermutet/Daß wir hier in der Abteilung für schwere Verbrechen sind/Aber ich bin nicht der Richter, du mußt nicht nett zu mir sein). Wenn wir diese Worte *fühlen*, so wie wir es beim Hören tun, dann können wir hinter die schalkhafte, selbstgefällige Attitüde des Sängers gelangen und (aus eigener Erfahrung) den Schmerz spüren, der dahintersteckt: die Verletzung, die entsteht, wenn ein geliebter Mensch – jemand, mit dem wir uns eins fühlten, dem wir gerade noch ganz nah waren und der nur aus tiefster Seele zu uns sprechen konnte – uns jetzt gut zureden will, »nett« sein will, uns behandelt wie einen Vernehmungsbeamten vor Gericht oder wie einen Bettler, den man nicht provozieren will, von dem man aber hofft, daß er doch bitte unauffällig verschwinden möge. »Will you please tell that/To your friend with the cowboy hat/He keeps on saying everything twice to me« (Bitte sag das/Deinem Freund mit dem Cowboyhut/Er erzählt mir ständig alles zweimal). Man spürt die Kombination aus Gequältheit und Zorn darüber, daß er mit ihr reden muß, während dieser andere Typ danebensteht (und auch versucht »nett« zu sein, vermutlich weil er sich unbehaglich fühlt; der Sänger erlebt ihn jedoch als herablassenden Idioten). Er will schreien, hält seinen Ärger aber zurück, weil ein Teil von ihm will, daß die Frau ihm Mitgefühl entgegenbringt, und er unterdrückt auch seinen Wunsch, sie um Versöhnung zu bitten. Das spürt man in den folgenden Zeilen ziemlich deutlich: »You know I was straight with you/You know I never tried to change you in any way/You know if you didn't want to be with me/That you didn't have to stay« (Du weißt, daß ich immer ehrlich zu dir war/Du weißt, daß ich nie versucht habe, dich zu verändern/Du weißt, daß du nicht bei mir bleiben mußtest/Wenn du nicht bleiben wolltest). Die Verzweiflung hinter dieser Rechtfertigung ist unverkennbar. (Man hört auch etwas Liebevolles in diesen gesungenen Worten, seine tiefe Zuneigung zu ihr.) Und dann die großartige elfte Zeile: »Now you stand here saying you forgive me – what do you expect me to say?« (Jetzt stehst du hier und sagst, daß du mir verzeihst – was für eine Antwort erwartest du wohl von mir?) Hier wird überdeutlich, in was für einer Falle er steckt: Sein Stolz (ich habe nichts falsch gemacht) steht in direktem Konflikt mit dem Wunsch, sie wiederzuhaben (»verzeih« mir nicht – liebe mich!). Beide Gefühle sind unerträglich heftig, und es besteht keine Hoffnung darauf, daß das Mädchen auch nur einem davon Genüge tun wird, selbst wenn sich das andere Gefühl irgendwie aus dem Weg schaffen ließe. Stattdessen steht er nun da, mit ihr und ihm, und irgendwie muß dieses Gespräch geführt werden – ohne daß es eine Möglichkeit für ihn gäbe, sich in diesem Kontext, den sie durch ihre Art, mit ihm zu sprechen, geschaffen hat, auch nur ansatzweise zu erklären, sich zu entschuldigen, zu erzählen, wie er sich fühlt, oder direkt zu ihrem Herzen zu sprechen.

Er wendet sich ihrem neuen Freund zu: »And you, you just sit around and ask for ashtrays, can't you reach?« (Und du, du sitzt nur da und bittest um einen Aschenbecher, kannst du nicht mal rüberlangen?). Endlich jemand, an dem er seine Gefühle zumindest zum Teil auslassen kann – hier kann ihm nichts passieren, denn dieser Mensch bedeutet ihm nichts.

Allerdings kann er sich natürlich nicht beherrschen, und sein Ärger auf sie quillt heraus, während er mit ihrem Freund redet. »I see you kiss her on the cheek every time she gives a speech./With her postcards of the pyramid/And her snapshots of Billy the Kid/They're all so nice but why must everybody bow?« (Ich sehe, wie du sie jedesmal auf die Wange küßt, wenn sie etwas sagt./Mit ihren Postkarten von der Pyramide/Und ihren Schnappschüssen von Billy the Kid/Die sind ja alle prima, aber warum müssen alle davor niederknien?) Das ist übrigens keine Symbolik, sondern reiner Surrealismus – spontan, witzig, absurd, und eine sehr wirkungsvolle Charakterisierung: Sie steht auf Mystik, romantisiert Outlaws, erzählt gerne Einzelheiten aus ihrem Leben und liebt es, im Mittelpunkt zu stehen – verdient es wahrscheinlich auch, und deshalb will er sie immer noch und ist so wütend. »Explain it to her« (Erklär's ihr) – ist es nur der Ton, in dem er das sagt, der diesen Satz so vernichtend macht? – »You're her lover now« (Du bist jetzt ihr Freund).

Was dieses Lied so besonders macht, ist die Verwundbarkeit, die Offenheit, mit der der Sänger seinen Schmerz und seine Zerrissenheit ausdrückt. Unter seiner Wut und seiner Wortgewandtheit spürt man seine Hilflosigkeit und seine Qualen – Gefühle, wie sie auch die Zuhörer schon erlebt haben, ohne dafür die angemessenen Worte zu finden. Dylans besondere Begabung liegt darin, daß er Akkorde und eine Stimme findet; die Worte folgen dann wie von selbst, purzeln heraus, so daß wir an der Erfahrung teilhaben können – und, was noch wichtiger ist, unsere eigene Erfahrung einbringen können. Das geschieht, ohne daß wir darüber nachdenken. Es geschieht in dem Moment, wo wir seine Stimme, seine Musik, seine Sprache hören und davon angerührt werden – ein Moment, in dem wir das, was wir hören, in uns aufnehmen und es uns zu eigen machen.

Die Solo-Version von *She's Your Lover Now* wäre auch dann noch völlig überzeugend, wenn der Text in irgendeiner unbekannten, fremden Sprache verfaßt wäre und wir das Lied nur über das Klavier und den Klang der Worte, den Klang von Dylans Stimme verstehen könnten. Meine Kommentare zur zweiten Strophe kratzen kaum die Oberfläche von dem an, was man spürt, wenn Dylan singt. Dylan geht mit der englischen Sprache um wie ein Billiardspieler, er gibt jedem Wort eine neue Richtung – jeder Ton aus seinem Mund hat ein Eigenleben und kann ganze Bedeutungswelten heraufbeschwören, vielschichtig und voller Nuancen. Wenn man sich anhört, wie Dylan auf dieser Aufnahme Klavier spielt und singt, dann kann man das Lied hören, das er im Kopf hat, elektrisch verstärkt und mit Band. Ich glaube nicht, daß er es in allen Einzelheiten hört – welches Instrument wann was spielt –, sondern eher als Gesamt-Sound. Er hat ein ganzes Orchester im Kopf, und genau dieses Feeling schwingt mit – zusammen mit dem Gefühl, daß das Lied in dieser Version eigentlich nicht vollständig ist: es ist ein Entwurf zu jenem Stück in seiner Vorstellung, in dem ein großer Teil dessen, was Dylan hier allein ausdrückt, von einer Gruppe von Musikern vermittelt wird, die zu seiner Stimme und um sie herum spielen. Dylans Gesang enthält hier also Anteile, die im »endgültigen« Gesang nicht mehr enthalten wären – der Prozeß der Verfeinerung und Vervollkommnung besteht ja zu einem wesentlichen Teil darin, einzelne Bestandteile eines künstlerischen Werks zu entfernen, statt neue hinzuzufügen, so wie ein Maler Reste einer Bleistiftskizze ausradiert, wenn er die Farbe aufträgt.

Und in diesem Fall haben wir mehr von der Skizze, als wir von einer fertigen Aufnahme hätten – wir haben einen Schrei direkt aus dem Herzen des Künstlers, so wild und so persönlich, daß man sich leicht vorstellen kann, daß er sein Publikum nicht daran teilhaben lassen will. »My voice is really warm«, singt er in der letzten Strophe, »It's just that it ain't got any form/It's like a dead man's last *pistol shot, baby*!« (Meine Stimme klingt wirklich warm/Bloß hat sie keine Form/Sie ist wie der letzte Schuß aus der *Pistole eines Toten, Baby*!) Dylan legt sein Inneres hier völlig offen. Und man könnte die Frage stellen: Mit welcher Absicht schreibt und singt er so ein Lied?

Meine Antwort darauf ist, noch einmal zu *Restless Farewell* zurückzukehren: »Oh every thought that's strung a knot in my mind/I might go insane if it couldn't be sprung« (Oh jeder Gedanke, der mir einen Knoten ins Hirn gemacht hat/Ich würde wohl verrückt werden, wenn ich ihn nicht lösen könnte). Was ihn antreibt, ist das Bedürfnis, etwas loszulassen, herauszulassen, sich von einem Druck zu befreien. Die Deutung eines Kunstwerks setzt voraus, daß es eine Message gibt, daß die vorrangige Absicht des Künstlers darin besteht, mit seinem Publikum zu kommunizieren. Das muß nicht unbedingt der Fall sein. Die Vorstellung, daß Kunst Kommunikation bedeutet, entspringt womöglich der Eitelkeit des Publikums, der Selbstüberschätzung der Interpretierenden. Dem Künstler ist es vor allem wichtig, sich auszudrücken, Worte, Rhythmus, Klang zu finden – nicht etwas mitzuteilen, sondern es einfach herauszulassen, zu externalisieren, weil er keine Ruhe finden wird, bevor er es nicht ausgedrückt hat.

Er tut das für sich selbst, nicht für uns. Weil er aber ein *performer* ist und seine Kunst vor Publikum aufführt, braucht er unser Mitwirken in Form unserer Aufmerksamkeit. Wenn er vom Sprungturm herunterspringt, dann will er nicht, daß wir ihn unten einfach ins Wasser klatschen lassen – er will, daß wir jede elegante kleine Bewegung bei seinem Sprung bemerken, seine Haltung bewundern, während er fällt, und von der Vollkommenheit seines Eintauchens begeistert sind.

Den Künstler interessiert es nicht, ob wir verstehen, was er macht, oder nicht. Er will, daß wir zuhören, wie er etwas sagt. Das, was wir spüren, während wir zuhören, ist das, was wir von ihm bekommen.

Blonde On Blonde

Und wieder ein Durchbruch: Am 25. Januar 1966 nahm Dylan *One Of Us Must Know* auf und erschloß damit erneut unerforschtes musikalisches Gebiet. Es war die erste Aufnahme für *Blonde On Blonde*; sie entstand nach monatelangen vergeblichen Bemühungen und diversen Fehlstarts. Nachdem es Dylan in diesem Stück jedoch endlich gelungen war, einen bestimmten Sound und ein bestimmtes Gefühl umzusetzen, auf die er – im Studio wie auf dem Papier – schon lange hingearbeitet hatte, war der Bann gebrochen: Die übrigen Lieder für die neue Platte sprudelten aus Dylan und seinen Musikern in den folgenden Aufnahmesessions (vom 14. bis 17. Februar und am 8. und 9. März) offenbar geradezu heraus.

Kreatives Arbeiten beinhaltet immer, daß man eine innere Wahrnehmung externalisiert. An der Ausdruckskraft (und damit der Zweckdienlichkeit) des Klangs – der Worte beim Schreiben und der Musik beim Spielen – kann der Künstler intuitiv ermessen, inwieweit er nach außen getragen hat, was er in sich spürt. Es ist nicht so wichtig, was man sagt, oder ob es richtig gespielt ist, aber *klingt* es so wie das, was man fühlt? Wenn die Antwort darauf »nein« lautet, zurück in den Proberaum; wenn »ja«, dann klingt die Wahrheit durch, und das gedachte Publikum wird das vermutlich spüren; es ist also nicht notwendig, sich über die Benennung dieser Wahrheit Gedanken zu machen oder bewußt nachzuvollziehen, auf welchem Wege sie entstanden ist. Wenn das, was der Künstler tut, stimmt, dann hat es eine Resonanz; er hört sie und ist zufrieden.

Blonde On Blonde ist reine Resonanz. Die Lieder mit ihren Geschichten, ihrer bildhaften und beziehungsreichen Sprache und ihren verführerischen Melodien bevölkern eine Klangwelt, die nur auf diesem Album existiert und anders ist als alles, was Dylan oder irgend jemand anderes je gemacht hat. Dylan sprach von »diesem dünnen, diesen wilden, quecksilbrigen Klang – metallisch und leuchtend golden, mit allem, was das an Bildern entstehen läßt.« Charakteristisch für diesen Sound sind die hellen, hüpfenden Töne auf der elektrischen Orgel in *I Want You* und *Memphis Blues Again*; die einsame Mundharmonika am Anfang von *Visions Of Johanna* und *Just Like A Woman*; die vollen Orgelakkorde in *Sad Eyed Lady Of The Lowlands* und *One Of Us Must Know*; der blecherne Klang von *Rainy Day Women* und *Most Likely You Go Your Way* und – vielleicht am meisten – das allgegenwärtige metronomartige Schlagzeug von Ken Buttrey, das immer genau in die Mitte der einzelnen Stücke hineingemischt wurde, so daß es jeden einzelnen musikalischen Moment strukturiert und prägt. Ohne diesen Schlagzeugsound wäre *Blonde On Blonde* gar nicht denkbar.

Hier in diesem warmen, persönlichen, fröhlichen musikalischen Haus hat Dylan uns also versammelt, um uns seine Geschichten über die Lust und die Liebe zu erzählen – ein modernes Canterbury. Ein bißchen Unterhaltung für uns wandermüde Menschen, mit einer Überzeugung vorgetragen, die glauben macht, daß hier die wahren Themen jedes ehrgeizigen Künstlers angesprochen werden – die Themen, die im Mittelpunkt unseres Lebens und unserer Erfahrung stehen, wenn wir alles Vergängliche, Vorübergehende abstreifen. Dylan zufolge. Oder dem Dylan zufolge, der diese Platte gemacht hat.

One Of Us Must Know ist ein frohes Lied über Schuldgefühle, wobei diese Freude nicht im Text zum Ausdruck kommt, sondern im Klang von Musik und Gesang: So wie ein Blues Gefühle der Bitterkeit und des Verlusts ausdrückt und damit auflöst, entlastet *One Of Us Must Know* den Sänger (und mittels Identifikation und Einfühlungsvermögen auch den Zuhörer), indem es seine Schuldgefühle nach außen trägt. Jede Strophe steigert sich zu einem triumphalen Refrain, in dem sich Entschuldigung und Anfeindung, die Bitte um Vergebung und die Beteuerung der besten Absichten verbinden. »I couldn't see« (Ich konnte nicht sehen), singt Dylan immer wieder, als wollte er zugeben (und sich gleichzeitig dafür entschuldigen), wie blind er gewesen ist. (Man darf nicht vergessen, hier singt ein Kurzsichtiger, der seine Brille nicht tragen will!) »You said you knew« (Du sagtest, du wüßtest), ist ein anderer oft wiederholter Satz – seine Schuldgefühle sind so stark, daß er sich anscheinend gezwungen fühlt, sich selbst zu erklären, aber zugleich auch einen Teil der Verantwortung abzugeben. Der Text hält gerade soviel Information über die tatsächliche Situation zurück, daß dem Lied etwas Geheimnisvolles anhaften bleibt; er ist immer kurz davor, einen Sinn zu ergeben und sich zu einer Geschichte zusammenzufügen, tut es aber nie ganz. Ich würde sagen, Sex spielt auf jeden Fall eine Rolle (ich gehe davon aus, daß die Frau, die versuchte, ihm die Augen »auszukratzen«, von ihm zurückgewiesen wurde, und daß sie deshalb so reagierte, weil die beiden ein Liebespaar gewesen waren). Dylan gibt zu, daß er die Frau schlecht behandelt hat, was immer er auch im einzelnen getan hat (außerdem gelingt es ihm in der interessanten ersten Strophe, sie auch noch zu beleidigen, nachdem er sie schon verletzt hat – er hat schon eine nette Art, sich zu entschuldigen...).

Auf jeden Fall paßt der unvergeßliche Refrain mit all seinen Implikationen auf fast jede Situation, in der ein Mißverständnis zwischen zwei Menschen besteht – besonders wenn der eine (im Lied der Sänger) noch von widerstreitenden Gefühlen (Groll, Selbstgerechtigkeit und Reue) erfüllt ist. Es ist ein wundervolles Lied; allerdings würde es nicht halb soviel aussagen und wäre nicht von solch bleibendem Wert, wenn nicht Garth Hudson an der Orgel eine wahre Glanzleistung vollbracht hätte und wenn die einzelnen Elemente des Sounds nicht so wunderbar zusammenfließen würden, zögernd, anschwellend, überströmend – insbesondere gilt das für Dylans leidenschaftlichen, ausdrucksvollen Gesang, den ich nur beschreiben kann, indem ich auf bestimmte Stellen und Eigenheiten aufmerksam mache: die Art und Weise zum Beispiel, wie Dylan sich in jedes Wort förmlich hineinschiebt – das langgezogene »so« und sanfte »bad« fallen in der ersten Zeile besonders auf, aber auch im ersten »I« und der Pause nach »mean« steckt viel Persönlichkeit. Schon der Gesang allein ist fast so überwältigend und unwiderstehlich wie die Soloversion von *She's Your Lover Now*, aber darüber hinaus ist da noch das beruhigende Ticken des Schlagzeugs im Mittelpunkt des Klangs, an dem man sich immer orientieren und festhalten kann wie an einer Haltestange in der U-Bahn. Ein wundervolles Lied, großartig gespielt – und kaum vergleichbar mit irgend etwas anderem, das Dylan je zuvor gemacht hatte. Grund genug für ihn, begeistert zu sein und sich zu entschließen, den Rest der Platte (des Doppelalbums, genauer gesagt) aus sich heraus in beständige (Platten-)Rillen und so an die Öffentlichkcit flicßcn zu lassen.

»Mich hat immer eine bestimmte Art von Frauen angezogen«, erzählte Dylan 1985 in einem Interview mit Scott Cohen. »Es ist mehr die Stimme als irgend etwas anderes. Ich achte zuerst auf die Stimme. Es ist so ein bestimmter Klang, den ich in meiner Jugend hörte. Er rief mich... Diese Stimme hat etwas – immer wenn ich es höre, lasse ich sofort alles stehen und liegen, was auch immer es sein mag.« Er bezieht sich auf die Staples Singers, die Crystals und Clydie King, aber genauso könnte ein Zuhörer seine Reaktion auf Dylans Stimme auf *Blonde On Blonde* beschreiben, besonders bei

Sad Eyed Lady Of The Lowlands, *Visions Of Johanna*, *Just Like A Woman* und *Memphis Blues Again*. »Niemals zuvor hatte jemand so zu uns gesprochen«, schrieb ich 1969 in einem Essay und fuhr fort, indem ich einige Zeilen aus *Just Like A Woman* zitierte: »It was raining from the first/And I was dying there of thirst/So I came in here...« (Es regnete von Anfang an/Und dort kam ich um vor Durst/Also kam ich hier herein...). »Es passiert nicht häufig«, so schrieb ich, »daß Menschen, ob Freunde oder Fremde, uns da erreichen, wo wir wirklich etwas fühlen, und dann offen und sanft zu uns sprechen – so viele, die denken, daß sie zu uns durchdringen, laufen tatsächlich ins Leere.« Heute ist mir klar, daß es mir nicht nur um Inhalt und Form von Dylans Sprache ging, sondern auch um den Klang seiner Stimme. Vielleicht erschreckt es Dylan ab und zu selbst, wenn er erkennt, wie sehr er tatsächlich versucht, uns nahezukommen – und wie gut es ihm gelingt.

Sad Eyed Lady Of The Lowlands ist von einer fast überirdischen Schönheit. Es ist insofern ungewöhnlich, als beim Zuhören zuerst die Melodie auffällt und nicht der Text. Zwar ist es ein Liebeslied, doch hat es auch etwas Spirituelles, das es mit Liedern wie *Mr. Tambourine Man* und *Every Grain Of Sand* aus dem Jahr 1981 verbindet. Obwohl das Lied atemberaubend sinnlich ist, enthält es keinerlei sexuelle Anspielungen – abgesehen davon, daß der Sänger eifersüchtig die (potentielle?) Zuwendung anderer registriert: »... who among them really wants just to kiss you?« (wer von ihnen will dich wirklich nur küssen?). Statt dessen scheint sich der Sänger in die Tugend selbst verliebt zu haben, wie der mittelalterliche *jongleur de Dieu*, dessen Lebensinhalt es ist, Unserer Lieben Frau zu Gefallen zu sein (der Jungfrau Maria oder ihrer aktuellen Verkörperung). Interessanterweise vermittelt das Lied *seine* Gefühle für *sie*, obwohl der Text genauso oft »them« (sie) wie »you« (du) erwähnt und nie direkt von »us« (uns)

spricht. Aber das ist nicht so wichtig. Der Text ist faszinierend, doch seine Bedeutung verblaßt neben dem Fluß des Gesangs und der getragenen, ungemein erfüllenden Musik, die
sich mit ihm mitbewegt (wichtig am Text sind vor allem Reim,
Rhythmus und Klang, seine Undefinierbarkeit und vage Bild-
haftigkeit). Dies ist wirklich Ehemusik, Einatmen und Ausatmen, dauerhaft, selbstgenügsam und sich selbst erneuernd,
beruhigend und anregend – wenn ich dieses Lied höre, dann
sehe ich sanfte Hügel aus weißem Sand, eine weite Fläche,
still und ohne Hektik, aber immer in Bewegung, sich verän-
dernd, wachsend, lebendig.

Als ich heute in die Stadt fuhr und das Radio einschaltete,
lief gerade *Just Like A Woman*. Es klang gut, besonders das
Ende mit Schlagzeug und Orgel, das aus unerklärlichen (und
unfaßbaren) Gründen auf der CD-Ausgabe von *Blonde On
Blonde* fehlt. (Das Lied wird früh ausgeblendet, genau wie
Sad Eyed Lady Of The Lowlands – eine echte Entstellung,
und doch *muß* man Dylans Gesang in *Sad Eyed Lady Of
The Lowlands* einfach auf CD gehört haben, da gibt es gar
nichts...) [Offensichtlich ist das Problem auf späteren CD-
Ausgaben behoben worden.] Auf *Just Like A Woman* folgten zwei weitere großartige Songs, *Bye Bye Love* von den
Everly Brothers und *Johnny B. Goode* von Chuck Berry, und
ich begann über den künstlerischen Kontext nachzudenken,
in dem Dylans Musik steht.

Ein Lied wie *Bye Bye Love* muß nicht interpretiert werden. Im Gegenteil, es läßt eine Interpretation gar nicht zu.
Wollte man behaupten, ein Satz wie »There goes my baby/
With someone new« (Da geht meine Süße/Mit einem Neu-
en) habe noch eine andere Bedeutung als die offensichtliche,
so würde man sich lächerlich machen, noch bevor man seinen Satz beendet hätte. Dasselbe gälte auch, wenn man diese versteckte Bedeutung nicht im Text, sondern im Gesang

oder im gesamten Sound suchen würde. Das Lied sagt genau das aus, was es auszusagen scheint. Und doch ist es voller feiner Nuancen und differenzierter Wahrnehmung, die sich im Gesang ausdrücken, in der Harmonie zwischen den beiden Stimmen, im präzisen Rhythmus, in der Bewegung und Energie des Gitarrenspiels, in dessen Zusammenwirken mit den Stimmen und in der Art und Weise, wie sich der Text steigert: »I'm through with romance/I'm through with love/I'm through with counting/The stars above/And here's the reason/That I'm so *free* [Höhepunkt der Strophe]/My loving baby/Is through with me [Auflösung, die perfekte Antiklimax]« (Ich habe genug von Romantik/Ich habe genug von der Liebe/Ich habe genug davon,/Die Sterne am Himmel zu zählen./Und hier ist der Grund/Warum ich so frei bin:/Meine Süße/Hat genug von mir). Wenn das nicht Kunst ist, dann brauchen wir ein neues Wort. Die Qualität dieses Liedes erschließt sich jedem, der es anhört, sofort – man hat gleich einen Bezug dazu, man reagiert aus dem Bauch darauf. Man fühlt es. Wenn man es analysiert (wie ich es gerade etwas plump getan habe), ist das dem Stück weder zu- noch abträglich; man kommt bestenfalls dem Geheimnis etwas näher, versteht besser, was man da eigentlich fühlt, wie der Mechanismus funktioniert, der unter der Oberfläche der Beziehung zwischen einem Kunstwerk und – zum Beispiel – seinen Zuhörern liegt.

Auch *Johnny B. Goode* läßt keine Unklarheiten bezüglich seines Inhalts aufkommen. Geheimnisvoll an so einem Werk ist seine Energie, seine ewige Frische, seine Power – und seine Persönlichkeit, in der sich unverkennbar die Persönlichkeit des Künstlers ausdrückt, der es geschaffen hat. *Johnny B. Goode* steht Dylans Musik näher als *Bye Bye Love*, da es in erster Linie das Produkt eines einzelnen Künstlers ist: zwar ist eine Band dabei, aber es ist Berry, der singt, Berry, der Gitarre spielt, Berry, der den Text, den Rhythmus, die

Melodie erfunden hat. An *Bye Bye Love* dagegen sind zwei Sänger, die beiden Liedautoren sowie ein sehr schlauer (und mit gutem Instinkt ausgestatteter) Produzent beteiligt, die alle zusammenarbeiten, als seien sie nur zu diesem Zweck auf die Welt gekommen. Wie dem auch sei – das Entscheidende ist, daß hier zwei Stücke sind, eines namens *Johnny B. Goode* und eines namens *Bye Bye Love*, und wenn wir sie anhören und über sie nachdenken, dann wissen wir sofort, daß zu der Gruppe von Stücken, der diese beiden Lieder angehören, auch *Just Like A Woman* gehört.

Diese Gruppe zu benennen, würde nur Verwirrung stiften. Statt dessen müssen wir uns klarmachen, daß die kreative Energie in uns danach strebt, eine Lücke im Raum auszufüllen – so wie ein Lied im Radio zweieinhalb Minuten und zugleich das emotionale, spirituelle, physische und intellektuelle Bewußtsein des Zuhörers ausfüllt. Wenn wir sehen, wie es jemandem gelingt, eine solche Lücke irgendwie auszufüllen, dann stellen wir uns vor, daß wir es vielleicht auch tun könnten; der Künstler versucht es und ist womöglich sogar erfolgreich, wenn auch nie in derselben Weise wie seine Vorbilder, die ihm Orientierung und Inspiration geboten haben. Er findet seinen eigenen Weg.

Ich möchte noch etwas zum Thema Liedinterpretation sagen, denn Dylans Lieder, besonders diejenigen aus bestimmten Perioden, laden zum Interpretieren förmlich ein – sie erzielen einen Teil ihrer Wirkung sogar gerade dadurch, daß sie den Zuhörer dazu verleiten, nach der »Bedeutung«, der »Aussage« zu greifen, die wie ein Greifring direkt vor seiner Nase zu baumeln scheint. Der Zuhörer wird also auf eine Art Spielplatz eingeladen, und es besteht die Gefahr, daß er die gefundene »Erklärung« fälschlicherweise für die Erfahrung selbst hält. Wenn das geschieht, dann geht die Intensität der eigentlichen Erfahrung verloren und wird durch einen Umriß, ein Symbol ersetzt. Es macht fast keinen Unterschied, ob es das »richtige« Symbol ist oder nicht, denn kein Symbol, keine Erklärung kann ein Lied oder ein Gemälde ersetzen. Das Kunstwerk existiert nur in der dynamischen Beziehung zu seinem Publikum. Es hat die Eigenschaften, die ihm Substanz verleihen, nur dann, wenn es angehört, angesehen, gefühlt wird. Wenn wir das in Erinnerung behalten, dann können wir spielerisch mit dem Interpretieren umgehen, ohne daß unsere Sinne dabei auf der Strecke bleiben: unsere sinnliche, persönliche (potentielle) Beziehung zu jeder einzelnen *performance*.

Alan Rinzler schreibt in seinem Buch *Bob Dylan. The Illustrated Record*, das Lied *Just Like A Woman* sei »vernichtend, echter Rufmord ... zynischer und gemeiner hat Dylan wohl nie eine frühere Geliebte fertiggemacht.« Ich finde diesen Kommentar faszinierend, weil ich das Lied völlig anders erlebe. Robert Shelton zitiert in seiner Biographie im Zusammenhang mit seiner Besprechung von *Just Like A Woman* einen Kritiker, der behauptet, es gebe »keine vollständigere Auflistung sexistischer Beleidigungen« als dieses Lied; ein anderer meinte Shelton zufolge, es handele sich um ein Gedicht über »das Scheitern menschlicher Beziehungen aufgrund von Illusionen, die aus sozialen Mythen entstanden sind«. Natürlich wird endlos viel Unsinn über Dylan geschrieben – wobei der zweite Kommentar nicht unbedingt Unsinn ist, er ist bloß seltsam losgelöst von dem Lied, als würde der Verfasser es nur vom Hörensagen (oder vom Notenblatt) kennen, ohne es je selbst gehört zu haben. So ergreife ich denn selbst das Schwert der Interpretation – um *Just Like A Woman* zu verteidigen und weil es einfach Spaß macht –, da ich nun mal davon überzeugt bin, daß es eine einfachere, erdverbundenere Lesart dieses Liedes gibt, die sehr viel näher an das herankommt, was wir fühlen, wenn wir das Lied anhören.

Zunächst einmal ist *Just Like A Woman* (in der Version auf *Blonde On Blonde*) von Zuneigung erfüllt. Das hört man im Mundharmonikateil gleich am Anfang, und auch der Gesang ist im Ton durchweg liebevoll. Es gibt keinen einzigen Moment im ganzen Lied – trotz der kleinen Seitenhiebe und des Schmerzes –, wo man nicht die Liebe in Dylans Stimme hören könnte (oder auch in seinem Mundharmonikaspiel, das am Ende noch einmal über eine komplette Strophe geht – es bekräftigt, was aus dem Gesang und dem Sound des Liedes schon unzweideutig hervorgegangen ist, und beseitigt jegliche Unklarheiten, die aus den spielerischen Sticheleien im Text womöglich entstanden sein könnten).

Wenn man die Zuneigung in diesem Lied nicht hört (und ich nehme an, Rinzler hört sie nicht), dann bleibt nichts dazu zu sagen. Es läßt sich ganz gewiß kein Argument finden, um zu beweisen, daß das Lied liebevoll ist – genauso wenig, wie sich beweisen läßt, daß es in dem Satz »There goes my baby/ With someone new« (Da geht meine Süße/Mit einem Neuen) in *Bye Bye Love* darum geht, daß einer seine Freundin verloren hat. Entweder man hört es oder man hört es nicht. Wenn man es hört, dann ergibt sich eine weitere Frage: Was soll »she breaks just like a little girl« (sie zerbricht genau wie ein kleines Mädchen) bedeuten? Oder, noch genauer: Was bedeutet das »but« (aber), das die ersten drei Zeilen des Refrains (you take/fake, make love, ache just like a woman) mit der letzten Zeile verbindet? Es ist dieses »aber«, das die letzte Zeile so geheimnisvoll und auch so vielschichtig macht. Auf der offensichtlichen Ebene trennt das »aber« typische Eigenschaften einer Frau von einem Verhalten, das normalerweise eher mit einem Kind in Verbindung gebracht wird, aber es bewirkt noch etwas anderes: Es erzeugt eine wundervolle neckende Spannung zwischen Zustimmung und Ablehnung, implizitem Erfolg oder Mißerfolg, die bis zum Schluß nicht aufgelöst wird. Eines der Themen des Liedes ist zweifellos

284

die Macht, die diese Frau über den Sänger hat – die Zeile »I was hungry and it was your world« (Ich war hungrig, und es war deine Welt) ist meiner Ansicht nach nicht im sozialen, sondern im sexuellen Sinne gemeint. Das Gefühl der Befreiung in der letzten Zeile des Refrains, das durch das »aber« ausgelöst wird, hat etwas mit Rache zu tun – es ist ein Machtverlust für sie oder ein Zugewinn an Macht für ihn, allerdings ein zweideutiger: Er kann sich nach wie vor ihrer Wirkung auf ihn nicht entziehen, und er will es auch nicht. Ich möchte dazu anmerken, daß die Wahrheit einer Lebenssituation womöglich genau in ihrer Mehrdeutigkeit liegt, was bedeutet, daß Klarheit tatsächlich nicht mehr als ein schlechter Ersatz ist. Dylan vermittelt ein realistisches Bild menschlicher Beziehungen, indem er sie nicht auf Schwarz und Weiß reduziert. Statt dessen präsentiert er uns die liebevolle, schmerzhafte, wütende, verzeihende Spannung, die uns so tief berührt, weil wir sie aus eigener Erfahrung kennen. So ist eben das wirkliche Leben. »I can't stay in here« (Ich kann hier nicht bleiben) – der Schmerz ist unerträglich. Da er nicht so viel von ihr bekommen kann, wie er will, muß er sich zurückziehen, aber das will er nicht. Vielleicht besteht das Problem darin, daß sie sich vor seinem Drängen schützt, indem sie zusammenbricht wie ein kleines Mädchen, und daß er nicht weiß, wie er die Kindfrau erreichen soll, die sie tatsächlich ist. Vielleicht kommt er mit seinen eigenen verwirrten Gefühlen gegenüber der Frau einerseits und dem Mädchen andererseits nicht zurecht: Welche von beiden will er? Oder vielleicht will sie gar keine Liebesbeziehung zu ihm, und er romantisiert auf diese Art und Weise seine Verlegenheit, seine Enttäuschung und sein Gefühl des Verlusts. Wie dem auch sei, das Ende ist offen, und das Lied steht letztlich ebenso einfach da, so bewegend und so beeindruckend in seiner Einzigartigkeit und seiner Vollendung, wie die beiden Stücke von Chuck Berry und den Everly Brothers. Es ist ein Objekt, ein Musikstück, das an die Öffentlichkeit übergeben und so für immer zum Eigentum der Menschen wird, die es hören, wie immer sie es auch hören mögen.

Zwischendurch wollte Dylan die LP *I Want You* (Ich will dich) statt *Blonde On Blonde* nennen, was insofern interessant ist, als er später tatsächlich eine Platte mit dem Titel *Desire* (Begehren) herausbrachte. Ich weiß nicht, was für eine Bedeutung der Titel *Blonde On Blonde* hat – wenn er überhaupt eine hat. Das einzige, was mir dazu einfällt, ist, daß Dylan Jahre zuvor von einem Theaterstück namens *Brecht On Brecht* (Brecht über Brecht) sehr beeindruckt war. Vielleicht hatte er eines bekifften Abends die Idee, seine Platte *Dylan On Dylan* zu nennen, verwarf das dann und nannte sie *Blonde On Blonde*.

Das erste Stück auf der Platte, *Rainy Day Women # 12 & 35*, wurde als eines der letzten aufgenommen, am 9. März. Es kam im April als Single heraus und war sofort ein Erfolg, Dylans einziger *novelty hit* (Radio-Jargon für verrückte Platten, die groß herauskommen, wie zum Beispiel *Witch Doctor* und *Surfing Bird*). Es erreichte im Mai 1966 Platz 2 in den USA, so wie *Like A Rolling Stone* neun Monate zuvor. Das gelungene Wortspiel im Refrain bezieht sich natürlich auf Marihuana (wobei es genausogut um Alkohol gehen könnte), aber das Lied selbst beschreibt jemanden, der dauernd angegriffen und kritisiert wird, und die Message im Refrain ist ganz einfach: Das passiert allen, nimm's nicht so schwer (und, implizit: Spiel nicht das Opferlamm).

Der Sound dieses Songs ist hinreißend, eine Mischung aus Partygejohle und Erweckungsversammlung – er ist ein Ergebnis des einzigartigen musikalischen Einverständnisses zwischen Dylan und den Studiomusikern in Nashville während der zwanglosen Aufnahmesessions (unter der Leitung von Charlie McCoy und dem Produzenten Bob Johnston und mit der Unterstützung von Kooper und Robertson). Es ist keine Countrymusik; auch keine Dylan-Musik, wenn man von früheren Dylan-Platten ausgeht. Auch Rock'n'Roll ist es nur im allerweitesten, allumfassenden Sinne (einer der Vorzüge des Rock'n'Roll besteht ja darin, daß er eine der offensten musikalischen Formen überhaupt ist – oder sein kann – und Raum für fast alles bietet, solange es nur eine Kreuzung oder Mischform ist). Was wir hier haben, in diesem Stück und auf der ganzen Platte (kein Stück gleicht dem anderen), ist vor allem ein Sound, eine Reihe von Sounds, die aus dem Moment entstanden sind – genau wie Dylan auch ans Liederschreiben immer wieder neu und anders herangeht. Er macht nie zweimal dasselbe, denn er wüßte gar nicht, wie er das tun sollte: Text, Sound, Musik und Struktur entstehen alle in Wechselwirkung mit den inneren und äußeren Kräften, die auf ihn einwirken, während er arbeitet.

Kommen wir zum zweiten Titel auf der Platte, *Pledging My Time* – ein improvisierter Blues mit einem tollen Groove, der ähnlich und doch ganz anders klingt als jeder andere in kleiner Besetzung gespielte Blues, den ich je gehört habe. Die Mundharmonika am Anfang zeigt, wo es langgeht. Und nicht nur hier: Bei elf von vierzehn Stücken auf dieser Platte definiert ein Mundharmonika-Riff am Anfang des Songs die Stimmung – ein faszinierender Hinweis darauf, wie Dylan seine Lieder erarbeitet und aufbaut. Was für eine Funktion erfüllt die Mundharmonika? Ich würde sagen, sie faßt all die verschiedenen Elemente des Klangs und des Liedes selbst zusammen und ermöglicht so, daß diese nebeneinander stehenbleiben können, zusammenhängen und aufeinander einwirken können, ohne dabei ihre Individualität, aber auch ihre Gemeinsamkeiten zu verlieren. Wie tut sie das? Ich habe keine Ahnung. Aber ich kann es hören. Dylans Mundharmonikaspiel auf dieser Platte ist alles andere als musikalische Verzierung. Es ist ein grundlegendes Element seiner musikalischen Interpretation, eine ausdrucksstarke Verlängerung seiner Stimme über Oktaven hinweg und bis in musikalische Nischen und Winkel, die für seine Art des Sich-Ausdrückens essentiell sind. Wenn es die Mundharmonika noch nicht gegeben hätte, dann hätte Bob Dylan sie erfinden müssen – und in gewisser Weise, unter Berücksichtigung von Wegbereitern wie Sonny Terry und Sonny Boy Williamson II, hat er das auch getan.

Visions Of Johanna wurde 1982 von den Lesern von *The Telegraph* mit deutlichem Abstand zu ihrem Dylan-Lieblingslied gekürt (*Like A Rolling Stone* und *It's Alright, Ma* teilten sich den zweiten Platz). Warum? Dieser Song hat eine Tiefe, läßt eine persönliche Beziehung zwischen dem Sänger und dem Zuhörer entstehen, die sich nicht erklären oder analysieren läßt. Die Geschichte ist ganz einfach: Der Sänger sitzt in seinem Zimmer, wahrscheinlich einem Loft in New York, und denkt an eine Frau, die nicht da ist. Auch die Musik ist nicht kompliziert: das Lied besteht aus vier Akkorden. Das Reimschema ist vier Strophen lang AAA BBBB CC, in der letzten Strophe steigert es sich dann dramatisch zu AAA BBBBBBB CC (und die vielen B-Zeilen geben dem letzten C-Paar eine ganz besondere Resonanz, soviel steht fest). Das Arrangement ist zugegebenermaßen etwas ganz Besonderes – es ist schon erstaunlich, wie Dylan genügend Instrumente für eine komplette Rockband einsetzt (Baß, Schlagzeug, Orgel, Gitarren, Mundharmonika), die Rhythmusgruppe beim Abmischen auch noch in den Vordergrund stellt und dennoch erreicht, daß das Ganze wie eine akustische Solonummer klingt, die instrumental noch ein bißchen ausgeschmückt wurde (so wie die Plattenversionen von *Mr. Tambourine Man* und *Desolation Row*). Die Sprache des Songs ist genauso betörend wie der Klang der Instrumente und der Gesang. Wie so oft bei Dxlan ist der Zuhörer von der Stimmung des Liedes überwältigt. Der Text selbst dringt mal mehr, mal weniger ins Bewußtsein, aber jede Wendung, jeder Satz, der hängenbleibt, ist ausgesprochen persönlich und bewegend, präzise selbst da, wo man nicht sicher weiß, worüber Dylan eigentlich spricht – das Gefühl stimmt, und als Zuhörer spürt man: Hier ist endlich mal jemand, wenigstens *ein* Mensch auf der Welt, der genau weiß, wie man sich gerade fühlt.

Ein Aspekt von Dylans Gesangsstil fällt bei diesem Lied besonders auf: seine Fähigkeit, so viele oder so wenige Silben, wie er will, in eine Zeile zu packen (oder jedesmal, wenn er singt, verschieden viele) und dabei doch in der Melodie, im Rhythmus, im Takt zu bleiben. Das ist gar nicht so einfach. Wie ich schon gesagt habe, ist diese Flexibilität beim Liederschreiben die Basis für Dylans große Bewegungsfreiheit und seine Kreativitität beim Singen und Spielen: Er singt ein Lied so, wie er es gerade fühlt, und Musik und Takt dehnen sich und ziehen sich zusammen, so wie er es braucht.

I Want You und *Stuck Inside Of Mobile With The Memphis Blues Again* sind zwei weitere Dylan-Songs, die man nicht missen will. Sie passen gut zusammen; überhaupt ist diese Platte nicht zuletzt wegen ihrer Struktur so herausragend, wegen der Abfolge der Stücke und der Art und Weise, wie die einzelnen Plattenseiten auf dem (ursprünglichen) Doppelalbum zusammenwirken. Es handelt sich nicht einfach um eine Sammlung von vierzehn Stücken, sondern um eine Art Symphonie in vier Teilen. In dieser Hinsicht besonders gelungen ist die dritte Seite: fünf Lieder, die einzeln betrachtet nicht zu den Highlights gehören, die sich aber zu einem dichten, faszinierenden Erzähl-und Klangteppich zusammenfügen, mit unvergeßlichen Bläser-Licks und Textfragmenten, die aus dem allgemeinen Tumult hervorleuchten und sich unauslöschlich einprägen: »to live outside the law you must be honest« (um außerhalb des Gesetzes zu leben, muß man ehrlich sein).

Leopard-Skin Pill-Box Hat auf der zweiten Seite stellt einen gelungenen, frechen, etwas häßlichen Übergang zwischen der hellen Fröhlichkeit von *I Want You* und *Memphis Blues*

Again und der einhüllenden Wärme von *Just Like A Woman* dar (das Lied ist sarkastisch und ungehobelt – meiner Meinung nach ist es das einzige wirklich bösartige Stück auf der Platte). Was man nicht übersehen sollte, ist der Humor in so vielen von Dylans Liedern: *Leopard-Skin Pill-Box Hat* ist frauenfeindliches, dröhnendes Gelächter (das etwas von seiner Schärfe verliert, wenn man sich klarmacht, daß es aus Eifersucht entstanden ist); typischere Beispiele für Dylans Humor sind jedoch die subtilen Wortspiele und witzigen stimmlichen Modulationen von *I Want You* oder die absurd zugespitzten Vignetten in *Memphis Blues Again.* »Now people just get uglier/And I have no sense of time« (Die Leute werden immer häßlicher/Und ich habe kein Zeitgefühl) ist eine hinreißende Zeile (nun ja, die besten Witze haben oft eine dunkle Seite), besonders wenn Dylan sie mit seinem exzellenten Timing vorträgt. Wie er am Anfang des Refrains »Oh« heult (»Oh, Mama, can this really be the end« [Oh, Mama, das kann doch wohl nicht das Ende sein]) – das ist so wundervoll, so komisch, so schmerzerfüllt, ergreifend und echt, daß man es tausendmal anhören könnte. *Blonde On Blonde* ist die Art von Platte, die man alle paar Jahre neu kaufen muß – man hört sie an, bis die Rillen flachgescheuert sind.

»Here I sit so patiently/Waiting to find out what price/ You have to pay to get out of/Going through all these things twice« (Hier sitze ich ganz geduldig/Und warte, um zu erfahren, welchen Preis/Man zahlen muß, um drum herumzukommen/All diese Dinge zweimal durchzumachen). Dylans Wunsch sollte bald erfüllt werden. Aber noch nicht ganz. Zunächst war es Zeit, wieder auf Tournee zu gehen.

Die Tournee 1966

Weiter geht's, Freunde. Dylan und seinen Band begannen ihre 1966er Tournee am 5. Februar in White Plains, New York (manche Leute behaupten auch, am 4. Februar in Louisville). Die erste Hälfte des Konzerts, während der Dylan sich selbst auf der akustischen Gitarre begleitete, bestand aus denselben sieben Songs, die er seit August spielte, mit Ausnahme von *Gates Of Eden*, das durch *Freeze Out* (bald unter dem Titel *Visions Of Johanna*) ersetzt wurde. Außerdem nahm Dylan zwei weitere neue Lieder in den akustischen Teil des Programms auf, direkt nachdem er sie in Nashville eingespielt hatte: *Fourth Time Around* (anstelle von *To Ramona*) und *Just Like A Woman* (anstelle von *Love Minus Zero*). Der Soloteil umfaßte also *She Belongs To Me*; *Fourth Time Around*; *Visions Of Johanna*; *It's All Over Now, Baby Blue*; *Desolation Row*; *Just Like A Woman* und *Mr. Tambourine Man*. Offensichtlich sang Dylan genau diese Lieder in derselben Reihenfolge auf sämtlichen Konzerten im Frühling 1966, während er von Missouri nach Hawaii, von Australien nach Irland unterwegs war.

Soweit wir wissen, stand auch der elektrische Teil des Konzerts mehr oder weniger fest. Seit Anfang des Jahres 1966 sah er wie folgt aus: *Tell Me, Momma* (ein toller Rock'n'Roll-Song, der nie für eine Platte aufgenommen wurde); *I Don't Believe You* (von *Another Side Of Bob Dylan*, neu arrangiert); *Baby Let Me Follow You Down* (von der ersten Platte, neu arrangiert); *Just Like Tom Thumb's Blues*; *Leopard-Skin Pill-Box Hat* (auch dies kam, direkt nachdem es eingespielt worden war, dazu); *One Too May Mornings* (von *The Times They Are A-Changing*, neu arrangiert); *Ballad Of A Thin Man* und *Like A Rolling Stone*. Gelegentlich spielte er auch *Positively Fourth Street*.

Ich besuchte zwei der Konzerte im Jahr 1966, am 24. und 25. Februar in Philadelphia. Ich weiß noch, daß sie mir gut gefielen, und ich erinnere mich, daß man während des elektrischen Teils den Gesang sehr schlecht hören konnte, was anscheinend auf den meisten der Konzerte 1965 und 1966 ein Problem war. Ich könnte nicht behaupten, daß ich mich sonst an viel erinnere. Es ist lange her. Außerdem war ich dadurch (angenehm) abgelenkt, daß ich am 24. Februar nachmittags einige Stunden damit verbracht hatte, Dylan in seinem Hotelzimmer zu »interviewen« (eigentlich mit ihm zu plaudern); ich erlebte seine Konzerte hinter der Bühne mit. Ich war damals in meinem ersten Jahr am College und hatte Exemplare der ersten beiden Hefte meines hektographierten Rock'n'Roll-Magazins an den Konzertveranstalter geschickt, in der Hoffnung, Freikarten zu bekommen (um ein Interview zu bitten, war mir erst danach in den Sinn gekommen). Der Veranstalter hatte die Hefte an Dylan weitergeleitet; sie gefielen ihm, und er lud mich über seinen Roadmanager zu sich ein.

Er war offen und freundlich, ganz anders als der Dylan, den offenbar viele andere Journalisten während dieser Jahre kennenlernten. Ich nehme an, mein Alter spielte eine Rolle, wie auch die Tatsache, daß ich nichts von ihm wollte; eigentlich war ich ja auch gar kein Journalist, oder wollte an diesem Nachmittag keiner sein. Statt eines »Interviews« bekam ich eine Vorstellung davon – die ich nicht in Worte zu fassen versuchen werde –, wer er war und wie er sich selbst sah während dieser Stunden, die wir zusammen verbrachten. Mehr als alles andere blieb bei mir der Eindruck zurück, daß er ein richtiger Mensch war und man dementsprechend mit ihm umgehen konnte.

Er wurde weniger geheimnisvoll für mich, menschlicher. Irgendwann erwähnte er einen Satz aus einem Artikel, den ich über Paul Simon geschrieben hatte und in dem ich diesen dafür lobte, daß er die »Dylansche Unsitte« endlos sich hinziehender Songs vermied. Er zog seine Augenbrauen hoch, und ich wand mich innerlich – es war mehr oder weniger eine wortlose Kommunikation, er griff mich nicht an, sondern gab mir auf behutsame Weise zu verstehen, daß dieser Kommentar ihn verletzte. Indem ich mich nicht verteidigte, gab ich meine gedankenlose Arroganz zu und entschuldigte mich auch. Ich glaube, damals habe ich gelernt, bewußter zu schreiben und die Verantwortung für das zu übernehmen, was ich schreibe, für die Meinungen, die ich vertrete, denn ich weiß heute, daß auf der anderen Seite immer ein Mensch stehen kann, der das, was ich sage, spürt und ihm eine Bedeutung beimißt.

Dieser Nachmittag mit Dylan bestärkte mich noch einmal in meiner Tendenz, Kunst als etwas zu betrachten, das nicht von weit entfernten Meistern hervorgebracht wird, sondern von echten Menschen, so wie ich, die Gefühle haben und nach Wegen suchen, wie sie diese zutreffend, ehrlich und offen ausdrücken können. Von diesem Standpunkt aus betrachtet ist Kunst etwas, das jeder, der sich dafür interessiert, direkt erleben und mit seinem gesunden Menschenverstand erfassen kann.

Die wenigen Publikums-Mitschnitte (meines Wissens drei) von der Tour im Winter 1966 geben nicht viel her, weil die Klangqualität sehr schlecht ist; der beste der drei (angeblich vom 6. Februar 1966 in Pittsburgh) ist allerdings die einzige bekannte Live-Aufnahme, auf der Dylan und die Hawks *Positively Fourth Street* spielen. Die Musik auf diesem Tape ist zwar solide gespielt, sonst aber nicht weiter bemerkenswert. Ich frage mich, ob auf anderen Aufnahmen von den 1966er Konzerten in den USA (falls noch welche auftauchen sollten) etwas Ähnliches wie die leuchtende Musik zu hören wäre, die Dylan solo und mit den Hawks in Australien und Europa spielte. Aber vielleicht wurde die Musik auch erst im Laufe der Tour besser – weil die Musiker den richtigen Groove gefunden hatten, weil sie Nordamerika hinter sich gelassen hatten oder (wahrscheinlich) weil schließlich alles restlos seltsam geworden war, völlig abgedreht, jenseits von Gut und Böse: »amazing weariness escaping on the run« (erstaunliche Müdigkeit auf der Flucht) und »senses stripped« (Sinne entblößt) für einen letzten – sechswöchigen – spektakulären Ausbruch halbbewußter Genialität.

Im Februar gab Dylan eine Woche lang Konzerte, machte vier Tage lang Aufnahmen zu *Blonde On Blonde*, dann wieder eine Woche Konzerte. Im März hielt er das Tempo aufrecht: ein paar Konzerte, dann ein paar Tage im Studio, um die Platte fertigzumachen, dann direkt weiter nach St. Louis, Nebraska, Denver, Seattle, Vancouver (wo ihn seine Frau besuchte).

Dylan und die Hawks flogen in einem kleinen Privatflugzeug von Konzert zu Konzert. Robert Sheltons Buch enthält ein faszinierendes Dokument aus dieser Zeit in Dylans Leben: die Wiedergabe eines Interviews mit Dylan (zum größten Teil ein Monolog), das im Flugzeug aufgezeichnet wurde, mitten in der Nacht, unterwegs zwischen Lincoln, Nebraska und Denver, Colorado. Die anderen Musiker schliefen. Dylan hatte eindeutig Amphetamine genommen. (Shelton gegenüber sprach er von »Medizin«; sechs Wochen später erzählte er einem Interviewer in Stockholm: »Ich bin die ganze Nacht wach gewesen... ich habe ein paar Pillen geschluckt.«) Die Druckfahnen von *Tarantula* lagen auf seinem Schoß, zusammen mit einem Stapel Gedichte, die ihm ein Fan am Flughafen gegeben hatte. Er erzählte Shelton: »Eine Tour wie diese bringt mich fast um... Seit Oktober geht das schon so... Das hat mich fast verrückt gemacht.« Und: »Auf der Bühne zu spielen, macht mir jetzt unheimlich viel Spaß. Vorher nicht, denn da wußte ich, daß das, was ich tat, einfach nichtssagend war...« Die Wörter purzeln nur so aus ihm heraus, der weltberühmte elektrische Avantgarde-Songwriter und Popstar Bob

Dylan auf freier Flugbahn – man muß den Text laut lesen, um ihn richtig goutieren zu können.

Am 13. April gab Dylan sein erstes Konzert in Australien. In den folgenden sechs Wochen sollte er dreiundzwanzig weitere Konzerte geben, in Australien, Skandinavien, Irland, Frankreich und Großbritannien. Diese Tour ist auf einer Handvoll unentbehrlicher Mitschnitte dokumentiert, die meisten davon unvollständige Bühnenaufnahmen (das heißt, sie wurden nicht im Publikum mit einem Cassettenrecorder aufgenommen, sondern über die P.A.): Melbourne, 19.-20. April (neun Lieder); Dublin, 5. Mai (sechs Lieder); Belfast, 6. Mai (ein Lied); Liverpool, 14. Mai (ein Lied); Manchester, 17. Mai (dreizehn Lieder); London, 26. Mai (sechs Lieder) und 27. Mai (sieben Lieder). Diese Aufnahmen, besonders das elektrische Set in Manchester (das als Bootleg-Platte unter dem falschen Titel *Live At Royal Albert Hall* weite Kreise zog), sind die bekanntesten und wahrscheinlich auch beliebtesten Live-Mitschnitte von Dylan.

Jede dieser Aufnahmen ist außergewöhnlich und verdient es, genau untersucht zu werden. Für dieses Buch beschränke ich mich auf das akustische Set des letzten Konzerts der Tournee in der Royal Albert Hall in London am 27. Mai und auf das elektrische Set in Manchester am 17. Mai. Einige weitere herausragende Interpretationen werde ich am Rande erwähnen, besonders die drei, die dem normalen Plattenkäufer via *Biograph* zugänglich sind.

Cameron Crowe spricht in den Anmerkungen zu *Biograph* von der »entrückten Stimmung« der Live-Version von *Visions Of Johanna* (am 26. Mai), und es stimmt: Die akustischen Lieder auf dieser Tournee klingen, als käme Dylans Stimme direkt aus dem Reich der Träume. Es herrscht eine intime und »andersartige« Atmosphäre, die so intensiv ist, daß man als Zuhörer sofort davon getragen wird, sobald ein neues Lied beginnt. *She Belongs To Me* in der Version vom 27. Mai ist außergewöhnlich, allerdings nicht wegen irgendwelcher Einzelheiten, die es von der Plattenversion unterscheiden. Zwar spielt Dylan hier länger und ausgesprochen ausdrucksvoll Mundharmonika, aber auch jede einzelne Silbe des Gesangs und jeder Anschlag auf der Gitarre vermitteln ungeheuer viel – genau wie in der LP-Version, nur intensiver. Man spürt das Vertrauen des Musikers auf seine Musik, ein überwältigendes Gefühl der Klarheit und Sicherheit. Das Lied ist eine sanfte, sehr persönliche, nicht übertragbare Einladung an den Zuhörer, sich der Macht der Musik hinzugeben – eine sich selbst erfüllende Verheißung der Schätze, die man auf diese Weise entdecken kann. Mir läuft es jedesmal kalt den Rücken herunter, wenn ich dieses Lied höre.

Fourth Time Around, Dylans zweites Lied an diesem Abend, ist das einzige Stück vom 27. Mai, von dem ich nicht absolut begeistert bin; wahrscheinlich, weil ich so an der Version vom 5. Mai in Dublin hänge. Als ich diese vor ein paar Jahren zum erstenmal anhörte, verwandelte sich das Lied von einer Sammlung einiger nicht besonders interessanter Zeilen zu einem lebendigen Film, der vor meinen Augen ablief. Und noch heute habe ich jedesmal, wenn ich diese Version höre, den Geruch von Alkohol und Sex in der Nase, höre, wie die gegenseitige Anziehung in den Stimmen in Mißtrauen und Selbstgerechtigkeit umschlägt, und sehe die bizarre, unwiderstehliche Szenerie unverbindlicher Beziehungen vor mir: Hausflure und herumliegende Kleider und, ganz dicht unter der Oberfläche des Vergnügens, die todernsten Themen »Schwäche« und »eigene Bedürfnisse«. Die Londoner Version hat auch diese entrückte Atmosphäre und ein paar schöne Momente der stimmlichen Modulation (Dylan neigte dazu, dieses dem Publikum neue Stück wie ein Betonungsexperiment zu singen), aber ich finde, er läßt sich hier von dem rhythmischen Gitarrenmotiv regelrecht hypnotisieren und singt den Text dadurch eher als Klang denn als Geschichte (eine durchaus interessante Herangehensweise). In Dublin dagegen will er den Inhalt der Geschichte vermitteln und nicht die einzelnen Wörter, und das gelingt ihm ausgezeichnet. Die rhythmische Walzerfigur, die den Song dominiert, steht weder aufdringlich im Vordergrund noch im Hintergrund, sondern im Zentrum der Interpretation, wo sie auch hingehört.

Visions Of Johanna (das dritte Lied des akustischen Sets) ist ideal für Dylans Stimme. Die Geschichte ist mehrdeutig, aber voller hübscher Details; das Lied bietet dem Sänger eine raffinierte Struktur, auf die er sich stützen kann, und zugleich eine enorme Freiheit. Auf den Konzerten am 26. und am 27. Mai singt Dylan jeweils denselben Text in demselben Arrangement, und doch kommen zwei völlig unterschiedliche Interpretationen dabei heraus, die beide unvergeßlich sind. Es ist alles eine Frage der Betonung, und damit meine ich nicht nur, welche Silbe oder auch welches Wort betont wird, sondern welcher der tausend Bilder- und Gefühlsstränge, die sich zum Lied zusammenfügen, hervorgehoben oder zurückgenommen und ein bißchen in diese oder in jene Richtung gedreht wird. Jedes Wort, jede Wendung kann jedesmal wieder ein ganz eigenes Leben annehmen.

Es ist offensichtlich, daß Dylan nicht denkt: »Was will ich mit dem Lied diesmal aussagen?« Er öffnet den Mund und singt, er nimmt die Gitarre in die Hand und spielt, und etwas fließt aus ihm heraus. Er versucht nicht, den Fluß zu lenken, seine Aufmerksamkeit ist vielmehr darauf ausgerichtet, alles zu vermeiden oder zu beseitigen, was im Weg stehen könnte: Gedanken, Zweifel, Befangenheit. Er hört, fühlt, reagiert und teilt sich mit, alles in einem Zug. Er ist ein Medium, über ihn drückt sich die Wahrheit aus.

Was Dylan uns auf diese Weise offenbart, ist, wie es sich anfühlt, in diesem Moment hier zu stehen. Das ist keineswegs trivial. In gewisser Weise ist es das einzige, worüber wir je miteinander sprechen können. Es besteht auch keinerlei

Einschränkung, wie viel oder wie tief wir empfinden können – entscheidend ist allein, wie sehr wir dazu bereit sind,
zu empfinden, uns mitzuteilen und uns auszudrücken. Ein
guter Live-Künstler zeichnet sich durch seine Präsenz auf der
Bühne und durch seine Fähigkeit aus, sein Engagement und
seine Intensität zu vermitteln. Wir als Publikum spüren, daß
unser Horizont erweitert wird; große Kunst steigert unsere
Bereitschaft und damit unsere Fähigkeit, Neues an- und aufzunehmen.

Die *Biograph*-Version von *Visions Of Johanna* (vom 26.
Mai) könnte schwerlich besser sein. Man muß sich nur einmal anhören, wieviel Gefühl Dylan in die Worte »trying to
be so quiet«, »our best to deny it« und »a handful of rain«
hineinlegt, und wie Stimme und Gitarre zusammen »from the
opposite loft« ausgestalten – man kann diese Zeilen hundertmal hören und immer noch wunderbare neue Aspekte entdecken, bevor man sich überhaupt mit den restlichen 90%
des Liedes beschäftigt hat. Aber ich würde mich nur ungern
auf die berühmte einsame Insel begeben, ohne die Version
vom 27. Mai dabeizuhaben, mit ihrer dichten Atmosphäre sü-
ßer Traurigkeit und ihren kurzen Momenten außerordentli-
cher Intensität (lebensbejahender Verzweiflung, um es mal so
zu sagen). Sie ist würdevoll, verführerisch, einfach großartig.
Dylan singt, als spürte er in seinen Knochen, daß er sich von
diesem Lied, das er fast sechs Monate lang jeden Abend gesungen hatte, gerade verabschiedete – er sollte es mehr als
sieben Jahre lang nicht mehr vor Publikum spielen.

Drei Tage zuvor war Dylan fünfundzwanzig Jahre alt geworden. Seine siebte Platte, *Blonde On Blonde*, war gerade
veröffentlicht worden (Mitte Mai), und die sehr ausgefallene Single von dieser LP, *Rainy Day Women # 12 & 35*, stand
bereits an der Spitze der amerikanischen Charts. Sie bestätigte Dylans Status als Popstar und oberste Kultfigur der neu
entstehenden Jugendkultur in Amerika und Europa, einer Be-

wegung, in der sich eine gegen Krieg und das Establishment gerichtete und für die Bürgerrechte engagierte politische Haltung, pubertäre Entfremdung, bewußtseinserweiternde Drogen und Rock'n'Roll zu einer konkreten Kraft bündelten. Es war etwas im Gange, und niemand wußte genau was, aber selbst der begriffsstutzigste Journalist konnte erkennen, daß Bob Dylan wie kaum ein anderer im Mittelpunkt des Geschehens stand.

Dylan war unterdessen auf seiner eigenen Entdeckungsreise. Er nahm jede Menge Drogen, besonders wenn er auf Tournee war (und er war seit August fast ununterbrochen auf Tournee). Er aß wenig und schlief selten, die übliche Lebensweise für einen Amphetaminkonsumenten. Amphetamine (Methedrin, Dexedrin, Benzedrin – alles, was unter dem Begriff »Speed« läuft) waren eindeutig seine bevorzugten Drogen, neben Marihuana und Haschisch. Was sonst noch so herumgereicht wurde, kann sich jeder selbst ausdenken – vermutlich etwas LSD; wahrscheinlich Barbiturate oder andere *downer* (Beruhigungsmittel), um wieder schlafen zu können; vielleicht DMT (eine bewußtseinserweiternde Kurzzeit-Droge, die hochgradig desorientierend wirkt); Vitamine (eine »respektable« Art von Speed); vielleicht auch eine gelegentliche Prise Opium, Kokain oder Heroin. Aber Speed und Marihuana waren sicher vorrangig. (Alkohol war mindestens seit seiner Collegezeit eine Lieblingsdroge von Dylan und ist es bis heute geblieben; ich weiß aber nicht, ob Dylan sich 1965-66 besonders dafür interessierte.)

Dylan benutzte die Drogen, genau wie jeder andere auch, um seine subjektive Realität zu beeinflussen. Er füllte die Leere, die Freiräume aus, wenn er auf Tour war. Er setzte Drogen ein – besonders die Amphetamine –, um sein außergewöhnlich hohes Maß an Kreativität und Produktivität aufrechtzuerhalten (1969 wurde er gefragt: »Haben die Drogen einen Einfluß auf deine Lieder gehabt?« »Nein«, sagte er, »auf das Liederschreiben nicht, aber sie haben mir dabei geholfen, auf der Bühne durchzuhalten.«)

Rainy Day Women # 12 & 35, Dylans Hit-Single mit dem Refrain zum Mitsingen – »everybody must get stoned« (Wortspiel: jeder muß mal stoned sein/gesteinigt werden) – war damals eine große Gaudi. Auf der Tour spielte er das Lied allerdings nicht. Auf dem Konzert am 27. Mai erzählt Dylan seinem Publikum, daß dies sein letztes Konzert in England sei (ein Kommentar, der oft falsch wiedergegeben wird, so als hätte er geschworen, niemals wiederzukommen). Er nutzt die Gelegenheit, um sich zu beschweren, daß der nächste Song (*Visions Of Johanna*) wohl ein typisches Beispiel für das sei, »... was eure englischen Musikzeitschriften einen ›Drogensong‹ nennen würden. Ich schreibe keine Drogensongs, habe es nie getan... Es ist einfach ordinär, das zu denken.« Zweifellos wehrt er sich hier eher gegen oberflächliche Deutungen von Liedern wie *Mr. Tambourine Man* oder *Just Like Tom Thumb's Blues*, als daß er das verspielte *Rainy Day Women # 12 & 35* verteidigen würde. Ironischerweise ist er höchstwahrscheinlich gerade völlig stoned, als er das sagt. Während er seine Gitarre für das nächste Lied stimmt, murmelt er zu jemandem im Publikum: »Tu das nicht – das ist furchtbar!« und kichert. Auf Fotos aus dieser Zeit sieht er immer erschöpft aus.

Und doch ging zu dieser Zeit die Rechnung in seinem Leben auf, soweit es um seine Musik und seine Auftritte ging (die in diesen Monaten, mehr als je zuvor seit seiner Collegezeit, seine große Leidenschaft waren). Es gelang ihm in den meisten Fällen, die richtige Kombination von Giften zu sich zu nehmen oder zumindest mit den Giften in seinem Körper zurechtzukommen und sich nicht von ihnen einschränken zu lassen (oder er setzte sie gar den Giften des Musikbusineß, der Medien, der Berühmtheit entgegen). Seine Musik kam von Herzen, er spielte mit großem Vertrauen, mit

Intuition, mit einer faszinierenden Mischung aus Kontrolle und Hingabe und – in den akustischen Stücken – mit einer enormen Verwundbarkeit. Er ging unglaubliche Risiken ein, und was dabei herauskam, überstieg alle Erwartungen.

Er wußte ganz genau, daß er Raubbau mit seiner Gesundheit trieb, daß er so nicht weitermachen konnte, daß er sich selbst Schaden zufügte. Aber zugleich war er begeistert von dem, was er erreichte, von seiner künstlerischen Leistung, egal, ob sich irgend jemand dafür interessierte. Er wußte, daß er außergewöhnliche Musik machte, besonders in den elektrischen Sets, die ihm am wichtigsten waren. Und die Aufnahmen weisen darauf hin, daß die Begeisterung und die Kreativität, zu der ihn die elektrische Musik inspirierte, auch auf seine Solo-Auftritte übersprang. Niemand kann von einem Künstler verlangen oder erwarten, daß er das Chaos und den Schmerz wieder aufleben läßt, die ihn irgendwann früher in seiner Laufbahn zu großen Kunstwerken inspiriert haben. Aber ebensowenig wird man ernsthaft bedauern, daß diese Phasen stattgefunden haben, oder sich wünschen, sie wären anders verlaufen.

Die Version von *It's All Over Now, Baby Blue* auf *Biograph* stammt von dem Konzert in Manchester am 17. Mai 1966 und ähnelt der Version vom 27. Mai: die gleichen wunderbaren Tricks bei der Betonung am Ende einzelner Wörter, der gleiche (jedenfalls sehr ähnliche) atemberaubende melodische Schwenk in dem Wort »home«, die gleichen beeindruckenden Mundharmonikasoli. Dieser Song hat eine so einfache und eindrückliche emotionale Message, daß er fast überall hinzupassen scheint. Dylans Gitarrenspiel ist ein rhythmisches Dröhnen, das die einzelnen Textzeilen hervorbringt, kommentiert und wieder in sich aufnimmt. Die Mundharmonika singt in einer hohen, einsamen und feierlichen Melodie von Erlösung.

Die letzten drei Lieder des akustischen Sets in dem Konzert am 27. Mai können sich mit den besten Arbeiten jeglichen Künstlers des zwanzigsten Jahrhunderts messen (ob Musiker, Maler, Dichter, Mathematiker...). Eine der Kontroversen, die es immer um Dylan gegeben hat, ist die Frage, ob er ein bedeutender oder auch nur guter Sänger ist. Die Antwort hängt natürlich davon ab, wie man bedeutenden Gesang definiert. Dylan ist ein Künstler, der sich ständig neue Welten erschließt – wie bei Picasso ist das manchmal eine Folge seines Ideenreichtums, manchmal seines Primitivismus, immer aber seiner Integrität. Zweifellos ähnelt er als Sänger Kafka, so wie Borges ihn 1951 in seinem Essay »Kafka und seine Vorläufer« beschrieben hat: Beide »erschaffen« ihre eigenen Vorgänger, indem sie ein Wertesystem vermitteln, das nicht neu ist, aber in dieser Konstellation vor Dylan bzw. Kafka nicht existierte. Natürlich ist es Dylans Schicksal, immer als unzulänglich beurteilt zu werden, solange man ihn mit kritischen Maßstäben mißt, die vor jenen Erneuerungen entstanden, an deren Durchsetzung er beteiligt war oder die er gar selbst bewirkte. Nichtsdestoweniger kann ich mir nur schwer vorstellen, daß irgend jemand *Desolation Row, Just Like A Woman* und *Mr. Tambourine Man* in den Versionen vom 27. Mai hören kann, ohne sofort jegliche vorgefaßte Meinung aufzugeben und anzuerkennen, daß es sich hier um außergewöhnliche Kunstwerke handelt, um eine Feier des Menschen und des kreativen Geistes. Wenn diese Songs nicht das Werk eines bedeutenden Sängers sind, wie sollen wir sie dann beschreiben?

Desolation Row ist vielleicht das ehrgeizigste und zugleich am besten gelungene populäre Kunstwerk seiner Zeit. Nicht, daß es so gewagt wäre, ein langes Gedicht zu schreiben; es aber als Lied zu schreiben, das gesungen werden soll, ist doch noch einmal etwas anderes... es so zu schreiben und dann selbst zu singen, mit vollstem Vertrauen, so als wäre jeder einzelne Atemzug von Bedeutung, ohne daß dieser Gedanke wiederum beunruhigend sein müßte, denn wenn man die Wahrheit vermittelt, kann es keinen falschen Atemzug geben – Dylan stellt sich dieser Herausforderung und bewältigt sie. Und nie ist ihm das besser gelungen als auf der Bühne dieses Konzertsaals in London, wo er das subjektive, verborgene Aroma der Realität in der Mitte des zwanzigsten Jahrhunderts und das Gefühl, wie es ist, in dieser Zeit zu leben, durch seine Stimme, seine Gitarre und seine Sprache hinausbläst, als sei er ein Saxophonist, der sein bestes Solo spielt. Er steckt alles hinein, heult die Gefühle aller stimmlosen Menschen in den Raum, hält sie jetzt und für immer in diesem Augenblick fest und bläst alles hinaus: durch die Dächer der Mietshäuser und an den Männern in den Docks vorbei, die kommen, um die Schiffe zu beladen; durch die kleinen Lautsprecher der Plattenspieler von College-Studenten, durch die Jukeboxen, über die Radiosender; durch Europa und Japan und Australien und Kanada und Brasilien. Und er ist couragiert genug, die Stille nicht nur als Klang auszudrücken, sondern tatsächlich in *Worten*, ohne dabei aber langsamer zu werden, er bläst alles hinaus über die allgegenwärtige, schlüpfrige und gefährliche Macht der Sprache, ohne zurückzublicken oder zu zaudern – außer so, wie die Wahrheit selbst zaudert auf ihrem Weg hinaus ins Tageslicht, über die unendliche Kurve hinaus in den interplanetarischen Raum. Gelassen und selbstsicher sagt er, was er zu sagen hat, läßt es schwingen, gibt alles hinein, läßt es sanft niedersinken und geht weiter, wenn alles vorbei ist, bereit, das nächste Lied zu singen.

Und das nächste Lied ist genauso bewegend, nur auf eine völlig andere Art, denn hier singt Dylan nicht mehr von einer Straße (*Desolation Row*), sondern wendet sich dem fast einzigen anderen Thema zu, das es gibt, nämlich einem Menschen (*Just Like A Woman*). Fünf Sekunden Mundharmonika kurz bevor die Stimme einsetzt, nach einem auf der Gitarre angeschlagenen Intro, und schon ist man zu Tränen gerührt. Dylans Stimme ist auf dieser Aufnahme unglaublich schön, so beunruhigend und nackt und überwältigend, wie sie nur klingen kann. Bedeutender Gesang?... Jahre später schrieb Dylan in einem Lied über eine Liebesaffäre: »I still can't remember all the best things she said« (Ich kann mich immer noch nicht an all die wunderbaren Dinge erinnern, die sie mir erzählte). Diese Aufnahme auf Band zu haben ist so, als könnte man sich an die Stimme der Geliebten nicht nur erinnern, sondern sie im Kopf ablaufen lassen, wann immer man es wagte.

Schließlich folgt Dylans Lied über einen Liedermacher, das Lied der Lieder, ein Bekenntnis zur Quelle der Musik, eine Segnung (so wie *She Belongs To Me* eine Beschwörung war): *Mr. Tambourine Man*. Als der Text anfängt und das Publikum das Lied erkennt, bricht es in lauten Applaus aus, und ich bilde mir ein, hören zu können, wie Dylan bewußt nicht innehält, sich nicht erlaubt, den Applaus zur Kenntnis zu nehmen: Wenn er es täte, würde er sich über die Begeisterung ärgern (er weiß, daß sie in Buhrufe und Feindseligkeit umschlagen wird, sobald er zum elektrischen Set wieder auf die Bühne kommt); nur die kleinste Spur von Ärger oder Unwillen aber würde ihn aus dem Fluß der Musik herausreißen. Also singt er weiter, ignoriert das Publikum, oder richtet sein Lied vielmehr an das »höhere Selbst« seiner Zuhörer, an jenen Teil von uns, der bereit und in der Lage ist, offen für jeden Ton zu sein, ihn völlig unbelastet zu hören, so als befänden wir uns in diesem Augenblick wirklich außerhalb von Zeit und Raum.

Denn das ist es, was die Magie dieser sieben Lieder ausmacht, das ist es, was Dylans Drogen ihm zeitweise (keiner weiß, zu welchem Preis) eingebracht haben: eine kaum vorstellbare Unbefangenheit, die uneingeschränkte Bereitschaft, alles, was er fühlt und was das jeweilige Lied ihm bedeutet, zu offenbaren, bedingungslos alles preiszugeben, wer auch immer gerade zuhören mag. Für uns Zuhörer bedeutet das, daß wir hören können, wie er sich in jedem Lied in jede einzelne Silbe hineinbegibt, sich in ihr aufhält und sie wieder verläßt. Wir sehen, was er sieht, hören, was er hört, und riechen, was er riecht. Wir teilen jeden Moment der Sicherheit und jeden Zweifel, selbst wenn diese Gefühle auf engstem Raum nebeneinanderstehen. Das Charakteristische an Dylans Sologesang auf diesem Konzert (und auf dieser Tour) ist seine unglaubliche Großzügigkeit. Ein anderes Wort dafür wäre Klarheit, oder auch Transparenz.

Auf dem Tape, das von diesem Konzert in Umlauf ist, fehlt die letzte Minute von *Mr. Tambourine Man* – die letzte Zeile des Refrains sowie das Mundharmonikasolo, das vermutlich folgte –, und irgendwie paßt das: Es erinnert daran, daß unsere Fähigkeit, uns ins Jahr 1966 zurückzuversetzen, ihre Grenzen hat, und verdeutlicht noch einmal, was für ein Wunder es ist, daß diese Aufnahmen überhaupt existieren. Das Mundharmonikasolo vor der letzten Strophe ist großartig, ein spontanes Gedicht, ein wortloses Update – Dylan tanzt vor unseren Augen, voller Liebe, Energie und Humor, und schreibt dabei alles, was er uns vorher zu erzählen vergaß, in Kurzschrift in die Luft. Und wenn wir zuhören, können wir ihn gar nicht mißverstehen.

Wenn man will, kann man sich nun eine kurze Pause vorstellen, während ein neues Band eingelegt wird, und dann befindet man sich in Manchester (Free Trades Hall) am 17. Mai. Es könnte aber genausogut dasselbe Konzert sein (manche Leute sind auch wirklich der Ansicht, daß die letzten beiden Songs auf dem Tape eigentlich von einem der Konzerte in London stammen). Dylan kommt mit einer elektrischen Gitarre wieder auf die Bühne, begleitet von fünf Männern, die er nicht vorstellt: Garth Hudson an der Hammondorgel, Richard Manuel am E-Piano, Rick Danko am E-Baß, Mickey Jones am

Schlagzeug und Robbie Robertson an der Leadgitarre. Ein paar Momente lang hört man (E-)Gitarrengeklimper, dann geht auf einen Trommelschlag hin ein Mordsgetöse los und Dylan beginnt über den Lärm hinweg zu singen. Der Engel, der nur Minuten zuvor mit solcher Klarheit seine Seele vor uns ausgebreitet hat, von Mensch zu Mensch, in einer so andächtigen Atmosphäre, daß man eine Stecknadel hätte fallen hören können, murmelt jetzt abfällig vor sich hin oder kreischt wie ein Verrückter, und die einzigen Worte, die man heraushören kann, sind: »But I know – that you know – that I know – that you show – something – is tearing – up your *mind* – Tell me momma – Tell me momma – Tell me momma, what is it? What's wrong with you – *this time*?« (Aber ich weiß – daß du weißt – daß ich weiß – daß man dir ansieht – daß dir etwas auf der Seele liegt – Sag mir, Alte – Sag mir, Alte – Sag mir, Alte, was ist los? Was ist *diesmal* mit dir los?)

1958 war Robert Zimmerman beim Hibbing High School Talent Festival mit seiner Band auf die Bühne gestiegen und hatte die lauteste Musik gespielt, die er nur spielen konnte; die Buhrufe und die Feindseligkeit, die er erntete, machten ihm entweder nichts aus oder spornten ihn sogar dazu an, mit noch mehr Power und Begeisterung zu spielen. In den elektrischen Sets während seiner Welttournee 1966 ging Dylan denselben musikalischen und theatralischen Impulsen weiter nach, in denen sich sein inneres Wesen eben genauso ausdrückte wie im Schreiben und Singen von *Hard Rain*, *Mr. Tambourine Man* und *Desolation Row*. »Wenn ich diese Sachen nicht schreiben würde, würde ich verrückt werden«, erzählte er 1963 einem Reporter, »ich habe alle diese Gedanken in mir, und ich muß sie aussprechen.« Um Dylans Musik zu verstehen, muß man sich nur daran erinnern, daß er Einfälle nicht unbedingt in Form von Worten oder Ideen hat. Sie kommen in Form von Klängen. In der außergewöhnlichen Musik, die er im Frühjahr 1966 mit den Hawks spielte, artikulierte er also Klänge, die schon in ihm existiert hatten – er hatte jetzt einen Weg gefunden, wie er sie herauslassen konnte. In einem Interview mit John Cohen 1968 erzählte Dylan: »Ich versuchte auf diesen Konzerten, die beiden Sachen [Folkmusik und Rock'n'Roll] nebeneinanderzustellen. Ich spielte die erste Hälfte akustisch und die zweite mit einer Band und dachte irgendwie, daß zwei Sorten Musik dabei herauskommen würden.« Das ist eine spannende Aussage, auf die leider nicht weiter eingegangen wurde: Kamen seiner Ansicht nach nun wirklich zwei Arten von Musik heraus oder nicht? In Manchester macht er eine Ansage, die er, glaube ich, seit Beginn der akustisch/elektrischen Tour auf jedem Konzert wiederholte: »Der nächste Song heißt *I Don't Believe You*. Er klang mal so wie vorhin, und jetzt klingt er so.« Diese Ansage erfolgt direkt vor dem zweiten Song mit Band, und man könnte sie als vermittelnd betrachten, als einen Versuch, seine künstlerische Entwicklung nachvollziehbar zu machen. Einige Zuhörer reagieren, indem sie das Mundharmonika-Intro am Anfang des nächsten Songs, *Baby Let Me Follow You Down*, durch langsames rhythmisches Klatschen übertönen, eine bewußt störende Handlung und vermutlich ein Protest gegen Dylans Rock'n'Roll-Interpretation. Dylan hält einen Moment lang inne, dann fängt er sehr entschieden wieder an und übertönt die Protestierenden.

Von diesem Zeitpunkt an wird das Konzert von der Konfrontation zwischen Dylan und dem unzufriedenen Teil seines Publikums geprägt, und das Schauspiel, das sich daraus entwickelt, hat zweifelsohne dazu beigetragen, daß diese Aufnahme so berühmt und beliebt ist (sie ist von einer ganzen Reihe verschiedener Kommentatoren als die beste oder eine der besten Rock'n'Roll-Live-Aufnahmen überhaupt bezeichnet worden). Dylan reagiert brillant und voller Energie, sowohl während er spielt als auch in zwei spontanen, ausgesprochen schlagfertigen Kommentaren zwischen den Stükken. Er entwaffnet die langsam Klatschenden, indem er undeutlich, aber in eindeutiger Erzähldiktion irgendwelche Nonsenswörter vor sich hinmurmelt. Als das Publikum dann aus Neugier doch leise wird, liefert Dylan die Pointe: »... wenn ihr nur nicht so laut klatschen würdet!« Das ganze Publikum (vermutlich sind die Protestierenden eine Minderheit, wenn auch eine laute und machtvolle) lacht und applaudiert, und Dylan und die Hawks dröhnen mit *One Too Many Mornings* los. Die andere inzwischen historische Episode trug sich vor dem letzten Lied zu: Man hört jemanden laut und deutlich »Judas!« rufen (woraufhin viele in der Menge applaudieren – fast so, als seien sie bei einem Boxkampf, bei dem jeder Treffer bejubelt wird, egal, woher er kommt), und dann folgen noch einige weitere, aber unverständliche Rufe aus dem Publikum. Dylan antwortet laut und mit großer Würde: »I don't believe you« (Ich glaube dir nicht), wobei er das Wort »believe« sehr lang zieht, und schlägt seine Gitarre an; man hört den ersten Akkord des nächsten Stücks und Dylan sagt, noch lauter und mit perfektem Timing: »You're a *liar*!« (Du lügst). Das nächste Lied ist *Like A Rolling Stone*.

Dieser exquisite dramatische Augenblick – wie auch der gesamte Kontext des Kampfes, den Dylan austrägt, indem er seine Lieder vor einem skeptischen, feindseligen, ablehnenden Publikum singt – gibt dem Konzert natürlich das gewisse Etwas, das es denkwürdig macht und das auch unser Interesse an den musikalischen Aspekten des Mitschnitts weckt: Wir wollen die Aufnahme mögen und würdigen, und so hören wir sie uns mehrmals wohlwollend an, bis die wachsende Vertrautheit mit der Musik uns ihre Form und Sprache verständlich macht und es uns so ermöglicht, sie als das beeindruckende Kunstwerk zu erfahren, das sie ist. Mir ist es allerdings sehr wichtig, darauf hinzuweisen, daß der dramatische Kontext die Musik zwar hervorhebt und leichter zugänglich macht, nicht aber Grundlage ihrer Qualität ist.

Die Berühmtheit dieses Auftritts und die Legende, die sich um Dylans frühe Konzerte mit den Hawks (bzw. The Band) rankt – eine Legende, die zum größten Teil auf dieser Aufnahme beruht, da nur sehr wenige andere Aufnahmen von gemeinsamen Auftritten im Umlauf sind – haben auf längere Sicht eine wohl unvermeidliche schädliche Auswirkung gehabt: Fans (Pseudo-Kenner) und Kritiker schenken Dylans Live-Musik kaum Beachtung, sind insbesondere nicht bereit, sich der Form und Sprache zu öffnen, die der Künstler verwendet, behaupten, daß er nicht seinem früheren Niveau entspreche (die übliche Reaktion der Kritiker und Fans auf jeden großen Künstler, der kreativ bleibt) und lehnen die Musik folglich ab: »Warum spielt er nicht so wie 1966?«

Wenn man Dylan als Künstler statt als Held oder Symbolfigur (oder als Thema für eine Biographie) betrachten will, dann muß man die speziellen Umstände dieses Konzerts beiseite lassen (manche Leute im Publikum waren deswegen so verärgert, weil sie dachten, ihr Idol verkaufe seine Unabhängigkeit an das Establishment der Popmusik) und statt dessen genauer untersuchen, was Dylan beabsichtigte und was er erreichte.

Er sagte, er habe versucht, zwei Sachen nebeneinanderzustellen. Vereinfachend könnte man sagen, daß er in der ersten Hälfte des Konzerts seinen Fans das gab, was sie wollten, und sie dann in der zweiten Hälfte mit dem »neuen Dylan« konfrontierte. Oberflächlich gesehen trifft das die Sache, aber man muß sich nur die Auswahl der Lieder ansehen (kein *Blowin' In The Wind*, auch kein einziges anderes Lied von seinen ersten vier Platten; drei der sieben Songs waren dem Publikum neu) und sich die Musik anhören, um zu erkennen, daß er in seinem akustischen Set keineswegs auf Nummer Sicher ging oder gar das Publikum verhöhnte. Im Gegenteil, die Songauswahl stellt hohe Anforderungen (an Musiker und Zuhörer gleichermaßen), und Dylan spielt sich die

Seele aus dem Leib. Im ganzen akustischen Set hören wir den »neuen Dylan«, der leidenschaftlich etwas Neues und für ihn selbst Bedeutungsvolles schaffen will.

Im elektrischen Set arbeitet derselbe Mann mit denselben kreativen und musikalischen Visionen in einem anderen Kontext, einer anderen musikalischen Form. Der größte Unterschied ist der, daß er in dieser Hälfte des Konzerts nicht alleine spielt. Der sichtbare Unterschied besteht darin, daß er elektrische Gitarre spielt und mit einer Rockband arbeitet, aber darin drückt sich nur aus, was er hören will, wenn er mit anderen Musikern zusammenspielt. Er will einen lauten und rhythmischen Sound. Der wichtigste musikalische Unterschied ist, glaube ich, daß ein Schlagzeuger dabei ist. In der ersten Hälfte stehen die Liedtexte im Mittelpunkt des Konzerts, sie werden von Dylans Stimme mit der Musik verbunden. Die Lieder beziehen ihr Leben aus der Stimme und ihre Identität aus dem Text, während Gitarre und Mundharmonika sie einrahmen und gestalten. Die Gitarre vermittelt und trägt den Rhythmus, aber der wirkliche Rhythmus des Songs liegt im Text, im Fluß der Sprache; die Gitarre setzt Akzente und Gegengewichte.

In der zweiten Hälfte des Konzerts hat die Musik zwei Mittelpunkte, nämlich Dylans Stimme und das Schlagzeug. Es ist, als stände Dylan dem Schlagzeug gegenüber und sänge zu ihm (musikalisch gesprochen) und als wäre die übrige Musik um dieses Zwiegespräch herum aufgebaut. Die Texte sind untergeordnet, sie sind Material, mit dem Dylans Stimme arbeiten kann, so wie ein Schlagzeuger mit den Fellen seiner Trommeln. Anstelle der Stimme übernimmt es hier der Baß (oder manchmal das Klavier), den Mittelpunkt der Musik mit dem Rest des Geschehens zu verbinden. Und es geschieht eine ganze Menge. Während die akustische Musik *ein* Vorgang ist, der ergänzt, eingefärbt, verziert wird, setzt sich das elektrische Set aus verschiedenen Vorgängen zusammen (wunderbare Läufe auf der Leadgitarre, kurze Orgeleinlagen, Melodien, Texte, Betonungen im Gesang, treibende Rhythmen, Akkorde und Disharmonien). Das wichtigste Ziel der sechs Musiker ist es, alles zusammenzuführen; sie richten ihre ganze Aufmerksamkeit und ihr ganzes Streben darauf aus, etwas zu erschaffen, das man nur »Klang« nennen kann. Sie erzeugen diesen Klang in dem Moment, wo sie beginnen, das Lied zu spielen, und hören nicht damit auf, bis das Lied vorbei ist. Und im Mittelpunkt dieses Klangs stehen die Stimme (nicht der Text) und der Rhythmus.

Dylan orientierte sich an seinem Auftritt in Newport, wo er erst elektrisch gespielt hatte und dann mit der akustischen Gitarre auf die Bühne zurückgekommen war, drehte aber die Reihenfolge um. Er schuf eine Konzertstruktur, die es möglich machte, diese beiden sehr verschiedenen musikalischen Ansätze nebeneinander zu erfahren, und drückte auf diese Weise aus, daß sie für ihn tatsächlich nebeneinander existierten, ein Ganzes darstellten und nicht ein Entweder/Oder. Es war seine Art, die Wahrheit über seine Erfahrung von Musik zu sagen. Nicht nur der elektrische Teil, sondern das gesamte Konzert war unerhört radikal.

Dylans Musik auf dem Konzert in Manchester vermittelt in erster Linie die Energie, die sich aus diesem radikalen Experiment und seinem zunehmenden Erfolg entwickelte (erst in Australien und Europa fügte sich alles so richtig zusammen) und weniger seinen Ärger über das Verhalten des Publikums. Es ist oft von dem Schmerz gesprochen worden, der in Dylans Gesang auf diesem Konzert zu spüren ist. Er ist vorhanden, daran besteht kein Zeifel, aber etwas anderes ist noch deutlicher zu spüren: Dylans grenzenlose Freude. Auch D.A. Pennebaker, der die Konzerte filmte, war von ihr ganz besonders beeindruckt: »Das war das erste Mal, daß ich ihn beim Musikmachen so richtig glücklich erlebte. Er hüpfte wie eine Heuschrecke mitten im Geschehen umher. Und die Musik war einfach unglaublich. Der Sound dieser Band war der beste Sound, den ich je gehört habe.«

In den fragmentarischen Filmmitschnitten der Konzerte in Europa, die in dem Experimentalfilm *Eat The Document* enthalten sind, kann man Dylan herumspringen und mit den Hawks Musik machen sehen (der Film wurde von Dylan, Howard Alk und Robbie Robertson 1967 aus Material zusammengeschitten, das Alk und Pennebaker 1966 gedreht hatten). Leider sind keine vollständigen Lieder dabei, nur kurze Eindrücke – eine großartige Minute von *Baby Let Me Follow You Down*, zwei Minuten von *One Too Many Mornings*, drei Minuten von *I Don't Believe You* (mit schönen Aufnahmen von Dylans Händen, die sich beim Mundharmonikaspielen wild bewegen, voller nervöser, kreativer Energie). Auch von den meisten anderen Stücken aus dem elektrischen Set sind kurze Aufnahmen dabei, außerdem zweieinhalb sehr schöne Minuten von *Mr. Tambourine Man*, in deren Mittelpunkt ein wunderbares Mundharmonikasolo steht. Weitere Auftritte, die man durch das Schlüsselloch von *Eat The Document* beobachten kann, sind *I Still Miss Someone* im Duett mit einem verausgabten Johnny Cash hinter der Bühne, und drei Szenen in Hotelzimmern, wo Dylan Gitarre spielt und singt (man kann den Text nicht immer verstehen, aber die Stimme ist sehr schön) und von Robbie Robertson auf der akustischen Gitarre begleitet wird. Dylan singt drei Lieder, an denen er offenbar gerade arbeitete – winzige Hinweise darauf, was er als nächstes wohl geschrieben und gespielt hätte, wenn die Geschichte eine andere Wendung genommen hätte. Sie klingen fast wie traditionelle Folksongs, aber natürlich wissen wir nicht, wie Dylans andere Lieder zu dieser Zeit klangen, als er sie am Anfang vor sich hinspielte. Die Titel könnten ungefähr gewesen sein: *On A Rainy Afternoon*, *What Kind Of Friend Is This?* und *I Can't Leave Her Behind* – »where she leads me I do not know« (wohin sie mich führt, weiß ich nicht), singt er mit seiner sympathischen, hohen, verwundbaren Stimme. Irgendwo gibt es sicherlich noch mehr Filmmaterial, sowohl von den Konzerten als auch von ihrem Umfeld, das eines Tages vielleicht auftauchen wird – die Zeitmaschine hat ihre letzte Reise noch nicht hinter sich.

Auf der LP *Biograph* (auf der CD nicht) geht die Live-Version von *I Don't Believe You* aus Belfast am 6. Mai 1966 direkt in *Visions Of Johanna* vom 26. Mai 1966 über. Die Lieder fließen sehr schön ineinander, und ich bezweifle, daß viele Zuhörer im Kontext dieses Albums (ein Querschnitt durch Dylans Musik über zwanzig Jahre) bewußt registrieren würden, daß das erste Lied mit einer Rockband eingespielt ist und das zweite solo und akustisch. Die Stücke haben ähnlich viel Energie – beide sind sehr rhythmisch und sehr melodisch – und werden von derselben Stimme gesungen. Natürlich klingen sie verschieden, da die Instrumentierung ganz unterschiedlich ist, doch im Kontext der Platte erscheint dies auch nicht bedeutsamer als die inhaltliche Differenz oder andere Eigenschaften, die einen Song vom anderen abheben. Doch als der Übergang vom »Folk-Dylan« zum »elektrischen Dylan« noch frisch war (so wie später der vom nicht-christlichen zum christlichen Dylan), da schien diese Unterscheidung für viele Fans gleichbedeutend mit dem Ende – zumindest dem Ende der Beziehung zu dem verehrten Sänger. Schon dies allein beweist, wie sehr der Live-Künstler mit seiner *performance* auf unser Leben einwirkt. Wenn er immer wieder unser Innerstes berührt, während er gen Süden blickt, und sich dann plötzlich gen Westen wendet und dorthin singt, dann kann uns das dazu veranlassen, in den Krieg zu ziehen – im Namen dessen, der er geworden ist, oder der er einmal war.

Die erste Live-Aufnahme von Dylan, die je veröffentlicht wurde – und bis 1970, neun Jahre nach Beginn seiner Musikerkarriere, auch die einzige –, war *Just Like Tom Thumb's Blues* von dem Konzert am 14. Mai 1966 in Liverpool. Es war

die B-Seite der Single *I Want You,* die im Juni 1966 herauskam. (Sie ist leider nicht mehr erhältlich, es sei denn, man
kann die japanische Dylan-Platte *Masterpieces* aus dem Jahr
1978 auftreiben.) Die Interpretation ist großartig und mit den
besten Momenten des Konzerts in Manchester vergleichbar.
Der rhythmische Kern der Musik ist so solide wie das in dieser materiellen Welt nur möglich ist, Dylans Stimme ist so
lebendig und durchdringend wie die Stimme Gottes in einem
Alptraum, und die Band – besonders Orgel und Leadgitarre
– spielt mit der hellen Intensität und Vielschichtigkeit eines
Acid-Trips, für den Jackson Pollock und Vincent Van Gogh
die Kulissen entworfen haben. Diese Platte, die wir im Sommer 1966 am Harvard Square immer wieder in der Jukebox
laufen ließen, leistete mit Sicherheit einen weiteren Beitrag
zu Dylans geheimnisvoller Aura. Was konnte das bedeuten,
daß irgendwo jemand solche Musik machte?

Dylan zeigte auf dieser Welttournee sehr häufig die seltene Fähigkeit, völlig im Moment zu leben, wenn er auf der
Bühne stand; er nahm nicht bewußt wahr, was um ihn herum geschah, sondern er war einfach intuitiv auf derselben Wel-
lenlänge. Sein: »You're a liar!« in Manchester ist ein Ergebnis
dieses Zustands; ein weiterer, ganz anderer, aber genauso schöner Wortwechsel mit jemandem aus dem Publikum ist kürzlich auf einer Aufnahme von drei Liedern aus dem elektrischen Set in Melbourne am 19. oder 20. April 1966 aufgetaucht. Dylan macht eine ungewöhnliche, ironische, aber sehr
aufschlußreiche Ansage zu *Just Like Tom Thumb's Blues,* die
es wert ist, komplett wiedergegeben zu werden:

Das nächste Stück handelt von einem Maler unten in Mexico City,
der dauernd von Nord-Mexiko hoch nach Del Rio, Texas fährt; er
heißt Tom Thumb und, äh, er ist jetzt ungefähr 125 Jahre alt, aber er
fährt immer noch. Alle mögen ihn sehr da unten, er hat einen Haufen Freunde, und, äh, hier ist er mit seiner Malerei gerade in seiner
blauen Phase, und er hat endlos viele Bilder gemalt, das kann man

sich überhaupt nicht vorstellen. Das hier ist sein Bild aus der blauen Periode, ich widme ihm dieses Lied, es heißt ›Just Like Tom Thumb's *Blues*‹.

In dem Moment, wo er den Titel des Songs nennt, bricht eine junge Frau im Publikum in gellendes, aufgeregtes Kreischen aus, das einige lange Momente anhält (und Gelächter und Applaus im Publikum hervorruft) – die Art von Reaktion, die man im selben Jahr bei Beatles-Konzerten ständig hören konnte, die aber bei Dylan sehr selten war. Als sie schließlich aufhört zu kreischen, fragt Dylan mit freundlicher, etwas zögerlicher Stimme und mit makellosem Timing: »Du kennst Tom Thumb wohl?« Direkt danach fängt die Band mit dem Lied an.

Es ist dieses direkte Reagieren, diese Fähigkeit, völlig im Moment aufzugehen (weniger eine intellektuelle als eine spirituelle Eigenschaft), die auch die absolut außergewöhnliche Zusammenarbeit zwischen Dylan und seinen Musikern ermöglicht. Ich habe schon erwähnt, daß Dylan die Musiker, mit denen er zusammenarbeitet, wie Instrumente spielt, so daß jeder Ton der Band Ausdruck seiner persönlichen Gefühle ist. Anders und vielleicht präziser formuliert könnte man sagen, daß ihm eine ganz besondere Empfänglichkeit zu eigen ist, die es ihm erlaubt, sich den Gefühlen der Gruppe als einem Ganzen zu öffnen, so daß sich dieses gemeinsame Gefühl dann auf der Bühne sowohl in seiner Stimme als auch in der gemeinsam gespielten Musik ausdrückt. Paradoxerweise hat Dylan, wenn er in der ersten Hälfte des Konzerts seine komplexen Lieder sanft und verwundbar allein auf der akustischen Gitarre vorträgt, in gewissem Sinne eine sehr männliche, eine Yang-Position inne: Er steuert bewußt, was geschieht, kontrolliert seine Stimme, sein Timing, die Mundharmonika, die Gitarre. Wenn er dagegen im elektrischen Set von der Band begleitet hitzig und aggressiv Rock'n'Roll singt, dann ist er in einer eher weiblichen, empfangenden Position, in der er unablässig auf die anderen Musiker und auf die Musik als Ganzes reagiert, eingeht und sich davon tragen läßt. Zugleich hält er durch seine Bereitschaft, das, was geschieht, zu akzeptieren und damit zu arbeiten, alles zusammen. Dies war (und ist es in den meisten Fällen immer noch) das Prinzip, nach dem er mit anderen Musikern zusammenspielte, auf der Bühne wie im Studio: kein Plan, keine Leitung, einfach spielen und dem Unerwarteten Raum schaffen, auf die Musik reagieren und kreativ damit umgehen, während sie sich ereignet. Robbie Robertson erinnerte sich 1975 in einem Gespräch mit Larry Sloman: »Wir spielten völlig jenseits von Gut und Böse, wir wußten nicht mal, was zum Teufel wir da gerade taten, denn er wollte die Lieder nicht üben. Es gab nur eins: Spielen.«

Der Satz: »to live outside the law you must be honest« (um außerhalb des Gesetzes zu leben, muß man ehrlich sein) paßt hier gut. Wenn man ohne Plan oder Arrangement Musik machen will, dann bleibt einem nichts anderes übrig, als sich selbst absolut treu zu bleiben und dabei offen für alles zu sein, was sich beim Spielen womöglich entwickelt.

Man muß sich einmal klarmachen, was es heißt, diese Haltung in einem so extremen Maß zu leben und in seiner Kunst umzusetzen, wie Dylan es in den beiden Sets seiner Konzerte 1966 tat – er gab alles, einfach alles, und dann ein paar Minuten später wieder, und am darauffolgenden Tag ebenfalls, immer und immer wieder. Diese Konzerte leuchteten von innen heraus, weil der Sänger für seine Kunst lebte, sich im wörtlichen Sinne völlig verausgabte – nicht dem Publikum zuliebe und ganz gewiß nicht aus Pflichtgefühl, sondern aus reiner Freude: Hier war einer mit unerschrockenen Gefährten auf dem Weg in fremde musikalische Gefilde, um Licht ins Dunkel des Unerforschten zu bringen.

Ich habe nicht viel über die einzelnen Titel gesagt, aus denen sich das elektrische Set in Manchester zusammensetzt, denn sie sind ausgesprochen vielschichtig und reichhaltig, und es bedürfte einer neuen Sprache, um sie zu besprechen. Außerdem weiß ohnehin jeder Bescheid – »everything I'm saying, you can say it just as good« (alles, was ich sage, könnt ihr genauso gut sagen). (In Manchester singt Dylan diesen Satz mit einer Erschöpfung, an deren Wurzel eine außergewöhnliche, unverwüstliche Kraft zu spüren ist; sie wird von wahrhaft beredten und atemberaubend schönen Gitarrenklängen, Orgel-Riffs und Trommelschlägen kommentiert.) Die einzelnen Lieder fließen zu einem großen Musikstück zusammen, das sich vom explizit Sexuellen (*Tell Me, Momma; I Don't Believe You; Baby Let Me Follow You Down*) hin zu einem komplexeren, weniger genau identifizierbaren, emotionaleren Bereich bewegt (*One Too Many Mornings, Ballad Of A Thin Man, Like A Rolling Stone*). Die Version von *Ballad Of A Thin Man* dürfte wohl die stärkste sein, die ich je gehört habe. Die Band (einschließlich des Sängers) hat den richtigen Groove gefunden, und zwar wirklich den richtigen – diese Musik ist einen Ozean breit und hundert Lichtjahre lang, und sie endet pünktlich: die Unendlichkeit in wenige Minuten zusammengefaßt.

Like A Rolling Stone schließlich kann sich, obwohl das unmöglich scheint, mit dem Original messen: Es ist völlig neu und genauso intensiv. Diese Version des Liedes ist »apokalyptisch« genannt worden, was, glaube ich, bedeutet, daß sie die Zerstörung der Welt, so wie wir sie kennen, ankündigt und sogar feiert. Kann man so etwas Abend für Abend wiederholen? Einer anderen Definition zufolge ist etwas apokalyptisch, wenn es »symbolisch die endgültige Zerstörung des Bösen und den Triumph des Guten darstellt«. Wow. Wie hieß noch gleich der Schlagzeuger? Mickey Jones. Vielleicht ist er für den Unterschied zwischen den Konzerten der Welt-tournee und den vorangegangenen verantwortlich...

Am 27. Mai in der Royal Albert Hall ging diese Tour jedenfalls zu Ende, und die Informationen über die folgenden Monate sind vage. Vermutlich fuhren alle nach Hause, und Dylan kam endlich einmal dazu, mit seinem kleinen Sohn zu spielen; außerdem erinnerte ihn sein Manager wahrscheinlich daran, daß er *Tarantula* für Macmillan fertigstellen oder für den Druck freigeben mußte, daß er eine einstündige Fernseh-Sondersendung für ABC-TV abzuliefern hatte, für die er schon bezahlt worden war (das war der Anlaß für die Filmaufnahmen in Europa gewesen), und daß er sich auf die nächsten 64 Konzerttermine in den USA vorbereiten sollte, die für den Sommer und bis in den Herbst hinein geplant waren.

Doch dieser Herbst fand so nie statt. Statt dessen stürzte Bob Dylan, Rockstar, am 29. Juli 1966 mit seinem Motorrad, als er in der Nähe seines Hauses in Woodstock herumfuhr. Künstler in jeder Lebenslage, erkannte er darin eine Möglichkeit, der Welt, wie er sie bis dahin gekannt hatte, ein Ende zu setzen – und er zögerte nicht, es zu tun.

Ehemann und Vater

August 1966 – Dezember 1973

*»Das war ein Zwischenfall, und ich habe ihn überlebt;
aber was ich danach durchgestanden habe, war viel
härter als der Motorradunfall. Der Unfall war nur
physisch, aber es gibt manchmal Dinge im Leben, die
man nicht sehen kann und die schwieriger zu überstehen sind als etwas, das sich definieren läßt.«*

Bob Dylan, 1978

Eat The Document und die Basement Tapes

Im Laufe von zweieinhalb Jahren, vom Januar 1964 bis zum Mai 1966 veröffentlichte Bob Dylan fünf außergewöhnliche Platten, eine intensiver, komplexer, revolutionärer als die andere. Er trat während dieser gesamten Zeit auf; seine gelegentlichen freien Monate fielen gegenüber dem vollen Programm, während er auf Tournee war, kaum ins Gewicht – oft gab er drei oder vier Konzerte pro Woche. Er nahm an endlos vielen Pressekonferenzen und Interviews teil. Er schrieb viel; wenn er nicht selbst im Radio zu hören war, dann sang jemand anders seine Songs, und es schienen ständig neue Lieder dazuzukommen. Die Zahl seiner Zuhörer stieg, und mit ihr wuchsen die Erwartungen, die an Dylan gerichtet wurden – von seinem Publikum und auch von ihm selbst.

Und dann plötzlich... Stille.

Nach dem Motorradunfall verging ein Jahr, bevor Dylan irgendeine Art von Interview gab, bevor seine Fans zum erstenmal direkt bestätigt bekamen, daß er noch am Leben war und sprechen konnte. Anderthalb Jahre verstrichen, bevor er eine neue Platte veröffentlichte. Ebenfalls anderthalb Jahre dauerte es, bevor er wieder vor Publikum spielte: drei Lieder in der Carnegie Hall im Januar 1968. In den siebeneinhalb Jahren zwischen Mai 1966 und Januar 1974 gab Dylan nur ein richtiges Konzert (ein einstündiger Auftritt im August 1969). Er beendete seine Tour 1966, als er gerade 25 Jahre alt geworden war, und begann seine nächste Tournee im Alter von 32 Jahren.

Das erste Jahr der Stille war das dramatischste, weil es auf eine so fruchtbare Phase folgte und in eine Zeit fiel, in der das öffentliche Interesse an Dylan sehr groß war – und weil außer seinen nächsten Freunden niemand wußte, wie schwer er verletzt war.

Der Unfall war eigentlich nicht so schlimm gewesen. Dylan verletzte sich einen Halswirbel, war benommen, kam ins Krankenhaus und mußte eine Weile lang eine Halskrause tragen. Die Geschichte, daß ihn der Unfall völlig außer Gefecht gesetzt habe und daß er fast umgekommen sei, hatte sein Manager in die Welt gesetzt, um die versprochene Fernsehsendung und das Buch aufschieben und die 64 Konzerttermine absagen zu können. (Die ersten beiden Auftritte hätten in der Yale Bowl und im Shea Stadium in New York stattfinden sollen, beides riesige Arenen, die zeigten, daß Dylan auf einem Level im Popstardasein angelangt war – oder gerade dorthin manövriert wurde –, den außer ihm nur die Beatles erreicht hatten). Dylan für seinen Teil nutzte den Unfall als Entschuldigung und als Gelegenheit, »nein« zu seinem Manager zu sagen: nein, er wollte eine Weile lang nicht mehr auf Tournee gehen; nein, er wollte nicht sagen, wann er das Buch abgeben, die Fernsehsendung fertigstellen, seine nächste Platte einspielen würde.

Aber der Unfall war auf jeden Fall mehr als der Grund für eine Entschuldigung. Er war ein Wendepunkt. Dylan erzählte Shelton, er sei drei Tage lang ununterbrochen wach gewesen, bevor er mit dem Motorrad stürzte. Das weist darauf hin, daß er seinen Amphetamin-Lebensstil unverändert beibehalten hatte, nachdem er von der Tournee heimgekommen war. In den Monaten nach seinem Unfall veränderte sich Dylans Leben radikal: Er stieg aus dem Starrummel aus, zog sich aus dem Rampenlicht zurück (flüchtete), er hörte außerdem auf zu rauchen und – davon kann man wohl ausgehen – Drogen zu nehmen sowie den Frauen nachzusteigen. Eine seiner Lieblingsbeschäftigungen nach dem Unfall war, wie er Freunden gegenüber und später auch in Interviews berichtete, die Bibel zu lesen. Er wurde Familienvater. Der Unfall war ein Moment des Erwachens, eine sein Leben verändernde, womöglich lebensrettende Gelegenheit, eine Bestandsaufnahme zu machen, die eine dramatische Verschiebung seiner persönlichen Werte bewirkte. Man könnte durchaus sagen, daß es ein Segen für ihn war, erst »ganz unten« zu landen und dann eine Phase der Erholung anschließen zu können. Dylan beschrieb seine Erfahrung 1978 so: »Der Große Geist sagte mir, daß ich Ruhe brauchte.«

Bob Dylan gab jedoch weder die Musik noch den Alkohol auf, jedenfalls nicht lange. Die Fährte der Mitschnitte setzt ungefähr im Juni 1967 mit den entspannten, alkoholgetränkten Aufnahmen wieder ein, die Dylan mit den Musikern von The Band zuhause produzierte und die als Basement Tapes bekannt geworden sind.

Davor (ungefähr im Herbst 1966) hatte Dylan zusammen mit Howard Alk die erste halbe Stunde eines Fernsehfilms aus dem Filmmaterial zusammengeschnitten, das im Mai 1966 in Europa aufgenommen worden war. Sie blieben mit der Arbeit stecken – Dylan hatte zu dieser Zeit offensichtlich nicht die Energie, um lange kreativ zu arbeiten – und luden Robbie Robertson nach Woodstock ein, der das Projekt abschließen sollte. Er tat dies im gleichen Stil, in dem Dylan und Alk die Arbeit begonnen hatten; ABC erhielt den Film und lehnte ihn ab. Der Film war hochexperimentell: Alk und Dylan hatten das Filmmaterial, das sie interessierte, in kleine Teile geschnitten und durchnumerierten Kategorien zugeordnet (zum Beispiel »Zug«-Ausschnitte, Ausschnitte, in denen Fans ihre Meinung sagen, und so weiter). Dann versuchten sie einen musikalischen Rhythmus zu erzeugen, indem sie diese kleinen Filmsegmente orchestrierten, als stünde jede Zahl für einen Ton oder einen Akkord. »Ich bin ein mathematischer Sänger«, sagte Dylan einmal, und als Filmemacher wollte er genauso sein.

Eat The Document (Iß das Dokument) war, wie der Titel schon andeutet, mit einer ganz bestimmten Absicht hergestellt worden: Dylan verweigerte sich hier dem gemeinsamen

Wunsch der Öffentlichkeit, des Fernsehsenders, der den Film in Auftrag gegeben hatte, und des Kameramanns D.A. Pennebaker (der während Dylans England-Tournee im Jahr zuvor *Don't Look Back* gefilmt und geschnitten hatte), die alle Dylan, seine Auftritte sowie das ganze Umfeld der Tournee dokumentieren und so festhalten wollten. Dylan aber wollte sich nicht wie ein Schmetterling aufspießen und vorführen lassen, und das spricht für ihn (so gerne ich auch eine Filmdokumentation der Tour 1966 hätte). Er wollte einen Film, der kreativ genauso befriedigend und radikal war wie seine Musik, etwas Rhythmisches, Melodisches, Visuelles, Pulsierendes, eine andere, wahrhaftigere Methode, die Realität zu sehen und zu erfahren. Das war ein hoher Anspruch. Und doch ist *Eat The Document* – dafür, daß es ein erster Versuch ist – erstaunlich gut gelungen. Zusätzliche Bedeutung gewinnt der Film dadurch, daß er eindeutig ein früher, sehr grober Entwurf zu Dylans meisterhaftem Film *Renaldo & Clara* aus dem Jahr 1977 ist.

Robbie Robertson hatte sich, während er *Eat The Document* schnitt, in Woodstock aufgehalten und Gefallen an der Gegend gefunden, und so kauften er und der Rest der Hawks – mit Ausnahme von Levon Helm – ein Haus auf einem Hügel in West Saugerties, nicht weit von Dylans Haus in Woodstock entfernt. (Ich werde die Hawks ab hier als The Band bezeichnen, auch wenn dieser Name eigentlich erst 1968 entstand.) Die meisten der legendären Basement Tapes, vielleicht sogar alle, wurden im Keller des Hauses von The Band aufgenommen, auf relativ simplen Geräten, die Garth Hudson bediente. Dylan kam anscheinend Woche für Woche nachmittags vorbei und saß mit den anderen Musikern zusammen; sie machten gemeinsam Musik, die sie auch mitschnitten, wenn sie in der richtigen Stimmung waren.

Einige der so entstandenen Aufnahmen von Dylan-Kompositionen wurden von seinen amerikanischen und britischen

Musikverlegern als Demos verwendet und – in Form von Studiopressungen oder auf Tonband – an andere Musiker weitergegeben, die womöglich daran interessiert waren, die Stücke aufzunehmen. (Dylan hat sogar erzählt, man habe ihn dazu »gedrängt... ein paar Songs zu liefern«.) Das Ergebnis war wie erwünscht: Manche Lieder wurden von anderen Musikern eingespielt, manche wurden sogar Hits (besonders *The Mighty Quinn* bzw. *Quinn The Eskimo* in der Fassung von Manfred Mann). Doch es stellte sich auch noch ein unerwarteter Nebeneffekt ein: Den Musikern und anderen Leuten, die diese Aufnahmen hörten, gefielen die Lieder so gut (außerdem waren sie begeistert, daß es nach der Durststrecke der vergangenen rund fünfzehn Monate wieder neue Songs von Dylan gab), daß sie die Aufnahmen Freunden vorspielten oder sogar auf Cassette überspielten. Bald wurden die Tapes von Dylan und The Band wie verbotene Literatur weitergereicht. 1967/68 galt man schon etwas, wenn man diese Aufnahmen nur gehört hatte.

1969 erschien die erste Bootleg-Platte: ein Doppelalbum mit bis dahin unveröffentlichten Dylan-Stücken, das von zweifelhaften Schwarzmarkt-Unternehmern hergestellt und vertrieben wurde. Es hatte ein weißes Cover und wurde unter dem Spitznamen *Great White Wonder* bekannt; es verkaufte sich hervorragend. Die Platte enthielt sieben Lieder von den Basement Tapes, und als weitere Bootlegs von Dylan auftauchten, erschienen noch mehr Platten, die nur Material von den Basement Tapes beinhalteten. 1975 brachten Dylan, The Band und Columbia Records schließlich ein offizielles Doppelalbum mit eben diesem Material heraus (sechzehn Songs von Dylan mit The Band, acht weitere nur von The Band). Es verkaufte sich ausgesprochen gut, was Dylan überraschte: »Ich dachte, es hätten schon alle ein Exemplar.«

Soweit bis jetzt bekannt ist, umfassen die Basement Tapes insgesamt 22 Lieder, die Dylan zwischen Juni und Oktober

1967 geschrieben und gespielt hat, sowie ein paar Alternativversionen; außerdem sind seit kurzem ungefähr zwanzig weitere Songs aus demselben Zeitraum in Umlauf, die meisten davon alte Country-, Folk- oder Popsongs, die von Dylan gesungen, aber nicht von ihm geschrieben wurden. Auf all diesen Aufnahmen spielen Mitglieder der Band mit; meistens steht Garth Hudsons originelles, schräges Orgelspiel im Mittelpunkt des Sounds – ein sehr spezieller Sound, der sich von allem unterscheidet, was Dylan je gemacht hat, *John Wesley Harding* eingeschlossen, das im Oktober und November desselben Jahres aufgenommen wurde.

Der Sound der Basement Tapes ist der Klang der unbewußten (musikalischen und sprachlichen) Wahrnehmung, die auf eine sehr ruhige, aufmerksame und wunderbar unbefangene Art und Weise in die Welt der bewußten, greifbaren Realität transportiert wird, mit einer kräftigen Prise von kollektivem Unbewußtem – der Gruppenseele – als würzende Beigabe. Was war das gerade? Ich sagte, der Sound der Basement Tapes ist der Klang des tiefen Inneren, das zusammen mit dem einfachen Äußeren ungeniert im Wohnzimmer herumtanzt, während alle Beteiligten inklusive der Fernsehzuschauer mit den Füßen stampfen, sie anfeuern und an der Show teilnehmen.

Für Dylan brach im Sommer 1966 etwas zusammen. Was sich in seinem Leben ereignete, war nicht nur ein Sturz mit dem Motorrad oder auch seine Flucht vor den Tourneen und anderen exzessiven Verpflichtungen; es war sogar grundlegender als seine traumatische und mutige Entscheidung, mit den Drogen aufzuhören. Dylan war 1961 von Ehrgeiz erfüllt nach New York gekommen, und dieser Ehrgeiz in all seinen verschiedenen Formen war in den folgenden fünf Jahren Grundlage und Ansporn für seine vielen außerordentlichen Leistungen gewesen. Als er Ende Mai 1965 »aufhörte«, war er, glaube ich, kreativ und professionell so weit gekommen, wie er es sich überhaupt nur vorstellen konnte – sein Gefühl sagte ihm, daß er in seiner Arbeit ein Plateau erreicht hatte, eine Ebene, von der aus es nicht mehr weiterging. Dies war für ihn unerträglich, so daß er – ungeachtet der Tatsache, daß er immer noch mehr Geld verdienen und (auf dieser Ebene) weitere Welten erobern konnte – aufhören mußte, um sich nicht in sinnloser Bewegung, leeren Bemühungen und einem leblosen Leben festzufahren; vielleicht mußte er etwas anderes als das Musikmachen ausprobieren. Er hatte den Mut, alles loszulassen. Und diese Bereitschaft und Fähigkeit, sich selbst treu zu bleiben (selbst angesichts der Ablehnung und des Unverständnisses anderer), ist bis heute ein beständiges Wahrzeichen von Dylans Kunst und seinem Leben geblieben.

Das Unerwartete geschah. Dadurch, daß Dylan diesen ganzen Ballast abwarf, sich davon befreite, indem er ihn in Form einer getippten Katharsis »rauskotzte«, entstand neuer Raum in ihm, und sein Ehrgeiz konnte noch eine massivere Form annehmen: die seines lang unterdrückten Wunsches, öffentlich und über den Äther in der Sprache des Rock'n'Roll zu sprechen. Und Rock'n'Roll war für ihn hier kein Musikstil, sondern etwas Erfahrbares, etwas, das er seit seiner Kindheit gefühlt, geahnt und ersehnt hatte. Er wollte mit einer Band spielen und einen bestimmten, sehr persönlichen Klang schaffen (auch und gerade auf der Bühne). Dieser Wunsch hatte eine »weltliche« Seite: Dylan wollte dieses musikalische Gebiet erobern, wollte sich nicht nur Little Richard, sondern auch Elvis zugesellen. Noch stärker ausgeprägt aber war die spirituelle und künstlerische Seite seines Wunsches – wie das auch bei Dylans Ehrgeiz in seiner früheren Form der Fall gewesen war, der Lieder wie *Blowin' In The Wind*, *A Hard Rain's A-Gonna Fall* und *Mr. Tambourine Man* hervorgebracht und Dylan als Folksänger und Songwriter zu einem größeren Star gemacht hatte, als sich das irgend jemand hatte vorstellen können. Indem Dylan *Like A Rolling Stone* schrieb und aufnahm, dann *Highway 61 Revisited* einspielte und schließlich eine Welttournee bestritt, auf der er Solo- und Bandauftritte kombinierte, setzte sich sein Ehrgeiz über alle Grenzen hinweg und bewirkte wahre Wunder. Die Drogen nahm Dylan nicht nur zum Vergnügen – weder Vergnügen noch Flucht scheinen ihm jemals besonders wichtig gewesen zu sein –, sondern er setzte sie ein, um die Energie aufrechtzuerhalten, die er brauchte, um seinen (fühlbaren, wenn auch nicht artikulierbaren) Traum umzusetzen.

Und indes Dylan so herumsprang und zum Himmel hinaufjubelte, während ihm die Welt zu Füßen lag, tanzte das ganze Zeitalter mit ihm, besonders die Generation der Heranwachsenden in der westlichen Welt – vielleicht zufällig, vielleicht weil er von einer größeren Bewegung unterstützt wurde und für sie sprach, oder weil er diese Bewegung erst möglich machte und sie mitgestaltete (wahrscheinlich alles zusammen). Alles wurde immer wilder und berauschender und immer intensiver – anstrengend und kaum auszuhalten, gewiß, aber nicht im entferntesten vergleichbar mit der Leblosigkeit, dem Sackgassen-Gefühl, das ihn vorher hatte wissen lassen, daß es Zeit war, alles loszulassen. Er befand sich nicht mehr auf einer Ebene, er stürmte einen Berg hinauf, natürlich mit der Ahnung, daß ein dramatisches Finale – Tod, Explosion, Apokalypse – unvermeidlich bevorstanden. Man weiß, so kann es nicht weitergehen, aber man stürzt sich noch weiter hinein, weil es ein fantastisches Gefühl ist, das süchtig macht, und weil das Ende, in welcher Form es auch kommen mag, mit Sicherheit ruhmvoll sein wird.

Schneller!

Und dann der Zusammenbruch. Doch was im Juli 1966 zusammenbrach, war – unerwarteterweise, ja: seltsamerweise – nicht Dylan, sondern sein Ehrgeiz. Dylan ging einfach davon und ließ seinen Ehrgeiz zurück, ließ ihn sterben. Sonst wäre es nicht möglich gewesen, die Tour abzusagen, aus dem Rampenlicht zu verschwinden, sich von den Substanzen zu lösen, die diesem einfachen Sterblichen geholfen hatten, seine übermenschliche Rolle auszufüllen. Zuerst mußte der Ehrgeiz sterben – auch hier traf zu, was in der Geschichte des Menschen so oft gilt, im öffentlichen wie im privaten Leben: Was am meisten verändert und als Katalysator für einen wirklichen Kurswechsel, eine innere Umorientierung wirkt, ist der kleine Klaps, das Kopfanstoßen am Türrahmen, was auch immer, jedenfalls ist es nicht der gewaltige Hieb mit dem Vorschlaghammer.

Und so kann man die Basement Tapes als die ersten Aufnahmen betrachten, auf denen Dylan seine Musik spielt, ohne von dem besonderen Ehrgeiz getrieben zu sein, der Bob Dylan zu dem gemacht hatte, der er war (und der er, wenn man die Unsterblichkeit von Mythen berücksichtigt, immer bleiben wird). Zweifelsohne hatte er neue Ambitionen (bescheidenere, zum Beispiel den Wunsch, seine Gefährten Danko, Robertson, Hudson und Manuel zu amüsieren, sie zu beeindrucken und von ihnen akzeptiert zu werden), aber sie waren keine Fortsetzung seines alten Ehrgeizes. Der Reifen war geplatzt. Und Tschüß.

Was auf den Zusammenbruch folgte, läßt sich nicht erklären. Die überbordende Kreativität der Periode, in der die Basement Tapes und *John Wesley Harding* entstanden, zeigt zweifelsohne, daß ein intensiver Heilungsprozeß im Gange war. Dylan entdeckte die Freuden der Musik wieder – alte Lieder, improvisierte Lieder, ausgetüftelte Lieder, alle verschafften ihm unüberhörbar Spaß und Befriedigung beim Spielen. Zu dieser Zeit schienen die Merkmale, nach denen man verschiedene musikalische Stilrichtungen voneinander unterschied, dahinzuschmelzen, und grundsätzlich verschiedene Bereiche wie der traditionelle Folk, die Countrymusik, Rock'n'Roll, Blues, Rockabilly, Gospel und Pop rückten nä-

her zusammen, so daß Dylan und die Band von einem aus-
gelassenen Shanty zur Pop-Ballade eines Elvis Presley über-
gehen konnten, ohne einen Takt auszulassen oder die Ebene
wechseln zu müssen. Man ist das, was man singen und spielen will, und man kann singen und spielen, wozu auch immer man Lust hat.

Rückblickend ist die große Frage, warum diese kreative
Blütezeit nicht andauerte. Dylan schrieb und spielte in der
zweiten Hälfte des Jahres 1967 mehr als 34 neue Songs, von
denen manche nicht ausgefeilt oder nur Entwürfe waren, aber
alle quollen über vor musikalischem und textlichem Einfallsreichtum. 1968 dagegen schrieb er, soweit wir wissen, nichts
und spielte auch fast nichts; er scheint in den fünf Jahren nach
1967 insgesamt sogar weniger neue Lieder geschrieben zu haben als in jenen paar Monaten. Warum? Ich weiß es nicht.
Aber man muß akzeptieren, daß die Erlösung von brennen-
dem Ehrgeiz dem Künstler nicht nur die Freiheit gibt, zu singen und schreiben, wozu er Lust hat, sondern auch die, gar
nicht zu singen und zu schreiben. Oder, wenn er doch kreativ ist, das Ergebnis nicht mit der Öffentlichkeit zu teilen.

Und dennoch bleibt es ein Rätsel. Die Lieder von 1967
klingen so, als kündeten sie von einer tiefen Genesung, als
leiteten sie den Beginn einer neuen, innovativen und ausgesprochen kreativen Periode in Dylans Musikerkarriere ein.
Statt dessen erweisen sie sich im Rückblick als Höhepunkt
einer Reihe von kurzen fruchtbaren Momenten in einer sie-
benjährigen kreativen Dürrezeit. Keine der Aufnahmen auf
den Basement Tapes war zur Veröffentlichung gedacht. Allerdings ist es ja wohl erwiesen, daß Dylans bevorzugte Auf-
nahmemethode für seine Platten (das heißt für Material, das
– möglicherweise – veröffentlicht werden soll) darin besteht,
live mit Musikern zusammenzuspielen, ohne daß diese die be-
treffenden Songs vorher je gespielt hätten. (Man will es kaum
glauben, aber im Laufe der Jahre haben Musiker, die bei Dy-

lans Aufnahmesessions mitwirkten, immer wieder berichtet, daß sie die Lieder nicht nur ohne Noten spielen sollten, sondern ohne vorherige Probe, oft sogar ohne jegliche andere Information als den ersten Akkord.) Wenn Dylan also ohnehin immer aus dem Stegreif arbeitet, was macht es dann für einen Unterschied, daß die Lieder auf den Basement Tapes nicht für die Öffentlichkeit gedacht waren? Die Antwort lautet, daß seine Intention anders ist und sich das in der Musik niederschlägt. Vielleicht zeigt es sich in seiner Stimme. Vielleicht läßt es sich auch nirgends festmachen. Aber der Unterschied ist da.

In manchen der Songs, die nicht von ihm stammen, kann man eine Differenz in der Stimme hören: Dylans typischer Akzent fehlt, diese sich ständig verändernde, aber immer vorhandene Schablone, durch die (seit ungefähr 1960) sein gesamter früherer Gesang erfolgte, und es ist zunächst schwierig, in dem Sänger Dylan zu erkennen. Die Stimme hat einen eigenen Akzent, eine eigene Färbung, spiegelt eine bestimmte Identität wider, aber der »Dylan-Akzent« fehlt. Der Gesang in *Don't You Try Me Now* zum Beispiel hat eine deutliche Country-Blues-Einfärbung, und *Young But Daily Growing* vermittelt das durchaus angemessene Bild eines Balladensängers, aber die Figur »Bob Dylan« läßt sich nicht heraushören, was bei fast all seinen früheren Aufnahmen der Fall war, selbst wenn er Stücke von anderen Leuten spielte. Die Wirkung ist verblüffend und auch ein wenig erschreckend.

Bei den Liedern, die Dylan selbst geschrieben hat, erkennt man die veränderte Intention vielleicht an einer gewissen Ambivalenz, die meines Erachtens in den früheren Songs nicht vorhanden war. Dylans Lieder waren oft zweideutig, schwer faßbar, aber zumindest subjektiv schien die Intention unmißverständlich. So wie die Lieder gespielt wurden, riefen sie intensive und im allgemeinen eindeutige Gefühle hervor. Die Lieder der Basement Tapes rufen auch intensive Gefühle hervor, aber sie sind gleichzeitig erstaunlich offen, wenig festgelegt. Das ist nicht unbedingt schlecht. Es ist, als betrachte man eine Serie von hervorragenden Skizzen, die der Künstler aufs Papier gebannt, aber noch nicht in seine Vision integriert hat (sofern sie sich dafür überhaupt eignen).

Manchmal sind diese Skizzen offensichtlich unvollendet, und es ist faszinierend zu sehen, wieviel sie dennoch vermitteln können, auch wenn noch soviel fehlt. Der Text von *I'm Not There* – ein unveröffentlichter Song von den Basement Tapes, den John Bauldie, der Herausgeber des *Telegraph*, für »eine der größten gesanglichen Leistungen Dylans« hält – läßt sich zum Beispiel nicht transkribieren, weil er eigentlich gar nicht existiert: Dylan gibt undeutliche Geräusche von sich, die nur wie Worte klingen – so ähnlich wie der nur grob angedeutete Textteil im Rohentwurf einer Anzeige. Und wenn Dylan tatsächlich echte Wörter verwendet, dann passen sie nicht zueinander, aber sie *klingen* tatsächlich wie Sätze; besonders die Übergänge sind stark und wirklich überzeugend.

Das Erstaunliche an diesem Lied ist, daß wir sehr intensiv und zuverlässig fühlen, wovon der Sänger spricht, weil seine Stimme so ausdrucksvoll ist – dabei sind 80% des Textes noch gar nicht geschrieben! Es ist, als hörten wir Dylan die Zeile aus *Visions Of Johanna* singen, die später lautete: »Louise, she's all right, she's just near/She's delicate and seems like the mirror« (Louise, die ist okay, sie ist einfach nah/Sie ist zart und wirkt wie ein Spiegel), und als würde allein der Tonfall der Stimme schon all die subtilen, widersprüchlichen Gefühle dieser Situation vermitteln, ohne daß der Sänger aber schon die passenden Worte für seine Gefühle gefunden hätte. Er hat erst den ungefähren Klang im Ohr, so daß er singt: »Louise, Saturday, under cheer/It's wafflish, she slumps out of fear«, wobei das zweite Wort so verwischt ist, daß es genausogut »slaughterhouse« oder »Samurai« heißen könnte. Aber der Gesang und die Stimmung des Liedes sind so bewegend und so klar, daß uns die Tränen in die Augen steigen.

Es ist grotesk. Man hat den Eindruck, daß Dylan beim Schreiben ein Lied nicht Stück für Stück aufbaut, wie wir uns das vielleicht vorstellen, sondern daß er sich darauf einstimmt: Das Lied ist von Anfang an in seiner Gesamtheit vorhanden, aber noch unscharf, so wie das Foto eines Fötus – ein verschwommener Fleck, dessen charakteristische Merkmale implizit vorhanden, aber noch nicht sichtbar sind, nicht weil sie verdeckt sind, sondern weil sie noch keine klare Form angenommen haben. *I'm Not There* ist ein Lied, das vom Gefühl her abgerundet und vollständig ist – »Dylans traurigstes Lied«, meint Bauldie –, ohne daß ein Kontext oder irgendwelche Details existieren. Es ist, als hörte man der Inspiration zu, bevor sie vom Lied umhüllt wird.

Es ist ein Lied mit vielen Wörtern, der Sänger schüttet geradezu sein Herz aus, aber die Sätze verlieren sich oder bestehen aus Worten, die sich nicht zu sprachlichen Wendungen oder Aussagen zusammenfügen. Die Worte, die Dylan hier wirklich sagt, werden sicher nie aufgeschrieben werden. Aber sie sind gesungen worden, und das ist eben das Entscheidende. Mich erinnert das an die Erfahrung, die Plato beschreibt: die Realität in ihrer ewigen, grundlegenden Form zu sehen anstatt in ihrem äußeren Erscheinungsbild. In diesem Sinne ist *I'm Not There* mehr als eine unvollendete Skizze: Es ist eine Reise nach innen, ein Blick auf das ewig pulsierende Herz jenseits der Zeit und Welt, in der wir leben.

Ich vermute, daß Dylan *I'm Not There* noch ausarbeiten wollte, aber nicht dazu kam. *Apple Suckling Tree* hingegen ist (in der Plattenversion) eindeutig in seiner endgültigen Form, auch wenn der Text ebenfalls undeutlich und unverständlich ist und selbst da, wo man die Worte versteht, keinen Sinn zu ergeben scheint. Aber in diesem Fall paßt das, denn es ist ein Nonsens-Song. Dylan singt in Fantasiesprache, und keine weitere Bearbeitung des Textes könnte das Lied fröhlicher und allgemeingültiger machen, als es so schon ist.

Die Bandbreite von *Apple Suckling Tree* ist beachtlich. Zunächst einmal veranschaulicht das Lied voller Überschwang die grundsätzlichen musikalischen Prinzipien, die der Folkmusik wie dem Rock'n'Roll zugrundeliegen und diese miteinander verbinden. Vom Text her ist es eine Kombination von Nonsens-Kinderreimen, der Art von Liedern, in denen Geliebte sich ihr Wiedersehen nach dem Kriegsende ausmalen, und ein wenig Paradies-Metaphorik. Dylan bedient sich in diesem Lied fraglos aus dem großen Fundus an Geheimnisvollem und Rätselhaftem, den er als einen charakteristischen Teil der Folkmusik bezeichnet hat. Sein Klavierspiel, Robbie Robertsons Schlagzeugspiel und Garth Hudsons Orgelspiel auf dieser Aufnahme sind eine wahre Freude – diese Musik ist ein Tonikum gegen Depressionen, eine Definition von Kameradschaft, sie bestätigt die heilende Kraft von Musik und demonstriert, daß Musik völlig unerklärlich und zugleich entwaffnend einfach und direkt sein kann.

Auch meine beiden anderen Lieblingsstücke aus dieser Zeit, *Yea! Heavy And A Bottle Of Bread* sowie *Lo And Behold!* kann man als Nonsens-Lieder betrachten. Im Gegensatz zu *Apple Suckling Tree* haben diese beiden Lieder jedoch verständliche Texte, die auch eine wichtige Rolle spielen. *Yea! Heavy And A Bottle Of Bread* und *Lo And Behold!* sind zwei der charmantesten Lieder, die Dylan je eingespielt hat. Das liegt zunächst an den Texten – schon allein der *Klang* von »get the loot, don't be slow, we're gonna catch a trout« (schnapp den Zaster, mach schon, wir fangen 'ne Forelle) ist wundervoll, oder auch der beziehungsreiche Humor von »boys, I sure was slick« (Jungs, war ich vielleicht gewieft) und »Gonna save my money and rip it up« (ich spar mein Geld und zerreiß es) – wahrscheinlich eins von Dylans besten Wortspielen [rip it up = »zerreißen« oder auch »einen draufmachen«;

Anm.d.Ü.]. Außerdem singt Dylan beide Lieder ganz hervorragend und wird von der Band (instrumental wie gesanglich) sehr inspiriert begleitet. Er ist so verrückt und liebenswert wie selten und bringt die Sache auf den Punkt: »Now pull that drummer out from behind that bottle!« (Jetzt zieh doch den Schlagzeuger hinter dieser Flasche hervor!). Man spürt eine sprühende Freude am Unbeschreiblichen, die an Lewis Carrolls *Alice*-Bücher und die Comics von R. Crumb (besonders aus der Zeit um 1967) erinnert.

In vielen dieser Lieder leistet Dylan Erstaunliches mit seiner Stimme – ich meine Klang und Tonfall, die verschiedenen Identitäten, die seine Stimme vermittelt. Vielleicht konnte er dadurch, daß er kein besonderes Ziel vor Augen hatte, unbefangen herumalbern, seine Kumpels unterhalten und sie ein bißchen hochnehmen (er klingt, als würde er Grimassen schneiden) – *Lo And Behold!* ist hierfür ein gutes Beispiel, *Please, Mrs. Henry* ebenfalls (es ist eins von mehreren Männerliedern, die sich durch einen etwas ungehobelten, übermütigen erotischen Humor auszeichnen) sowie schließlich *Clothes Line Saga.* Letzteres scheint den Zugang zu einem ganz neuen Genre zu eröffnen, das Dylan jedoch nie näher erkundete: Es ist eine Vignette, ein humorvolles Stimmungsbild voller beschreibender Details, Understatement von vorne bis hinten. Von Dylans Gesang in diesem Stück wird mir warm ums Herz, und gleichzeitig läuft es mir kalt den Rücken herunter.

Die einzelnen Lieder auf den Basement Tapes bewegen sich schnell in verschiedene Richtungen, selbst wenn Dylan sie mit einem ähnlichen Ansatz beginnt. Das ergibt sich aus dem offenen Charakter der Lieder, aus der Freiheit, daß sie zusammenpassen können, aber nicht müssen, daß sie verewigt oder vergessen werden können, je nachdem, wie Dylan sich beim Singen gerade fühlt. Man hat den Eindruck, daß er eigentlich für niemanden singt außer für seine Mitmusiker, daß er aber gleichzeitig weiß, daß die Lieder aufgenommen werden und sein Einfallsreichtum sich also nicht einfach in Luft auflösen wird – er vermittelt Zielstrebigkeit und Ziellosigkeit zugleich, wie er das nie zuvor getan hat. *Goin' To Acapulco* ist vom Text her genauso derb wie *Please, Mrs. Henry* und *Don't Ya Tell Henry* – eher sogar noch extremer –, aber die Stimmung des Gesangs ist eine völlig andere. In *Please, Mrs. Henry* kann sich Dylan mitten im Lied nicht mehr halten und fängt an zu lachen, weil der Text so haarsträubend ist, aber in *Goin' To Acapulco* hört man nicht einmal die Spur eines Lachens in seiner Stimme, selbst als er prahlt: »I can blow my plum and drink my rum, and then go on home and have my fun« (Ich kann auf meiner Pflaume blasen und meinen Rum trinken und dann nach Hause gehen und mich vergnügen). Man wird diese Zeilen in *Lyrics* vergeblich suchen: Wie so oft in diesem Buch hat Dylan den gesungenen Text umgeschrieben und durch belanglose Verse ersetzt – er zeigt seiner Kunst eine lange Nase oder versucht sie zu vertuschen, auszulöschen (sie zu »verbessern«), selbst während er sie gerade in einer Anthologie zusammenfaßt – er läßt sich nicht festnageln, verwischt seine Spuren: »Eat the document!«

In *Goin' To Acapulco* lacht Dylan deswegen nicht, weil es ein Liebeslied ist – vielleicht unerwartet, vielleicht wußte er bis zu dem Moment, wo er es zu spielen begann, nicht, daß es eins werden würde. Von allen Liedern auf den Basement Tapes ist dieses der innigste Ausdruck seiner Liebe: für die Frau, die sich um ihn kümmert (sexuell und anderweitig), für seine Freunde, die ihre Zeit mit ihm verbringen, und für seine jetzige Lebensweise (man könnte sie als bescheidenen Hedonismus bezeichnen: eine Welt, in der Spaß und Sicherheit nebeneinander bestehen können und wo es möglich ist zu fantasieren, weil man sich nicht mehr dazu verpflichtet fühlt oder kein Interesse mehr daran hat, jede Fantasie auch umzusetzen). Der Schlüssel zur Aussage des Liedes liegt in Dylans Stimme, insbesondere im Wechselspiel oder der Verbindung zwischen dem Klang seiner Stimme und dem Sound der Band (man denkt, daß man vor allem die Orgel hört, tatsächlich ist es jedoch ein großartiger, ausgesprochen vielschichtiger, ausdrucksvoller Gesamtsound, der sich aus Baß, Gitarre, Schlagzeug, Orgel und vielleicht – das höre ich nicht genau – auch Klavier zusammensetzt). Dylans Stimme ist hier direkt mit seinem Herzen verbunden; mit jedem Ton, den er singt, fließen alle möglichen Gefühle aus ihm heraus, und er läßt sie einfach kommen, läßt sich davon tragen, gibt und gibt und gibt, und da ist immer noch mehr, was er geben will, bis dieses Verlangen in dem langgezogenen »Yea!« kurz vor Ende des Refrains seinen Höhepunkt findet, Gestalt annimmt und nach außen dringt. Der privilegierte Zuhörer fühlt, wie das Universum bebt, bis er merkt, daß es seine eigenen Lungen sind, die da atmen, sein eigenes Herz, das im Takt schlägt.

Diese Ausdrucksfülle muß sich zwangsläufig auch im Text widerspiegeln, gerade bei Dylans besonderem Talent dafür, Gefühle in Form von Sprache aus sich hinausfließen zu lassen – ob er nun ein Dichter ist oder nicht, er ist ein geborener »Sprachler«, so wie Shakespeare, Thoreau, Conrad und Yeats. Und obwohl die Aussage des Liedes zum größten Teil in der Betonung der vier Silben A-ca-pul-co liegt und in dem liebevollen Ton, in dem Dylan Rose Maries Namen singt, so lassen sich durchaus auch andere interessante Details im Text finden: »If someone offers me a joke« (wenn mir einer einen Witz anbietet) zum Beispiel steht vermutlich für »Wenn mir einer einen Joint anbietet«. »I just say no thanks« (Ich sage einfach nein danke) ist im Kontext des ausgeflippten Jahres 1967 ein ausgesprochen ehrlicher Satz, fast wie eine Beichte: »I try to tell it like it is« (Ich versuche zu sagen, wie es wirklich ist) – so wie ich es verstehe, heißt das, ich will die Dinge so sehen, wie sie sind, die Welt mal wieder erleben, ohne stoned zu sein – »and stay away from pranks« (und mache keinen Unfug). »Every time you know when the well breaks down, I just go pump on it some« (weißt du, immer wenn der Brunnen versiegt, gehe ich halt ein bißchen pumpen) ist eine hübsche Bemerkung, die wohl jeder Ehemann zu schätzen weiß; so wie Dylan diesen Satz singt, im Anschluß an den »no thanks«-Teil und mit Rose Marie, die in der nächsten Zeile auftaucht und »darauf wartet, daß ich komme[!]« (»waitin' for me to come«), könnte man ihn auch so verstehen, daß Onanie manchmal eine reifere und oder wirkungsvollere Reaktion auf die eigene Geilheit ist als Fremdgehen.

Spricht Dylan in seinem Lied bewußt über diese Dinge? Hat er seine Stücke sorgfältig so präpariert, daß man sie wie Rätsel dechiffrieren muß? Ich glaube, daß das alles spontan kommt, nicht unbewußt, sondern einfach direkt und von Herzen, während Dylan Worte sucht, die zum Klang und zur Stimmung des Songs passen – so wie man sich selbst manchmal mitten in einem locker dahinfließenden Gespräch etwas ziemlich Kluges, überraschend Ehrliches und gut Formuliertes sagen hört.

Am Anfang des Liedes gibt Dylan die Antwort auf jede nur denkbare Frage zu dem Thema, was er denn jetzt mit seinem Leben und seiner Kunst mache, und warum: »It's a wicked life but what the hell/Uh, everybody's got to eat/And I'm just the same as anyone else/When it comes to scratching for my meat« (Das Leben ist hart, aber was soll's/Uh, essen müssen wir alle/Und ich bin genau wie alle anderen/Wenn's darum geht, mein Fleisch zusammenzukratzen). (Ein hübsches Bild – man sieht einerseits vor sich, wie er arbeitet, um sich selbst und seine Familie zu versorgen oder auch um ganz allgemein irgendwelche Bedürfnisse zu befriedigen, kreative eingeschlossen; andererseits sieht man, wie er sich am Sack kratzt, nach dem Motto: Hey, auch ich scheiße und bohre in der Nase.) Die Auflösung der Spannung erfolgt, als der Song von der Strophe zum Refrain übergeht. Das ist es, was ihn zur Hymne macht: »*Goin' to Acapul*co... « – dieser Übergang sagt alles. Übrigens will sich der Sänger »soccer« (Fußball) ansehen und nicht »some girl« (irgendein Mädchen), auch wenn es in *Lyrics* anders steht – das gibt dem Song doch etwas sehr Konkretes, nicht wahr? Es gibt schlechtere Methoden, einen (imaginären) faulen Nachmittag zu verbringen...

Es ist die Beziehung zwischen Stimme und Instrumenten sowie zwischen der Seele hinter der Stimme und der kollektiven Seele hinter den Instrumenten, die diese wirklich außergewöhnliche Musik von Dylan und The Band so wunderbar macht. Wenn man über den zwischenmenschlichen Aspekt hinausgeht, kann man diese Beziehung auch als das Verhältnis zwischen den Akkorden und der musikalischen Gestaltung des Liedes einerseits sowie dem Ansatz, Atem und Gesang des Sängers andererseits betrachten; oder vielleicht, noch genauer, als eine Dreierbeziehung zwischen dem Sänger, der Tonart des Liedes (fast eine Farbe) und dem Rhythmus, ob er nun vom Schlagzeug, von Baß und Schlagzeug zusammen, von der Gitarre oder dem klopfenden Fuß des Sängers stammt.

Etwas in Dylan springt unmittelbar auf eine gewisse nostalgische Rätselhaftigkeit in der Melodie mancher Lieder an, und aus seiner instinktiven Reaktion entstehen unvergeßliche musikalische Momente. Unter den Country-, Folk- und Bluessongs, an denen sich Dylan und The Band auf den (unveröffentlichten) Basement Tapes versuchen, finden sich einige Beispiele dafür; das verblüffendste und ekstatischste ist ein Walfängerlied namens *Bonnie Ship The Diamond*. Dylan singt und schlägt seine Gitarre mit wilder Begeisterung, seine Stimme hat etwas Undurchdringliches, Geheimnisvolles, als hätte er nach 150 Tagen auf See, auf der Fahrt mitten in einem Wintersturm, zum ersten Mal das Elmsfeuer gesehen:

»Cheer up, my boys!/Let your hearts never fail/When that bonnie ship the Diamond goes/Fishing for the whale« (Kopf hoch, Jungs/Gebt den Mut nie auf/Wenn das schöne Schiff »Der Diamant«/Auf Walfang geht). Wenn man das hört, erinnert man sich, daß dieser Sänger und diese Musiker zusammen eine ähnliche Fahrt unternommen haben, auf der sie um die Welt und auf fremden und feindlichen Meeren segelten. Aber was diese Interpretation so außergewöhnlich macht, ist der einzigartige Klang der Stimme, die einem einen Schauer den Rücken hinunterjagt und wohl das Gefühl ausdrückt, das Melodie und Rhythmus sowie das Setting des Liedes im Sänger hervorgerufen haben. Ich könnte mir vorstellen, daß Dylan zu seinen neuen Liedern auf den Basement Tapes vor allem dadurch angeregt wurde, daß er hörte, wie gut diese alten Sachen klangen.

Nicht alle Lieder sind gelungen. *Too Much Of Nothing* klingt vom Titel her wie ein autobiographischer Rückblick auf Dylans Periode der Untätigkeit, aber es wird zur Selbstparodie, besonders im Refrain. Es besteht ein großer Unterschied zwischen inspiriertem Nonsens und einem schlecht geschriebenen Stück – wobei eine bessere Melodie die Musiker hier vielleicht auch zu einer besseren Leistung angespornt und das Lied gerettet hätte. Auf der Plattenversion versucht Dylan, durch ansteigende Harmonien eine melodramatische Spannung in die Strophen zu bringen, aber das macht die Sache nur noch schlimmer; der einfache Gesang auf dem Outtake hat etwas durchaus Anziehendes, aber auch hier ist offensichtlich, daß weder Sänger noch Musiker sich für dieses Lied besonders begeistern konnten.

Zu mindestens zwei Liedern auf den Basement Tapes schrieb Dylan den Text, bevor er eine Melodie dafür hatte (höchst ungewöhnlich, er schreibt Text und Musik fast immer gleichzeitig; *John Wesley Harding* stellt, wie sich noch zeigen wird, die Ausnahme zu dieser Regel dar). Diese beiden Lieder wurden seine ersten Gemeinschaftsproduktionen: Richard Manuel schrieb die Musik zu *Tears Of Rage* und Rick Danko die für *This Wheel's On Fire*. Die beiden Songs (die im Sommer 1968 zusammen mit *I Shall Be Released* auf der ersten Platte der Band veröffentlicht wurden) gehören zu den stärksten Kompositionen aus der Zeit der Basement Tapes, und Dylan singt sie mit großer Überzeugung. Bei beiden Liedern ist man sich nie so ganz sicher, wovon er eigentlich so überzeugt ist, aber sie sind trotz oder gerade wegen dieser Unsicherheit sehr bewegend.

Tears Of Rage handelt von Liebe und Bedauern, von Geschichte und Ungerechtigkeit, soviel geht allein aus dem Klang von Dylans Stimme hervor (was für eine fantastische Melodie hat Manuel zu diesem Song geschrieben – Qual, Zuneigung und Würde liegen hier so dicht beieinander). Der Text scheint klar und eindeutig, was den Zuhörer dazu verlockt, ins Ratespiel einzusteigen und die unlösbaren Fragen zu beantworten: »What daughter would treat a father so?« (Welche Tochter würde ihren Vater so behandeln?), »What kind of love ist this?« (Was ist das für eine Liebe?). Ich komme in meiner Deutung immer wieder auf meinen ersten Eindruck zurück, der auf den Anfangszeilen beruht: »We carried you in our arms/On Independence day« (Wir trugen dich auf dem Arm/Am Unabhängigkeitstag). Ich denke, das Lied beschreibt Amerika aus der Perspektive der *Founding Fathers,* der amerikanischen Gründerväter, und drückt deren Schmerz darüber aus, wie Amerika (personifiziert als Frau, als Freiheit) jenen Idealen den Rücken gekehrt hat, aus denen heraus es entstanden ist.

Damit befände sich das Lied in der Gesellschaft von *As I Went Out One Morning* auf *John Wesley Harding:* dessen Höhepunkt besteht darin, daß Tom Paine herbeigelaufen kommt und sagt: »I'm sorry for what she's done« (Tut mir leid, was sie getan hat). Paine war sicherlich einer der radikalsten und idealistischsten der *Founding Fathers* (wobei auch Thomas Jefferson ein guter Redner war). Vielleicht hatte Dylan kurz zuvor Howard Fasts Biographie *Citizen Tom Paine* gelesen. »Why must I always be the thief?« (Warum muß ich immer der Dieb sein?) könnte ohne weiteres die Klage des Tom Paine in seinen späteren Jahren sein. Aber der Rest des sehr beziehungsreichen Refrains von *Tears Of Rage* paßt nicht so ganz zu dieser Interpretation: »Come to me now, you know we're so alone/And life is brief« (Komm jetzt zu mir, du weißt doch, wir sind so allein/Und das Leben ist kurz). Natürlich hat das den Vorteil, daß das Lied auf diese Weise Dutzende oder gar Hunderte von Bedeutungen annehmen kann, all jene nämlich, die ihm verschiedene Zuhörer zu verschiedenen Zeiten geben. Wie dieses Lied die Themen Zorn, Trauer, Einsamkeit, Väter und Töchter zusammenbringt (und dabei den Klagegesang wieder in die Popmusik einführt), das ist schon eine ganz beachtliche Leistung.

This Wheel's On Fire ist finster und schön, eindringlich und mehrdeutig wie ein Traum – für die Plattenversion wurden 1975 nachträglich noch Schlagzeug und Klavier zu der Originalaufnahme dazugemischt, aber beide Versionen sind großartig. Tragende Elemente des Liedes sind der immer wiederkehrende Satz »if your memory serves you well« (wenn du dich recht erinnerst), und der wunderbar dramatische Refrain »this wheel's on fire« (dieses Rad steht in Flammen), der sehr wirkungsvoll ist, obwohl zwischen dem Text der Strophen und dem des Refrains keine erkennbare Verbindung besteht. Das Lied ist zirkulär: Jede Strophe beginnt und endet mit denselben Worten, der Refrain stolpert atemlos in die nächste Strophe, das Lied rollt voran, steigert sich stetig, löst die Spannung immer wieder auf, aber nie endgültig. Was sagt das Lied aus? Es ist wie ein Traum: Es hat mit bestimmten Dingen zu tun, die geschehen sind, und doch auch wieder nicht, bezieht sich auf Ereignisse, die noch eintreten werden, und tut es doch auch nicht. Was sagt es aus? Vielleicht nichts. Manche Lieder haben keine Bedeutung, sie überfluten die Zuhörer statt dessen mit Gefühlen.

Ein wiederkehrendes Thema in den Liedern der Basement Tapes – das in Dylans gesamtem Werk, von *A Hard Rain's A-Gonna Fall* bis zu *Slow Train Coming*, immer wieder auftaucht – ist die Aussicht auf etwas Kommendes. Mehr als die Hälfte der Lieder, die Dylan zu dieser Zeit schrieb, enthalten das Wort »gonna« (werden), meistens in bezug auf irgend etwas Großes, das in Aussicht ist: »gonna be the meanest flood that anybody's seen« (das wird die übelste Überschwemmung, die man je gesehen hat), »when Quinn the Eskimo gets here, everybody's gonna jump for joy« (wenn Quinn der Eskimo erst hier ist, dann werden alle Freudensprünge machen), »it's just gonna be you and me« (nur du und ich werden da sein), »tomorrow's the day my bride's gonna come« (morgen ist der Tag, an dem meine Braut kommen wird), »we're all gonna meet at that million dollar bash« (wir werden uns alle bei der Millionen-Dollar-Party treffen).

Die Hymne der Erwartung schlechthin ist natürlich *I Shall Be Released*; hier hat das bevorstehende Ereignis eine eindeutig spirituelle (und ergreifende persönliche) Komponente: »I see my light come shining/From the west unto the east./Any day now, any day now/I shall be released« (Ich sehe ein Licht am Horizont für mich aufleuchten/Vom Westen bis in den Osten./Lange kann es nicht mehr dauern,/Bis ich freigelassen werde). Als Schauplatz des Liedes hat Dylan geschickterweise das Gefängnis gewählt (hat er das wirklich?), und er spricht unsere Sehnsucht nach Freiheit so wirkungsvoll an, daß wir an der Erkenntnis nicht vorbeikommen, daß wir offensichtlich nicht so frei sind, wie wir oft denken – sonst würden wir uns nicht so nach der Freiheit sehnen. Dylans Gesang auf dem Original-Mitschnitt ist vom Feinsten und sollte unbedingt der Öffentlichkeit zugänglich gemacht werden (die

Version auf *Greatest Hits Vol.II* wurde später aufgenommen, 1971). Die erste Strophe handelt von dem Wunsch nach Rache, die zweite vom Glauben und die dritte vom Annehmen des eigenen Schicksals (implizit, indem der Mann beschrieben wird, der »schwört, daß er unschuldig ist«). Auf jede Strophe folgt der Refrain, der vom Wunsch nach Erlösung, dem Glauben daran und schließlich dem Annehmen der Erlösung handelt. Man kann sich dieses Lied nicht auf *Highway 61 Revisited* oder *Blonde On Blonde* vorstellen. Es ist das demütigste Stück auf den Basement Tapes und das am wenigsten ambivalente; Dylan könnte auch hier herumalbern, wenn er wollte, aber er zieht es vor, das nicht zu tun – er will etwas Bestimmtes aussagen.

Das bringt mich zu dem unveröffentlichten Lied *Sign On The Cross*, in dem das Thema Christentum viel deutlicher, aber auch mehrdeutiger als in *I Shall Be Released* angesprochen wird. Es ist eins von Dylans seltsamsten und bewegendsten Liedern. Wie in *I'm Not There* singt er einige, aber nicht ganz so viele Worte undeutlich; wie bei *Goin' To Acapulco* hat er den Text für den Abdruck in *Lyrics* teilweise umgeschrieben – am massivsten dort, wo er den leidenschaftlichen Monolog in der Mitte des Liedes etwas verschleiern will: In *Lyrics* heißt es: »the bird is here and you might want to enter it« (der Vogel ist hier, und du willst vielleicht hinein) – wahrscheinlich ein Versuch, das Lied zum Nonsens-Song zu erklären –, während Dylan tatsächlich singt: »later on you might find a door you might want to enter, but of course the door might be closed« (später findest du vielleicht eine Tür, durch die du eintreten willst, aber diese Tür könnte natürlich verschlossen sein). (Wie Bert Cartwright anmerkt, ist das eine ziemlich deutliche Anspielung auf Lukas 13:25.)

In diesem absolut außergewöhnlichen musikalischen, gesanglichen und instrumentalen Glanzstück (das Lied hat eine der schönsten Melodien und Akkordfolgen, die man sich nur denken kann) geht es allein darum, daß der Sänger sich eben jenes Zeichens auf dem Kreuz bewußt ist, daß es ihn bedrückt, daß er es nicht vergessen kann. Aber wer ist dieser Sänger? Dylan schlüpft hier in eine Rolle irgendwo zwischen einem Radio-Prediger und einem alten weisen Hinterwäldler; seine Stimme klingt abwechselnd beruhigend und verstört. Dieser Song könnte seine Wurzeln zum Teil in den komödiantischen Monologen des Lord Buckley haben, zum Teil in klassischen Folk/Country-Spirituals wie *Old Rugged Cross*, zum Teil auch in der authentischen Anziehungskraft, die die Bibel auf Dylan ausübt, und in seiner Identifikation mit anderen Lehrern und Künstlern, die in schweren Zeiten Trost und Unterstützung in der Bibel fanden.

Im Licht von Dylans Bekehrung zu einer besonders bibelorientierten, apokalyptischen Form des Christentums 1978/79 gewinnt dieses Lied noch an Bedeutung und Rätselhaftigkeit. Rückblickend halte ich es für unwahrscheinlich, daß das Lied spöttisch gemeint war. Eher ist es wohl Dylans Eingeständnis, daß dieses Thema ihn fasziniert; er löst das Problem, wie er über seine unmodernen und ambivalenten Gefühle sprechen soll, indem er eine Identität annimmt, die zugleich die erkennbare Stimme des Wahnsinns als auch die unleugbare Simme der Wahrheit und Weisheit ist. Es ist so, als ob man spät nachts das Radio anschaltet und plötzlich Gott sprechen hört, bloß ist der Alte offensichtlich halb besoffen oder gerade auf einem irren Trip; andererseits hat man aber noch nie etwas so Seltsames und Süßes gehört wie diese Stimme, die sich in die Gitarrenbegleitung förmlich hineinlehnt, und man dreht automatisch die Lautstärke auf und fängt schließlich an mitzusingen.

Sign On The Cross ist wie eine Symphonie aufgebaut, mit vier verschiedenen Sätzen. Der erste ist bedächtig und elegant, Dylans Gesang ist langsam und erhaben und wird von Robbie Robertson mit wunderbaren musikalischen Verzierungen ausgeschmückt. Der zweite Satz beginnt mit einer sehr inspirierten, mitreißend und leidenschaftlich gespielten Bridge (sie könnte der Refrain sein, taucht allerdings nie wieder auf), die dann in eine Wiederaufnahme des musikalischen Themas aus dem ersten Satz übergeht. Der dritte Satz ist der gesprochene/gesungene Monolog. Was Dylan hier mit seiner Stimme macht, ist schlichtweg genial, und die improvisierte Musik ist komplex und präzise – wirklich brillant. Ein weiterer direkter Übergang leitet dann in den vierten Satz über, in dem zunächst die Bridge nachklingt, der dann aber sofort seine eigene Struktur entwickelt, wobei die Musik so frisch und überraschend ist wie am Anfang des Liedes und zugleich doch alles in sich zusammenfaßt, was bis dahin geschehen ist.

Das Lied endet damit, daß Dylan in der manischsten und beunruhigendsten Stimme, die man wohl jemals auf einer Aufnahme hören wird, folgende fast tröstende Worte singt: »I mean to say you're strong/Yes you are, if that sign on the cross/If it begins to worry you/Well that's all right, you c'n just sing your song/And all your troubles'll pass right on through« (Ich will sagen, daß du stark bist/Doch, das bist du, wenn dieses Zeichen auf dem Kreuz/Wenn es anfängt, dich zu beunruhigen/Das ist schon in Ordnung, du kannst einfach dein Lied singen/Und all deine Sorgen werden verschwinden).

Wer war jener maskierte Mann? Wir werden es niemals wissen, aber klar ist, daß er und seine Musiker, wenn sie entsprechend inspiriert sind, zu spontanen musikalischen und sprachlichen Meisterleistungen fähig sind, die Kunstliebhaber noch über Jahrhunderte verblüffen und begeistern werden, auch wenn die Urheber selbst sie an einem Nachmittag hervorgebracht und wieder vergessen haben.

Und dann diese Stimme. Jeder Moment, jede Sekunde von Dylans Gesang in *Sign On The Cross* ist von wahrhaft beängstigender Lebendigkeit erfüllt. Was soll man dazu noch sagen? Letzten Endes ist vielleicht das einzige, was wir über wahre Größe sagen können, daß sie existiert. Auf dem Out-take von *Nothing Was Delivered* singt Dylan die Zeilen »Now you must provide some answers/For what you sell that's not been received« (Du mußt schon eine Erklärung bieten/Denn das, was du verkaufst, ist nicht angekommen) und platzt dann plötzlich mit dem Zwischenruf heraus: »Yes you must – you must do that – you must get those answers!« (Ja, du mußt – du mußt das tun – du mußt diese Erklärungen finden!). Irgend etwas an der Art, wie er diese Worte sagt – der Rhythmus, die Ernsthaftigkeit, der Raum, den er gerade in der Musik geschaffen hat – läßt sie mir im Gedächtnis haften, ich kann sie nicht vergessen, höre sie manchmal in Sätzen und Geräuschen meines täglichen Lebens nachklingen. Warum? Was gibt der Kunst eines Menschen eine so spezifische und doch allgemeingültige Wirkungskraft, und warum ist diese bei manchen Künstlern so viel stärker ausgeprägt als bei anderen?

Diese Fragen lassen sich vielleicht nicht beantworten. Aber es sind Zufälle (wenn es denn solche gibt) wie die Basement Tapes, derentwegen Kunstwerke wie *Sign On The Cross* existieren und Bestand haben werden. Ein Moment – eine Symphonie – der Lebendigkeit, der Suche, der kreativen Energie ist auf Band festgehalten worden.

»Johnny's in the basement, mixing up the medicine« (Johnny steht im Keller, mischt die Medizin zusammen). Zwischen Juni und Oktober 1967 mischten Dylan und The Band eine ganz schöne Menge von dem Zeug zusammen, Vorrat für eine ganze Weile. Und dann ging der Moment vorüber. Dylan fuhr im Oktober und November ohne die Band nach Nashville und nahm eine Platte mit lauter neuen Songs auf – etwas ganz anderes, etwas, das für die Veröffentlichung gedacht war.

John Wesley Harding

Und dann ging ich zurück und schrieb ganz einfache Songs... Es gibt nur zwei Lieder auf der Platte, deren Texte zur gleichen Zeit wie die Musik entstanden. Die übrigen Songs habe ich zuerst aufgeschrieben, und die Melodien habe ich dann später gesucht. Das habe ich vorher nie gemacht, und seither auch nicht mehr. Vielleicht erklärt das, warum diese Platte so besonders ist.

Bob Dylan, 1978 (Interview mit Matt Damsker)

Bis zu der Zeit von *Blonde On Blonde* habe ich es immer unbewußt gemacht. Dann eines Tages ein paar Schritte im Halbdunkel, und die Lichter gingen aus. Und seit diesem Moment leide ich mehr oder weniger an Gedächtnisschwund... Ich habe lange gebraucht, bis ich bewußt tun konnte, was ich früher unbewußt getan habe.

So etwas kann jedem passieren. Denk doch nur an die Phasen, wo Leute überhaupt nichts tun, oder wo sie etwas verloren haben und es wieder finden müssen, oder wo sie etwas verloren haben und etwas anderes finden. Ich habe eben so lange gebraucht, und die Platten, die ich während dieser Zeit gemacht habe, waren wie Öffner – ich versuchte herauszufinden, ob es so ging oder anders, was es überhaupt war: Wie kann ich die Geschichte am einfachsten erzählen und dieses Gefühl real werden lassen...

John Wesley Harding war eine beängstigende Platte – sie handelte einfach von Angst [Dylan lacht], aber es war fast eine Auseinandersetzung mit dem Teufel, auf eine beängstigende Weise. Ich wollte nur eins, nämlich die Texte richtig hinkriegen. Es war mutig, das zu tun, denn ich hätte es auch bleiben lassen können.

Bob Dylan, 1978 (Zweites Interview mit Jonathan Cott)

Bevor ich *John Wesley Harding* schrieb, fand ich etwas über all meine früheren Lieder heraus. Ich fand heraus, daß ich, wenn ich Worte wie »er« und »es« und »sie« benutzte und von anderen Menschen sprach, eigentlich immer nur über mich selbst sprach. Ich ging *John Wesley Harding* mit diesem Wissen im Hinterkopf an. Weißt du, ich

348

wußte vorher gar nicht, daß ich in all diesen Liedern über mich selbst geschrieben hatte.

Bob Dylan, 1971 (Interview mit Anthony Scaduto)

Ich habe früher immer gedacht, daß ich und meine Lieder ein und dasselbe seien. Aber das glaube ich jetzt nicht mehr. Es gibt mich, und es gibt mein Lied, von dem ich hoffe, daß es jedermanns Lied ist...
Ich betrachte sie [meine Lieder] nur musikalisch. Ich betrachte sie nur als Sachen, die ich singe. Die Musik, zu der die Texte gesungen werden, ist das Entscheidende. Ich schreibe die Lieder, weil ich etwas brauche, das ich singen kann. Das ist der Unterschied zwischen dem Text auf dem Papier und dem Lied – das Lied löst sich in Luft auf, das Papier bleibt. Sie haben wenig gemeinsam. Ein großer Dichter, wie Wallace Stevens zum Beispiel, muß nicht unbedingt ein guter Sänger sein. Aber ein(e) gute(r) Sänger(in) – wie zum Beispiel Billie Holiday – ist immer ein(e) große(r) Dichter(in).

Bob Dylan über *John Wesley Harding*, Februar 1968 (Interview mit Hubert Saal)

Wir nahmen diese Platte auf, und ich wußte nicht, was ich davon halten sollte... Also dachte ich mir, es wäre das Beste, sie so schnell wie möglich herauszubringen und sie *John Wesley Harding* zu nennen, denn das war der einzige Song, bei dem ich nicht die geringste Ahnung hatte, wovon er handelte, warum er überhaupt auf der Platte war. Ich dachte mir, so würde ich die Aufmerksamkeit auf ihn lenken, ihn zu etwas Besonderem machen... Die Leute haben eine Menge [in die Platte] hineingelegt, als sei sie eine Art psychologischer Test oder so etwas. Aber sie sollte eigentlich nie etwas anderes sein als einfach eine Reihe von Liedern. Vielleicht war die Platte besser als ich dachte.

Bob Dylan, 1985 (Interview mit Cameron Crowe für *Biograph*)

Dylan hat im Laufe der Jahre viel zu *John Wesley Harding* zu sagen gehabt – die Platte war tatsächlich eine Art psychologischer Test für ihn, wie ganz sicher auch für seine Zuhörer und Kritiker. Man hat erstaunliche Sachen in diesen Liedern entdeckt, was für die Aussagekraft und Vielschichtigkeit ihrer Sprache spricht; allerdings war es zumindest teilweise bestimmt Dylans Absicht, den analytischen Geist seiner Zuhörer anzuregen, nur um dann vor seinen Augen davonzutänzeln, was die Provokation natürlich nur noch steigerte.

Ich persönlich bin mir ziemlich sicher, daß die meisten der Lieder keine besonderen Botschaften enthalten (was in den meisten Analysen, wie zum Beispiel der in Scadutos Biographie, vorausgesetzt wird), sondern daß sie eher Gedanken und – noch wichtiger – Gefühle in bestimmten Themenbereichen anregen sollen. Ähnlich wie der ungeschriebene Text von *I'm Not There* sind viele dieser Lieder ungeschriebene Essays über Geschichte, Spiritualität, moralische Werte und andere Themen, für die sich der Liedautor ganz offensichtlich wirklich interessiert. Sie klingen wie fertige Konstrukte, wie Rätsel, die kurz vor der Auflösung stehen; tatsächlich sind sie jedoch größtenteils unlösbar, weil der Autor es entweder ganz bewußt unterlassen oder einfach nicht versucht hat, die Widersprüche aufzulösen, die aus seiner Technik entstanden sind, Sprache und Bilder spontan hervorzubringen.

Ich glaube zum Beispiel nicht, daß Dylan wußte oder sich darum scherte, daß der heilige Augustinus gar kein Märtyrer war. Er brauchte den Namen eines Heiligen, und »Augustine« paßte in den Rhythmus – so wie »John Wesley Harding«, als er den Namen eines geschichtlich belegten Outlaws benötigte. Natürlich waren verschiedene Aspekte zu berücksichtigen: »Francis« zum Beispiel hätte nicht nur aus metrischen Gründen nicht funktioniert, sondern auch weil er bei Dylan und seinen Zuhörern ganz bestimmte, hier nicht passende Assoziationen hervorgerufen hätte. Der entscheidende Punkt ist aber letztlich der, daß dieses Lied für Dylan nicht von St. Augustine handelt und auch nicht unbedingt von Märtyrern. Es handelt von den Gefühlen, die durch die Melodie, die musikalische Interpretation und den Text hervorgerufen werden. Dylan weiß vielleicht nicht, was das für Gefühle sind – bei ihm selbst, und erst recht nicht bei seinen Zuhörern. Aber er weiß, wann der Funke überspringt, denn das ist eben seine besondere Begabung (und zugleich ist es etwas, das er gelernt hat, worin er Erfahrung hat und im Laufe der Jahre besser geworden ist, selbst wenn er ein paar andere Sachen unterwegs vergessen hat). Das soll nicht heißen, daß wir niemals herausfinden können, wovon *I Dreamed I Saw St. Augustine* handelt, oder nicht beurteilen können, inwieweit es gelungen ist. Das Lied »funktioniert« gerade deshalb außergewöhnlich gut, weil (und nicht obwohl) es sich einer klaren Definition entzieht. Eines der Themen, von denen es zweifelsohne handelt, ist Schuld: Wir sehen, wie jemand aus einem Traum aufwacht, voller Schuldgefühle: »I dreamed I was amongst the ones who put him out to death« (Ich träumte, ich sei einer von denen, die ihn in den Tod trieben) – der Sänger ist wütend, allein und ängstlich, und dieses Bild wird noch abgerundet durch den außergewöhnlichen Satz: »I put my fingers against the glass/And bowed my head and cried« (Ich legte meine Finger gegen das Glas/Ließ den Kopf hängen und weinte). Was ist das für ein Glas? Es ist eine Barriere, die ein Gefühl der Platzangst, des In-der-Falle-Sitzens hervorruft, so wie Sylvia Plaths Glasglocke; es könnte auch eine Wand sein statt einer ein- und umschließenden Kuppel, je nachdem, was besser zu den Ängsten und Vorstellungen des jeweiligen Zuhörers paßt. Die Worte sind so gut gewählt (und gesungen), daß man sich das Bild nicht visuell vorstellen muß, um es zu fühlen. Es steht in enger Beziehung zu der letzten Zeile von *I Pity The Poor Immigrant* auf der zweiten Plattenseite: »Whose visions in the final end must shatter like the glas« (Dessen Visionen ganz am Ende zersplittern müssen wie das Glas). Dieses Glas in den beiden Liedern – ähnlich, aber nicht identisch – ist erschreckend, ob man es nun unzerstörbar oder zersplitternd erlebt. (Dylans sparsamer Einsatz von Sprache führt dazu, daß unsereins ganze Bände füllt...)

Was die Schreibtechnik angeht: John Cohen bat Dylan in seinem Interview im Sommer 1968, »über einige der verschiedenen Elemente zu sprechen, die an der Entstehung deiner Lieder beteiligt sind.« Dylan antwortete: »Nun, da gibt es nicht viel zu erzählen – das ist das Seltsame an der ganzen Sache. [Man beachte, daß er hier nicht ausweicht. Er sagt nur, wie sich die Sache für ihn darstellt.] Da ist nichts, was man sehen kann. Ich wüßte gar nicht, wo ich anfangen sollte.«

Cohen: »Ein Lied wie *I Pity The Poor Immigrant* zum Beispiel – gab es da einen Keim, aus dem sich das Lied entwickelte?« Dylan: »Ja, die erste Zeile.« Mit anderen Worten: Wenn er weiß, wo er anfangen soll, kommt der Rest in einem Rutsch, und daraus macht er dann das Lied. Wahrscheinlich ist es nicht immer die erste Zeile, die zuerst kommt; allerdings hat er erzählt, daß es bei den meisten der Lieder auf *John Wesley Harding* auch nicht die Melodie war, denn hier schrieb er – untypischerweise – zuerst die Texte. *I Dreamed I Saw St. Augustine* könnte entstanden sein, nachdem ihm eben diese Worte, gefolgt von »alive as you and me« (so lebendig wie du und ich), in den Sinn gekommen waren – er greift hier unverkennbar den ersten Satz von *Joe Hill* auf, dem berühmtesten Lied der »Wobblies« [Mitglieder der 1908 gegründeten Gewerkschaft I.W.W., Industrial Workers of the World; Anm. d. Ü.]. Auch die Melodie von Dylans Lied, ob sie nun direkt entstand oder erst später, ist jener der I.W.W.-Hymne sehr ähnlich. Aber der entscheidende Punkt ist, daß Dylan diesen Satz nahm, der ihm vermutlich eingefallen war, ohne daß er danach gesucht hatte, und dann die Worte und Sätze schrieb, die vom Rhythmus, Tempo, Reim und der Thematik her darauf folgen mußten. Sie fügten sich zunächst zu einer Vision zusammen, in der ein leidenschaftlicher Heiliger aus früheren Zeiten durch die Gegend läuft, auf der Suche ist, zu den Menschen spricht, und entwickelten sich dann zu einem Lied übers Träumen und darüber, wie es sich anfühlt, aus einem Traum aufzuwachen.

Das Lied, das so entstanden ist, ist ein Kunstwerk, etwas ganz Eigenes, sehr Bewegendes. Es ist wichtig, sich klarzumachen, wie Dylan beim Liederschreiben vorgeht (und er hat das in Interviews und in Form seiner Lieder immer wieder erklärt): Er läßt das Lied in einem Moment der Inspiration aus sich herausfließen, verwirft die Zeilen, die nicht funktionieren, die Fehlstarts, und sucht einen überzeugenden Weg vom Anfangspunkt bis zum erspürten Abschluß; und so schält sich das Lied heraus. Er weiß, daß es zu Ende ist, wenn es so klingt, als sei es zu Ende. Vermutlich schätzt Dylan ein Lied wie *I Dreamed I Saw St. Augustine* genau deshalb mehr als eines wie zum Beispiel *John Wesley Harding*, weil er ersteres mit einem klaren »wumm!«, einem deutlichen Gefühl der Vollendung und einem Nachhall von Größe enden hört, während letzteres zwar angemessen ausläuft, aber ohne den Eindruck der Unvermeidbarkeit, ohne das warme Gefühl, dem ursprünglichen Moment der Inspiration entsprochen zu haben.

In *Lyrics* wird das Lied *I Dreamed I Saw St. Augustine* durch eine ganzseitige Zeichnung von Dylan illustriert, auf der er träumend auf dem Rücken liegt und eine Zigarette raucht, über sich das riesige Bild eines strengen St. Augustine, der eine Decke unterm Arm hält. Die Zigarette weist interessanterweise darauf hin, daß es sich nicht um einen nächtlichen Traum, sondern um einen Tagtraum handelt. Augustine sieht wie ein Priester aus; die Decke, die er im Arm hält, fällt ins Auge. Man darf allerdings nicht vergessen, daß diese Zeichnung nicht 1967 entstand, wie das Lied, sondern wahrscheinlich 1972. Sie ist also bestenfalls eine spätere Interpretation des Liedes durch seinen Verfasser, ähnlich wie eine spätere gesungene Version.

Und wenn wir nun fragen, wofür die Decke steht? Warum trägt er, im Lied wie im Bild, »eine Decke unterm Arm/ Und einen Mantel aus purem Gold« (»... a blanket underneath his arm/And a coat of solid gold«)? Es lassen sich sehr gute Erklärungen dafür finden, zum Beispiel, daß die Decke für Armut steht und der goldene Mantel für materiellen Reichtum, so daß hier beides in ein und derselben Person vereint ist, das Paradox der christlichen Kirche, und so weiter, bla bla bla – alles Unsinn. Unsinn selbst dann, wenn die Interpretation »stimmt«, denn wenn wir zu sehr über den Inhalt nachdenken, führt uns das von der direkten Erfahrung des Liedes weg und verleitet uns dazu, eine »Bedeutungs«-Schablone darüberzustülpen. Wir müssen immer daran denken – ohne deswegen die Bilder und Gefühle abzuwehren, die diese Decke tatsächlich in uns hervorruft –, daß Lieder Worte brauchen, daß Zeichnungen und Geschichten Bilder brauchen, und daß diese Decke somit, was immer sie auch sonst noch sein mag, vor allem ein Requisit ist, etwas, das der Protagonist halten kann, das Sänger und Zuhörer benutzen können, um die Handlung und Bewegung des Liedes daran festzumachen und weiterzuführen.

Hätte das Wort »blanket« seinen Zweck nicht erfüllt, dann hätte Dylan es verworfen und einfach ein anderes benutzt. Aber es erfüllte seinen Zweck, also blieb er dabei. Das heißt nicht, daß die Decke nicht tatsächlich ein Symbol für Armut sein kann, aber es bedeutet (für mich), daß Dylan das Wort nicht bewußt mit dieser Zielsetzung einsetzte (sich also nicht fragte: Welches Bild würde am besten vermitteln, was ich aussagen will?). Vielmehr stieg es aus seinem Unterbewußsein hoch und wurde vom Bewußtsein für gut befunden, vielleicht aufgrund irgendeiner bestimmten Konnotation, vielleicht auch nicht; ganz sicher aber auch deshalb, weil es als Wort den richtigen Klang hatte und als Bild richtig aussah.

Auf jeden Fall ist *I Dreamed I Saw St. Augustine* ein sehr schönes Lied. Wie die meisten Lieder auf dieser Platte ist es mit einer gewissen Zögerlichkeit und Vorsicht gespielt, was aber keineswegs abträglich ist, sondern auch zum Ausdruck bringt, wer Dylan zu dieser Zeit war, besonders in seinem Verhältnis zu seinem Publikum. Es mag stimmen – wie Dylan es anscheinend in Erinnerung hat –, daß er den Text schrieb, bevor er eine Melodie dazu fand, aber ich würde vermuten, daß dies weniger ein radikaler Bruch mit seiner früheren Vorgehensweise beim Liederschreiben war als eine Art Streich, den sein Unterbewußtsein seinem Bewußtsein spielte (zu dem guten Zweck, ihm über eine Barriere hinwegzuhelfen). Denn die Melodie war eigentlich schon im Text enthalten, während Dylan ihn schrieb (besonders in diesem Fall, mit der Parallele zu *Joe Hill*; vermutlich aber auch bei jedem anderen Lied auf der Platte), ob Dylan nun wußte, daß er sie im Gefühl hatte und fast vor sich hinsummte, während er schrieb, oder nicht. Man kann das im Lied hören (selbst wenn man es nur liest). Es ist ein Lied, kein Gedicht. Die Worte fließen in die Melodie und füllen sie aus.

Es sind vor allem Dylans Melodien, die diese Platte so wunderbar machen – und ein Baß, der zum Feinsten gehört, was je aufgenommen wurde. Applaus für Charlie McCoy! Musiker (nicht nur Bassisten) werden noch ewig auf diese Platte zurückgreifen, um sich inspirieren zu lassen und ihre Begeisterung und Liebe für ihre eigene Kunst aufzufrischen.

John Wesley Harding ist eine sympathische Platte: Da ist der sich wiederholende Baßlauf, mit dem McCoy *As I Went Out One Morning* akzentuiert (so hübsch wie Bruce Langhornes musikalische Verzierung von *Mr. Tambourine Man*), und Ken Buttreys Schlagzeug, das hinterhergaloppiert. Da ist die Freude, die man direkt unter der Oberfläche von Dylans scheinbar ungerührtem Gesang in *Drifter's Escape* spürt, Freude über den unglaublichen rhythmischen Groove, den die drei Musiker hier gefunden haben. Da sind die inspirierten Mundharmonika-Einlagen zwischen fast allen Strophen fast aller Lieder. Besonders *Down Along The Cove* vermittelt, was Dylan so daran gefällt, mit anderen Musikern zusammenzuspielen. Das Lied ist der gemeinsame Ausdruck eines gemeinsamen Gefühls, der Gruppenseele – man spürt eine Freude, so ungebändigt und erfrischend wie ein Bergbach.

Es ist faszinierend, wie Dylan auf dieser Platte die Mundharmonika einsetzt. Er spielt sie in elf von zwölf Songs, häufiger als auf irgendeiner anderen Platte außer *Bringing It All Back Home*. Und das direkt nach den Basement Tapes, auf denen Dylan überhaupt nicht Mundharmonika spielt. Er setzt die Mundharmonika hier sehr effektiv als Verlängerung seiner Stimme, seiner Persönlichkeit ein – wie um jene Stellen in den Liedern, an denen er nicht singt, zu füllen und unter Kontrolle zu behalten. Ab der ersten Strophe von *John Wesley Harding* hört man die Mundharmonika zwischen sämtlichen Strophen der ersten vier Lieder sowie des sechsten, achten, neunten und zehnten Liedes. (Nur zwischen den ersten beiden Strophen von *I Dreamed I Saw St. Augustine* taucht sie nicht auf.) Dadurch, daß die Mundharmonika über den größten Teil des fünften Stücks, *Frankie Lee*, fehlt, wird dieses Lied richtig hervorgehoben, und wenn sie dann vor und nach der letzten Strophe doch noch einsetzt, hat sie eine ganz besondere Wirkung, gibt den Worten »nothing is revealed« (nichts kommt zutage) besonderes Gewicht und betont die »Moral« am Ende des Liedes, die an Aesops Fabeln erinnert. Die Mundharmonika ist auf dieser Platte so allgegenwärtig, daß eine Spannung entsteht, wenn sie nicht eingesetzt wird (für *Dear Landlord* trifft das weniger zu, weil Dylan hier Klavier statt Gitarre spielt).

Dylans Kommentare zu *Dear Landlord* in der Beilage zu *Biograph* geben weiteren Aufschluß über die Art und Weise, wie er Lieder schreibt: »›Dear Landlord‹ war zuerst einfach nur die erste Zeile. Ich wachte eines Morgens auf und hatte diesen Satz im Kopf. Und dann überlegte ich mir, was paßt da noch dazu?« Wenn es sich so verhielt, dann hatte Dylan vermutlich auch keine vorgefaßte Vorstellung davon, wer dieser Vermieter war, für den er dieses Lied sang. Wie in einem Traum konnte die Person, die er vor sich sah oder an die er sich wandte, die Identität wechseln oder mehrere Personen zugleich sein, oder eher das Gefühl einer bestimmten Sorte Person vermitteln als ein bestimmtes Individuum zu sein. Wir Zuhörer können das Lied dementsprechend so hören, als handelte es nicht von einem bestimmten, sondern von einer Vielzahl verschiedener »landlords« in unserem eigenen Leben.

Dear Landlord ist dasjenige Lied auf der Platte, das am meisten von Herzen kommt und das Dylan am flüssigsten singt, mit offener Kehle – die meisten Lieder singt er mit einer Art verkrampften Unbehagens (was paßt, insbesondere bei *All Along The Watchtower* und der Gauner-Symphonie *I Am A Lonesome Hobo*, *I Pity The Poor Immigrant* und *The Wicked Messenger*). Dylans Beschreibung, *John Wesley Harding* sei eine »beängstigende Platte« gewesen und er habe »nur die Texte richtig hinkriegen« wollen, mag sich demnach auf seine Erinnerung ans Singen bezogen haben und nicht aufs Liederschreiben. Seine Stimme ist die ganze Platte über ausgesprochen ausdrucksstark; er ist den Anforderungen der Situation vollkommen gewachsen. Die Tatsache allein, daß er sich frei fühlte, während er für und mit Freunden die Lieder der Basement Tapes spielte, und etwas eingeengt, als er *John Wesley Harding* für seine Gläubiger (Manager und Plattenfirma) und sein erwartungsvolles Publikum schrieb und spielte, macht die eine Musik noch nicht besser als die andere. Jede Konstellation und Situation bietet ihre eigenen künstlerischen Möglichkeiten; Dylans Trumpf ist seine Ehrlichkeit, sein Engagement und die Konsequenz, mit der er in jeder Situation er selbst ist und einen Weg findet, seine Meinung zu äußern.

Unter den »Vermietern«, an die Dylan sich in *Dear Landlord* wendet, darf man wohl auch seinen Manager, seine Plattengesellschaft und sein Publikum vermuten; im Kontext der gesamten Platte und der Themen, mit denen sie sich befaßt, könnte er aber auch sein Land gemeint haben, oder jegliche Machthaber – nicht nur in dieser Stadt oder dieser Nation, sondern auf dieser Welt, im Leben überhaupt. »I'm not about to move to no other place« (Ich werde nicht irgendwo anders hinziehen). »Warum nicht?« hat so mancher schon gefragt, der diesen Satz (in Kombination mit »I'm not about to argue« [Ich werde nicht darüber streiten]) als eine Hinnahme des Vietnamkriegs interpretiert hat. So wie ich den Satz verstehe, drückt sich darin Dylans Ahnung aus, daß der Wechsel zu einer anderen Plattengesellschaft, in ein anderes Land oder zu einem anderen Manager, so verlockend er auch manchmal erscheinen mag, die Situation tatsächlich nicht verändern wird.

»Ich werde nicht darüber streiten«, weil Kämpfen nichts bringt; aber »bitte nimm zur Kenntnis, was ich sage« (»please heed these words that I speak«), denn es könnte etwas geben, was du von mir lernen kannst, so mächtig du auch bist (das Wesentliche an der Beziehung zwischen Vermieter und Mieter ist ja die Macht, die der eine über den anderen hat). Gegenüber offiziell verliehener Macht mag dies keine besonders starke Position sein; man kann sie aber auch – wie es Christus wohl tat – als die Position betrachten, in der man auf lange Sicht am stärksten ist; ich sehe das auch so. Es ist interessant, daß Dylan als ein Künstler, der sich selbst immer treu geblieben ist, praktisch alle seine Zeitgenossen überlebt hat, sowohl im physischen Sinne als auch in der Hinsicht, daß er weiterhin nach seinen eigenen Vorstellungen arbeitet.

Das Schlagzeugspiel in *Dear Landlord* ist zum Teil hervorragend. Dylan spielt sehr lebhaft Klavier; man kann eine ganze Rock'n'Roll/Chicago Blues Band in seinem Kopf hören, während er das Riff herunterhämmert und hineinschreit, und genau wie auch auf den »verstärkten Folksongs« steigen McCoy und Buttrey voll ein, lassen sich von der Energie des Songs mitreißen, ohne sich darum zu kümmern, daß das, was hier geschieht, den Rahmen jeder Rock-, Folk-, Country-, Gospel-, Blues- oder Jazzsession sprengt, die sie je gehört oder an der sie je teilgenommen haben. Das ist egal – die Musik selbst zeigt ihnen, was sie zu tun haben, und sie lassen sich darauf ein.

The Ballad Of Frankie Lee And Judas Priest ist eines der vielen Lieder auf dieser Platte, das von Schuld, Verrat, Dummheit und Bedauern handelt – es scheint gar nicht so weit hergeholt, in dem Tölpel, der gierig das Geld annimmt, das ihm sein »bester Freund« anbietet, den jungen Dylan zu sehen. Die Schuld wird sofort wieder eingefordert, aber auf geheimnisvolle Art und Weise – der Judas, der ihm das Geld gegeben hat, entläßt ihn in eine Welt des unbegrenzten Sex und der uneingeschränkten Macht, wo er sich austoben soll, bis er umfällt, was er auch tut. Aus und vorbei. Wenn Frankie Lee Dylan verkörpern soll und Judas Priest Albert Grossman, seinen Manager, dann ist keiner von beiden in einer besonders sympathischen Rolle dargestellt. Der schuldige kleine Nachbarjunge muß nach dieser Interpretation auch Dylan sein, vielleicht die Seite von ihm, die sich nicht täuschen ließ, aber schwieg. Natürlich verkörpern die Figuren, wie auch in den anderen Liedern, gleichzeitig noch andere Personen, und sie existieren auch ganz für sich allein, mythische Gestalten so wie Stagger Lee und Billy oder Jesus und Judas, die in unseren Köpfen und unserer Erinnerung herumtanzen und in

Träumen und Liedern seltsame Dinge tun. Wir wissen nicht, wer sie sind, sie sind einfach immer dagewesen – was uns nicht davon abhält, von ihnen zu singen.

Das Lied, das am meisten Aufsehen erregte, als die Platte herauskam, ist *All Along The Watchtower*, und es hat sich auch auf lange Sicht als das beliebteste erwiesen (wenn man davon ausgeht, wie häufig es von Dylan und anderen Künstlern gespielt worden ist – Dylan hat selbst zugegeben, daß es für ihn inzwischen genauso sehr Jimi Hendrix' Song ist wie sein eigener). Auch hier arbeiten Dylan (Komponist, Stimme, Mundharmonika, Gitarre) und seine Rhythmusgruppe (Baß und Schlagzeug) ausgesprochen erfolgreich zusammen. Dieses kurze Lied hat wohl einige der besten Filmansichten zu bieten, die man in modernen Songs überhaupt finden kann: Die Kamera wird hoch über den Schutzwall zurückgefahren, und wir sehen die beiden Hauptfiguren aus der Ferne näherkommen und mit der Szene beginnen, die sie gerade vor unseren Augen gespielt haben. Die Sätze, mit denen ihr Gespräch beginnt und endet, drücken sehr schön die auf der Platte vorherrschende Stimmung aus: »there must be some way out of here« (es muß doch einen Weg hier heraus geben) und »let us not talk falsely now« (wir sollten uns jetzt nichts vorlügen). Wieder einmal drückt Dylan sein persönliches Lebensgefühl so exakt und zutreffend aus, daß wir als Zuhörer sofort bemerken, daß er auch das kollektive Lebensgefühl artikuliert – nicht unbedingt, weil er es will, sondern weil er gar nicht anders kann: es ist dieselbe Stimmung und Wahrnehmung. Das ist die Gefahr und der Lohn, wenn man die Wahrheit sagt. Das Persönlichste ist zugleich das Allgemeingültigste. Und die Ironie an der Sache ist, daß Dylan zu diesem Zeitpunkt in seiner Karriere genau davor die größte Angst hatte: die »Stimme einer Generation« zu sein; eine Angst, die von der unvermeidbaren Befürchtung begleitet wurde, eben diese Stimme nicht mehr zu sein.

In gewisser Hinsicht scheint diese Platte tatsächlich anders entstanden zu sein als andere Dylan-Platten, und das ist sicherlich eine Frage des bewußten oder unbewußten kreativen Arbeitens: Dylan zog hier vielleicht zum ersten Mal Hilfsmittel heran, um den schöpferischen Prozeß in Gang zu halten (von Amphetaminen, Alkohol und Marihuana, die er früher dazu benutzte, einmal abgesehen). Ich glaube, daß *I Pity The Poor Immigrant* aus der Titelzeile entstanden ist, aber es kann kein Zweifel daran bestehen, daß Dylan die Bibel vor sich liegen hatte, während er den Rest des Songs schrieb. Bert Cartwright weist nach, daß die Wendungen »Strength spent in vain« (»Eure Mühe und Arbeit soll verloren sein«, »heaven [as] iron« (»Himmel [wie] Eisen«) und »eats but is not satisfied« (»wenn ihr eßt, sollt ihr nicht satt werden«) direkt aus dem Dritten Buch Mose 26, Vers 20, 19 und 26 stammen [zitiert nach der Lutherbibel]. Damit wird übrigens auch unmißverständlich klar, wer in dem Lied mit »I« (ich) gemeint ist, zumindest in der zweiten Strophe. Allerdings paßt zu dem Gott des Alten Testaments weder die Stimme, mit der Dylan dieses Lied singt, noch die Melodie, die er dafür ausgewählt hat (er hat sie von einem alten Volkslied übernommen – eine Rückkehr zu seinen früheren Kompositionsmethoden). Subjektiv betrachtet steht das »I« hier nicht für Gott, sondern für Dylan als empathischen (menschlichen) Beobachter. Geheimnisvoll. Ich würde sagen, hier *will* die rechte Hand nicht wissen, was die linke tut. Das sind wahrhaftig »Schritte im Halbdunkel«.

Das Lied und die Interpretation, die auf diese Weise entstanden sind, sind wunderbar; Dylan hat hier wirklich eine weise Wahl getroffen.

The Wicked Messenger ist wohl ironisch gemeint – »A wicked messenger falleth into mischief« (»Ein gottloser Bote bringt ins Unglück«, Sprüche Salomos 13:17), aber bei Dylan weiß man das nie so genau – besonders in dieser Zeit. Die letzten Zeilen klingen für mich sarkastisch und bitter: »he was told but these few words, which opened up his heart« (man sagte ihm nur diese paar Worte, die ihm das Herz öffneten) – Dylan gilt als Sänger mit einer Message, und nun beschweren sich die Leute über den Inhalt seiner Visionen: »If you cannot bring good news, then don't bring any« (Wenn du keine guten Nachrichten bringen kannst, dann bring gar keine). Aber ich muß zugeben, daß Dylan das auch ernst gemeint haben könnte. Auf jeden Fall enthält diese Nach-dem-Zusammenbruch-Platte vielleicht nicht gerade gute Nachrichten, aber doch jede Menge ermutigender Ratschläge (die Dylan auch, da bin ich mir sicher, wörtlich meint, als wollte er sagen: Wenn die Leute Weisheit von mir erwarten, dann werde ich ihnen, so gut ich es kann, etwas Hilfreiches sagen und ihnen einige jener einfachen Volksweisheiten vermitteln, die mir helfen, mein Leben zu bewältigen): »Stay free from petty jealousies, live by no man's code, and hold your judgment for yourself« (Halte dich fern von kleinlichen Eifersüchteleien, lebe nach deinen eigenen Regeln und bewahre dein Urteil für dich selbst [das heißt, urteile nicht so schnell über andere]); »Don't go mistaking Paradise for that home across the road« (Denk nicht, das Haus gegenüber sei das Paradies); »There are many here among us who feel that life is but a joke, but you and I we've been through that and this is not our fate« (Es sind viele unter uns, die meinen, das Leben sei nur ein Witz, aber du und ich, wir haben das schon durchgestanden, und unser Schicksal ist das nicht); und »Each of us has his own special gift (...) and if you don't underestimate me, I won't underestimate you« (Jeder von uns hat seine besondere Begabung, und wenn du mich nicht unterschätzt, werde ich auch dich nicht unterschätzen). Onkel Roberts Ratgeber – auf dem Papier vielleicht etwas banal, aber in Musik eingehüllt und mit Engagement vorgetragen durchaus inspiriert und inspirierend (außerdem wirklich hilfreich).

Die letzten beiden Songs auf *John Wesley Harding* stehen in bezug auf Stil und Thematik in krassem Gegensatz zu den übrigen Liedern. Es handelt sich hier um ein recht gewagtes Experiment (besonders wenn man an den musikalischen Monotheismus der Dylan-Fans denkt, die immer wollten, daß er Folk, aber keinen Rock spielt, Rock, aber keine Countrymusik und so weiter), und der Versuch gelingt. (Die Anordnung ist wohlüberlegt: Die beiden Lieder stehen ganz am Schluß, und das bluesige *Down Along The Cove* ist eine gelungene Überleitung zu *I'll Be Your Baby Tonight*.) *I'll Be Your Baby Tonight* von Dylan ist so charmant wie Woody Guthries *Take You Riding In My Car Car*. Ein echter Klassiker. (Manche Dylan-Fans hatten bis dahin noch nie eine Hawaiigitarre gehört.) Dieser Song wurde, wie auch *Dear Landlord* und *Down Along The Cove*, auf der letzten der drei Sessions (17. Oktober, 6. und 29. November) aufgenommen, und an dem vollen und entspannten Klang von Dylans Stimme hört man, daß im Laufe der Arbeit an der Platte eine echte Heilung vonstatten gegangen ist – das ist tatsächlich eine gute Nachricht. Allein am Mundharmonikaspiel erkennt man die Veränderung.

Sieben Wochen später, als die Platte erschienen und bereits ein großer Erfolg war, spielte Dylan zum ersten Mal seit seinem Auftritt in der Royal Albert Hall zwanzig Monate zuvor wieder vor Publikum. Woody Guthrie war am 3. Oktober 1967 (nach fünfzehnjähriger Krankheit) gestorben, und man plante – offenbar auf Dylans Vorschlag hin – ein Benefizkonzert zu seinen Ehren, das dann am 20. Januar 1968 in der Carnegie Hall stattfand. Dylan wurde von The Band begleitet und spielte drei Lieder von Guthrie: *Grand Coulee Dam*, *Dear Mrs. Roosevelt* und *I Ain't Got No Home*. (Es traten unter anderem auch Odetta, Pete Seeger, Jack Elliot und Judy Collins auf.) Der Mitschnitt des Konzerts wurde später von Columbia unter dem Titel *A Tribute To Woody Guthrie, Part 1* veröffentlicht.

Dylan und The Band sind an diesem Abend gut in Form – sie spielen einfallsreich, mitreißend und mit großer Musikalität. Dylan scheint sein Publikum ein bißchen hochzunehmen, indem er mit einer lauten, fröhlichen Rockabilly-Version von *Grand Coulee Dam* beginnt: »... always a flying fortress, that flies for Uncle Sam« (immer eine fliegende Festung, die für Uncle Sam fliegt) – ein ausgesprochen patriotisches Liedchen zu einer Zeit, als der Widerstand gegen die Regierung und den Vietnamkrieg gerade auf seinem Höhepunkt war und Dylan immer noch als der Schutzheilige des Protests betrachtet wurde. Woody Guthries *topical song* in ein Rock'n'Roll-Stück zu verwandeln, war natürlich unerhört, aber völlig angemessen – ein Tribut an die Zeitlosigkeit und Energie von Woodys Musik. Es ist ein schönes Arrangement; die Band spielt manchmal etwas holperig, aber Robertsons Gitarrenspiel ist so herzerfrischend wie auf der Tour 1966, und Dylan singt mit viel Elan; er versetzt sich vollkommen in das Lied hinein und spuckt Guthries sechzehnsilbige Zeilen aus, als seien es Melonenkerne.

Auch mit dem zweiten Song hat Dylan eine ausgefallene und inspirierte Wahl getroffen: Guthries Huldigung an Franklin Delano Roosevelt, die er anläßlich des Todes Roosevelts in Form eines Briefes an dessen Witwe geschrieben hatte. Das Stück ist als swingender Rockabilly arrangiert, so richtig schöner Honkytonk. Richard Manuel brilliert am Klavier, und Dylan singt sich die Seele aus dem Leib; er stellt wieder einmal unter Beweis, wie gut er phrasieren und sich in die Dynamik jedes einzelnen musikalischen Moments einfühlen kann. Und man spürt seine echte Liebe zu Woody Guthrie – »this world was lucky to see him born« (diese Welt kann sich glücklich schätzen, daß er geboren wurde)... wirklich bewegend.

Das Set endet mit einem dritten Beispiel für Dylans Qualitäten als Sänger und Lied-Neugestalter: *I Ain't Got No Home (In This World Anymore)* in einem neuen Arrangement (auf dem Minnesota-Hotel-Tape 1961 interpretierte Dylan den Song ganz anders). Auch in den ersten beiden Liedern ergänzt Rick Dankos zweite Stimme Dylans Gesang sehr gut, aber der mehrstimmige Refrain, den Dylan und Danko sich zu diesem Lied ausdachten, ist einfach genial (und ein erster Schritt hin zu den Background-Sänger(inne)n, die Dylan in seinen Konzerten ab 1978 einsetzte). Das Klavierspiel ist erstklassig – eine großartige Musik.

Das Publikum (ich war auch dabei) verlangte eine Zugabe, aber es sollte nicht sein. Der nächste Auftritt von Dylan und The Band fand im Juli 1969 statt.

Nashville Skyline, Self Portrait und *New Morning*

In den restlichen Monaten des Jahres 1968 hörte man praktisch nichts von Dylan. Im Juni und Juli gab er Happy Traum und John Cohen, einem alten Freund, ein aufrichtiges und nachdenkliches Interview, das auf Band aufgenommen und im Oktober in *Sing Out!* veröffentlicht wurde. Das Cover der ersten Platte von The Band, die im Frühsommer veröffentlicht wurde, zeigt ein von Dylan gemaltes Bild (naiv und surrealistisch, sehr hübsch). Ein weiteres Bild von Dylan, vermutlich ein Selbstporträt (ein sitzender Mann mit Hut und Gitarre), erschien auf dem Titelblatt von *Sing Out!*. Shelton zufolge machte Dylan im September in Nashville Aufnahmen; falls das stimmt, sind bisher noch keine Tapes davon aufgetaucht.

Am 13. und 14. Februar 1969 spielte Dylan in Nashville neun neue Lieder ein. Es waren dieselben Musiker beteiligt wie auf *John Wesley Harding* sowie zwei weitere Gitarristen

(Norman Blake und Charlie Daniels) und ein Pianist (Bob Wilson). Am 17. und 18. Februar machten Dylan und sein Freund Johnny Cash mindestens drei Stunden lang zusammen Aufnahmen; sie sangen zu zweit alte Dylan- und Cash-Songs und eine Reihe von Country-Standards. Eins dieser Lieder sowie die neun Songs, die Dylan am Anfang der Woche eingespielt hatte, wurden zu der neuen Bob-Dylan-LP *Nashville Skyline* zusammengefaßt, die Anfang April erschien. *Nashville Skyline* ist eine nette Platte. Das ist das Beste, was man darüber sagen kann, und manchmal reicht das auch. Das Schlimmste, was man sagen kann, ist, daß man Dylan heute wohl schwerlich als großen Künstler bezeichnen könnte, wenn er als Musiker auf diesem Level der Originalität und des Engagements stehengeblieben wäre. Stattdessen wäre er das, wovon er gelegentlich behauptet hat, nichts anderes wolle er sein: ein guter Entertainer. Aber unabhängig davon, was er vielleicht wollte oder nicht wollte, er *konnte* an diesem Punkt nicht stehenbleiben, genausowenig wie er es an irgendeinem anderen Punkt in seiner Karriere (was Identität und musikalisches Selbstbild angeht) je lange ausgehalten hat. Es ist nicht zuletzt dieses In-Bewegung-Sein, das Dylan zum Künstler macht – was immer es auch genau ist, es geschieht nicht willentlich. In gewisser Weise lenkt und formt Dylan es, aber zum größten Teil geschieht es einfach von selbst.

Zum Teil ist es wohl der Drang zu fliehen, sich weiterzubewegen. *Nashville Skyline* ist bis heute in bezug auf die Verkaufszahlen Dylans erfolgreichste Platte und immer noch eine seiner beliebtesten (der Erfolg der Hit-Single *Lay, Lady, Lay* und die Tatsache, daß Dylans Ansehen gestiegen war und der Markt für LPs seit Dylans früheren Hits expandiert hatte, trugen ihr Teil dazu bei). Die Unterstellung, Dylan sei zu dieser Zeit hauptsächlich daran interessiert gewesen, Geld zu verdienen und/oder bei der breiten Masse anzukommen, wird dadurch entkräftet, daß Dylan nach dem großen Erfolg von

Nashville Skyline keine Anstalten machte, eine ähnliche Platte einzuspielen. Sein Erfolg bei der Masse und sein Status als Entertainer wären ihm sicher gewesen, aber er ließ die Chance verstreichen.

John Wesley Harding wurde von Dylan offenbar als eine Sammlung sehr einfacher Lieder angesehen; als Kritiker und Publikum sie alles andere als einfach fanden, reagierte Dylan (ein Jahr später) mit einem höheren Level an Einfachheit. Es handelt sich hier um einen interessanten Prozeß – Rückzug und Vorstoß zugleich. Dylan zog sich vor der angeblichen Bedeutsamkeit seiner Texte zurück, vor dem Druck, den seine (von anderen Leuten) vielbeschworene Macht und Geltung als Kultfigur für ihn darstellte. Gleichzeitig entwickelte er neue Vorstellungen darüber, wer er als Musiker sein konnte und was es mit dem Musikmachen überhaupt auf sich hatte.

Einer der vielen Aspekte dieses Prozesses ist das Konzept vom »Feind meines Feindes«. Da die Hippies, die Intellektuellen, die Rock'n'Roller und die politisch Radikalen Dylan unter Druck setzten, indem sie ihn alle lautstark aufs Podest stellten und sich verhielten, als schulde er ihnen etwas, wandte er sich denen zu, die seiner Vermutung nach von den Hippies als Gegenpart betrachtet wurden: den patriotischen Rednecks, den Country-Fans. Nicht, daß er das vorsätzlich getan hätte oder nicht aufrichtig gewesen wäre: Dylan hatte die Countrymusik schon immer geliebt, seit seiner Kindheit; Lefty Frizell und Hank Williams hatten ihn abends in den Schlaf gesungen, bevor Elvis und Little Richard überhaupt im Radio zu hören waren. Aber es verschaffte ihm eine gewisse Befriedigung, etwas zu tun, das die Erwartungen der meisten Leute an ihn enttäuschen mußte. Nur keine Klarheit aufkommen lassen... Er erfand sogar eine neue Stimme für sich und entzog sich so dem Bild, das viele Leute von ihm hatten; er behauptete noch einmal seine Identität, seine Unabhängigkeit von den Vorstellungen anderer.

Niemand kann ernsthaft behaupten, Dylan sei mit dieser Platte auf Nummer Sicher gegangen – im Kontext seiner Karriere stellte sie einen radikalen Einschnitt, ein großes Risiko dar. Aber etwas an dieser Musik und dem Image, der öffentlichen Identität, mit der Dylan zu dieser Zeit herumspielte, läßt auch vermuten, daß Dylan vor etwas davonlief, daß er sich irgendwo verstecken wollte. So sehr er bisher auch immer schon ausgewichen war, jetzt schien er nach einer Form des Musikmachens zu suchen, bei der er noch weniger von sich zeigen mußte, besonders von seinem Innenleben, seinen Gefühlen. Ich glaube, er wollte Musik schreiben und singen, die ihn nicht mit seinen eigenen Gefühlen konfrontieren würde – er wollte dem Feind in sich selbst entfliehen (Ruhelosigkeit wäre vielleicht ein passender Ausdruck).

Gelang ihm das? Nein, ich glaube nicht. Er manövrierte sich nur selbst in eine Ecke, in der ihm immer weniger Energie zum Spielen und Singen blieb – nicht, daß das zu seiner Lebenssituation und seinem aufrichtigen Engagement als Familienvater und Hausmann nicht gepaßt hätte. Doch er brachte im Laufe der folgenden zwei Jahre zunächst eine Reihe ausgesprochen undurchsichtiger Platten heraus – *Nashville Skyline*, *Self Portrait* und *New Morning* – und hörte danach ganz auf, Platten oder jegliche andere Art von öffentlicher Musik zu machen.

Uns bleiben derweil, im Guten wie im Bösen, die Halts auf Dylans Weg. Vor und zurück – auf *Nashville Skyline* gibt er seinen Fans so wenig wie möglich vom »alten Dylan« (seine Weigerung, rebellisch zu sein, ist hier selbst ein Akt der Rebellion), aber zugleich zeigt er sich fast unterwürfig in seinem Wunsch, in dieser (ihm) neuen Welt akzeptiert zu werden, dazuzugehören; in seiner Vorstellung ist er dort eine Art alter Hase, ein Songwriter und Musiker von bleibendem Wert, der klassische Liebeslieder komponiert, eine Art Kreuzung aus Jimmie Rodgers und Irving Berlin.

Natürlich entspricht das, was Dylan schließlich hervorbringt, auch nicht annähernd dem, was er anzustreben scheint. *Nashville Skyline* ist eine ziemlich unbedeutende Platte; sie umfaßt nur zehn kurze Lieder, darunter ein Oldie und ein Instrumentalstück, vier der übrigen acht Stücke kann man überdies als Füllmaterial betrachten. Dem Countrymusiker Dylan mangelt es ganz entschieden an Persönlichkeit – als hätte er sich auf dem Weg zu dieser Platte völlig aufgebraucht. Zwar klingt er entspannt, aber das fällt nur im Kontrast zu dem Dylan auf, den wir vorher gekannt haben; es ist noch kein Wert an sich. Die Platte hat keine großartigen Aussprüche oder Formulierungen zu bieten, was bedeutet, daß keines der Lieder ein Country-Klassiker werden wird (nichts, was auch nur annähernd an »your cheating heart will tell on you« heranreicht [dein betrügerisches Herz wird dich verraten]). Es gibt keine herausragenden Momente im Gesang, nichts, was wirklich beeindruckt oder dem Zuhörer einen Schauer den Rücken hinunterjagt. Und doch...

... Und doch ist es eine magische Platte. Sie erzeugt eine einzigartige Stimmung und erhält sie vom ersten Ton auf der ersten Seite bis zum letzten Ton auf der zweiten Seite aufrecht. Die Platte als Ganzes ist sehr viel bedeutender als die Summe ihrer Einzelteile – es ist, als hätte Dylan eine bestimmte Stimmung, ein bestimmtes Gefühl musikalisch erfassen und wiedergeben wollen und allein zu diesem Zweck einen bestimmten gesanglichen, textlichen, rhythmischen und melodischen Tonfall (oder eine Gruppe von Tonfällen) erfunden, mit dessen Hilfe er dann das ganze Projekt erfolgreich durchführte und so eine Platte hervorbrachte, die wie ein kleiner 3-D-Projektor funktioniert: Man legt sie auf den Plattenteller, und eine ganz bestimmte glückliche, verspielte, entspannte und ein klein wenig wehmütige Stimmung entsteht und breitet sich immer weiter aus – eine Präsenz, eine dauerhafte musikalische Umgebung. Wenn man die Oberfläche ankratzt, ist nichts darunter, aber wenn man sie genauer betrachtet, dann entpuppt sie sich als ein faszinierendes Netz komplexer und einfallsreicher Musikalität. Die Gesangsparts wirken fast wie eine Folie für die instrumentalen Riffs, durch die sie verbunden werden. Diese wiederum wurden nicht spontan von den Musikern erfunden, sondern sie scheinen selbst Teil von Dylans Klangvorstellung gewesen zu sein – man sieht Dylan fast vor sich, wie er sagt: »Spielt irgend etwas, das ungefähr so klingt: Dum-die-die-dah-diddel-dah-die.« Und die anderen Musiker starren ihn erst verständnislos an, finden dann plötzlich den Groove, und alles läuft wie von selbst.

Der herausragende Song, das Lied, das die Stimmung der gesamten Platte am besten einfängt und zugleich darüber hinausgeht, ist *Tonight I'll Be Staying Here With You*. (*Nashville Skyline* ist eine von vier Dylan-Platten, die mit einem Stück enden, dessen Titel das Wort »tonight« [heute nacht] enthält; jedes dieser vier Lieder ist eine thematische, lyrische und musikalische Neubearbeitung und Vorwegnahme der anderen drei.) In *Tonight I'll Be Staying Here With You* ist alles dabei: Klavier, Schlagzeug, Steelguitar, Rhythmusgitarren. Alle Instrumente tragen auf eine nicht meßbare oder näher bestimmbare Weise zu der im Text erzählten Geschichte bei und sind mindestens so beredt wie die menschliche Stimme, die diese anderen Stimmen verbindet und in die Liedstruktur einfügt. »Throw my ticket out the window!« (Wirf mein Ticket aus dem Fenster!). Sie hätten eine weitere Aufnahme machen und die Rührseligkeit zum größten Teil beseitigen können, aber dann wäre die Seele der Musik mit verschwunden. Dylan hat eine Begabung dafür, im richtigen Augenblick aufzuhören.

Ende April und Anfang Mai war Dylan noch einmal in Nashville und ging dort ins Aufnahmestudio. Am 1. Mai wirkte er in der Johnny Cash Show mit – sein erster Fernsehauftritt seit fünf Jahren. Er sang *I Threw It All Away*, ein neues

Lied namens *Living The Blues* und dann *Girl From The North Country* im Duett mit Johnny Cash. Die Filmaufnahmen zeigen einen verängstigten, sehr steifen Dylan, der sich offensichtlich wünscht, er wäre woanders. Er entspannt sich ein bißchen, als Cash sich neben ihn setzt, und schafft es am Ende des Duetts sogar, zu lächeln. Es gibt Momente während des Singens, wo Dylans Stimme lebendig wird, aber dieses kurze Aufblitzen musikalischer Energie wird von seinem enormen Unbehagen und von all den Gedanken, die ihm durch den Kopf zu gehen scheinen, jedesmal sofort wieder erstickt.

In den Aufnahmesessions Ende April und Anfang Mai spielte Dylan, soweit wir wissen, zehn Stücke ein. *Living The Blues* ist das einzige, das er selbst geschrieben hatte, ansonsten sind es Lieder, die man mit Musikern wie Elvis, Johnny Cash und den Everly Brothers verbindet. Möglicherweise hatte Dylan eine bestimmte Vorstellung davon, was für eine Art von Musiker er werden und was für Lieder er schreiben wollte; und indem er nun jene anderen Lieder im Studio spielte, hoffte er vielleicht, einen Sound oder einen Groove zu finden, der ihn wiederum inspirieren und seinen nächsten kreativen Schub auslösen würde. Aber nichts dergleichen geschah.

Der Musiker Dylan wirkt hier irgendwie benommen; er führt bestimmte Situationen herbei und läßt sie dann ungenutzt. Sein Arrangement von *Take A Message To Mary* ist einfallsreich, aber sein Gesang ist flach und emotionslos, und als Pianist und Rhythmusgruppe in der zweiten Strophe richtig in Schwung kommen, bemerkt Dylan es gar nicht und reagiert nicht darauf. Die Gitarre am Anfang von *Ring Of Fire* ist wunderbar schräg, und es ist nicht schwer, sich vorzustellen, wie Dylan den Song jetzt aufbrechen und mit ganz neuer Spannung und Faszination erfüllen könnte – aber nein. *Take Me As I Am (Or Let Me Go)* ist ein großartiger Text für Dylan: seine ewige Botschaft, in altehrwürdigen Country-

Harmonien präsentiert (zeitlich passend zur Reaktion der Kritiker und Fans auf *Nashville Skyline*); aber Dylan singt das Lied gerade herunter, ohne die geringste Andeutung, daß ihm klar sein könnte, daß wir wissen, wovon er redet. Es ist, als würde sich bei diesen Aufnahmen eine Mauer zwischen ihn und die Musik schieben, sobald ein Text oder eine Melodie sich dem auch nur annähert, was er in dem entsprechenden Moment fühlen würde, wenn er seine Gefühle zuließe. Er bildet sich ein, ein großer Musiker sein zu können, ohne sich in den Sumpf seiner ungeordneten persönlichen Gefühle begeben zu müssen – ein verzweifeltes und vielleicht ehrenhaftes Experiment, das natürlich zum Scheitern verurteilt ist (aber wenn man seine Gefühle unterdrückt, dauert es vielleicht eine Weile, bis man das bemerkt).

Es gibt allerdings ein Stück aus diesen Aufnahmesessions, das so wie es ist für meinen Geschmack wirklich gelungen ist: eine lockere, liebevolle und energiegeladene Interpretation von *A Fool Such As I*, Elvis' Hit aus dem Jahr 1959. Dylan singt mit humorvoller Spontaneität, und die Band kann seinem Beispiel folgen – ich muß jedesmal lächeln, wenn ich das Lied höre. (Während sechs andere Songs aus diesen Sessions 1970 auf *Self Portrait* veröffentlicht wurden, ließ man *A Fool Such As I* weg; es erschien schließlich 1973 auf der nicht autorisierten LP *Dylan* von Columbia Records.)

Ende Juni gab Dylan dem Herausgeber des *Rolling Stone*, Jann Wenner, ein längeres Interview; er macht einen genauso unbehaglichen Eindruck wie in der Johnny Cash Show, allerdings wirkte er dort sympathisch, man fühlte mit ihm mit in seiner Not. In diesem gedruckten Interview jedoch wirkt er nur seltsam. Er erzählte Anthony Scaduto später, das Interview sei ein Ergebnis davon, daß er mit seinen Gedanken woanders gewesen sei und »nicht darauf achtete, was ich sagte.« Es habe außerdem zu einer Zeit stattgefunden, als er nicht genügend Energie hatte, um sich darauf zu konzentrieren.

Mangelnde Energie scheint in den Jahren nach seinem Motorradunfall für den Musiker Dylan ein ständiges Problem gewesen zu sein. Carlos Castaneda behauptet, die Verantwortung für Kinder raube einem Krieger seine Energie; das mag etwas dramatisch formuliert sein, aber die Schwerpunkte verschieben sich sicherlich, wenn man Kinder hat. Sara Dylan hatte seit 1966 jedes Jahr ein Baby zur Welt gebracht; im Herbst 1969 hatten sie und ihr Mann zwei Töchter und drei Söhne (Dylans Stieftochter Maria eingeschlossen). Kinder entstanden zu dieser Zeit in Bob Dylans Leben schneller und leichter als Schallplatten.

Irgendwann im Frühjahr 1969 stand die Verlängerung von Dylans Vertrag mit Albert Grossman an; Dylan lehnte ab. Es war schon einige Jahre her, daß er Grossman Verpflichtungen für ihn hatte eingehen lassen, und jetzt war das Thema endgültig vom Tisch. Von nun an nahm Dylan seine Karriere selbst in die Hand, verhandelte mit den Plattengesellschaften und den Werbeagenten, traf seine eigenen Entscheidungen und war niemandem mehr verantwortlich.

Am 14. Juli 1969 trat Dylan überraschend bei einem Konzert von The Band in Süd-Illinois auf. Er kam während ihrer Zugabe auf die Bühne und wurde als »Elmer Johnston« vorgestellt; sie spielten vier Stücke zusammen, unter anderem Little Richards *Slipping And Sliding* und Woody Guthries *I Ain't Got No Home.*

Am 31. August 1969 traten Dylan und The Band auf einem Festival auf der Isle of Wight in Großbritannien auf. Dylan spielte 17 Lieder; sein Auftritt dauerte etwas mehr als eine Stunde und war damit deutlich kürzer als seine Konzerte 1966. Wie 1966 begann er mit *She Belongs To Me*, diesmal von der Band begleitet; es folgten *I Threw It All Away* und *Maggie's Farm.* Die nächsten vier Lieder spielte er allein: *Wild Mountain Thyme*, *It Ain't Me Babe*, *To Ramona* und *Mr. Tambourine Man.* Dann kam die Band wieder auf die Bühne und begleitete Dylan bei *I Dreamed I Saw St. Augustine*; *Lay, Lady, Lay*; *Highway 61 Revisited*; *One Too Many Mornings*; *I Pity The Poor Immigrant*; *Like A Rolling Stone*; *I'll Be Your Baby Tonight*; *The Mighty Quinn*; *Minstrel Boy* und *Rainy Day Women*.

Es ist ein gutes Konzert – nicht herausragend, aber sehr interessant im Hinblick auf die Phasen der Stille, die ihm vorausgingen und folgten. Die Musik ist viel lebendiger und schwungvoller als Dylans Studiomusik zu dieser Zeit. Wäre dies der etwas schwerfällige, aber von Herzen kommende erste Auftritt einer längeren Tour gewesen, dann hätten sich dieselben Lieder, dieselben Arrangements, derselbe grundsätzliche musikalische Ansatz (d.h. die Stimmung und die Form, in der sich die Musiker befanden) bestimmt zu etwas ganz Wundervollem entwickeln können, zu einem facettenreichen musikalischen Gemälde voller Spannung, Überraschung und Schönheit. Die Musiker hätten nur ein bißchen länger zusammen vor Publikum spielen und sich etwas mehr von Zeit und Ort lösen müssen.

Aber auch so gibt der Mitschnitt dieses Konzerts viel her. Besonders schön sind *I Threw It All Away* (sehr gefühlvoll gesungen, voller Liebe und Würde); *Maggie's Farm* (ein großartiges Arrangement, mit dem denkwürdigen »No more!«-Refrain, den man weder vorher noch danach je wieder gehört hat); schließlich *Wild Mountain Thyme*, Dylans mit bebender Stimme gesungener Tribut an seine musikalischen Wurzeln in Großbritannien. *Like A Rolling Stone*, das später auf *Self Portrait* erschien, ist die schwächste Leistung an diesem Abend, obwohl das neue Arrangement einfallsreich ist – eindeutig ein ehrlicher (und gewagter) Versuch, den Song neuzugestalten, so daß er das ausdrückt, was Dylan jetzt fühlt. Aber Dylan scheint nicht ausreichend Energie zu haben, um das Stück richtig zu vermitteln. Der matte Gesang verrät seine Ambivalenz – oder läßt uns mutig daran teilhaben.

Andererseits hat Dylan dann doch Schneid genug, auf *Minstrel Boy* einen improvisierten Text zu singen, und der Sound des Refrains gefällt mir bei diesem Stück sehr. Es klingt, als würde Dylan sich über seine Beziehung zum Publikum lustig machen: »Schmeißt mir noch ein bißchen Geld in den Rachen, Leute – wir haben zwar schon Schränke voll von dem Zeug, aber wie sonst kann ich mir sicher sein, daß ihr mich liebt?« Er feilscht wieder um Erlösung...

Es ist ein Vergnügen, die Musik von der Isle of Wight anzuhören, insbesondere wenn man sie mit den lustlosen Studioaufnahmen vergleicht, die Dylan während der restlichen Monate des Jahres 1969 bis Anfang des Jahres 1970 fabrizierte. Er klingt, als sei er nur im Aufnahmestudio, weil er einen Plattenvertrag zu erfüllen hat (oder vielleicht weil seine Frau ihn aus dem Haus haben will) – so wie ein Kind, das nur in der Schule ist, weil es die Schulpflicht gibt. Er langweilt sich, also probiert er verschiedene unterhaltsame Kunstgriffe aus: Er spielt *The Boxer* von Simon & Garfunkel und singt dann selbst eine zweite Stimme dazu (ein schönes Lied, das recht bewegend hätte werden können, wenn er ernsthaft an die Sache herangegangen wäre); er veranstaltet »instrumentale« Jamsessions im Studio, zu denen er jede Menge verschiedener Instrumente heranschafft und diverse Studiomusiker um sich versammelt, ohne aber irgendeine musikalische Leitung oder Inspiration zu bieten (genau das Gegenteil zu Dylans früheren Sessions – als hätte seine künstlerische Präsenz, seine Ausstrahlung, sich um hundertachtzig Grad gewendet); und er schreibt einen Song (den einzigen in diesen sieben Monaten), der nur aus einer Zeile besteht, welche wiederum nicht von Dylan selbst, sondern von einem Frauenchor gesungen wird: *All The Tired Horses.* »All the tired horses in the sun, how'm I s'posed to get any riding done?« (All die müden Pferde in der Sonne, wie soll ich da zum Reiten kommen?) Dieses Lied ist das einzig bemerkenswerte aus jener Zeit, vermutlich weil es etwas ausdrückt, was für Dylan zu dieser Zeit Realität war: Es ist eine Hymne über mangelnde Energie, vergleichbar mit Ray Davies' *Sunny Afternoon* und Hoagy Carmichael und Johnny Mercers *Lazybones* (aber – das muß man ihm lassen – noch sehr viel energieloser).

Die zehn bekannten Studioaufnahmen vom Herbst 1969 sind alle auf *Self Portrait* erschienen (es muß auch Outtakes geben, allerdings sind keine in Umlauf), außerdem vier weitere, von denen gemeinhin angenommen wird, daß sie im Februar oder März 1970 entstanden. Die Sessions im Herbst fanden offenbar in New York und Los Angeles statt, die anderen in New York. Als Dylan im Juni 1969 von Jann Wenner interviewt wurde, sprach er davon, daß er im »November... vielleicht auch Dezember« auf Tour gehen wolle, aber dazu kam es nie. (Dylan und Familie zogen Ende 1969 wieder nach New York City um.)

Dylan ließ seine Zuhörer zu dieser Zeit nur sehr ungern an seinen Gefühlen teilhaben. Der Unterschied zwischen dem Konzert auf der Isle of Wight und den Studioaufnahmen von 1969 und 1970 besteht darin, daß live seine Gefühle eben doch nach außen dringen, und genau aus diesem Grund wohl auch war Dylan bereit, weiterhin ins Studio zu gehen, während er zugleich weitere Auftritte vermied. Ein Beispiel: In *Highway 61 Revisited* singt er auf der Isle of Wight: »God said to Abraham, ›give me a son‹« (Gott sagte zu Abraham: »Gib mir einen Sohn«). Ich vermute, daß Dylan – von kleinen Kindern und seiner schwangeren Frau umgeben – die Worte »kill me a son« (töte mir einen Sohn) nicht über die Lippen brachte. Ich finde das zwar kläglich, aber es zeigt zumindest, daß er spürte, was für einen Text er da sang, daß dieser ihm etwas bedeutete. Im Gegensatz dazu nahm Dylan im Herbst 1969 einen Folksong namens *Little Sadie* auf, der (zweimal) auf *Self Portrait* zu hören ist. Der Song beginnt damit, daß der Ich-Erzähler ohne ersichtlichen Grund eine Frau umbringt; er läuft davon, wird gefaßt und kommt ins Gefängnis. So wie Dylan und seine Band es spielen, ist es ein fröhliches und unbeschwertes Lied; es gipfelt in dem Geständnis: »Oh yes, my name is Lee; I murdered Little Sadie in the first degree; first degree, second degree; if you've got any papers, will you serve'em to me?« (Oh ja, ich heiße Lee; ich habe Little Sadie ermordet; Mord, Totschlag; wenn du irgendwelche Papiere hast, gibst du sie mir bitte?). Dylan singt das Lied ohne einen Anflug von Befangenheit oder Reue – es sind nur Worte und Akkorde für ihn, mit denen man nach Herzenslust herumspielen kann. Ambivalente Gefühle stehen ihm diesmal nicht im Weg, denn er nimmt überhaupt nicht wahr, was er sagt, was er vermittelt.

Self Portrait kam im Juni 1970 heraus. Es ist ein Doppelalbum, das inhaltlich bewußt abwegig ist – Dylans deutliches »Leck mich am Arsch!« an sein Publikum, seine Plattenfirma und seine eigenen künstlerischen Ansprüche. Von den vier Liedern von der Isle of Wight, die auf *Self Portrait* enthalten sind, gehören zwei zu den schlechtesten Stücken dieses Konzerts – es mag vielleicht mutig sein, auf einer Platte eine Liveversion eines der beliebtesten eigenen Stücke zu veröffentlichen, bei der man den Text vergessen hat, aber besonders erbaulich ist es nicht. Wenn es trotz dieser Schnitzer eine gelungene Interpretation gewesen wäre, dann wäre das etwas anderes, aber das war nicht der Fall. Nicht weniger mutig ist es, *Blue Moon* auf einer Bob-Dylan-LP zu veröffentlichen (was damals auch große Aufmerksamkeit erregte); was für einen Sinn aber soll es haben, ein Lied so leblos zu singen?

Man könnte *Self Portrait* einfach als einen Versuch interpretieren, die Leute zu irritieren und zu schockieren, als Dylans Weigerung, sich dem Druck zu beugen, eine musikalische und kulturelle Führungsrolle zu übernehmen; aber die Tatsache, daß die Platte das Ergebnis eines ganzen Jahres Arbeit im Studio ist, spricht dagegen. Wenn Dylan von Anfang an diese Absicht gehabt hätte, dann hätte er nicht soviel Zeit investieren oder so hart dafür arbeiten müssen. Ich muß annehmen, daß die Platte – bei all ihrer trotzigen (und deprimierenden) Cleverneß – auch das Eingeständnis einer Niederlage ist. Dylan versucht seinen eigenen Mythos hier nicht nur deshalb zu zerstören, weil dieser ihn erdrückt, sondern auch, weil seine Bemühungen, etwas Unerhörtes und zugleich musikalisch Bedeutungsvolles hervorzubringen, fehlgeschlagen sind. Präsidenten stehen manchmal nackt da, und auch ein Bob Dylan hat gelegentlich nichts zu bieten.

1985 wartete Dylan doch noch mit einer plausiblen anderen Erklärung für *Self Portrait* auf. In der Textbeilage zu *Biograph* erzählt er, die meisten Lieder auf *Self Portrait* seien am Anfang der Sessions aufgenommen worden, als die Musiker sich warmspielten und den Sound an dem jeweiligen Tag und in der aktuellen Besetzung hören wollten. »Danach machten wir das, was wir eigentlich machen wollten.« Im Frühjahr 1970, als es alle möglichen seltsamen Kombinationen von Probe- und Liveaufnahmen als Bootlegs zu kaufen gegeben habe, »... dachte ich mir, ich fasse einfach all die Stücke zusammen und bringe sie heraus – meine eigene Bootleg-LP, sozusagen.« Okay. Nur eine Frage: Was passierte mit den Liedern, die er tatsächlich in all diesen Sessions aufnehmen wollte, denjenigen, für die er sich mit den anderen Stükken nur einspielte? Ich weiß – es ist möglich, daß Dylan wie Picasso vielleicht irgendwo eine Schatztruhe voller nie gesehener, nie gehörter Meisterwerke hat, die er für sich behalten wollte; wenn das der Fall ist, wird über diese Periode in Dylans Karriere eines Tages womöglich eine ganz andere Geschichte geschrieben werden.

Am 1. Mai 1970 war George Harrison in New York und jammte mit Dylan, Charlie Daniels am Baß und dem Produzenten Bob Johnston am Keyboard. Auf dem Tape, das von dieser sehr entspannten Session in Umlauf ist, spielt George

Harrison Gitarre und singt gelegentlich auch zweite Stimme. Sie spielen eine interessante Auswahl von Dylans Liedern: *Song To Woody*; *Mama, You Been On My Mind*; *Just Like Tom Thumb's Blues* und das allgegenwärtige *One Too Many Mornings*, in dieser Phase Dylans Lieblingsstück, wenn es ums Ummodeln ging – er präsentiert es hier in seinem fünften oder sechsten neuen Arrangement, und zwar nicht dem schlechtesten. Außerdem spielen sie ein paar Coverversionen (*Da Doo Ron Ron* und *Yesterday* von den Beatles). Dieses Tape nach *Self Portrait* anzuhören ist eine große Erleichterung. Welches musikalische Selbstbild auch auf Dylans Schultern gelastet haben mag, es ist verschwunden – hier ist er einfach ein Sänger, der mit Freunden zusammen Musik macht. Besonders *Song To Woody* rührt an: Dylans Gesang und Mundharmonikaspiel sind ehrlich und unaffektiert, und Charlie Daniels spricht Dylan mit seinem gefühlvollen Baßspiel aus dem Herzen, womit er zeigt, daß Dylan jene besondere Fähigkeit, seine Gefühle über und durch seine Mitmusiker auszudrücken, doch nicht verloren hat (er hatte nur seinen Verstärker für eine Weile heruntergedreht).

Die nicht ganz eindeutigen Informationen über diese Zeit lassen darauf schließen, daß Dylan im Mai auch die Lieder aufzunehmen begann, die auf seiner nächsten Platte *New Morning* erscheinen sollten (sie kam im Oktober 1970 heraus). Zwei oder drei dieser Stücke wurden im Frühling in New York eingespielt (*If Not For You, Time Passes Slowly* und möglicherweise auch *Went To See The Gipsy*), die übrigen stammen von einer Studiosession in New York im August. Clinton Heylin ordnet dieser Session im August eine Reihe von Songs zu, wobei er von dem besonderen Klang von Dylans Stimme ausgeht, der daher rührt, daß Dylan während der Aufnahmen Schnupfen hatte. Heylin zufolge wurden *Mr. Bojangles*, *Mary Ann*, *Big Yellow Taxi* und *Can't Help Falling In Love*, die alle 1973 auf der LP *Dylan* erschienen, im August 1970 aufgenommen; ebenso die Version von *Spanish Is The Loving Tongue*, die 1971 als B-Seite einer Single veröffentlicht wurde. Noch mehr Lieder zum Warmspielen... *Spanish Is The Loving Tongue*, das Dylan allein am Klavier singt, ist die Ausnahme, es ist leidenschaftlich gespielt und voll von nacktem Gefühl – man hat den Eindruck, Dylan wolle sich für seine schwülstige Interpretation desselben Liedes im vorangegangenen Jahr entschuldigen und jetzt zeigen, was es ihm wirklich bedeutet. Eine Truhe voll solcher Dylan-Songs wäre wahrhaftig eine Entdeckung.

Die Lieder auf *New Morning* stammen alle von Dylan. Die Platte hat etwas von einem »Neuanfang« an sich, was sowohl der Titel als auch das Foto auf der Rückseite des Covers nahelegen (es zeigt einen sehr jung aussehenden Dylan mit der Bluessängerin Victoria Spivey im Jahr 1961). Von den Kritikern wurde *New Morning* im allgemeinen als »Schadensbegrenzung« betrachtet (oder sogar als eine Art Entschuldigung), denn *Self Portrait* war in der Presse fast einhellig negativ beurteilt worden. Und tatsächlich war Dylan sehr schnell mit dieser neuen Platte mit ausschließlich eigenen Songs zur Stelle. Eins dieser Lieder war bewußt darauf ausgelegt, Dylans politisch unpopuläre Entscheidung, den Ehrendoktor der Princeton University anzunehmen (was er im Juni 1970 tat), in ein anderes Licht zu stellen. Dylan erzählt natürlich eine andere Geschichte, die zweifellos auch stimmt: In den Anmerkungen zu *Biograph* erklärt er, er habe *New Morning*, *Time Passes Slowly* und *Father Of Night* für ein Broadway-Stück von Archibald MacLeish eingespielt und sei dann nach einem Mißverständnis aus der Produktion ausgestiegen. Also »... nahm ich diese Lieder und noch ein paar andere und spielte *New Morning* ein.«

Für mich ist *New Morning* eine beunruhigende Platte. Anders als auf *Nashville Skyline* und *Self Portrait* experimentiert Dylan hier nicht mit musikalischen Konzepten, nach dem Motto: »Dylan wird Country-Musiker« oder »Dylan singt die Lieder von anderen Leuten«. Diese Platte ist kein halbherziger Versuch: Gesang und musikalische Begleitung sind voller Energie und Humor, die Texte sind intelligent und gut geschrieben, Musik und Sound sind einfallsreich und persönlich. Kurz gesagt, die Platte könnte »Bob Dylans Rückkehr« sein, als die sie von Fans und Kritikern damals auch gefeiert wurde. Und das ist eben das Beängstigende. Auf *New Morning* gibt Bob Dylan vor, Bob Dylan zu sein; nicht offensichtlich (wie das der Fall gewesen wäre, wenn er ein Folgelied zu *Mr. Tambourine Man* geschrieben hätte), sondern sehr subtil: Er tut alles, was zu tun ist, zieht sämtliche Register, aber eine bestimmte Zutat fehlt.

Die Lieder und die Musik auf *New Morning* sind irgendwie nicht echt. Das ist sicher von Dylan nicht beabsichtigt, und ich glaube, seine Unzufriedenheit mit dem, was herauskam, als er ins Studio ging, um eine einfache, klare Platte zu machen, so wie er das früher immer getan hatte, war einer der Hauptgründe, warum er bis zum Herbst 1973 – drei lange Jahre später – nicht willens oder nicht in der Lage war, eine neue Platte mit eigenen Songs aufzunehmen. Denn die mangelnde Authentizität dieser Musik ist nichts Oberflächliches, nicht das Ergebnis von Faulheit oder Desinteresse. Es ist eher so, als versuchte er, ehrlich zu sein, würde dabei aber von einem unsichtbaren Feind sabotiert, einem tiefen inneren Widerstand oder einer Angst.

Es scheint, als kommuniziere der Künstler durch eine Glaswand hindurch, deren Existenz er aber nicht zur Kenntnis nimmt. Er lächelt und erzählt Geschichten und tut so, als sei alles in Ordnung. Manchmal frage ich mich, ob es diese »Glaswand« vielleicht doch nicht gibt, ob ich sie mir nur einbilde, oder ob sie etwas ist, das ich selbst konstruiere, eine Erwartung, eine bestimmte Vorstellung. Aber dann höre ich mir direkt vor oder nach einem beliebigen Song auf *New Morning* die Soloversion von *Spanish Is My Loving Tongue* an (nicht die Version auf der LP *Dylan*), und der Unterschied ist frappierend. Dieses eine Lied beweist, daß Dylan auch zu dieser Zeit in seinem Leben seine Gefühle in seiner Musik ausdrükken konnte, und es straft sämtliche Lieder auf *New Morning* Lügen, außer vielleicht einige kurze Momente in der Mitte von *Sign On The Window* (ich weiß nicht, was »Brighton girls are like the moon« [die Mädchen aus Brighton sind wie der Mond] bedeuten soll, aber ich kann es *fühlen*, und das fehlt für mich auf der restlichen Platte).

Der nächste Mitschnitt, den es von Dylan gibt, ist ein Stück Videofilm: eine didaktische Fernseh-Dokumentation über Earl Scruggs, in der Dylan (ungefähr im Dezember 1970) zusammen mit Scruggs und dessen Söhnen eine hübsche Version von *East Virginia* singt. Und dann, im März 1971, ein Durchbruch: Dylan ging ins Studio und nahm zwei großartige neue Stücke auf, *Watching The River Flow* und *When I Paint My Masterpiece*. Ersteres wurde im Juni 1971 als Single veröffentlicht (mit der Soloversion von *Spanish Is The Loving Tongue* als B-Seite); beide Lieder erschienen außerdem Ende 1971 auf *Greatest Hits Vol. II*. Es waren die ersten Aufnahmen, die nicht von Bob Johnston produziert wurden, seit Dylan und er 1966 angefangen hatten zusammenzuarbeiten; der Produzent dieser Sessions war Leon Russell, der auch ein bombiges Klavier spielte, hinzu kamen noch Baß, Schlagzeug und Hintergrundgesang. Der *Rolling Stone* beschrieb die Session als »feuchtfröhlich«.

Vielleicht waren es der Alkohol und die Kameradschaft, vielleicht auch die einfache Ehrlichkeit der ersten Zeilen von *Watching The River Flow* – »What's the matter with me? I don't have much to say« (Was ist los mit mir? Ich habe nicht viel zu sagen) –, irgend etwas hat unseren Helden jedenfalls etwas lockerer werden lassen und seine Genialität (zumindest zeitweise) wieder freigesetzt. *Watching The River Flow* ist ein wunderbares Stück, es hat alles, was man sich von einer Dylan-Single nur wünschen kann: viel Humor, einen allgemeingültigen Text und absolut brillante Leadgitarren-Riffs (von Joey Cooper oder Don Preston oder Jesse Ed Davis; die Angaben sind sehr vage).

Vor allem veranschaulicht diese Aufnahme wieder einmal ein zentrales Element von Dylans Begabung: sein Timing. In einem Radiointerview 1984 kommentierte Dylan das folgendermaßen: »Was immer ich auch gerade mache, es hat stets mit Rhythmus zu tun und mit Phrasierung. Darum dreht sich alles... Es ist nicht der Text. Es ist die Phrasierung und die Dynamik und der Rhythmus.« Der Dylan-Experte Ian Woodward fügte hinzu: »Das sehe ich ganz genauso... Es sind die Pausen, die Intonation, das Beschleunigen und Langsamerwerden, das Verlängern von Klängen, das Timing, der Tonfall und andere gesangliche Tricks.« Diese Dinge kann man nicht lernen, und deshalb kann es auch daneben gehen, wenn Dylan versucht, sie bewußt einzusetzen (wie auf *New Morning*) – sie sind Aspekte einer Begabung, die nicht auf Befehl abrufbar ist, sondern mit jenem unberechenbaren Vorgang einhergeht, den man Inspiration nennt.

Wenn Dylan inspiriert ist, dann singt er, als wäre jede lyrische, rhythmische und melodische Phrase eines Liedes noch einmal in tausend kleine Einzelteile unterteilt, zwischen denen er sich intuitiv hin- und herbewegen kann, wobei er jeden einzelnen Moment des Liedes betont, dehnt, mit anderen kombiniert oder zurückhält, während er singt. Die Techniken, die er dabei einsetzt, sind Timing und stimmliche Modulation. In *Watching The River Flow* erzeugt Dylan über seinen Tonfall eine bestimmte Stimmung, erschafft eine fiktionale Figur, definiert die Beziehung zwischen dieser Figur (dem Sänger) und den Zuhörern, und vermittelt eine bestimmte Einstellung, eine Sichtweise der Welt, des Lebens – alles in den ersten paar Zeilen. Und das geschieht allein über den kleinen Drall, den er jedem Wort und jedem Satz gibt, wenn er sie ausspricht.

Man nennt das wohl Modulation (die Art und Weise, wie Dylan »matter«, »me« oder »say« sagt), aber es ist auch Timing, denn jedes Wort steht in einem rhythmischen Kontext; der »Drall« hängt von der dynamischen Spannung in der Musik ab, einer Art Energie, die zwischen Sänger und Zuhörer vibriert und eine Vorwärtsbewegung in sich birgt, eine Unnachgiebigkeit. Auch der Drall einer Billardkugel entsteht ja daraus, daß sie in gerader Linie in Bewegung gesetzt wird und ihr eigenes Gewicht, ihre eigene Trägheit besitzt. Man stößt die Kugel also an einer bestimmten (ständig wechselnden) Stelle an, mit einem gewissen Maß an Energie und einer kleinen Drehbewegung. Diese Gleichung läßt sich nicht im Kopf erstellen, man lernt, sie zu erspüren, hält sich an Gefühl, Stimmung und Instinkt. An einem guten Tag ist das Timing makellos, und man verliert es nicht; keiner weiß, wo es herkommt, und niemand mit einem Fünkchen Verstand wird danach fragen. An einem schlechten Tag hingegen geht gar nichts.

Watching The River Flow wurde an einem sehr guten Tag aufgenommen. Das herrliche vorgetäuschte Ende nach der ersten Strophe (es wirkt im Lied wie eine Sandbank in einem Flußbett) ist nur das offensichtlichste Beispiel für den musikalischen Humor und die Intelligenz, die das ganze Lied hindurch mitschwingen. Wenn Dylan in der richtigen Verfassung ist, hat er eine geradezu unheimliche Fähigkeit, seine Mitmusiker zu inspirieren und sich von ihnen inspirieren zu lassen; ein Lied wie dieses ist der beste Beweis dafür, daß man in einer gute Stunde mehr zündende Ideen haben kann als in einem schlechten Jahr. Neben dem Timing weist *Watching The River Flow* eine weitere wesentliche Ingredienz von Dylans Musik auf, nämlich die Zeitlosigkeit. In *Mr. Tambourine Man* wird exemplarisch jener Teil unserer

Erfahrung heraufbeschworen, der außerhalb der Zeit liegt. Dylan selbst hat in Liedern wie *Wicked Messenger* und *All Along The Watchtower* gezeigt, wie er das Zeitgefühl seiner Zuhörer manipuliert und so ihr Bewußtsein erweitert. Wenn man *Watching The River Flow* anhört, sieht man ein All-Night-Café in der Morgendämmerung vor sich (die Morgendämmerung nach einer durchgemachten Nacht ist für Dylan der Inbegriff der Zeitlosigkeit), an einer anonymen Autobahn in der Nähe eines anonymen Flusses; man wird in den Gemütszustand eines Menschen versetzt, der es fertigbringt, sich zu wünschen, er sei »wieder in der Stadt« (»wish I was back in the city«), und gleichzeitig »ganz zufrieden hier [zu] sitzen« (»sit here so contentedly«). Es ist, als schnippte man mit den Fingern, erwachte und fände sich in einer verträumten Realität wieder, die einem vertrauter und sicherer erscheint als jeglicher Ort, an dem man sich befand, bevor man hierher zurückkehrte.

Der Song ist sehr gut geschrieben, und man fragt sich, was zuerst geschieht: Reagiert der Musiker mit einer gelungenen Interpretation auf den Songwriter, der einen gut geschriebenen Song zu bieten hat? Oder (was ich für wahrscheinlicher halte) bemerkt der Songwriter, daß der Musiker wach ist, und fühlt sich inspiriert, nun schnell etwas hervorzubringen, das der Begabung des Sängers und seiner Stimmung an diesem Nachmittag entspricht, etwas, in das er sich ein bißchen hineinfallen lassen kann?

When I Paint My Masterpiece ist einer der seltenen Fälle, wo Dylan so heiser ist, das es mich tatsächlich stört, aber das Lied und die Interpretation sind dennoch hervorragend. Auch hier erschafft Dylan eine fiktionale Gestalt und blendet uns mit geographischen Details; wieder entsteht dieses wunderbare Gefühl, sich außerhalb der Zeit zu befinden, während sich die Geschichte vor unseren Augen abspult: gerade ist es noch heute, und ich bin in Rom, und im nächsten Moment habe ich die Stadt vor drei Wochen verlassen. Das sind wirklich »train wheels running through the back of my memory« (Eisenbahnräder, die durch meine Erinnerung rollen). Das Thema des Liedes ist »Eines Tages« und die riesengroße, lachhafte, schmerzliche Rolle, die diese Vorstellung in unserem Leben spielt. Dylan macht sich hier auf so liebenswürdige Weise über sich selbst als Künstler lustig, daß man den Eindruck gewinnt, er sei mit seinen eigenen Zielen und Wünschen wieder im Reinen, zumindest im Moment.

Das *Concert for Bangladesh, Greatest Hits Vol. II* und *Pat Garrett & Billy The Kid*

Am 1. August 1971 erschien Bob Dylan als Überraschungsgast auf dem *Concert for Bangladesh* im Madison Square Garden in New York; er sang sowohl in der Nachmittags- als auch in der Abendvorstellung jeweils fünf Stücke. Er selbst spielte akustische Gitarre und Mundharmonika und wurde von George Harrison an der E-Gitarre, Leon Russell am E-Baß und Ringo Starr am Tamburin dezent begleitet (kein voller Bandsound, eher eine musikalische Ausschmückung). Die Abendvorstellung ist auf der Platte *Concert For Bangladesh* und im gleichnamigen Film festgehalten. Dylan singt *A Hard Rain's A-Gonna Fall*, *It Takes A Lot To Laugh*, *Blowin' In The Wind*, *Mr. Tambourine Man* (im Film nicht zu sehen) und *Just Like A Woman*. Es zirkuliert auch ein Tape von der Nachmittagsvorstellung, auf dem die gleichen Lieder zu hören sind; anstelle von *Mr. Tambourine Man* spielt Dylan hier allerdings *Love Minus Zero*.

Es war Dylans erster Live-Auftritt seit zwei Jahren. Harrison hatte ihn ganz schön bearbeiten müssen, damit er an dem Benefizkonzert teilnahm, und wir können sehr froh sein, daß er es tat: Dylan spielt fantastisch (in beiden Vorstellungen) – bescheiden, mit Selbstvertrauen, sehr vielschichtig; man spürt und hört, daß er die Musik, die er spielt, wirklich liebt (*Blowin' In The Wind* singt er hier zum erstenmal seit sieben Jahren wieder). Vor allem aber ist Dylans Stimme an diesem Sommernachmittag und -abend von einer seltenen, durchdringenden Schönheit, die fast jedem, der sie hört, sofort auffällt. Dies ist genau der Dylan, den ein Großteil seines Publikums so gerne hören will; dies ist die Stimme, die zu dem Stereotyp, dem mythischen Bild von Bob Dylan als gitarrespielendem Poeta Laureatus der sechziger Jahre paßt. Dylan könnte jederzeit ganze Hallen füllen, wenn er dieses Set von Liedern in eng an den Originalen angelehnten Arrangements spielen würde, allein oder mit ein paar Begleitmusikern. Dies ist es, was die Massen und auch viele seiner passioniertesten Fans von ihm wollen – eine Tatsache, die ihn schon immer entweder erschreckt oder einfach nicht interessiert hat. Er kommt diesem Wunsch nur sehr selten nach – mit gutem Grund –, doch diesmal tut er es, und zwar ohne jeglichen Zynismus, sondern mit ehrlicher Begeisterung für die Musik, die durch ihn und die anderen Musiker hindurchfließt, und voller Freude, sogar Erstaunen, über die herzliche Reaktion des Publikums.

Dylans künstlerische Größe basiert darauf, daß jede seiner Interpretationen anders ist: jede ist neu, jede drückt (bewußt oder unbewußt) die musikalischen und emotionalen Möglichkeiten der jeweiligen Situation, des jeweiligen Moments aus. Wenn er auf dem *Concert for Bangladesh Mr. Tambourine Man* oder *It Takes A Lot To Laugh, It Takes A Train To Cry* singt, dann *erfindet* er diese Lieder, während er sie singt. In gewisser Weise sind sie alte Freunde, die er neu entdeckt, aber zugleich ist die Intuition dieses Augenblicks etwas völlig Neues, nie zuvor Erlebtes. Im Film kann man fast sehen, wie er beiseite tritt, um dieser Intuition Raum zu schaffen, und wie er selbst über das staunt, was so entsteht. Der Höhepunkt wird ganz am Ende des Sets erreicht, während der letzten Töne von *Just Like A Woman*: In dem letzten Wort des Liedes, »... girl«, liegt alles, was Dylan und sein Publikum bis dahin an Eindrücken und Gefühlen geteilt haben, und es ist offensichtlich, daß Dylan das weiß. Man kann sehen und hören, daß er zufrieden und glücklich ist. Bruce Cockburn hat einmal geschrieben: »Let me be a little of Your breath« (Laß mich Teil Deines Atems sein). Dylan sieht aus, als ob er genau diese Erfahrung gerade gemacht hätte und sich demütig dafür bedanken würde.

Kurze Zeit nach dem *Concert for Bangladesh*, Ende September oder Anfang Oktober 1971, ging Dylan ins Studio, um einige der Lieder von den Basement Tapes für eine neue *Greatest Hits*-Platte noch einmal einzuspielen (Seine erste *Greatest Hits*-Platte war 1967 bei Columbia Records erschienen). Er nahm *I Shall Be Released*, *You Ain't Goin' Nowhere* und *Down In The Flood* auf, spielte selber akustische Gitarre und Mundharmonika und wurde von Happy Traum begleitet, der Baß, Banjo und Gitarre spielte und zweite Stimme sang. Diese drei Lieder beschließen das Doppelalbum – eine bescheidene und sehr erquickliche Mini-Symphonie, die auf *When I Paint My Masterpiece* folgt (Dylan bestimmte die Reihenfolge der Lieder selbst und merkte später dazu an, er habe sich viel Mühe damit gegeben und sei stolz auf das Resultat).

Ich spreche von einer Symphonie, weil diese drei Lieder eine klangliche Einheit darstellen und weil Rhythmus und Charakter der einzelnen Lieder in Wechselwirkung zueinander stehen, so daß nach meinem Empfinden ein Ganzes entsteht, das größer ist als die Summe seiner Einzelteile. Wenn man frühere Versionen dieser Lieder einmal vergißt (die völlig andere Stimmung von *I Shall Be Released* und die wunderbare schnoddrige Neubearbeitung von *You Ain't Goin'*

Nowhere lenken schnell von den alten Versionen ab) und sich dem Klang der neuen Interpretationen öffnet, dann kann man einen erstaunlich glücklichen Dylan hören, der die Ausdruckskraft und vielschichtige Musikalität seines Werks wieder geltend macht. Das gefühlvolle Mundharmonikaspiel, der eindrucksvolle zweistimmige Gesang, die sichere und fantasievolle Gitarrenbegleitung und die Intensität, mit der die Gefühle und das individuelle Bewußtsein der beiden Musiker in den gesungenen Wörtern und Sätzen zum Ausdruck kommen, all diese Faktoren wirken zusammen und vermitteln so Dylans wiedererwachtes Vertrauen in den Wert seiner Arbeit und in seine Fähigkeit als Künstler, der Welt etwas Einzigartiges mitzuteilen.

Dylans Auswahl und Anordnung der Lieder auf *Greatest Hits Vol. II* bestätigt diesen Eindruck. Er scheint seine Freude daran zu haben, wie gut diese Lieder aus verschiedenen Phasen seiner Laufbahn nebeneinander wirken, wie sie ineinanderfließen und was für eine fruchtbare Wechselwirkung zwischen den in dieser Liedauswahl vereinten musikalischen und lyrischen Themen besteht. (Die Platte umfaßt Lieder von all seinen bis dahin erschienenen Platten außer der ersten und der dritten, plus fünf bis dahin unveröffentlichte Stücke, von denen vier 1971 eingespielt wurden.) Das Ganze erinnert an die Retrospektive eines Malers, und tatsächlich fallen hier vor allem die lebhaften Formen und Farben in Dylans Werk auf, melodisch wie textlich. Es handelt sich unverkennbar nicht um eine Protestsong- oder Rock'n'Roll-Platte; sie ist kaum surrealistisch geprägt, und Sex ist kein vorherrschendes Thema. *Greatest Hits Vol. II* vermittelt ein auffällig anderes Bild von Dylan als die meisten seiner früheren Platten.

Was wir hier vor uns haben, wird im ersten Song, *Watching The River Flow*, exemplarisch deutlich: ein Porträt voller Dynamik und Energie, das dabei – im positiven Sinn – erstaunlich statisch bleibt; es ruht in sich, stellt eine in sich abgeschlossene Welt dar, in der weder das Bedürfnis noch der Wunsch besteht, sich irgendwo hinzubewegen. Dylans Beziehung zu seinem Ehrgeiz scheint einen Zustand der Reife erlangt zu haben, in dem er auf das, was er erreicht hat, stolz sein kann. Er kann es genießen, seine Musik zu spielen und sein Publikum daran teilhaben zu lassen, ohne sich selbst oder sein Publikum beurteilen zu müssen oder den Drang zu verspüren, seinen vorhergehenden Leistungen zu entsprechen oder sie zu übertreffen.

Die Anordnung der Stücke ist sehr gut gelungen. Der Höhepunkt der Platte ist für mich die Stelle, wo aus dem Applaus am Ende von *Tomorrow Is A Long Time* die ersten Töne von *When I Paint My Masterpiece* hervorklingen. Das Timing, der reizvolle Übergang von einer Stimmung in eine andere, ist perfekt. Für mich bedeutet das, daß Dylan weiß, wer er ist – trotz *Self Portrait* –, und daß er genau wie wir jenen geheimnisvollen Bereich zu schätzen weiß, in dem musikalische Energie menschliches Leben berührt und verändert.

Am 4. November ging Dylan wieder ins Studio, um eine sehr interessante Aufnahme zu machen: Er spielte seinen ersten *topical song* seit 1963 ein (genau die Sorte Lied, mit der Dylan am Anfang seiner Karriere Beachtung fand – es ging tatsächlich um ein Thema aus den Nachrichten). Der schwarze Autor und politische Aktivist George Jackson war in einem kalifornischen Gefängnis von Wächtern umgebracht worden, und zwar im Rahmen eines Aufstandes, der irgendwie vorgetäuscht wirkte, wie vom Staat inszeniert. Dylan reagierte, indem er einen Song schrieb: »I woke up this morning, there were tears in my bed; they killed a man I really loved, shot him through the head« (Ich wachte heute morgen auf, und mein Bett war voller Tränen; sie haben einen Mann umgebracht, den ich wirklich liebte, haben ihn in den Kopf geschossen). Er spielte das Lied sofort ein und ließ es von seiner Plattengesellschaft veröffentlichen, alles innerhalb von weniger als zehn Tagen. Auf der einen Seite der Single war eine akustische Soloversion von *George Jackson*, auf der anderen eine »Bigband«-Version (Schlagzeug, Steelguitar, Baß und zwei Backgroundsängerinnen).

Beide Versionen dieses Liedes sind seltsam. Viele Kritiker stellten damals Dylans Aufrichtigkeit in Frage, was grausam erscheint, da Jacksons Tod ihn offensichtlich wirklich traurig stimmte (es muß frustrierend für ihn gewesen sein, daß nicht Jacksons Schicksal, sondern seine eigenen Absichten zum Thema wurden, und ich kann mir vorstellen, daß dieser Aspekt zu seiner neuerlichen Abneigung beitrug, Platten zu machen oder sonstwie an die Öffentlichkeit zu treten). Aber die Reaktion ist verständlich, denn beide Interpretationen stellen eine eigenartige Mischung dar: einerseits sind sie schwungvoll und gekonnt gespielt (in der Soloversion sticht besonders der Gitarrenlauf hervor, in der Bigband-Version ein paar technisch besonders gelungene Harmonikasoli), andererseits sind sie von einer Art kommunikativer Leere erfüllt – als sei Dylan mit der Absicht ins Studio gegegangen, diese Session genauso lebendig, kreativ und persönlich zu gestalten wie diejenige mit Happy Traum, habe sich dann aber unerwartet wieder mit dem konfrontiert gesehen, was ich »mangelnde Authentizität« nenne. Beide Interpretationen sind teilweise unecht und teilweise tief empfunden. Dylan nahm auf dieser Session ein weiteres Stück auf, einen einfachen Country-Walzer namens *Wallflower*, und eine Zeile aus diesem Song faßt seine Verwirrung vielleicht gut zusammen: »Just like you I'm wondrin' what I'm doin' here; just like you I'm wondrin' what's goin' on« (Genau wie du frage ich mich, was ich hier mache; genau wie du frage ich mich, was hier eigentlich vorgeht).

Auf jeden Fall machte Dylan, soweit wir wissen, 1971 und 1972 keine weiteren Aufnahmen mehr, abgesehen davon, daß er ab und zu Freunde wie Allen Ginsberg, Doug Sahm, Steve

Goodman und Roger McGuinn begleitete (auf der Mund-harmonika und der Gitarre, gelegentlich sang er auch mal mit). Er trat einmal auf: am 31. Dezember 1971 in New York auf dem Sylvester-Konzert von The Band, mit denen er vier Lieder spielte. Von all seinen Auszeiten, seinen Phasen der Stille, scheint 1972 die extremste gewesen zu sein. Irgendwann fuhr Dylan nach Arizona, um sich ein bißchen »zu entspannen«; er berichtete 1985 in einem Interview, daß er sich von Neil Youngs Hit *Heart Of Gold* verfolgt gefühlt habe: »Ich fand es furchtbar, wenn das Stück im Radio kam. Ich sagte mir immer: ›Scheiße, das bin doch ich. Wenn es so klingt wie ich, dann sollte ich es auch sein.‹«

Nachdem er ungefähr ein Jahr in der ein oder anderen Art von Wüste verbracht hatte, stolperte Dylan in etwas noch Seltsameres hinein, nämlich in die Dreharbeiten zu einem Film, für den er schließlich die Filmmusik schrieb: Sam Peckinpahs *Pat Garrett & Billy The Kid*. Er übernahm außerdem eine kleine Rolle, nämlich die des Alias: eine Art Kumpan oder Verehrer von Billy the Kid, der von Dylans Freund Kris Kristofferson gespielt wurde.

Dylans Darstellung des Alias ist exzentrisch und faszinierend. Alle Rollen im Film außer die von Pat Garrett und Billy the Kid sind winzige Nebenrollen; Alias ist häufiger zu sehen und an mehr Szenen beteiligt als irgendeine andere Randfigur, aber seine Funktion in der Geschichte bleibt unklar. »Wer bist du?« fragt Garrett am Anfang des Films, und Alias antwortet: »Das ist eine gute Frage«, woraufhin Garrett das Thema fallen läßt, unsicher, ob er gerade hochgenommen wurde oder nicht. Später, als Billy Alias begegnet und dessen Namen hört, fragt er: »Alias was?« »Alias was immer du willst«, ist die Antwort. Das wäre unerträglich und unangemessen süßlich, wenn da nicht in beiden Fällen Dylans faszinierender Gesichtsausdruck wäre; man spürt, daß eine intensive nonverbale Kommunikation zwischen den beiden Figuren stattfindet. Das geschieht noch einmal, und zwar besonders auffällig, nachdem Billy die anderen drei Fremden erschossen hat, die mit Alias in die Stadt gekommen waren – er ist nur noch eine Haaresbreite davon entfernt, Alias auch zu erschießen, tut es dann aber doch nicht: nicht, weil Alias sein Messer in die Kehle eines von Billys Angreifern stößt, sondern wegen Alias' Gesichtsausdrucks, wegen seines albernen Grinsens. Billy zuckt mit den Schultern und grinst ebenfalls, etwas verwundert; er lebt und handelt ganz offensichtlich intuitiv und scheint Alias zu akzeptieren – nicht unbedingt als Freund, aber als einen nicht feindlich gesinnten, scheuen, unergründlichen, couragierten Zeitgenossen, der ebenfalls seiner Intuition folgt. Dylans Darbietung ist vielleicht keine Schauspielerei im üblichen Sinne, aber sie stellt dieselbe Gabe unter Beweis wie seine Musik, nämlich seine Fähigkeit, eine anrührende und unerklärliche Identität anzunehmen und sich darin auszudrücken – eine Identität, die von existenzieller Bedeutung zu sein scheint.

Dylans Soundtrack zu *Pat Garrett & Billy The Kid* ergänzt den Film sehr gut (was vielleicht verwundern muß, denn Dylan hat sich darüber beschwert, daß »die Musik auseinandergerissen und dann an allen möglichen Stellen eingesetzt wurde, bloß nicht in den Szenen, für die sie gedacht war«). Dylan hat eine Musik geschrieben, die den Inhalt des Films thematisch und emotional sehr gut widerspiegelt, ohne abgedroschen zu sein oder zuviel Aufmerksamkeit auf sich zu lenken. Der Titelsong *Billy*, der im ganzen Film und auf der Soundtrack-LP immer wieder zu hören ist (letztere enthält eine Instrumental- und drei Gesangsversionen), ist vom Text her nicht besonders bemerkenswert, aber Dylan singt ihn mit genau der richtigen Mischung aus Liebe und Traurigkeit, Mitgefühl und Distanz; besonders seine Mundharmonikasoli gehen ans Herz. Der Soundtrack wurde in einer Session in Mexico City im Januar 1973 sowie in verschiedenen Sessions in Los

Angeles im Februar 1973 aufgenommen (Dylan und Familie wohnten in Durango und im nahegelegenen Yucatan, während der Film gedreht wurde). Eine Reihe von begabten Musikern war daran beteiligt, unter anderem Booker T. Jones, Roger McGuinn, Bruce Langhorne, Byron Berline, Jim Keltner und Terry Paul. Die gesamte Musik wurde von Dylan geschrieben (und vermutlich auch arrangiert).

Jonathan Cott nennt die Soundtrack-LP »eine Art schöne, urwüchsige, hauptsächlich instrumentale Mantra-Platte aus dem mythischen Alten Westen«. Das kann ich unterschreiben. Die Platte hat etwas Hypnotisches, Beruhigendes, das sich von der meisten (dokumentierten) Musik Dylans ziemlich unterscheidet, aber ganz offensichtlich ein musikalisches und sogar spirituelles Moment ausdrückt, das Dylan sehr viel bedeutet. In *Man Of Constant Sorrow* aus dem Jahr 1961 und *Rank Strangers To Me* aus dem Jahr 1987 zapft Dylan dieselbe Quelle an. Die Platte *Pat Garrett & Billy The Kid* läßt sich schwer fassen und scheint unbedeutend, wenn man sie nebenher laufen läßt, aber wenn man sie oft anhört, dann kann die Musik richtig unter die Haut gehen, dann klingt sie bei jedem Mal besser und bringt mehr verschüttete Gefühle an die Oberfläche.

Der herausragende Titel auf dieser Platte ist *Knockin' On Heaven's Door* – wohl das beliebteste Lied, das Dylan in den Siebzigern und Achtzigern geschrieben hat, wenn man es daran mißt, wieviele und welche Sänger und Bands es gespielt und aufgenommen haben. Es ist erstaunlicherweise auch Dylans einzige Top-20-Single in diesen zwei Jahrzehnten. Die Single wurde im August 1973 veröffentlicht und kletterte ganz langsam die Charts hinauf, um im November 1973 schließlich Platz zwölf zu erreichen. Wie die ganze Platte lernt man auch dieses Lied im Laufe der Zeit immer mehr zu schätzen.

Man darf wohl sagen, daß *Knockin' On Heaven's Door*, auch wenn es ganz aus dem Inneren des Sängers kommt und den Zuhörer in seinem Inneren berührt, eigentlich ein Zufallsprodukt ist. Dylan hatte sicher nicht vor, eine Hymne oder einen Hit zu schreiben. Er reagierte darauf, daß er neben *Billy* und dessen diversen Variationen noch eine andere Melodie zum Film beisteuern sollte. Der recht einfache Text orientiert sich direkt an den Geschehnissen im Film: Der sterbende Sheriff Baker spricht zu seiner Frau (von Katy Jurado brillant dargestellt), die er »Mama« nennt und die ihm in der vorhergehenden Szene den Sheriff-Stern angeheftet hat. Die Zeilen »Wipe these tears offa my face/I can't see through them anymore« (Wisch mir die Tränen aus dem Gesicht/Ich kann gar nichts mehr sehen), die Dylan später oft gesungen hat, kommen im Film und auf der Platte zwar nicht vor, basieren aber auch auf Peckinpahs Porträt von Mama und ihrem Mann, die voneinander Abschied nehmen. Die einzelnen Elemente des Songs – Dylans Gesang, die eindringlichen Harmonien bei »knock-knock-knockin'«, das gefühlvolle »Uuh-uuh« und der Rhythmus, den Musiker und Sängerinnen gemeinsam erzeugen – sind phänomenal und ergänzen sich hervorragend. Und sie sind ein direktes Ergebnis von Dylans Arbeit an dem restlichen Soundtrack, reflektieren die Gefühle, die durch das Thema des Films in ihm angeregt wurden sowie die Erfahrung, selbst in Durango zu sein, in Peckinpah-Land, im Land von Billy the Kid und den letzten Outlaws. Irgendeine höhere Macht trieb dieses Lied aus Dylan heraus – nicht ohne seine Mitwirkung und sicher mit Hilfe seiner Begabung, aber in gewisser Weise geschah es doch, als er gerade mal nicht hinsah. Bing! da war es, genauso zufällig oder jedenfalls ungeplant wie Dylans Mitwirkung an dem Film selbst, sein Zwischenspiel in Durango. Schon wenn man dieses Lied anhört, weiß man – ohne es erklären zu können –, daß irgendwo irgendeine Art von Durchbruch stattgefunden hatte, daß Dylan einen Punkt passiert hatte, nach dem keine Umkehr mehr möglich war.

Als die Arbeit an *Pat Garrett & Billy The Kid* beendet war, kehrten Dylan und Familie nicht nach New York City zurück, sondern zogen nach Malibu, in eine exklusive Wohngegend an der Küste nördlich von Los Angeles. In der Zeit kurz vor und nach dem Abenteuer in Mexiko schloß Dylan eine Art Hauptwerk ab: eine Sammlung seiner Liedtexte und verschiedener anderer Texte von 1961-1971, die 1973 unter dem Titel *Writings And Drawings* als Hardcover bei Knopf veröffentlicht wurde.

Writings And Drawings und *Planet Waves*

Writings And Drawings ist ein wunderbares Buch. Es fand nicht die Beachtung, die es verdient hätte, als es herauskam; trotz Dylans hohem Ansehen waren sowohl Kritiker als auch Öffentlichkeit darauf konditioniert, neue Arbeiten von Dylan nur in Form von Tonaufnahmen zu erwarten, so daß eine relativ unbedeutende Sammlung neuer Songs wie *New Morning* bei weitem mehr Aufmerksamkeit hervorrief als diese wichtige, fast definitive Sammlung von Texten, die der Öffentlichkeit vorher teilweise nicht zugänglich gewesen waren.

Wenn die Texte auch zum größten Teil von den in der Widmung erwähnten »girls upstairs« (den Mädchen oben) zusammengestellt und transkribiert wurden, so besteht doch kein Zweifel daran, daß der Entschluß, dieses Buch herauszugeben, sowie das grundlegende Konzept – was das Buch umfassen und in welcher Form es erscheinen sollte – von Dylan selbst stammen. Am wichtigsten ist dabei seine Entscheidung, mehr als sechzig Lieder mit einzubeziehen, die auf keiner seiner Platten erschienen waren, unter anderem so wichtige Stücke wie *She's Your Lover Now*, *I'll Keep It With Mine*, *Lay Down Your Weary Tune* und *Sign On The Cross*. Damit machte Dylan deutlich, daß er diese Lieder als Teil seines Gesamtwerks betrachtete, auch wenn er sie nie auf Platte veröffentlicht hatte. *Writings And Drawings* holt auch eine Reihe verschiedener Nicht-Liedtexte wieder aus der Versenkung hervor und macht sie dem Lesepublikum zugänglich, unter anderem die Textbeilagen zu seinen eigenen Platten und denen anderer Musiker; die Gedichtsammlungen, die auf den Plattenhüllen seiner dritten und vierten Platte abgedruckt waren; *My Life In A Stolen Moment* und *Advice For Geraldine On Her Miscellaneous Birthday* (zwei wichtige Prosatexte, die ursprünglich als Handzettel auf seinen Konzerten verteilt worden waren); schließlich sein Gedicht *Last Thoughts On Woody Guthrie*, das er live vorgetragen hatte. Andere wichtige Texte wurden nicht ins Buch aufgenommen, wahrscheinlich eher, weil man sie übersehen hatte oder die entsprechenden Manuskripte nicht auftreiben konnte, als daß man sie bewußt aussortiert hätte. Bei der Liedauswahl weist nichts darauf hin, daß Dylan oder seine Helferinnen jemals fanden, ein Lied sei zu dumm oder zu banal, um ins Buch aufgenommen zu werden; sie verwendeten einfach alles, was sie finden konnten.

Als Zugabe (und um den Buchtitel etwas aufzulockern, der ursprünglich nur *Words* lauten sollte) enthält das Buch 18 Zeichnungen von Dylan, vermutlich aus dem Jahr 1972, die meistens bestimmte Lieder illustrieren sollen. Die auf dem Umschlag abgebildete verzerrte Gitarre mit den zwei Schalllöchern ist vom ästhetischen Standpunkt aus betrachtet wohl die beste Zeichnung. Einige der Bilder scheinen starke Gefühle auszudrücken, die meisten sind allerdings einfach kleine Witze, Gekritzel, visuelle Wortspiele. Insgesamt wirken sich die Zeichnungen sehr positiv auf das Buch aus. Sie zeigen uns Bob Dylan noch einmal von einer anderen Seite, sind nonverbale Hinweise darauf, wer er ist und wie er die Welt sieht. Darüber hinaus erinnern sie uns daran, daß auch Dylans Lieder Skizzen und assoziative Wortspiele sind und wir sie nicht unbedingt immer so ernst nehmen müssen.

Aber da ist noch mehr. Die wahrhaft sentimentale Widmung zeigt, daß selbst Bob Dylan, der so meisterhaft Gemeinplätze wiederbeleben kann, gelegentlich am Ziel vorbeischießt. Der handgeschriebene Vierzeiler, der als Einleitung vor dem Textteil steht, faßt Dylans künstlerische Philosophie prägnant zusammen: »If I cant please everybody/I might as well not please nobody at all/(there's but so many people/an I just cant please them all)« (Wenn ich nicht alle Leute zufriedenstellen kann/dann kann ich genausogut keinen zufriedenstellen/ [es gibt nur eine gewisse Menge Leute/und ich kann sie einfach nicht alle zufriedenstellen]). Darüber hinaus gewährt uns Dylan großzügig Einblick in sechs Manuskriptseiten: da ist der bereits besprochene Entwurf zu *Subterranean Homesick Blues*; dann ein handgeschriebenes Songfragment über Morris Zollar, das als eine Art Epilog mit ins Buch aufgenommen wurde (es ist als gesprochener und nicht gesungener Text gedacht; so still und fröhlich wie es den Tonfall, die Modulation und den Klang von Dylans Stimme vermittelt, ist es eine echte Offenbarung); schließlich sind auf den Innenseiten des Buchumschlags vier Seiten getippte Textspielereien abgedruckt (der kreative Prozeß in vollem Gange): »I needa new name/got to make some money... & break out of this place« (Ich brauch einen neuen Namen/muß ein bißchen Geld verdienen... & muß hier raus). Von all diesen Bonbons sind in *Lyrics*, der erweiterten Ausgabe von *Writings And Drawings*, die Knopf und Dylan 1985 zusammen herausgaben, nur das Manuskript zu *Subterranean Homesick Blues* und das Morris-Zollar-Fragment übriggeblieben.

Leider wird meine Begeisterung für *Writings And Drawings* durch eine sehr grundlegende Beanstandung gedämpft: Dieses Buch, das eigentlich das maßgebliche Nachschlagewerk zu Dylans Texten sein sollte, hat dadurch sehr an Nützlichkeit eingebüßt, daß der Autor selbst umfassend in die Liedtexte eingegriffen und sie – fast nie zu ihrem Vorteil – verändert hat.

Es stört mich überhaupt nicht, daß Dylan bei seinen Auftritten die Texte seiner Lieder verändert, im Gegenteil: ich betrachte das als Bestandteil jenes Prozesses, in dem er die Lieder jedesmal, wenn er sie spielt, neu erschafft und gestaltet – sie sind nicht heilig, sondern sie dienen als Grundlage für die spontane Kunst des Musikers. Manchmal entstehen die Veränderungen ganz spontan, manchmal scheint Dylan vorher an den Texten gearbeitet zu haben (manche der Textänderungen in *Gotta Serve Somebody*, *Tangled Up In Blue* und *I Shall Be Released* aus den letzten Jahren klingen so, als hätte er sie zumindest teilweise aufgeschrieben, bevor er sie sang). Dylan geht spielerisch mit seinen Liedern um, und oft entwickelt sich eine Veränderung im Text auch im Laufe einer Tournee immer weiter.

Wenn dies der Fall ist, wie kann man dann überhaupt sagen, was der »richtige« Text eines Liedes ist? Und warum sollte ich etwas gegen die kleinen und größeren Veränderungen in *Writings And Drawings* haben (von denen viele nur wenige Worte umfassen, vielleicht Versuche sind, die Grammatik zu verbessern)? Ich meine, daß wir zum Nachschlagen eine Sammlung von Dylans Texten in genau der Fassung brauchen, in der er sie auf der jeweils ersten »offiziellen« Aufnahme gesungen hat. Natürlich wäre es wunderbar, einen zweiten Band zu haben, der wichtige Alternativ-Versionen enthält sowie Anmerkungen zu kleineren interessanten Variationen während der Konzerte (oder zu Stücken wie *You Ain't Goin' Nowhere*, dessen Text sich von einer Aufnahmesession zur nächsten immer wieder verändert hat). Diese Textsammlungen hätten nicht den Anspruch, die »definitiven« oder »korrekten« Texte wiederzugeben, sondern sie würden einfach nur die Niederschriften bestimmter Versionen enthalten.

Die Veränderungen in *Writings And Drawings* sind also zum Teil deswegen problematisch, weil sie den Nutzen des Buchs als Nachschlagewerk einschränken, vor allem aber sind sie oft sehr unpassend: Die meisten scheinen von jemandem mit einem hölzernen Ohr zu stammen, der nicht spürt, worum es in den einzelnen Liedern geht, der den Rhythmus der Sprache nicht versteht und sich nicht daran erinnert, was ein Lied bedeutet, wenn es gesungen wird. Diese Veränderungen wurden nicht von einem Musiker beim Spielen und Singen vorgenommen, und ich kann mir kaum vorstellen, daß Dylan je versucht hat, die Lieder mit ihren »bereinigten« oder »umgebauten« Texten zu singen. Er dachte wohl eher, daß sie so besser lesbar würden oder daß es einfach Spaß machen würde, sie zu verändern. Einige der Veränderungen sind offensichtlich Abhörfehler, aber das gilt nur für wenige; es gibt auch Fälle, wo Dylan einen Text teilweise neu geschrieben hat, weil der Text auf der verfügbaren Aufnahme nicht zu verstehen war und weil es kein Manuskript gab, auf das man hätte zurückgreifen können (zum Beispiel bei *Tell Me, Momma*). Während des Spielens ist jede Veränderung einen Versuch wert, selbst wenn sie dann doch nichts bringt; solchen Impulsen zu folgen, hält die Kunst lebendig. Auch wenn Dylan vermutlich davon ausging, daß seine nicht während des Spielens vorgenommenen Textänderungen aus dem gleichen Geist der Respektlosigkeit und künstlerischen Freiheit entstanden, der auf der Bühne so angebracht ist, wirken sie doch im Kontext dieses Buches überheblich, feindselig und kleinlich und drücken nur sehr selten irgend etwas aus, das man als künstlerischen Impuls bezeichnen könnte. Es ist sehr weise von Dylan, daß er seine Aufnahmen im Studio fast immer spontan macht, live und in ein oder zwei Takes. Der Lektor und Kritiker in ihm ist keine sehr sensible oder vertrauenswürdige Person. (Für andere Songwriter und Komponisten kann natürlich genau das Gegenteil gelten.) Dylans Kunst wurzelt in seiner Spontaneität und seinem sturen Vertrauen auf diese Spontaneität. Seine Gabe, seine Berufung ist es, Live-Musiker zu sein.

Im Juni 1973 sang Dylan ein neues Lied, *Forever Young*, in das Mikrophon eines Cassettenrecorders im Büro seines Musik-Verlegers (er hatte es angeblich ein Jahr zuvor während seines Aufenthalts in Arizona geschrieben). Diese bewegende, völlig unbefangene *performance* wurde später auf *Biograph* veröffentlicht. In der Textbeilage schreibt Dylan dazu: »*Forever Young* habe ich in Tucson geschrieben. Ich dachte dabei an einen meiner Söhne; es sollte nicht zu sentimental werden. Die Zeilen fielen mir einfach so ein, ich hatte sie im Nu fertig. Ich weiß nicht – manchmal sind es solche Dinge, die einem zuteil werden. So etwas fällt einem zu. Man weiß nicht genau, was man eigentlich will, aber dann kommt etwas Bestimmtes heraus. So entstand auch dieses Lied... Ich wollte eigentlich woanders hin, das Lied schrieb sich selbst.«

Im Sommer 1973 begannen Dylan, Robbie Robertson und die anderen Mitglieder der Band über eine Tour zu sprechen. Im Oktober buchten sie Stadien für Konzerte und hielten erste formlose Proben ab. Und Anfang November ging Dylan in ein Aufnahmestudio in Los Angeles und spielte eine Platte ein, die zunächst *Love Songs*, dann *Ceremonies Of The Horsemen* und schließlich *Planet Waves* hieß; bei den meisten Stücken wurde er von The Band begleitet.

Planet Waves markiert Dylans Rückkehr als engagierter Künstler. Zum erstenmal seit *John Wesley Harding* läßt Dylan wieder zu, daß auf einer Platte – ähnlich wie auf einer Leinwand während des Malens – alles, was er während seiner Arbeit sieht, denkt und fühlt, direkt zum Ausdruck kommt. Nicht daß er sich während der vorangegangenen sechs Jahre bewußt zurückgehalten hätte; es ist eher so, als hätte er an Gedächtnisschwund gelitten, als hätte er ernstlich vergessen, wie man in dieser Form kreativ arbeiten kann oder daß so etwas überhaupt möglich und wünschenswert ist. Und in der Aussage der Lieder auf *Planet Waves* finden wir die Erklärung für diesen Gedächtnisschwund (sofern überhaupt eine nötig ist): Der Künstler schafft Neues, indem er seine eigene Sicherheit angreift und zerstört. »How does it feel/To be on your own/A complete unknown?« (Wie fühlst du dich/Ganz allein/Völlig unbekannt?) Sehr beängstigend – und der eigenen Lebenssituation nicht angemessen, wenn man sich als Ehemann und Vater betrachtet, statt als Liebhaber/Dichter/Vagabund. Was tun? Verzichten. Vergessen. Den Appetit auf all die Gefahren und die Romantik verlieren.

Aber der Fluch und Segen des wahren Künstlers besteht darin, daß Sicherheit und Geborgenheit ihn nicht auf ewig zufriedenstellen; früher oder später taucht der Appetit wieder auf und kann nicht mehr ignoriert werden. »I could say that I'd be faithful« (Ich könnte sagen, daß ich treu sein werde), singt Dylan in *Something There Is About You*, »I could say it in one sweet easy breath/But to you that would be cruelty, and to me it surely would be death« (Ich könnte das in einem süßen leichten Atemzug sagen/Aber dir gegenüber wäre das grausam, und für mich wäre es der sichere Tod). Dylans Erwachen ist, wie diese Platte dokumentiert, zunächst sexueller Natur. Aber was konkret daraus folgt, ist einmal Dylans wiedergewonnene Fähigkeit, sich auszudrücken, zum anderen seine Bereitschaft, wieder live vor Publikum zu spielen. (In seinem Film *Renaldo & Clara* aus dem Jahr 1977 setzt er sich explizit und sehr effektiv mit diesen Themen auseinander.)

Planet Waves markiert außerdem den Beginn des zweiten Stadiums in Dylans Beziehung zu seinem Publikum. Im ersten Stadium, das von seiner ersten Platte bis zu *Blonde On Blonde* andauerte, versuchte Dylan die Aufmerksamkeit des Publikums auf sich zu lenken, und als er sich dieser Aufmerksamkeit dann sicher war, vergrößerte er sein Publikum stetig, obgleich er sich dessen Erwartungen widersetzte oder sie ignorierte. Das Publikum wiederum wehrte und beschwerte sich, um sein Werk dann schließlich doch so wie es war anzunehmen und zu akzeptieren (natürlich ist das eine Verallgemeinerung, ein Bild des gesamten Publikums und nicht des einzelnen Zuhörers, aber als solches halte ich es für zutreffend und relevant).

Während des ersten Stadiums wurde der Mythos »Bob Dylan« aufgebaut, Dylans dauerhafte öffentliche Identität. Es folgte eine Unterbrechung oder Pause von 1967 bis 1973, während der weder Dylan noch sein Publikum sich über ihre Beziehung zueinander sicher sein konnten. Was das zweite Stadium von dieser Pause unterscheidet, ist die Tatsache, daß Dylan sich wieder erfolgreich seiner Kunst widmete. Er gab eine Art einseitiger Beziehungserklärung ab: »Ich tue meine Arbeit, und wer hören kann, wird hören.« Diese Haltung hatte er während des ersten Stadiums auch eingenommen. In der Pause hatte er seine Erklärung einige Male zu erneuern versucht, ohne daß sie aber Bestand gehabt hätte (die Grenzen einer einseitigen Erklärung liegen darin, daß man zwar nicht die Zustimmung anderer braucht, sich aber selbst überzeugen muß).

Das zweite Stadium begann 1974, dauert bis heute an und wird vermutlich Dylans restliches Leben lang anhalten. (Ein drittes Stadium wird zwangsläufig nach Dylans Tod eintreten: ein paradoxer Zustand, in dem sein Publikum, durch die Anwesenheit des lebenden Künstlers nicht mehr beeinflußt, sehr viel eher in der Lage sein wird, ihn so zu akzeptieren, wie er ist, und sein Werk als Ganzes zu würdigen.) Typisch für die zweite Entwicklungsstufe ist eine ständige (oft unbewußte und sogar selbst unerwünschte) Skepsis auf seiten der Zuhörer, die das aktuelle Werk des Künstlers an dessen früheren Leistungen messen; dies wiederum frustriert den Künstler und führt dazu, daß seine Bereitschaft, an dieser Beziehung teilzuhaben, ständig schwankt. Im Extremfall kann das so weit gehen, daß er sich über längere Perioden hinweg nicht in der Lage fühlt, kreativ zu arbeiten, oder daß er großartige Werke erschafft und sie dem Publikum vorenthält. Und natürlich gibt es auch immer wieder Momente, in denen er den Drang verspürt, die Welt wieder zu entflammen.

Der reife kreative Künstler des zweiten Stadiums baut auf der Wirkung seiner ersten Bühnenerfolge auf und steht zugleich in deren Schatten (dies galt übrigens für Einstein, ein anderes Wunderkind, genauso wie für Dylan). Die ersten Worte in Dylans Plattentext auf *Planet Waves* lauten »Back to the Starting Point!« (Zurück zum Ausgangspunkt!). Die letzten Worte auf der Platte sind »now that the past is gone« (jetzt, wo die Vergangenheit vorbei ist). Doch in der Beziehung zwischen Künstler und Publikum ist die Vergangenheit nie vorbei; und so sind die Schwierigkeiten, die wir als Zuhörer immer wieder damit haben, uns Dylans neuem Werk zu öffnen und es zu würdigen, ein wichtiger Aspekt dieser zweiten Entwicklungsstufe.

Als *Planet Waves* herauskam, gefiel mir die Platte nicht. Ich wollte unbedingt, daß sie ein bedeutendes Werk wäre, und ein paar Tage lang redete ich mir ein, sie sei es auch. Aber diese anfängliche Begeisterung schlug bald in Ärger um, als ich feststellte, daß die Platte auch bei häufigerem Hören nicht an Bedeutung für mich gewann. Ich spürte eine sehr krasse Diskrepanz zwischen dem, was ich von Dylan wollte, und dem, was er mir zu geben schien.

Viel später dann lernte ich einige der Lieder wegen ihrer vielschichtigen autobiographischen Ehrlichkeit zu schätzen; aber die Schönheit und Intensität der Platte als Ganzes konnte ich immer noch nicht erkennen. Ich war mir zum Beispiel sicher, daß Dylan von der Band uninspiriert und unpassend begleitet wurde, und so hörte ich natürlich in den seltenen Momenten, in denen ich die Platte laufen ließ, genau dies. Es klang so, als läge ein Nebel über dem ganzen Projekt, der sich nur (und auch hier bloß teilweise) bei den akustischen Stükken *Dirge* und *Wedding Song* auflöste.

Inzwischen (14 Jahre später) hat sich der Nebel gelichtet, und da sich die Platte ja nicht verändert hat, muß die Veränderung in mir stattgefunden haben, in meinem Hören. Ich kann gar nicht oft genug betonen, ob es nun um Musik oder Literatur oder andere Künste geht, daß die Entstehung und Umsetzung großer Kunst nicht allein in der Verantwortung des Künstlers liegt. Sie hängt auch von der Energie, Integrität und Hingabe des Empfängers, des Betrachters, Lesers oder Zuhörers ab. Ich ging damals eben nicht nur mit einer bestimmten Einstellung an *Planet Waves* heran, die mich daran hinderte, die Platte zu würdigen, sondern ich hatte diese Einstellung sogar trotz meines ehrlichen Wunsches, die Platte zu mögen, und obwohl ich mich ernsthaft bemühte, mich der Musik zu öffnen. Dies nämlich ist das Problem, das Dylans Publikum mit seiner neuen Musik, seinen neuen Platten und Tourneen immer wieder hat: Wir hören nicht richtig. Dylan ist so einfallsreich und naiv in seiner Kunst, er agiert so weit außerhalb jeglicher hergebrachter Vorstellungen, was Singen, Schreiben und Spielen bedeutet, daß es uns nur wenig hilft, die Sprache einer bestimmten Gruppe von *performances* erlernt zu haben, wenn wir die Sprache einer anderen Gruppe ebenfalls verstehen oder damit vertraut werden wollen. Das Erlernte kann sogar zum größten Hindernis werden: Wir hören nicht unschuldig, sondern mit bestimmten Erwartungen und achten (wie sich dann zeigt) immer auf die falschen Stellen.

Heute (nach dem kürzlich erfolgten Durchbruch) höre ich *Planet Waves* als einen vielseitigen, bunten, beständigen Strom attraktiver und einfallsreicher Musik und spielerischer, anregender Sprache, in dem eheliche Ängste und unschuldige sexuelle Freuden beschrieben werden – ein Gefühl der Wiederentdeckung des eigenen Selbst, gepaart mit der Angst vor Verlust, wobei die Betonung eindeutig auf der Notwendigkeit liegt, ehrlich zu sein und Risiken einzugehen. Die lange unfruchtbare Phase, die hinter Dylan liegt, die Aussicht darauf, wieder auf Tour zu gehen und aufzutreten, und die Erinnerung an den Starrummel, dem er vor langer Zeit entflohen war, sind auf der ganzen Platte zu spüren. Auch die bevorstehende Trennung und spätere Scheidung ist sehr präsent, zumindest für diejenigen Zuhörer, die wissen, wie sich Dylans persönliche Geschichte weiterentwickelte. Wie die meisten Platten von Dylan ist auch diese eine *performance*: schnell, improvisiert, drängend, von der Stimmung und Energie des Moments erfüllt, in dem sie entstand. Sie soll nicht die ewige, sondern die direkte Wahrheit verkünden. *Planet Waves*, das sind Stammesrhythmen – die persönlichen, allgemeingültigen Nachrichten unserer Zeit.

»The crashing waves roll over me« (die donnernden Wellen rollen über mich weg), singt Dylan in *Never Say Goodbye*, das wohl das aufregendste und verführerischste Lied auf der ganzen Platte wäre, wenn nicht alle Lieder in so enger Wechselbeziehung zueinander ständen, daß es schwer ist, eines hervorzuheben (so wie es auch schwer ist, eine einzelne Welle hervorzuheben, wenn man in der Brandung steht, denn die wahre Freude besteht eben darin, wie eine Welle in die nächste übergeht, immer und immer wieder). »As I stand upon the sand« (während ich am Strand stehe) – dem Bild für Bewegung folgt ein Bild für Stabilität, oder auch: dem Bild für Kraft und Gefahr folgt eins für Bescheidenheit und Frieden – »and wait for you to come and grab hold of my hand« (und warte darauf, daß du kommst und meine Hand nimmst) – Erwartung. Und schon sind die wesentlichen Themen von *Planet Waves* angeschnitten: die Aufregung einer Liebesffäre, die Heiligkeit des Moments der Vereinigung, und der mütterliche Schutz vor Angst (besonders die Angst vor der großen weiten Welt), den die Ehefrau oder jemand Vertrautes bieten kann. All dies wird in einer Sprache vermittelt, die alltäglich oder sogar banal klänge, wäre da nicht der ernsthafte Gesang und die wilde Energie und Intelligenz der musikalischen Begleitung. *Never Say Goodbye* wurde als erstes Lied aufgenommen; Dylan und The Band schauten sich das Studio an, probierten es aus und nahmen dieses Stück als Soundcheck auf. Levon Helm war an diesem Tag nicht da, so daß Richard Manuel Schlagzeug spielte. Rick Dankos Baßlauf am Anfang des Stücks hält meiner Meinung nach die ganze Platte zusammen.

Das war Freitag, der 2. November 1973; am Montag, Dienstag und am darauffolgenden Freitag spielten Dylan und die komplette Band fast alle anderen Lieder ein. Am Samstag kam Dylan dann ins Studio und erzählte dem Toningenieur, er habe noch ein Stück, das aber noch nicht ganz fertig sei. Eine Stunde später setzte er sich hin und nahm *Wedding Song* auf, solo und in einem Take. Möglicherweise spielte er an diesem Tag auch noch eine akustische Soloversion von *Dirge* ein; auf jeden Fall klimperte er ein paar Tage später, als er zum Abmischen im Studio war, auf dem Klavier herum und beschloß, *Dirge* noch einmal aufzunehmen. Er spielte Klavier und bat Robbie Robertson, ihn auf der Gitarre zu begleiten (Robertson erzählt, er hätte das Lied vorher nie gehört). Sie nahmen zwei Versionen auf, von denen die zweite auf *Planet Waves* erschien.

Alle Songs auf *Planet Waves* sind »Ich/du«-Lieder, in denen Dylan in der ersten Person über und für ein »du« singt, ausgenommen *Forever Young*, in dem es nur »du« und kein »ich« gibt, und *Going, Going, Gone*, in dem er mit sich selbst spricht (es gibt zwar ein implizites »du«, doch wird dieses nie direkt angesprochen). Man kann wohl sagen, daß Dylan sich auf keiner anderen Platte seines Publikums weniger bewußt war oder sich weniger um dessen Reaktion scherte. Dylan macht seine Aufnahmen nicht zuletzt deshalb so schnell (kaum oder kein Warmspielen, wenige oder keine Alternativaufnahmen), weil die Lieder auf diese Weise herauskommen können, bevor irgendeine Befangenheit eintritt. Das hat sowohl einen therapeutischen als auch einen ästhetischen Wert: Wenn der Künstler sich die Frage zugesteht, wieviel er tatsächlich von sich preisgeben will, dann wird er die Gefühle und Gedanken, die ihm am meisten auf der Seele liegen und die am dringendsten ausgedrückt werden müssen, letzten Endes vielleicht gar nicht herauslassen. Dylan platzt mit seinen Songs also heraus und nimmt sie schnell auf, bevor der Selbst-Zensor in ihm aktiv werden kann. *Planet Waves* ist eine ausgesprochen persönliche Platte, nach einer langen Phase, in der Dylan seine innersten Gefühle weder beim Liederschreiben noch beim Spielen herausließ; sie ist voller mehrdeutiger Bilder, die aus seinem Innersten hervorzuquellen scheinen und die alle mit der Frage zu tun haben, wer er in den wichtigen »Ich/du«-Beziehungen in seinem Leben ist: Ehemann/Ehefrau, Mann/Frau, Kind/Eltern, Sänger/Publikum, jetziges Ich/früheres Ich. Aus dieser Direktheit und Intimität entsteht beim Zuhören intensive, anrührende Musik – nicht weil es Spaß macht, Bob Dylans Psyche zu erkunden, sondern weil man als Zuhörer mittels Identifikation selbst (abwechselnd oder gleichzeitig) zum »du« und/oder »ich« wird, so daß die Bilder, Gedanken und Gefühle, die aus dem Unterbewußtsein hochsteigen und im Lied mitschwingen, unsere eigenen sind.

Es gibt interessante inhaltliche Wiederholungen: »There is plenty of room for all/So please don't elbow me« (Es gibt genug Platz für alle/Also drängel bitte nicht so) in *On A Night Like This* und »Won't you move over and give me some room?« (Rutsch doch mal ein Stück und mach mir Platz) in *Tough Mama*; oder »I stood alone upon the ridge and all I did was watch« (Ich stand allein auf dem Grat und schaute bloß) in *Tough Mama* und »I just want to watch you talk« (Ich will

nur zusehen, wie du redest) in *You Angel You*. Dylan erklärt
einer Frau, ihre Abwesenheit mache ihn »immer blinder«
(*Hazel*), und einer anderen (derselben? – möglicherweise sind
die Personen, an die sich die Lieder richten, teils real und teils
ausgedacht, oder manchmal eine Person, manchmal mehrere zugleich): »you turn the tide on me each day and teach my
eyes to see« (jeden Tag wendest du das Blatt gegen mich und
lehrst meine Augen sehen). Diese letzte Zeile stammt aus
Wedding Song und ist typisch für den bizarren, sogar unheilverkündenden Unterton in diesem Lied: die erste Wendung
ist eine Mischung aus »turning the tide« (»das Blatt wendet
sich«, d.h. ein Zustand kehrt sich um – meistens ein zentrales Ereignis, so wie wenn eine Schlacht sich zugunsten der
einen Seite entwickelt; jedenfalls nichts Alltägliches) und dem
meist feindseligen »turning the tables [on someone]« (den
Spieß umdrehen). Das Verwirrende an *Wedding Song* ist, daß
es echte Liebe ausdrückt (man hört sie im Mundharmonikaspiel), daß aber gleichzeitig ein enormer Groll zu spüren ist,
der vermutlich unbewußt und unbeabsichtigt durchkommt.
Und das Traurige an diesem Lied ist, daß das Vergangene nicht
vorbei ist und daß Dylan jedesmal, wenn er »more than ever«
(mehr als je zuvor) singt, die beklemmende Präsenz der Vergangenheit bestätigt.

An anderen Stellen des »Vielfachliedes«, aus dem die Platte
besteht, hat die Vergangenheit eine andere Bedeutung: Mit »If
I'm not too far off I think we did this once before« (Wenn ich
nicht völlig danebenliege, haben wir das doch schon einmal
gemacht) in *On A Night Like This* beschwört Dylan gekonnt
eine ganz bestimmte Zeitlosigkeit herauf; *Never Say Goodbye*
hingegen ist von einer grundsätzlichen Zeitlosigkeit durch-
zogen, die auch den rasanten Übergang vom gefrorenen See
zu den brandenden Wellen umfaßt. Am schönsten aber ist
der Zweizeiler in *Something There Is About You*: »Thought
I'd shaken the wonder and the phantoms of my youth/Rainy

days on the Great Lakes, walking the hills of old Duluth« (Ich dachte, ich hätte das Staunen und die Phantome meiner Jugend abgeschüttelt/Regentage an den Großen Seen, Wanderungen in den Hügeln des alten Duluth). Hier ist die Vergangenheit eine bereichernde Kraft, eine wohltuende Wunde, die durch die Anwesenheit einer neuen Geliebten wieder geöffnet wird – die Wiederentdeckung und Bestätigung des Selbst.

Der Grund, warum ich *Planet Waves* so lange nicht würdigen konnte, ist der, daß ich mich dem *Klang* der Platte verschloß, ihn ablehnte; dieser Klang ist jedoch gerade die wesentliche Leistung der Platte und der Schlüssel zu allem anderen, was gut an ihr ist. Es ist ein energiegeladener, unschuldiger, warmer und voller Klang; Dylan und die anderen Musiker scheinen ihre Ratio an der Studiotür abgegeben zu haben und jetzt ganz direkt auf die Schönheit dieser neuen Lieder zu reagieren, wie auch auf die herzliche, spontane Atmosphäre, in der sie gemeinsam Musik machen. Die Melodien der Songs passen auch besonders gut zu dieser Art, zusammenzuspielen. *Tough Mama, Hazel* und *Something There Is About You* sprühen nur so vor rhythmischen und melodischen Einfällen, schleichen sich in die Herzen und Köpfe der Zuhörer ein und wollen immer wieder gehört werden. Diese drei Lieder sind sehr eng miteinander verbunden und doch so unähnlich – eine weitere fabelhafte Mini-Symphonie.

Die Musik enthält ein vibrierendes, schmerzliches Moment und läßt eine einzigartige Stimmung aufkommen. In den gesungenen Bridges, die in der Mitte von *Hazel, You Angel You* und *Going, Going, Gone* aus Dylan förmlich herausbrechen, kommt diese Stimmung sehr deutlich zum Ausdruck: »Oh no, I don't need any reminder« (Oh nein, daran muß man mich nicht erinnern), »You know I can't sleep at night for trying« (Ich kann nachts nicht schlafen, obwohl ich mich so darum bemühe) und »Grandma said, ›Boy go and follow your heart‹« (Großmutter sagte: ›Junge, geh und folge deinem Herzen‹). Sie schimmert in der kurzen Gitarrenvariation durch, die am Ende jeder gesungenen Phrase in *Something There Is About You* auftaucht (ein eindringliches Gitarrenriff, das im Mundharmonikasolo von *Hazel* anklingt und am Anfang von *Forever Young* noch nachhallt), und sie ist schmerzhaft präsent in Dylans Stimme, wenn er singt: »Suddenly I found you, and that spirit in me sings« (Plötzlich fand ich dich, und in meiner Seele singt es). Die ganze Platte hindurch singt es in seiner Seele, und das ist ein wahres Geschenk. Auf diese Weise wird sogar *Forever Young* lebendig, ein auf dem Papier meiner Meinung nach ziemlich banales Stück, das aber durch die Würde und Aufrichtigkeit, mit der Dylan es singt und spielt, wieder aufgewertet wird. (Man beachte, daß der Unterschied zwischen der langsamen und der schnellen Version – beide sind ja auf der Platte zu hören – in der Wiederholung der Worte »forever young, forever young« im Refrain besteht. Dieses bißchen Sentimentalität verwandelt den Song vom Gebet zur Hymne und illustriert die enorme Aussagekraft und emotionale Manipulation, die allein von der harmonischen Struktur ausgehen kann.)

Wedding Song und *Dirge* waren die letzten Songs, die eingespielt wurden. *Wedding Song* scheint direkt aus Dylans Sorge um Saras zu erwartende Reaktion auf die Platte entstanden zu sein; Titel und Inhalt des Liedes legen nahe, daß er damit sein Eheversprechen erneuern will. Er scheint sie auch mit aller Kraft davon überzeugen zu wollen, daß sein Bedürfnis, wieder in die Welt zu ziehen (die bevorstehende Tour) keine Gefahr für ihre Beziehung darstellen muß. Wenn er singt »It's never been my duty to remake the world at large/Nor is it my intention to sound a battle charge« (Es ist nie meine Aufgabe gewesen, die ganze Welt neu zu erschaffen/Noch habe ich vor, zum Angriff zu blasen), dann höre ich, wie er sie und sich selbst beruhigt, indem er erklärt, wie seine Rückkehr in die öffentliche Arena zu verstehen ist.

Text und Melodie von *Wedding Song* fließen schnell und leicht, und die widersprüchlichen Botschaften, die sowohl der Gesang als auch der Text vermitteln, sind faszinierend. »When I was deep in poverty you taught me how to give« (Als ich in tiefer Armut lebte, lehrtest du mich, zu geben) ist eine sehr schöne Würdigung. Aber die nächste Strophe ist ein Katalog des Schreckens. Die Wendung »eye for eye and tooth for tooth« (Auge um Auge, Zahn um Zahn) steht für das Prinzip der Vergeltung und Bestrafung; »your love cuts like a knife« (deine Liebe schneidet wie ein Messer) ist ein seltsames Lob, das noch seltsamer wird, weil Dylan es ohne Sarkasmus oder Ironie singt; »my thoughts of you don't ever rest, they kill me if I lie« (meine Gedanken an dich ruhen nie, sie bringen mich um, wenn ich lüge) bedeutet, daß seine Liebe zu ihr eine Quelle endloser, selbstquälerischer Schuld geworden ist. Die letzte Zeile der Strophe ist besonders beängstigend, vor allem weil sie Teil einer Liebeserklärung ist: »I'd sacrifice the world for you to watch my senses die« (Ich würde alles für dich opfern, um meine Sinne absterben zu sehen). Wie so oft in Dylans Liedern scheint hier eine Verschiebung der Zeitebenen stattgefunden zu haben – tatsächlich sagt er, daß er manchmal das Gefühl hat, er *habe* alles für sie geopfert und seine Sinne absterben sehen. Jetzt tut er das nicht mehr, aber die Tatsache, daß er es getan hat, bedeutet für ihn, daß er es grundsätzlich tun *würde*, und dafür will er Anerkennung (es ist ein weiterer Beweis für seine Liebe.) Insgesamt ist der Song eine Art Appell an sie, doch seine Liebe anzuerkennen und nicht zuzulassen, daß ihre Ehe durch irgend etwas in Frage gestellt wird (was immer es auch sein möge). Aber da er in *Dirge* singt, »I hate myself for loving you« (Ich hasse mich dafür, daß ich dich liebe), quillt mit jedem »I love you« nur mehr Haß hervor. Wie zu erwarten, erfüllte das Lied seinen unterstellten Zweck nicht (Dylan und seine Frau trennten sich im Frühjahr 1974); aber als Porträt des Augenblicks, als bildhafte Darstellung eines bestimmten Aspekts der Ehe funktioniert es bestürzend gut.

Dirge zeichnet sich durch die durchdringende Schönheit von Dylans Stimme und die Intensität seines rhythmischen Klavierspiels aus, und Robbie Robertson vermittelt in seiner brillanten, nuancierten Gitarrenbegleitung sanft und einfühlsam die Gefühle des Sängers. Der Text erinnert ein wenig an die Texte auf *John Wesley Harding*, denn die Zuhörer werden bewußt in Versuchung geführt, nach einem bestimmten Sinn zu suchen, obwohl es sich hier eigentlich um spontanen Ausdruck und freie Assoziation handelt. Aber vielleicht sage ich das nur, weil ich beim besten Willen nicht darauf komme, wer in der dritten Strophe gemeint ist: einer, der den Fortschritt preist und Lieder über die Freiheit und den »auf ewig entblößten Menschen« (»man forever stripped«) singt. Ich glaube nicht, daß es irgendeine der Personen ist, an die sich die anderen Teile des Liedes richten: Dylans Frau, sein Publikum, sein Ex-Manager und die Welt des Musikbusineß, die dieser verkörpert. Ich tröste mich also damit, daß es sich um ein Traumbild handelt, um ein Rätsel ohne Lösung, das ganz für sich steht und so zu würdigen ist. Und es gefällt mir wirklich sehr, wie Dylan »It's a dirty, rotten shame« (es ist eine verdammte Schande) singt.

Allerdings lasse ich mich von der künstlerischen Pose in *Dirge* nicht mehr dazu verleiten zu denken, dieses Lied hätte mehr zu bieten als *Tough Mama* oder *Something There Is About You* oder sogar *You Angel You*. Die nackte Wahrheit ist in jedem dieser Lieder spürbar. Diese Platte gibt dem Zuhörer sehr viel. Das Cover ist wunderbar, ebenso die handgeschriebene und gezeichnete Rückseite mit einem Plattentext voller Humor, Energie und Atemlosigkeit: »I dropped a double brandy and tried to recall the events« (Ich kippte einen doppelten Brandy herunter und versuchte mich an die Ereignisse zu erinnern), »We sensed each other beneath the mask« (Wir erahnten uns hinter unseren Masken) – man kann diesen Sätzen alle möglichen Bedeutungen geben, wenn man sich nur etwas bemüht.

Und dann, am 3. Januar 1974 in Chicago, Illinois, sang Dylan den *Hero Blues* und startete damit seine erste Tournee seit siebeneinhalb Jahren – eine neue Ära hatte begonnen.

Diskographie

Platten von Bob Dylan

Die hier aufgelisteten Platten wurden alle von Columbia Records veröffentlicht, außer *Planet Waves* und *Before The Flood*, die bei Asylum Records erschienen. In Klammern steht das Datum der Erstveröffentlichung. Die Reihenfolge der Songs entspricht der auf den Original-LPs; A bezeichnet die erste Plattenseite, B die zweite.

Bob Dylan (19.3.1962) A: You're No Good/Talkin' New York/ In My Time Of Dyin'/Man Of Constant Sorrow/Fixin' To Die/Pretty Peggy-O/Highway 51. B: Gospel Plow/Baby Let Me Follow You Down/House Of The Risin' Sun/Freight Train Blues/Song To Woody/See That My Grave Is Kept Clean.

The Freewheelin' Bob Dylan (27.5.1963) A: Blowin' In The Wind/Girl From The North Country/Masters Of War/Down The Highway/Bob Dylan's Blues/A Hard Rain's A-Gonna Fall. B: Don't Think Twice, It's All Right/Bob Dylan's Dream/ Oxford Town/Talking World War III Blues/Corrina, Corrina/Honey, Just Allow Me One More Chance/I Shall Be Free.

The Times They Are A-Changin' (13.1.1964) A: The Times They Are A-Changin'/Ballad Of Hollis Brown/With God On Our Side/One Too Many Mornings/North Country Blues. B: Only A Pawn In Their Game/Boots Of Spanish Leather/ When The Ship Comes In/The Lonesome Death Of Hattie Carroll/Restless Farewell.

Another Side Of Bob Dylan (8.8.1964) A: All I Really Want To Do/Black Crow Blues/Spanish Harlem Incident/Chimes Of Freedom/I Shall Be Free No. 10/To Ramona. B: Motorpsycho Nightmare/My Back Pages/I Don't Believe You/Ballad In Plain D/It Ain't Me Babe.

Bringing It All Back Home (22.3.1965) A: Subterranean Homesick Blues/She Belongs To Me/Maggie's Farm/Love Minus Zero – No Limit/Outlaw Blues/On The Road Again/Bob Dylan's 115th Dream. B: Mr. Tambourine Man/Gates Of Eden/It's Alright, Ma (I'm Only Bleeding)/It's All Over Now, Baby Blue.

Highway 61 Revisited (30.8.1965) A: Like A Rolling Stone/Tombstone Blues/It Takes A Lot To Laugh, It Takes A Train To Cry/From A Buick 6/Ballad Of A Thin Man. B: Queen Jane Approximately/Highway 61 Revisited/Just Like Tom Thumb's Blues/Desolation Row.

Blonde On Blonde (16.5.1966) 1A: Rainy Day Women #12 & 35/Pledging My Time/Visions Of Johanna/One Of Us Must Know (Sooner Or Later). 1B: I Want You/Stuck Inside Of Mobile With The Memphis Blues Again/Leopard-Skin Pill-Box Hat/Just Like A Woman. 2A: Most Likely You Go Your Way And I'll Go Mine/Temporary Like Achilles/Absolutely Sweet Marie/4th Time Around/Obviously 5 Believers. 2B: Sad Eyed Lady Of The Lowlands.

Bob Dylan's Greatest Hits (27.3.1967) A: Rainy Day Women #12 & 35/Blowin' In The Wind/The Times They Are A-Changin'/It Ain't Me Babe/Like A Rolling Stone. B: Mr. Tambourine Man/Subterranean Homesick Blues/I Want You/Positively 4th Street/Just Like A Woman.

417

John Wesley Harding (27.12.1967) A: John Wesley Harding/ As I Went Out One Morning/I Dreamed I Saw St. Augustine/All Along The Watchtower/The Ballad Of Frankie Lee And Judas Priest/Drifter's Escape. B: Dear Landlord/I Am A Lonesome Hobo/I Pity The Poor Immigrant/The Wicked Messenger/Down Along The Cove/I'll Be Your Baby Tonight.

Nashville Skyline (9.4.1969) A: Girl From The North Country/Nashville Skyline Rag/To Be Alone With You/I Threw It All Away/Peggy Day. B: Lay Lady Lay/One More Night/ Tell Me That It Isn't True/Country Pie/Tonight I'll Be Staying Here With You.

Self Portrait (8.6.1970) 1A: All The Tired Horses/Alberta #1/ I Forgot More Than You'll Ever Know/Days Of 49/Early Mornin' Rain/In Search Of Little Sadie. IB: Let It Be Me/ Little Sadie/Woogie Boogie/Belle Isle/Living The Blues/Like A Rolling Stone. 2A: Copper Kettle (The Pale Moonlight)/ Gotta Travel On/Blue Moon/The Boxer/The Mighty Quinn (Quinn The Eskimo)/Take Me As I Am (Or Let Me Go). 2B: Take A Message To Mary/It Hurts Me Too/Minstrel Boy/ She Belongs To Me/Wigwam/Alberta #2.

New Morning (21.10.1970) A: If Not For You/Day Of The Locusts/Time Passes Slowly/Went To See The Gypsy/Winterlude/If Dogs Run Free. B: New Morning/Sign On The Window/One More Weekend/The Man In Me/Three Angels/ Father Of Night.

Bob Dylan's Greatest Hits Vol. II (17.11.1971) 1A: Watching The River Flow/Don't Think Twice, It's All Right/Lay Lady Lay/Stuck Inside Of Mobile With The Memphis Blues Again. IB: I'll Be Your Baby Tonight/All I Really Want To Do/My

Back Pages/Maggie's Farm/Tonight I'll Be Staying Here With You. 2A: She Belongs To Me/All Along The Watchtower/The Mighty Quinn (Quinn The Eskimo)/Just Like Tom Thumb's Blues/A Hard Rain's A-Gonna Fall. 2B: If Not For You/It's All Over Now, Baby Blue/Tomorrow Is A Long Time/When I Paint My Masterpiece/I Shall Be Released/You Ain't Goin' Nowhere/Down In The Flood.

Pat Garrett & Billy The Kid (13.7.1973) A: Main Title Theme (Billy)/Cantina Theme (Workin' For The Law)/Billy 1/Bunkhouse Theme/River Theme. B: Turkey Chase/Knockin' On Heaven's Door/Final Theme/Billy 4/Billy 7.

Dylan (16.11.1973) A: Lily Of The West/Can't Help Falling In Love/Sarah Jane/The Ballad Of Ira Hayes. B: Mr. Bojangles/Mary Ann/Big Yellow Taxi/A Fool Such As I/Spanish Is The Loving Tongue.

Planet Waves (17.1.1974) A: On A Night Like This/Going Going Gone/Tough Mama/Hazel/Something There Is About You/Forever Young. B: Forever Young/Dirge/You Angel You/Never Say Goodbye/Wedding Song.

Before The Flood (20.6.1974) 1A: Most Likely You Go Your Way And I'll Go Mine/Lay Lady Lay/Rainy Day Women #12 & 35/Knockin' On Heaven's Door/It Ain't Me Babe/Ballad Of A Thin Man. 1B: fünf Lieder von The Band. 2A: Don't Think Twice, It's All Right/Just Like A Woman/It's Alright, Ma (I'm Only Bleeding)/drei Lieder von The Band. 2B: All Along The Watchtower/Highway 61 Revisited/Like A Rolling Stone/Blowin' In The Wind. (Live-Album)

Blood On The Tracks (17.1.1975) A: Tangled Up In Blue/Simple Twist Of Fate/You're A Big Girl Now/Idiot Wind/

You're Gonna Make Me Lonesome When You Go. B: Meet Me In The Morning/Lily, Rosemary And The Jack Of Hearts/ If You See Her, Say Hello/Shelter From The Storm/Buckets Of Rain.

The Basement Tapes (26.6.1975) 1A: Odds And Ends/*Orange Juice Blues (Blues for Breakfast)/Million Dollar Bash/*Yazoo Street Scandal/Goin' To Acapulco/*Katie's Been Gone. 1B: Lo And Behold!/*Bessie Smith/Clothes Line Saga/Apple Suckling Tree/Please, Mrs. Henry/Tears Of Rage. 2A: Too Much Of Nothing/Yea! Heavy And A Bottle Of Bread/*Ain't No More Cane/Crash On The Levee (Down In The Flood)/*Ruben Remus/Tiny Montgomery. 2B: You Ain't Goin' Nowhere/*Don't Ya Tell Henry/Nothing Was Delivered/Open The Door Homer/*Long Distance Operator/This Wheel's On Fire. (Die mit einem * markierten Lieder werden nur von The Band gespielt.)

Desire (16.1.1976) A: Hurricane/Isis/Mozambique/One More Cup Of Coffee/Oh, Sister. B: Joey/Romance In Durango/ Black Diamond Bay/Sara.

Hard Rain (10.9.1976) A: Maggie's Farm/One Too Many Mornings/Stuck Inside Of Mobile With The Memphis Blues Again/ Oh, Sister/Lay Lady Lay. B: Shelter From The Storm/You're A Big Girl Now/I Threw It All Away/Idiot Wind. (Live-LP)

Masterpieces (25.2.1978, nur in Japan, Australien und Neuseeland) 1A: Knockin' On Heaven's Door/Mr. Tambourine Man/Just Like A Woman/I Shall Be Released/Tears Of Rage/ All Along The Watchtower/One More Cup Of Coffee. 1B: Like A Rolling Stone (von *Self Portrait*)/The Mighty Quinn (Quinn The Eskimo) (von *Self Portrait*)/Tomorrow Is a Long Time/Lay Lady Lay (von *Hard Rain*)/Idiot Wind (von *Hard*

Rain). 2A: Mixed Up Confusion/Positively 4th Street/Can You Please Crawl Out Your Window?/*Just Like Tom Thumb's Blues/*Spanish Is The Loving Tongue/*George Jackson (Big-band-Version)/*Rita May. 2B: Blowin' In The Wind/A Hard Rain's A-Gonna Fall/The Times They Are A-Changin'/Masters Of War/Hurricane. 3A: Maggie's Farm (von *Hard Rain*)/Subterranean Homesick Blues/Ballad Of A Thin Man/Mozambique/This Wheel's On Fire/I Want You/Rainy Day Women #12 & 35. 3B: Don't Think Twice, It's All Right/Song To Woody/It Ain't Me Babe/Love Minus Zero – No Limit/I'll Be Your Baby Tonight/If Not For You/If You See Her, Say Hello/Sara. (Die mit einem * markierten Stücke sind auf keiner amerikanischen Platte enthalten.)

Street-Legal (15.6.1978) A: Changing Of The Guards/New Pony/No Time To Think/Baby Stop Crying. B: Is Your Love In Vain?/Señor (Tales Of Yankee Power)/True Love Tends To Forget/We Better Talk This Over/Where Are You Tonight? (Journey Through Dark Heat).

Bob Dylan At Budokan (in den U.S.A. 23.4.1979) 1A: Mr. Tambourine Man/Shelter From The Storm/Love Minus Zero – No Limit/Ballad Of A Thin Man/Don't Think Twice, It's All Right. 1B: Maggie's Farm/One More Cup Of Coffee (Valley Below)/Like A Rolling Stone/I Shall Be Released/Is Your Love In Vain?/Going Going Gone. 2A: Blowin' In The Wind/Just Like A Woman/Oh, Sister/Simple Twist Of Fate/All Along The Watchtower/I Want You. 2B: All I Really Want To Do/Knockin' On Heaven's Door/It's Alright, Ma (I'm Only Bleeding)/Forever Young/The Times They Are A-Changin'. (Live-Album)

Slow Train Coming (18.8.1979) A: Gotta Serve Somebody/Precious Angel/I Believe In You/Slow Train. B: Gonna Change

My Way Of Thinking/Do Right To Me Baby (Do Unto Others)/
When You Gonna Wake Up/Man Gave Names To All The
Animals/When He Returns.

Saved (20.6.1980) A: A Satisfied Mind/Saved/Covenant Wo-
man/What Can I Do For You?/Solid Rock. B: Pressing On/
In The Garden/Saving Grace/Are You Ready.

Shot Of Love (12.8.1981) A: Shot Of Love/Heart Of Mine/
Property Of Jesus/Lenny Bruce/Watered-Down Love. B: Dead
Man, Dead Man/In The Summertime/Trouble/Every Grain
Of Sand. (Spätere Pressungen enthalten außerdem noch The
Groom's Still Waiting At The Altar als erstes Stück auf der
zweiten Seite.)

Infidels (1.11.1983) A: Jokerman/Sweetheart Like You/Neigh-
borhood Bully/License To Kill. B: Man Of Peace/Union Sun-
down/I And I/Don't Fall Apart On Me Tonight.

Real Live (29.11.1984) A: Highway 61 Revisited/Maggie's
Farm/I And I/License To Kill/It Ain't Me Babe. B: Tangled
Up In Blue/Masters Of War/Ballad Of A Thin Man/Girl From
The North Country/Tombstone Blues. (Live-LP)

Empire Burlesque (27.5.1985) A: Tight Connection To My
Heart (Has Anybody Seen My Love?)/Seeing The Real You
At Last/I'll Remember You/Clean Cut Kid/Never Gonna Be
The Same Again. B: Trust Yourself/Emotionally Yours/When
The Night Comes Falling From The Sky/Something's Burn-
ing, Baby/Dark Eyes.

Biograph (4.11.1985) 1A: Lay Lady Lay/Baby, Let Me Follow You Down/If Not For You/I'll Be Your Baby Tonight/
*I'll Keep It With Mine. 1B: The Times They Are A-Chan-

422

gin'/Blowin' In The Wind/Masters Of War/The Lonesome Death Of Hattie Carroll/*Percy's Song. 2A: *Mixed-Up Confusion/Tombstone Blues/*The Groom's Still Waiting At The Altar/Most Likely You Go Your Way And I'll Go Mine (von *Before The Flood*)/Like A Rolling Stone/*Jet Pilot. 2B: *Lay Down Your Weary Tune/Subterranean Homesick Blues/*I Don't Believe You (She Acts Like We Never Have Met)/*Visions Of Johanna/Every Grain Of Sand. 3A: *Quinn The Eskimo/Mr. Tambourine Man/Dear Landlord/It Ain't Me Babe/ You Angel You/Million Dollar Bash. 3B: To Ramona/*You're A Big Girl Now/*Abandoned Love/Tangled Up In Blue/*It's All Over Now, Baby Blue. 4A: *Can You Please Crawl Out Your Window?/Positively 4th Street/*Isis/*Caribbean Wind/ *Up To Me. 4B: *Baby, I'm In The Mood For You/*I Wanna Be Your Lover/I Want You/*Heart Of Mine/On A Night Like This/Just Like A Woman. 5A: *Romance In Durango/Señor (Tales Of Yankee Power)/Gotta Serve Somebody/I Believe In You/Time Passes Slowly. 5B: I Shall Be Released/Knockin' On Heaven's Door/All Along The Watchtower/Solid Rock/ *Forever Young. (Die mit einem * markierten Stücke sind auf keiner amerikanischen Platte enthalten.)

Knocked Out Loaded (14.7.1986) A: You Wanna Ramble/They Killed Him/Driftin' Too Far From Shore/Precious Memories/ Maybe Someday. B: Brownsville Girl/Got My Mind Made Up/Under Your Spell.

Down In The Groove (31.5.1988) A: Let's Stick Together/ When Did You Leave Heaven?/Sally Sue Brown/Death Is Not The End/Had A Dream About You, Baby. B: Ugliest Girl In The World/Silvio/Ninety Miles An Hour (Down A Dead End Street)/Shenandoah/Rank Strangers To Me.

Dylan & The Dead (6.2.1989) A: Slow Train/I Want You/Gotta Serve Somebody/Queen Jane Approximately. B: Joey/All Along The Watchtower/Knockin' On Heaven's Door. (Live-LP)

Oh Mercy (19.9.1989) A: Political World/Where Teardrops Fall/Everything Is Broken/Ring Them Bells/Man In The Long Black Coat. B: Most Of The Time/What Good Am I?/Disease Of Conceit/What Was It You Wanted/Shooting Star.

Under The Red Sky (11.9.1990) A: Wiggle Wiggle/Under The Red Sky/Unbelievable/Born In Time/T.V. Talkin' Song. B: 10 000 Men/2 x 2/God Knows/Handy Dandy/Cat's In The Well.

The Bootleg Series (Rare & Unreleased) 1961-1991, Vols. 1-3 (26.3.1991) CD 1: Hard Times In New York Town (Minnesota-Hotel-Tape)/He Was A Friend Of Mine (Outtake von *Bob Dylan*)/Man On The Street (Outtake von *Bob Dylan*)/No More Auction Block (Gaslight-Tape 1962)/House Carpenter (Outtake von *The Freewheelin' Bob Dylan*)/Talkin' Bear Mountain Picnic Massacre Blues (Outtake von *The Freewheelin' Bob Dylan*)/Let Me Die In My Footsteps (Outtake von *The Freewheelin' Bob Dylan*)/Rambling Gambling Willie (Outtake von *The Freewheelin' Bob Dylan*)/Talkin' Hava Negeilah Blues (Outtake von *The Freewheelin' Bob Dylan*)/Quit Your Low Down Ways (Outtake von *The Freewheelin' Bob Dylan*)/Worried Blues (Outtake von *The Freewheelin' Bob Dylan*)/Kingsport Town (Outtake von *The Freewheelin' Bob Dylan*)/Walkin' Down The Line (Witmark-Demotape)/Walls Of Red Wing (Outtake von *The Freewheelin' Bob Dylan*)/Paths Of Victory (Outtake von *The Times They Are A-Changin'*)/Talking John Birch Paranoid Blues (live, Carnegie Hall 1963)/Who Killed Davey Moore? (live, Carnegie Hall 1963)/

Only A Hobo (Outtake von *The Times They Are A-Changin'*)/Moonshiner (Outtake von *The Times They Are A-Changin'*)/When The Ship Comes In (Witmark-Demotape)/The Times They Are A-Changin' (Witmark-Demotape)/Last Thoughts On Woody Guthrie (live, Town Hall). CD 2: Seven Curses (Outtake von *The Times They Are A-Changin'*)/Eternal Circle (Outtake von *The Times They Are A-Changin'*)/Suze (The Cough Song) (Outtake von *The Times They Are A-Changin'*)/Mama, You Been On My Mind (Outtake von *Bringing It All Back Home*)/Farewell, Angelina (Outtake von *Bringing It All Back Home*)/Subterranean Homesick Blues (akustische Version)/If You Gotta Go, Go Now (Or Else You Got To Stay All Night) (Outtake von *Bringing It All Back Home*)/Sitting On A Barbed Wire Fence (Outtake von *Highway 61 Revisited*)/Like A Rolling Stone (Probe im Studio 1965)/It Takes A Lot To Laugh, It Takes A Train To Cry (Alternativversion)/I'll Keep It With Mine (Probe im Studio 1966)/She's Your Lover Now (Outtake von *Blonde On Blonde*)/I Shall Be Released (von den Basement Tapes)/Santa Fé (von den Basement Tapes)/If Not For You (Alternativversion)/Wallflower (Studioaufnahme 1971)/Nobody 'Cept You (Outtake von *Planet Waves*)/Tangled Up In Blue (Studiosession für *Blood On The Tracks*, New York 1974)/Call Letter Blues (Outtake von *Blood On The Tracks*)/Idiot Wind (Studiosession für *Blood On The Tracks,* New York 1974). CD 3: If You See Her, Say Hello (Studiosession für *Blood On The Tracks,* New York 1974)/Golden Loom (Outtake von *Desire*)/Catfish (Outtake von *Desire*)/Seven Days (live 1976)/Ye Shall Be Changed (Outtake von *Slow Train Coming*)/Every Grain Of Sand (Demo)/You Changed My Life (Outtake von *Shot Of Love*)/Need A Woman (Outtake von *Shot Of Love*)/Angelina (Outtake von *Shot Of Love*)/Someone's Got A Hold Of My Heart (frühe Version von *Tight Connection To My Heart*)/Tell Me (Outtake von *Infidels*)/Lord Protect My Child

(Outtake von *Infidels*)/Foot Of Pride (Outtake von *Infidels*)/
Blind Willie McTell (Outtake von *Infidels*)/When The Night
Comes Falling From The Sky (Originalversion)/Series Of
Dreams (Outtake von *Oh Mercy*).

Good As I Been To You (3.11.1992) A: Frankie & Albert/Jim
Jones/Blackjack Davey/Canadee-I-O/Sittin' On Top Of The
World/Little Maggie/Hard Times. B: Step It Up And Go/
Tomorrow Night/Arthur McBride/You're Gonna Quit Me/
Diamond Joe/Froggie Went A-Courtin'.

World Gone Wrong (26.10.1993) World Gone Wrong/Love
Henry/Ragged & Dirty/Blood In My Eyes/Delia/Broke
Down Engine/Stack A Lee/Two Soldiers/Jack-A-Roe/Lone
Pilgrim.

Singles von Bob Dylan

Es werden alle in den U.S.A. erschienenen Singles aufgeführt,
mit Ausnahme der Wiederveröffentlichungen, sowie nicht-
amerikanische Singles, sofern sie Stücke enthalten, die anderweitig nicht verfügbar sind. Wenn nicht anders angemerkt,
wurden die Singles von Columbia Records veröffentlicht.
Mit * markierte Stücke sind auf keiner amerikanischen Platte erschienen.

Mixed Up Confusion/*Corrina, Corrina	14.12.1962
Blowin' In The Wind/Don't Think Twice, It's All Right	8/1963
Subterranean Homesick Blues/She Belongs To Me	3/1965
Like A Rolling Stone/Gates Of Eden	20.7.1965
Positively 4th Street/From A Buick 6	7.9.1965

Can You Please Crawl Out Your Window?/ Highway 61 Revisited	30.11.1965
One Of Us Must Know (Sooner Or Later)/ Queen Jane Approximately	2/1966
Rainy Day Women # 12 & 35/Pledging My Time	4/1966
I Want You/*Just Like Tom Thumb's Blues	6/1966
Just Like A Woman/Obviously 5 Believers	8/1966
Leopard-Skin Pill-Box Hat/Most Likely You Go Your Way And I'll Go Mine	3/1967
*If You Gotta Go, Go Now/To Ramona (nur in den Niederlanden veröffentlicht)	9/1967
I Threw It All Away/Drifter's Escape	4/1969
Lay Lady Lay/Peggy Day	7/1969
Tonight I'll Be Staying Here with You/ Country Pie	10/1969
Wigwam/Copper Kettle	7/1970
Watching The River Flow/*Spanish Is The Loving Tongue	3.6.1971
*George Jackson (Bigband-Version)/ *George Jackson (akustische Version)	12.11.1971
Knockin' On Heaven's Door/Turkey Chase	8/1973
A Fool Such As I/Lily Of The West	11/1973
On A Night Like This/You Angel You (Asylum Records)	2/1974
Something There Is About You/Going Going Gone (Asylum)	3/1974
Most Likely You Go Your Way And I'll Go Mine/Stage Fright (The Band) (Asylum)	7/1974
Tangled Up In Blue/If You See Her, Say Hello	2/1975
Million Dollar Bash/Tears Of Rage	7/1975
Hurricane (part 1)/Hurricane (part 2)	11/1975
Mozambique/Oh, Sister	2/1976
*Rita May/Stuck Inside Of Mobile With The Memphis Blues Again	30.11.1976

Baby Stop Crying/New Pony	31.7.1978
Changing Of The Guards/Señor	9/1978
Gotta Serve Somebody/*Trouble In Mind	8/1979
When You Gonna Wake Up/Man Gave	11/1979
Names To All The Animals	
Slow Train/Do Right To Me Baby	2/1980
Solid Rock/Covenant Woman	6/1980
Saved/Are You Ready	8/1980
Heart Of Mine/*Let It Be Me (nur in Europa)	1.9.1981
Heart Of Mine/The Groom's Still Waiting	11.9.1981
At The Altar	
Union Sundown/*Angel Flying Too Close	28.10.1983
To The Ground (nur in Europa)	
Sweetheart Like You/Union Sundown	11/1983
Jokerman/Isis	20.2.1984
Tight Connection To My Heart/We Better	5/1985
Talk This Over	
Emotionally Yours/When The Night Comes	9/1985
Falling From The Sky	
*Band Of The Hand (auf der B-Seite kein	4/1986
Dylan-Titel) (MCA Records)	
Silvio/Driftin' Too Far From Shore	6/1988
Everything Is Broken/*Dead Man, Dead Man	10/1989
(nur als Single-Cassette)	

Andere offiziell veröffentlichte Aufnahmen
von Bob Dylan

Diese Liste umfaßt alle offiziell veröffentlichten Platten, auf denen Bob Dylan als Sänger im Vordergrund steht. Die Platten, auf denen er nur Gitarre oder Mundharmonika spielt bzw. als Backgroundsänger mitwirkt, wurden bis auf wenige Aus-

nahmen nicht aufgelistet. Nicht autorisierte Aufnahmen (Boot-
leg-Platten oder Tapes) werden hier nicht berücksichtigt. Aufgelistet werden zunächst die Liedtitel und (gegebenenfalls)
Dylans jeweiliger musikalischer Beitrag, dann die Platte, die
Plattengesellschaft und das Datum der Veröffentlichung.

Midnight Special (Dylan spielt Mundharmonika), auf Harry Belafontes LP *Midnight Special* (RCA, 3/1962).

I'll Fly Away/Swing And Turn Jubilee/Come Back, Baby
(Dylan spielt jeweils Mundharmonika), auf Carolyn He-
sters LP *Carolyn Hester* (Columbia, Sommer 1962).

Rocks And Gravel/Let Me Die In My Footsteps/Rambling,
Gambling Willie/Talking John Birch Paranoid Blues, auf
The Freewheelin' Bob Dylan (Columbia, 4/1963; frühe Pro-
motion-Platte).

John Brown/Only A Hobo/Talkin' Devil (unter dem Pseudonym Blind Boy Grunt), auf *Broadside Ballads, Volume
I* (Broadside/Folkways, 9/1963).

Only A Pawn In Their Game (live auf dem »Marsch nach
Washington«, 8/1963), auf *We Shall Overcome* (Folkways,
Winter 1964).

Blowin' In The Wind/We Shall Overcome (zusammen mit
anderen Musikern auf dem Newport Folk Festival, 7/1963),
auf *Evening Concerts at Newport, Volume I* (Vanguard,
5/1964).

Playboys And Playgirls (mit Pete Seeger)/With God On Our
Side (mit Joan Baez) (vom Newport Folk Festival, 7/1963),
auf *Newport Broadside* (Vanguard, 5/1964).

Sitting On Top Of The World/Wichita (Dylan spielt Mundharmonika und begleitet Big Joe Williams als Backgroundsänger; Ende 1961), auf Victoria Spiveys LP *Three Kings
And A Queen* (Spivey, 10/1964).

A Hard Rain's A-Gonna Fall/It Takes A Lot To Laugh, It
Takes A Train To Cry/Blowin' In The Wind/Mr. Tambou-

rine Man/Just Like A Woman, auf *The Concert For Bang-ladesh* (Apple, 12/1971).

Grand Coulee Dam/Dear Mrs. Roosevelt/I Ain't Got No Home (In This World Anymore) (aus der Carnegie Hall, 1/1968), auf *A Tribute To Woody Guthrie, Part One* (Columbia, 1/1972).

Train A-Travelin'/I'd Hate To Be You On That Dreadful Day/The Death Of Emmett Till/Ballad Of Donald White (eingespielt 1962), auf *Broadside Reunion* (Folkways, 1972) (unter dem Pseudonym Blind Boy Grunt).

Big Joe, Dylan And Victoria/It's Dangerous (Dylan spielt Mundharmonika und begleitet Big Joe Williams und Victoria Spivey als Backgroundsänger; Ende 1961), auf Victoria Spiveys LP *Three Kings And A Queen, Volume 2* (Spivey, 7/1972).

Wallflower/Blues Stay Away From Me/(Is Anybody Going To) San Antone (Dylan singt mit), auf Doug Sahms LP *Doug Sahm And Band* (Atlantic, 12/1972).

Buckets Of Rain (Dylan singt mit), auf Bette Midlers LP *Songs For The New Depression* (Atlantic, 1/1976).

Sign Language (Dylan singt mit), auf Eric Claptons LP *No Reason To Cry* (Polydor, 9/1976).

People Get Ready/Never Let Me Go/Isis/It Ain't Me Babe (live, Herbst 1975), auf *4 Songs From Renaldo And Clara* (Columbia, 1/1978; Promotion-Platte).

Baby Let Me Follow You Down (zwei Versionen)/I Don't Believe You/Forever Young/I Shall Be Released (live, 11/1976), auf der LP *The Last Waltz* von The Band (Warner, 4/1978).

Interview mit gelegentlicher Gitarrenbegleitung, auf *Dylan London Interview July 1981* (Columbia, 9/1981; Promotion-Platte).

We Are The World (Dylan singt mit), als Single sowie auf der LP *We Are The World* von »USA For Africa« (Columbia, 3/1985).

Sun City (Dylan singt mit), als Single sowie auf der LP *Sun City* von »Artists United Against Apartheid« (Manhattan, 12/1985).

The Usual/Had A Dream About You, Baby/Night After Night, auf der LP *Hearts Of Fire* von Fiona, Bob Dylan, Rupert Everett (Columbia, 10/1987, Soundtrack).

Pretty Boy Floyd, auf *Folkways: A Vision Shared* (Columbia, 8/1988).

Dirty World/Congratulations/Tweeter And The Monkey Man (Lead-Gesang; bei anderen Titeln auf der Platte singt Dylan mit und spielt Gitarre und Keyboards), auf *Traveling Wilburys, Volume One* (Warner, 10/1988).

Filmographie

Filme von Bob Dylan

Eat The Document. Gedreht: 5/1966 von D.A. Pennebaker.
Schnitt: Bob Dylan, Howard Alk, und Robbie Robertson,
1967. Erstaufführung: 8.2.1971. Dauer: ca. eine Stunde.
Renaldo & Clara. Regie: Bob Dylan. Gedreht: Herbst 1975.
Schnitt: Bob Dylan und Howard Alk, 1977. Erstaufführung: 25.1.1978. Die Originalversion dauert fast vier Stunden (mit Pause). Eine zweite, auf zwei Stunden gekürzte
Version erschien im Herbst 1978.

Filme über Bob Dylan

Don't Look Back. Regie: D.A. Pennebaker. Gedreht: 4-5/1965.
Erstaufführung: 17.5.1967. Dauer: ca. 90 Minuten.
Hard Rain. Konzert-Mitschnitt vom 23.5.1976 in Fort Collins, Colorado durch TVTV (Top Value Television). Schnitt:
TVTV. Erstausstrahlung: NBC, 14.9.1976. Dauer: ca. 55
Minuten.
Hard To Handle. Konzert-Mitschnitt, Sydney, Australien,
24. und 25.2.1986. Regie und Schnitt: Gillian Armstrong.
Erstausstrahlung: HBO 20.6.1986. Dauer: ca. eine Stunde.
»Getting to Dylan«. Teil der BBC-Sendereihe *Omnibus*. Regie: Christopher Sykes. Dauer: eine Stunde. Erstausstrahlung: 18.9.1987.

Filme, in denen Bob Dylan als Schauspieler mitwirkt

The Madhouse On Castle Street. In diesem britischen Fernsehspiel wirkte Dylan als Schauspieler und Sänger mit. Produktion und Erstausstrahlung: BBC, 1/1963.
Pat Garrett & Billy The Kid. Regie: Sam Peckinpah. Erstaufführung: 5/1973. Dauer: ca. 106 Minuten.
Hearts Of Fire. Regie: Richard Marquand. Erstaufführung: 10/1987, nur in Großbritannien veröffentlicht. Dauer: ca. 90 Minuten.

Filme, die Mitschnitte von Auftritten von Bob Dylan enthalten

Festival. Regie: Murray Lerner. Erstaufführung: 1967. Mitschnitt des Newport Folk Festival, 7/1964 und 7/1965. Enthält: All I Really Want To Do/Maggie's Farm/Mr. Tambourine Man.
The Concert For Bangladesh. Schnitt: George Harrison, mit Unterstützung von Bob Dylan. Erstaufführung: 3/1972. Enthält: If Not For You (Ausschnitt)/A Hard Rain's A-Gonna Fall/It Takes A Lot To Laugh/Blowin' In The Wind/ Just Like A Woman.
The Last Waltz. Regie: Martin Scorsese. Erstaufführung: 4/ 1978. Enthält: Forever Young/Baby Let Me Follow You Down/I Shall Be Released.

Wichtige Fernsehauftritte

»The Times They Are A-Changin'«. Teil der Fernsehsendung *Quest* der Canadian Broadcasting Company. Produktion:

1.2.1964. Erstausstrahlung: CBC 10.3.1964. Dauer: eine halbe Stunde. Enthält: Restless Farewell und fünf weitere Songs. Auf Video archiviert. Vor dieser Sendung war Dylan dreimal im Fernsehen aufgetreten (in den U.S.A. 1963), unter anderem spielte er ein Lied in Johnny Carsons Show *Tonight*.

Les Crane Show (live). Produktion: WABC, New York, 17.2. 1965. Dylan singt zwei Songs, begleitet von Bruce Langhorne. Im Gespräch ist er witzig und scharf. Nur als Tonaufnahme archiviert. (Inhaltlich bemerkenswerter als sein Auftritt in der *Steve Allen Show* ein Jahr zuvor.)

BBC-Sendung. Studioproduktion BBC 1.6.1965. Erstausstrahlung: 6/1965 in zwei Teilen. 12 Lieder. Dauer: ungefähr 70 Minuten. Offenbar nur als Tonaufnahme archiviert.

Pressekonferenz in San Francisco. KQED Studios, 3.12.1965. Erstausstrahlung: KQED 3.12.1965. Dauer: ca. eine Stunde. Als Video archiviert.

The Johnny Cash Show. Enthält drei Lieder von Dylan, eingespielt 1.5.1969. Erstausstrahlung: ABC, 7.6.1969. Auf Video archiviert, wie auch alle folgenden Mitschnitte.

»The World of John Hammond«. Teil der Serie *Soundstage* des National Educational Television. Enthält drei Lieder von Dylan, eingespielt 10.9.1975. Erstausstrahlung 13.12. 1975.

Saturday Night Live. NBC, 20.10.1979. Drei Lieder.

Grammy Award Show. CBS, 27.2.1980. Ein Lied: Gotta Serve Somebody.

Late Night With David Letterman. NBC, 22.3.1984. Drei Lieder, unter anderem Don't Start Me To Talkin'.

»Live Aid« Konzert. 14.7.1985. Drei Lieder. Weltweite Liveübertragung über Satellit.

»Farm Aid« Konzert. 22.9.1985. Vier Lieder wurden von Nashville Network live übertragen.

434

»Farm Aid 2«-Sendung. 4.7.1986. Drei Lieder von Dylans Konzert in Buffalo, New York wurden von VH-1 TV live übertragen; ein großer Teil des Konzerts wurde als Vorbereitung für die »Farm Aid 2«-Sendung gefilmt und live über Satellit übertragen.

Promotion-Videos

Zwischen 1983 und 1989 war Dylan an der Produktion von Promotion-Videos zu den im folgenden aufgelisteten Songs beteiligt. Es handelt sich ausschließlich um Studioaufnahmen, die den später produzierten Filmaufnahmen unterlegt wurden; es sind also keine neuen Interpretationen dabei.

Jokerman
Sweetheart Like You
Tight Connection To My Heart
Emotionally Yours
When The Night Comes Falling From The Sky
Handle With Care (von den Traveling Wilburys; an einem zweiten Video der Wilburys ist Dylan nur minimal beteiligt)
Political World

Bibliographie

Bücher von Bob Dylan

Tarantula. New York 1971. (Engl.-Dt. Ausgabe. Frankfurt am Main 1976.)

Writings And Drawings. New York 1973. (Dt.: *Texte und Zeichnungen.* Frankfurt am Main 1975.)

Lyrics, 1962-1985. New York 1985 (erweiterte Ausgabe von *Writings And Drawings*). (Dt.: *Songtexte 1962-1985.* Frankfurt am Main 1987.)

Die wichtigste für dieses Buch verwendete Literatur

Heylin, Clinton. *Bob Dylan – Stolen Moments.* Romford (England) 1988. Eine detaillierte Chronologie von Dylans Berufs- und Privatleben; verläßlicher als die Biographien.

Krogsgaard, Michael. *Master Of The Tracks. The Bob Dylan Reference Book Of Recording.* Kopenhagen 1988 (aktualisierte Ausgabe seines Buchs *Twenty Years Of Recording*). Listet alle bekannten Aufnahmen von Dylan auf, einschließlich Konzertmitschnitte aus dem Publikum, Studio-Outtakes usw., und enthält komplette Songlisten aller mitgeschnittenen Auftritte.

McGregor, Craig (Hg.). *Bob Dylan. A Retrospective.* New York 1972. Enthält das *Playboy*-Interview von 1966, das *Sing Out!*-Interview von 1968, das *Rolling Stone*-Interview von 1969 sowie richtungsweisende Texte von Robert

Shelton, Nat Hentoff, Ralph Gleason, Irwin Silber, Jules Siegel und Jon Landau.

Scaduto, Anthony. *Bob Dylan.* New York 1971 (aktual. 1973). Biographie. (Dt.: *Bob Dylan. Eine indiskrete Biografie.* Frankfurt am Main 1976.)

Shelton, Robert. *No Direction Home. The Life And Music Of Bob Dylan.* New York 1986. Biographie. (Dt.: *Bob Dylan. Sein Leben und seine Musik.* München 1990.)

The Telegraph, 1 (1981) - 34 (1989). Hg.: John Bauldie. Enthält eine Unmenge an Analysen, Unterhaltung und Information über Dylan. Die meisten frühen Nummern sind leider vergriffen. Derzeit erscheinen drei hundertseitige Ausgaben pro Jahr sowie fünf von Clinton Heylin verfaßte *RTS*-Supplemente voller Neuigkeiten.

The Wicked Messenger, 1 (1980) - 505 (1989). Dylan-Newsletter, verfaßt von Ian Woodward. Konsequent, besessen, unverzichtbar. Zur Zeit nur als Supplement zu *Look Back* oder *Isis* erhältlich.

Sonstige für dieses Buch verwendete Literatur

Anderson, Dennis. *The Hollow Horn. Bob Dylan's Reception In The United States And Germany.* München 1981.

Bicker, Stewart P. (Hg.) *Friends & Other Strangers. Bob Dylan In Other People's Words.* (o.O.) 1985.

Bicker, Stewart P. (Hg.) *Talkin' Bob Dylan 1984 & 1985.* (o.O.) 1986.

Borges, Jorge Luis. »Kafka And His Precursors«. In: *Other Inquisitions 1937-1952.* Austin 1965. (Dt.: »Kafka und seine Vorläufer«. In: Borges, Jorge Luis. *Essays 1952-1979. Gesammelte Werke Bd.5,2.* München/Wien 1980.)

Bowden, Betsy. *Performed Literature.* Bloomington 1982.

Cable, Paul. *Bob Dylan. His Unreleased Recordings.* New York 1980.

Cartwright, Bert. *The Bible In The Lyrics Of Bob Dylan.* Bury (England) 1985.

Cohen, Scott. »Don't Ask Me Nothin' About Nothin'« (Interview). In: *Spin,* Dezember 1985.

Cott, Jonathan. »The *Rolling Stone* Interview With Bob Dylan«. In: *Rolling Stone,* 25.1.1978 and 16.11.1978.

Cott, Jonathan. *Dylan.* New York 1984.

Crowe, Cameron. *Biograph.* Booklet und Plattentext. 1985.

De Somogyi, Nick. *Jokermen & Thieves – Bob Dylan And The Ballad Tradition.* Bury (England) 1986.

Diddle, Gavin. *Images And Assorted Facts.* Manchester (England) 1983.

Diddle, Gavin (Hg.). *Talkin' Bob Dylan... 1978.* (o.O.) 1984.

Dundas, Glen. *Tangled Up In Tapes. A Collector's Guide Of Tape Recordings Of Bob Dylan.* Thunder Bay (Canada) 1987.

Dylan, Bob. *In His Own Write.* the bob dylan archive unltd. (Nicht autorisierte Sammlung seltener Texte von 1962-65; o.O. und o.J.)

Dylan, Bob. *Positively Tie Dream.* Forban (England) 1979. (Nicht autorisierte Sammlung von Interviews und Texten.)

Gans, Terry. *What's Real And What Is Not.* München 1983.

Gilmore, Mikal. »Positively Dylan«. In: *Rolling Stone,* 17.7. 1986.

Gray, Michael und Bauldie, John (Hg.). *All Across The Telegraph.* London 1987. (Anthologie von Material aus *The Telegraph.*)

Gross, Michael. *Dylan. An Illustrated History.* New York 1978.

Herdman, John. *Voice Without Restraint. Bob Dylan's Lyrics And Their Background.* New York 1982.

Heylin, Clinton. *Rain Unravelled Tales.* Forban (England) 1985.

Jansen, Gerhard (Hg.). *Bob Dylan – Pressing On.* Lelystad (Niederlande) 1980.

Kooper, Al. *Backstage Passes: Rock'n'Roll Life In The Sixties.* New York 1977.

Kramer, Daniel. *Bob Dylan.* New York 1967.

Landy, Elliott. *Woodstock Vision.* Hamburg 1984.

Lawlan, Val und Brian (Hg.). *Steppin' Out.* Linfield (England) 1987.

Miles. *Bob Dylan.* London 1978.

Miles (Hg.). *Bob Dylan In His Own Words.* New York 1978.

Pennebaker, D. A. *Don't Look Back.* New York 1968.

Pennebaker, D. A. »Looking Back On *Don't Look Back*«. In: *Fourth Time Around,* 1 (August 1982).

Penrose, Roland. *Picasso. His Life And Work.* Berkeley 1981 (dritte Auflage). (Dt.: *Picasso. Sein Leben – sein Werk.* München 1981.)

Pickering, Stephen. *Bob Dylan Approximately. A Portrait Of The Jewish Poet In Search Of God. A Midrash.* New York 1975.

Ribakove, Sy and Barbara. *Folk-Rock: The Bob Dylan Story.* New York 1966.

Rinzler, Alan. *Bob Dylan. The Illustrated Record.* New York 1978.

Roques, Dominique. *The Great White Answers.* Salindres (Frankreich) 1980. Bootleg-Guide.

Rosenbaum, Ron. »*Playboy* Interview: Bob Dylan«. In: *Playboy,* März 1978.

Rubin, William (Hg.). *Pablo Picasso: A Retrospective.* New York 1980.

Sloman, Larry. *On The Road With Bob Dylan.* New York 1978.

Thompson, Toby. *Positively Main Street.* New York 1971.

Thomson, Elizabeth M. (Hg.) *Conclusions On The Wall.* Manchester (England) 1980.

Van Estrik, Robert. *Bob Dylan: Concerted Efforts*. Niederlande 1982.

Von Schmidt, Eric und Rooney, Jim. *Baby Let Me Follow You Down: The Illutrated Story Of The Cambridge Folk Years*. New York 1979.

Weasel, Verily E. »*Eat The Document*«. In: *Endless Road*, 5 (1984).

Woodward, Ian. »*Planet Waves* – Dates Of Recording«. In: *Occasionally Bob Dylan*, 4 (Januar 1984).

Isis. Zweimonatlich erscheinendes britisches Dylan-Magazin. Hg.: Derek Barker. Bis 1989 sind 28 Ausgaben erschienen. Viele Nachrichten, sammlerorientiert.

Look Back. Vierteljährlich erscheinendes Dylan-Magazin. Hg.: Tim Dunn und Rob Whitehouse. Bis 1989 sind 23 Ausgaben erschienen. Unprätentiös, unterhaltsam, *das* Forum für amerikanische Dylan-Fans.

Über folgende Adressen kann man Bücher über Bob Dylan ausfindig machen bzw. bestellen:

My Back Pages, P.O. Box 2 (North P.D.O.),
Manchester, M8 7BL, England.

Rolling Tomes, P.O. Box 1943, Grand
Junction, CO 81502, U.S.A.

Bildlegenden

Bildnachweis

Register

443

447

Bob Seymore

THE END

Der Tod von Jim Morrison

Aus dem Englischen von Kathrin Razum

166 Seiten · 16 Schwarz-Weiß-Fotos
13,5 x 21 cm · Gebunden
DM 29,80 · ÖS 233,- · SFr 31,- · ISBN 3-9802298-7-4

*THE END beschreibt erstmals seriös und umfassend
die Hintergründe von Jim Morrisons Tod.*

Jethro Tull Songbook

512 Seiten · 17 Schwarz-Weiß-Fotos
17 x 24 cm · Gebunden
DM 49,80 · ÖS 389,- · SFr 51,20 · ISBN 3-9802298-5-8

*Das Buch enthält die kompletten autorisierten
Songtexte (englisch-deutsch), persönliche Kommentare
von Ian Anderson und bislang unveröffentlichte Fotos.
Das Songbook ist auch in einer rein englischen
Ausgabe erhältlich.*

Christof Graf

So long, Leonard

Leben und Lieder von Leonard Cohen

Vorwort von Herman van Veen

144 Seiten · 38 Schwarz-Weiß-Fotos
17 x 24 cm · Broschur
DM 29,80 · ÖS 233,- · SFr 31,- · ISBN 3-9802298-1-5

*Der erste Bild-Text-Band in deutscher Sprache
über Leonard Cohen*